KB162024

도널드 트럼프(1946~) 미국 제45대 대통령

트럼프의 뉴욕 사관고등학교 졸업식 아버지 프레드와 어머니 메리

트럼프의 첫 아내이자 세 자녀의 어머니인 이바나와 돈, 이반카, 에릭과 함께

▲트럼프와 세 번째 아내 멜라니아

◀트럼프와 훌쩍 자란 아이들
그의 집무실에서 돈, 이반카, 에릭
과 함께

로널드 레이건 대통령과 함께 백악관 리셉션에서 1987.

미국 해병대 총사령관상을 받는 트럼프 2015.

트럼프 인터내셔널 호텔과 타워 시카고

트럼프 호텔 라스베가스

트럼프 타워 뉴욕 맨해튼. 68층 높이 202m

2016년 7월 미국 공화당 전당대회에서 대통령 후보 수락을 하는 도널드 트럼프

멜라니아 트럼프
5개 국어를 구사하는 수퍼모델 출신

아내 멜라니아와 함께 대선 유세를 펼치는 트럼프 대통령 부부

아버지 트럼프 대통령 당선 일등공신인 딸 이반카
멜라니아의 누드모델 전력 폭로 이후 대중 앞에 적극적
으로 나서기를 꺼리는 새엄마를 대신해 아버지를 밀착
수행하며 눈부신 활동을 펼쳤다.

딸 이반카와 함께

트럼프 대선 승리에 환호하는 지지자들 뉴욕 힐튼 미드타운

기자들에게 포즈를 취하는 트럼프와 그의 가족

▲대통령 수락 연
설을 하는 트럼프
2016년 11월 9일
뉴욕

▶마이크 펜스 부
통령 당선자와 악
수를 나누고 있는
트럼프

트럼프의 대통령 당선 사진이 실린 〈타임〉지 표지 2016년 11월 21일자
11월 21일자 발행으로 되어 있으나, 훨씬 앞서 발행되었다.

Listen, Yankee! 들어라 양키들아!

트럼프 대통령

T. R. Club/강석승 옮김

Listen, Yankee! President Donald Trump.
이 책은 도널드 트럼프 전작품을 비롯 최신간 영미 프랑스 일본
트럼프 책들을 강석승 박사와 그의 제자들이 풀어 썼습니다.
Trump Research Club

트럼프 대통령 회오리바람 불어치고 있다!
강석승 박사

"대통령이 되는 것은 호랑이 등에 올라탄 것과 같다. 계속 타고 달리든가 아니면 잡아먹혀야 한다!", "대통령에 올라서는 것은 사형대 위로 오르는 죄인의 기분과 다름없는 느낌일 것이다!"

도널드 트럼프는 대통령 당선이 확정된 순간 워싱턴과 트루먼의 말을 떠올렸으리라.

세계 각국은 도널드 트럼프 미국 대통령 당선인에게 놀라움과 불안감을 떨치지 못하고 있다. 미국의 가난하고 교육조차 받지 못한 분노계층의 고통을 엘리트층은 미처 알지 못했던 것이다. 이제 트럼프 리스크 가운데 닥쳐올 가능성이 높은 것은 먼저 미국과 중국 간 무역 마찰이다. 그 경우 두 나라 사이에 낀 우리 한국은 몇 배 더 큰 충격을 받게 된다.

트럼프는 선거 캠페인에서 "중국이 미국을 돼지 저금통처럼 활용한다" 비난하면서 중국을 환율 조작국으로 지정하고 45% 고율 관세를 매기겠다는 공약을 내걸었다. 심지어는 취임 첫날 중국을 환율 조작국으로 지정하겠다고 했을 정도다. 이에 맞서 중국도 "미국은 보잉 비행기를 더 이상 중국에 팔고 싶지 않으냐"는 식으로 보복을 거론하고 있다.

한국은 수출의 40%를 미국과 중국에 의존하고 있다. 트럼프의 보호무역주의로 한·미 통상관계가 악화되는 것도 문제지만, 미·중 통상관계가 악화돼도 한국은 수출 면에서 큰 타격을 입게 된다. 우리가 중국에 수출하는 제품의 70% 정도가 중간재이며, 중국에서 이를 재가공해 미국에 수출하는 구조이기 때문이다. 이중으로 쓰나미가 덮치는 셈이다.

도널드 트럼프는 마침내 미국 45대 대통령 당선에 성공했다. 사업가 도널드 트럼프가 대통령 선거에 출마하겠노라 선언했을 때, 여기까지 오리라고 예상했던 사람은 결코 많지 않았다.

그는 어떻게 미국 대통령까지 돌진할 수 있었을까? 그 기본 바탕은 미국이라는 나라의 뉴프런티어 정신에 있을 것이다.

미국은 세계 최강이자 최고 국가이다. 국민들은 그것을 믿고 긍지를 가지고 이제까지 살아왔다. 그러나 현실은 어떤가. 9·11테러에서는 미국 본토가 무참히 공격을 당했고, 변화를 외친 오바마는 개혁을 성공시키지 못했으며, 부는 극소수에게만 집중되었을 뿐 실업률은 나아질 기미조차 없다. 무엇보다 중국이 떠오르면서 세계에서의 존재감도 희미해졌다.

미국은 약한 나라가 되고 만 것이 아닐까? 맞아, 그게 틀림없어— 이러한 미국민들의 분노에 '강한 미국을 되찾겠다' 호언장담한 도널드 트럼프가 불씨에 불을 붙였고, 그 불은 단숨에 타올랐다. 미국을 다시 한 번 위대한 나라로 만들겠다. 그러기 위해서라면 다른 나라는 상관하지 않겠다. 성조기여 영원하라! 가장 미국적이라고 생각되는 트럼프의 정책은, 오늘날 큰 불만을 품은 중저(中低)소득층 백인의 열광적 지지를 얻었다.

트럼프의 기세는 멈출 줄을 모른다. 갈수록 더 불타오르는 느낌이다. 이제 미국뿐만 아니라 한국을 비롯, 전 세계에 격변이 몰아칠 것이다. 이제부터 우리나라와 세계가 어떻게 될지 헤아리기에 앞서 트럼프가 어떤 사람인지부터 알아야 할 것이다.

현재 미국에서는 트럼프에 대한 책이 잇따라 간행되고 있다. 트럼프를 개혁자로서 찬양하는 부류, 반대로 트럼프를 히틀러에 맞먹는 독재자로 비판하는 부류, 또는 허풍쟁이 부동산업자로 비하하는 부류, 이렇게 셋으로 갈려 있다.

이 책은 2016년 12월 현재 도널드 트럼프가 누구인지에 대한 입문서이다. 그가 대통령 야망을 품고 출판해 왔던 책들을 기둥으로, 그리고 그가 당선되고 나서 온 세계 긴급 출간된 주간, 월간, 단행본 등을 긴급 입수해 참고하여 엮은 것이다. 트럼프의 그 어떤 책들보다 알기 쉽게 최신간으로 흥미진진하게 분석하여 풀어 엮었다.

트럼프가 거침없이 내뱉는 폭언과 방언이 화제에 오르지만 그의 정책을 한 마디로 말하면 미국제일주의, 보호무역주의라고 할 수 있다. 부동산왕이고 실업가인 트럼프의 정책은 군사와 외교가 아니라 철저하게 경제를 중심으로 이루고 있다. 멕시코 등의 불법이민자들과 이슬람교도를 쫓아내고, TPP(환태평양경제동반자협정)에서 탈퇴하며, 중국 및 일본과의 경제전쟁을 지배하여 미국 경제를 승리로 이끌어 내고야 말겠다는 것이다.

이제까지 미국 대통령들은 패권주의, 즉 거대한 군사력으로 베트남 전쟁을 비롯하여 전 세계에서 일어나는 다양한 분쟁에 개입해 왔다. 이를 위해 미국 국민들은 엄청난 경비와 희생을 강요당해 왔다. 트럼프 대통령은 이제 그런 어리석은 일은 그만두고, 다른 나라들은 자기 돈으로 스스로를 지켜야 함을 미국 국민들과 전 세계에 호소하고 있다.

이를테면 주한미군의 비용을 전액 한국이 부담해야 한다. 그렇지 않으면 미군을 한국에서 모두 철수시키겠다는 발언도 그 중 하나일 것이다. 다시 한 번 강조하지만 트럼프의 목표는 군사가 아니라 바로 경제라는 사실을 알아야 한다.

이제 미국이 패권주의의 깃발을 스스로 내린다면 세계의 외교, 군사적 균형은 크게 변화할 것이다. 주한미군이 철수하고 한미동맹이 해체된다면 무엇보다 우선적으로 한국의 핵 자체 보유, 미군기지 문제, 방위, 외교 등 모든 면에서 그 뿌리부터 재검토하지 않을 수 없다. 이와 같이 트럼프 대통령이 부르짖는 정책은 한국에게 극약과 같은 것이다.

이제 세계는 격변하고 있다. 우리는 도널드 트럼프 대통령에게서 눈을 뗄 수 없으며 한눈을 팔아서도 안 된다. 먼저 미국과 세계를 이끌어 나가게 될 그를 올바로 알고 그의 뜻을 이해하기 위한 시작으로 제자들과 함께 이 책을 펴낸다.

2016년 12월 무거운 마음으로 크리스마스를 기다리며
강석승 연구실에서

Listen, Yankee! 들어라 양키들아!
트럼프 대통령
차례

Listen, Yankee!
트럼프 대통령, 미국을 다시 위대하게

아웃사이더 도널드 트럼프 제45대 미국 대통령에 당선됐다. 트럼프는 2016년 11월 8일(현지시간) 치러진 대선에서 힐러리 클린턴 민주당 후보가 우세할 것이라는 전망을 보란 듯이 뒤엎어버리고 백악관행 티켓을 거머쥐었다. 트럼프는 개표 초반에 플로리다 노스캐롤라이나 오하이오 등 주요 경합지에서 승리하면서 박빙의 승부를 연출했다. 선거인단 과반수(270명)의 표를 얻으면 승리하는 대선에서 트럼프는 '매직넘버'를 갓 넘는 선거인단을 확보하며 온 세계를 경악시킨 이변을 일으킨 것이다.

이윽고 트럼프는 11월 9일 맨해튼 뉴욕 힐튼 미드타운 호텔에 마련된 선거본부에 가족과 함께 등장했다. 조금 상기된 표정으로 트럼프가 대통령 당선 수락 연설을 하기 위해 지지자들 앞에 서자 "유에스에이(U.S.A)! 유에스에이! 유에스에이!" 외치며 다들 크게 환호했다. 선거운동 기간 내내 분열과 갈등을 조장한다고 지적받았던 트럼프는 연설에서는 포용과 화합을 강조했다.

"모든 국민을 위한 대통령이 되겠다. 나를 지지했든 지지하지 않았든 모든 미국인을 향해 화해와 협력의 손길을 내밀겠다"며 그는 선거 과정에서 불거진 미국의 분열을 스스로 봉합하겠다는 의지를 내비쳤다. 그리고 "공화당원이든 민주당원이든 부동층이든 모든 미국인이 지혜를 함께 모아야 할 때"라며 "이제 상처와 갈등을 치유하고 한데 힘을 합쳐야 하며 과거의 반목을 청산하고 미합중국의 깃발 아래 하나로 모여야 한다"고 촉구했다. 또한 "힐러리 클린턴 후보는 오랫동안 수많은 노력으로 오늘의 미국을 가능케 했다. 힐러리가 미국을 위해 일해 준 것에 대해 감사한다" 말하는 여유도 보였다.

트럼프는 자신의 선거 캐치프레이즈인 '미국을 다시 위대하게(Make America Great Again)'를 상기시켰다. 자신은 평생을 기업가로 활동하면서 미국에 얼마나 무한한 잠재력이 있는지를 두 눈으로 보았다고 말하며 그 잠재력을 현실에서 이루기 위해 대통령으로서 소임을 다하겠다고 다짐했다.

그는 "모든 미국인이 꿈과 희망과 염원을 이룰 수 있는 국가를 만들 것"이라고 말했다. 구체적인 방법으로는 인프라 재건과 경제개혁 그리고 주변국들과의 '공정한' 경쟁을 제시했다.

트럼프는 "수백만 명 이상에게 일자리를 되찾아주는 인프라 건설 프로젝트를 통해 전 세계 어느 나라보다 앞서는 자랑스러운 미국이 될 것"이라고 자신했다. "도심을 재건하고 도시를 활성화하고 교량과 터널과 학교와 병원과 공항을 다시 짓겠다"는 청사진도 제시했다. 또 "경제정책을 완전히 새로 실행함으로써 미국의 경제를 강력하게 하고 국내총생산(GDP) 성장률을 크게 끌어올리겠다" 약속하기도 했다. 특히 "미국인의 잠재력과 창조력을 다시 한 번 끌어낼 수 있는 국가를 만들겠다" 강조했다.

외교적으로는 "미국과 뜻을 함께하는 국가들과 같은 길을 나아갈 것"이라며 "모든 국가들과 더 나은 관계를 이룩할 수 있을 것으로 확신한다"고 말했다. 관계 개선을 추구하되 '미국과 뜻을 함께하는 국가'라는 표현에 방점을 찍음으로써 미국의 이익에 부합하느냐를 협력의 전제조건으로 제시한 셈이다. 그렇지만 그는 "미국의 국익을 최우선에 두면서도 모든 국가가 공정하게 발전할 수 있도록 모든 노

트럼프 대통령 캐치프레즈 'Make America Great Again'

력을 다하겠다"는 말로 주변국들의 우려를 달랬다. 또 "전 세계 시민
과 모든 국가들이 미국과 함께 공동의 기반을 찾고 파트너십을 가지
고 갈등과 분열을 청산하기 위해 노력할 것"이라고 덧붙였다.

아웃사이더인 자신이 미국의 대통령이 되는 이변을 일으킨 것에 대해서는 "내가 출마했을 때부터 나의 움직임은 단순한 선거운동이 아니라 하나의 거대한 정치적인 흐름과 함께했다"고 자평했다. 이어 "날마다 땀 흘리며 일하는 수백 수천만 명 미국인의 힘을 상징하는 하나로 결집하려는 큰 정치적인 움직임이었으며 인종과 종교, 사회, 경제적인 배경에 상관없이 미국을 위해 일하는 모든 사람들의 뜻을 모으려는 시도였다" 진단하기도 했다. 그러면서 "앞으로 사회의 소외된 계층도 더 이상 잊히지 않도록 모든 노력을 다할 것이다. 과거에 나를 지지하지 않은 사람들도 있는데 나는 여러분에게 지도와 도움을 받기 위해 손을 내밀 것이며, 그래야 우리가 함께 일할 수 있고 위대한 이 나라를 통합할 수 있다" 힘차게 덧붙였다.

이는 선거운동 기간 동안 입에 담지 않았던 메시지였다. 그는 오히려 무슬림과 히스패닉, 여성 등 소수자를 향한 차별적 발언을 여과 없이 쏟아냈으며, 마지막날 유세에서도 "하나의 신을 믿는 위대한 나라"를 추구했던 트럼프의 놀라운 반전이었다. 15분간의 연설을 끝낸 트럼프는 느린 걸음걸이로 연단을 내려왔고, 그때부터 앞줄에 자리 잡은 지지자들과 악수하거나 인사를 나눴다. 트럼프는 때로 지지자와 10초 넘도록 대화를 나누며 선거 승리의 공을 '일하는 남성과 여성들'에게 돌리기도 했다.

"도널드 트럼프! 유에스에이!"

트럼프 지지자들이 승리를 예감한 것은 플로리다, 노스캐롤라이나, 뉴햄프셔 등 동부 경합주에서 트럼프가 모두 우세한 것으로 나오기 시작한 8일 밤 10시 무렵이었다. 한두 시간 전만 해도 조금은 썰렁했던 힐튼 미드타운 호텔 앞에는 어느덧 수십 명이 모여 "도널드 트럼프! 유에스에이!"를 외치며 응원 겸 자축을 시작했다. 성조기와 트럼프 깃발 또는 피켓을 든 지지자들이 여기저기서 구호를 외치

당선 축하 지지자들에 둘러싸인 트럼프 대통령 2016년 11월 9일 뉴욕

며 흥을 띄웠고, 근처를 지나던 차량 가운데 일부가 힘차게 경적을 울리며 이들에 동조했다.

구호를 외친 이들은 주로 20~30대 젊은이들로, 헐렁한 티셔츠 차림이었다. 거의 백인이었지만 히스패닉계도 이따금 눈에 띄었다. 젊은이들 주변으로는 뒤늦게 합류한 것으로 보이는 50~60대 지지자도 여럿 있었다. 한 지지자는 "훌륭한 사업가 출신인 트럼프는 일하는 모든 미국인들, 당신과 나와 우리의 대통령이 될 것"이라 확신에 차 말했다. 또한 그는 "규제와 세금을 줄여 기업 활동을 더 장려하고, 이는 더 많은 투자와 고용으로 이어진다. 버락 오바마 대통령 8년 동안 미국의 분열은 심화됐으며, 힐러리 클린턴은 거짓말만 해댄다. 그들과 클린턴, 모두 월가로 연결되지 않느냐. 클린턴과 달리 트럼프는 우리 모두를 위해 일할 것"이라고 흥분한 듯 말했다

한편 힐러리는 트럼프에게 전화를 걸어 선거 결과에 승복한다는

뜻을 전했다. 사실상 힐러리의 공식 패배 선언인 셈이다. 본디 미국 대선 전통에 따라 당선자가 확정된 날 저녁에 패배 연설을 해야 했으나 충격에 빠진 힐러리는 공식 입장 표명 대신 8일 저녁 도널드 트럼프 대통령 당선자와의 전화 통화를 통해 패배를 인정했다. 미국 대통령 선거 역사에서는 당선 인사 못지않게 선거에 진 후보자의 패배 연설이 중요하게 여겨진다. 아무리 선거가 박빙이라 하더라도 '패배'를 인정하는 것이 민주주의의 중요한 전통이란 판단 때문이다. 대선 토론 과정에서 트럼프가 선거 결과 불복을 시사하자 이것이 큰 화제가 되기도 했다.

선거 승리 연설 뒤 '축제'가 벌어질 것에 어느 누구도 의심치 않았던 힐러리 클린턴 캠프가 차려진 컨벤션센터는 충격을 이기지 못하는 분위기를 이어갔다. 미국의 첫 여성 대통령 탄생을 축하하기 위한 대형 행사가 준비된 '제이컵 재비츠 컨벤션센터'에 모인 힐러리 지지자들은 선거 결과를 믿지 못하겠다는 듯 아연실색한 표정이 뚜렷했으며 일부 지지자들은 눈물을 흘리는 등 충격에 빠진 모습이었다. 한편 버락 오바마 대통령은 선거운동 기간 자신이 거침없이 비판했던 도널드 트럼프가 당선됐지만 깨끗하게 승복하고 단합을 강조했다.

빗나간 여론 조사 미국 언론 국제적 망신

"우리가 이기고 있지만 언론이 보도하지 않을 뿐이다." 트럼프가 유세 막판 지지자들에게 던진 메시지는 결과적으로 허풍이 아니었다. 투표일 직전까지 힐러리 클린턴 민주당 후보를 차기 백악관 주인으로 예측했던 미 언론과 여론 조사기관은 트럼프 당선이 유력해지자 패닉에 빠졌고 트럼프가 대선에서 승리하면서 그동안 여론 조사를 통해 힐러리 클린턴의 승리를 점쳤던 대부분의 미국 언론은 국

예상치 않은 패배에 놀란 힐러리 클린턴 지지자들 2016년 11월 9일. 맨하탄

제적인 망신을 당했다.

여론 조사가 선거 결과를 제대로 내다보지 못한 건 이번만이 아니다. 올해에도 글로벌 정세를 뒤흔든 각국 주요 투표 때 예측에 실패해 혼란이 가중됐다. '여론 조사 대참사'라 부를 만한 이변의 이면에는 '샤이 트럼프(Shy Trump)'로 불리는 숨어 있는 트럼프 지지자와 이를 포착하지 못했던 여론 조사 자체의 한계, 트럼프에게 부정적인 미국 주류 언론의 편향된 보도가 일으킨 착시 현상 등이 복합적으로 작용한 것이라는 분석이 나왔다.

미국 대선 과정에서 끊임없이 제기됐던 '숨은 표'들의 반란이 현실화된 것이다. 이 숨은 표로 인해 2016년 미국 대선은 제2의 브렉시트 투표가 돼버렸다. 영국의 유럽연합(EU) 탈퇴를 위한 국민 투표 직전 각종 여론 조사는 거의 모두 브렉시트를 예측하지 않았지만 결과는 정반대였다. 미국 대선도 마찬가지였다. '결전의 날'을 하루

앞둔 12월 7일 거의 모든 여론 조사에서 도널드 트럼프 공화당 후보의 당선을 점치는 곳은 전체 8%에 지나지 않았다. 하지만 당선 확률 8%의 트럼프는 대역전극을 펼쳤다. 클린턴 후보는 악재로 꼽혔던 연방수사국(FBI)의 이메일 스캔들에 대해 두 번째 면죄부를 받으면서 근소한 우위를 굳혔다는 것이 일반적인 평가였다. 그러나 선거 결과가 여론 조사와 다르게 나온 것은 평소 자신의 성향을 숨기지만 막상 투표장에서는 속마음을 드러내고 표를 찍는 경향이 두드러졌기 때문이다.

트럼프는 그동안 "8일 선거 결과는 브렉시트의 10배에 해당하는 충격을 줄 것"이라며 여론 조사가 지지층의 표심을 제대로 드러내지 못한다고 주장했다. 이는 무슬림 비하, 여성 차별적 발언과 막말, 음담패설 파문 등으로 끊임없이 논란을 빚은 트럼프를 지지한다는 사실을 공개적으로 밝히길 꺼리는 샤이 트럼프 유권자가 그만큼 많다는 주장이다.

미국의 정치전문매체 '폴리티코'는 "응답자들이 여론 조사원에게는 트럼프를 지지한다고 말하고 싶어 하지 않는 경향은 있을지 몰라도 샤이 트럼프 유권자는 하나의 신기루"라고 폄하하기도 했다. 그렇지만 결국 자신을 '미스터 브렉시트'로 일컫은 트럼프의 주장이 허풍이 아니었음이 이번 선거를 통해 밝혀진 셈이다.

전화로 실시되는 여론 조사 자체의 낮은 응답률 때문에 표본의 신뢰도가 낮다는 지적도 나왔다. 여론 조사기관은 표본의 대표성을 확보하고자 무작위로 전화번호를 뽑아내지만 전화를 받는 사람은 이런 전화를 스팸 전화와 다름없게 생각한다는 분석이다. 통계로 만들 수 있는 답을 얻어내기가 그만큼 쉽지 않다는 뜻이다. 또한 여론 조사 자체가 민심을 나타낸다기보다는 선거 붐을 조성하는 사업이라는 준엄한 비판도 잇따랐다.

클린턴의 당선을 기정사실화하던 미국 주류 언론의 편향된 보도 태도와 이에 대한 불신도 미국 대중의 실제 민심과 여론 조사의 괴리를 불러온 원인으로 꼽힌다. 클린턴은 미국의 100대 유력 언론매체 가운데 뉴욕타임스(NYT), 워싱턴포스트(WP)를 비롯해 57개 언론사의 지지를 얻어냈지만 트럼프 지지를 표명한 언론사는 라스베이거스 리뷰저널과 플로리다 타임스 유니온 등 두 곳에 그쳤다.

선거 예측이 크게 빗나가는 현상은 24년 전 미국에서 주목받았다. 바로 '브래들리 효과'다. 1982년 캘리포니아 주지사 선거 때 민주당 토머스 브래들리 후보와 공화당 조지 듀크미지언 후보가 대결했다. 흑인이자 전직 LA 시장인 브래들리가 여론 조사에서 86%의 지지율을 얻어 쉽게 승리할 것으로 보였다. 선거일 출구 조사에서도 앞섰다.

하지만 개표 결과 브래들리는 1.2%포인트 차이로 패했다. 백인 유권자가 명망 있는 흑인 후보를 지지하지 않는다고 답하면 인종차별주의자로 보일까 봐 여론 조사 때 거짓 응답을 했다는 분석이 나왔다. 이번 대선에서도 트럼프가 주장했던 '샤이 트럼프'가 상당수 존재했던 셈이다. 트럼프 대통령 당선자를 만든 일등공신인 이 숨은 표는 대선 내내 쟁점이었다. 트럼프 당선자 측은 이 '숨은 표'로 인해 승리를 장담했고, 미국 주류 언론들과 여론 조사기관들은 무시했다. 물론 숨은 표 때문에 대선 판이 흔들릴 수 있다는 시각은 있었지만 극소수였다.

이런 가운데 아메리칸대학의 저명한 역사학자 앨런 릭트먼 교수는 트럼프의 당선을 맞혀 눈길을 끌고 있다. 릭트먼은 미국의 역대 대통령 선거 결과와 선거 환경을 분석해 만든 자신의 모델로 1984년부터 2012년 대선까지 여덟 차례 연속 대통령 당선인을 정확히 예측했으며, 이번에도 대선 예측 승자가 됐다. 또 인공지능(AI)도 트럼프의 당선을 정확히 예측했다. 인도 벤처기업 제닉AI의 창립자 산지브 라이가 2004년 개발한 '모그IA'가 그 주인공으로, 지난 10월 끝 무렵부터 트럼프가 이번 대선에서 이길 것이라고 내다봤다. 모그IA는 소셜네트워크서비스에서 참여자들이 많이 언급하는 후보를 선별하는 방식으로 대선을 예측한다. 모그는 2004년 이후 있었던 세 번의 대선 결과를 모두 맞혔다.

'러스트벨트' 백인 노동자들 몰표

미국 민심은 무섭고도 냉정했다. 미국인이 '클린턴시대'가 아니라 '트럼프시대'를 선택한 배경은 무엇일까? 그 바탕에는 미국의 경제·정치·사회 구조적인 변화 욕구가 자리잡고 있다.

이제까지 민주당 소속 버락 오바마 정부가 일군 경제지표만 보면 미국 경제는 건실하다. 2014년과 지난해 모두 2.5%씩 성장했다. 주요 선진국 중에서는 독보적이다. 올해도 1.8% 정도 성장해 선방할 것으로 예측된다. 실업률은 4.9%(10월 기준)로 완전고용에 가깝다. 올 들어 월평균 15~20만 개 새로운 일자리도 창출하고 있다.

그러나 중요한 것은 유권자들이 현장에서 느끼는 체감경기다. 미국은 비자발적인 파트타임직이 600만 명에 달한다. 실업자 수는 여전히 790만 명(9월 기준)에 이른다. 트럼프는 이런 유권자의 불만을 '미국을 다시 위대하게'라는 대선 구호에 담아 대변하는 전략을 썼다. 보호무역주의, 이민규제의 다른 표현이기도 했다. 기존 정치권이 놓친 실직자와 구직자의 불만을 정치적 집단으로 묶는 데 주효했다. 정치 전문가들은 미국 우선주의에 대한 갈망, 주류 정치권에 대한 반감 등이 트럼프 당선에 결정적인 역할을 한 것으로 분석했다.

사실 이번 대선은 인구 구조상 민주당과 힐러리에게 절대적으로 유리한 선거였다. 공화당 지지층인 백인 유권자 비중이 줄고, 민주당 지지층인 유색인종 유권자가 늘어났기 때문이다. 워싱턴포스트(WP)에 따르면 1980년 대선에서 로널드 레이건 공화당 후보는 백인 유권자들로부터 56% 지지를 얻어 압승을 거뒀지만 2012년 및 롬니 공화당 후보는 레이건보다 백인 지지율이 3%포인트나 높았음에도 버락 오바마 민주당 후보에게 3.85%포인트 차이로 패배했다. 이유는 인구 구조의 변화였다. 1980년 88%에 이르렀던 백인 유권자 비중이 2012년 72%로 떨어진 반면, 흑인·히스패닉·아시아계 등 유색인종 유권자 비중은 12%에서 28%로 늘어난 것이다. 이번 대선에서 백인 유권자 비중은 70%로 낮아지고 유색인종 유권자 비중은 30%까지 높아졌는데, 이 같은 인종 구성을 2012년 대선에 적용할 경우 오바마의 리드 폭은 5.4%포인트로 늘어난다. 한마디로 '지려야 질 수 없었던' 선거였다.

트럼프가 이처럼 불리한 선거구도를 깨고 대이변을 연출할 수 있었던 까닭은 복합적이다. 미국 연방수사국(FBI)의 힐러리 이메일 스캔들 재수사 발표가 막판 선거판을 뒤흔들었고, 트럼프가 막판 총력전을 '러스트 벨트(낙후된 북부·중서부 제조업지대)'의 백인 중산층 노동자들을 상대로 펴면서 이들을 하나로 모았으며, 앞서 이야기했듯이 여론 조사는 물론 밖으로 자신의 의사를 대놓고 드러내지 않는 숨은 표, 이른바 '샤이 트럼프'들을 투표장으로 이끌어 냈다. 주로 시골에 살수록, 기독교 신자일수록, 기혼인 백인 저학력 남성일수록 트럼프를 지지한 것으로 드러났다.

하지만 보다 근본적으로는 '트럼피즘'으로 집약된 유권자들의 변화와 개혁 열망이 표로 대거 반영되면서 승패가 갈렸다는 게 각국 언론의 분석이다. 실제로 CNN·ABC 등 방송사 공동 출구 조사 결과 드러난 민심의 키워드 또한 '변화'였다. 대통령 선택의 기준과 관련해 응답 유권자의 38%가 변화를 이끌 수 있는 인물인가를 보고 판단했다고 밝혔다. '풍부한 경험'과 '판단력'은 저마다 22%, '나에 대한 관심'은 15%에 그쳤다.

힐러리는 변화에 대한 유권자들의 욕구를 채워주는 데 실패했다. 출구 조사에 따르면 힐러리가 승리한 버지니아 주에서조차도 '누가 더 변화에 적합한 인물이냐'는 질문에 79%가 트럼프라 답했다. 이와 달리 힐러리를 꼽은 유권자는 15%에 지나지 않았다. 당내 경선에서 대세론만 앞세우다 변화를 앞세운 오바마 대통령의 바람몰이에 속수무책 무너졌던 2008년의 뼈아픈 실패를 이번에도 거듭한 것이다.

이후 절치부심했던 힐러리는 "경력과 업적을 자랑하는 모습은 마치 마이크로소프트 같다. 그런데 시장은 애플 같은 사람을 바란다"며 자신의 문제점을 정확히 지적했던 존 포데스타를 선대위원장으로 영입했지만, 이번에도 "백악관, 상원의원, 국무장관을 모두 거쳐 준비됐다"며 자신의 경륜과 안정감만 부각하는 데 온 힘을 기울이는 실수를 저질렀다.

유리천장(여성차별을 의미)을 깨겠다는 힐러리의 두 번에 걸친 도전이 모두 실패로 끝났다. 미국 240년 역사상 첫 여성 대통령은 실현되지 않은 것이다. 클린턴은 부도덕성과 엘리트 권력자의 이미지를 벗어던지지 못했다. 클린턴의 패인은 그녀에 대한 미국인들의 불신이다. 특히 백인층이 그녀에게 등을 돌린 데 있다. 이면에는 주류 정치인, 기성 정치권에 대한 뿌리 깊은 불신이 숨어 있다. 클린턴은 월가 유착 의혹에 호화로운 생활상까지 전해지면서 위선자, 특권층, 귀족 정치인이라는 평가를 받았다. 양극화와 불평등, 기득권 정치에 대한 반감을 끄집어 낸 '버니 샌더스(민주당 대선후보) 돌풍'도 클린턴은 자신의 지지율로 충분히 흡수하지 못했다.

힐러리 클린턴의 좌절은 민주당과 공화당으로 나뉜 정치 현실뿐 아니라 보수·진보 등 성향과 인종, 성별, 교육, 종교 등에 따라 나뉜 미국인의 분열을 보여준다. 트럼프는 여성·이민자·무슬림 비하 등 끊임없는 막말과 극단적 공약으로 공포를 조장했지만, 그가 외치는 변화와 '미국우선주의'는 백인 노동자층을 중심으로 보수층, 장년층, 복음주의 유권자들에게 큰 장점으로 다가섰고, 클린턴과 차별화하는 데 성공했다.

이날 발표된 출구 조사 결과에 따르면 클린턴에 대한 유권자들의 비호감도는 트럼프와 비슷하게 높았다. 특히 백인 유권자들의 대부분이 클린턴으로부터 등을 돌렸다. 백인 남성 70%는 트럼프를 지지했고, 여성조차 43%가 트럼프에게 표를 던졌다.

트럼프는 '사기꾼 힐러리 클린턴'으로 그녀의 불신을 약점으로 공격했다. 뉴욕타임스(NYT)와 CBS가 대선 일주일 전(10월 28일~11월 1일) 유권자 1333명을 대상으로 한 여론 조사에서 '클린턴이 정직하고 신뢰할 만하다' 답한 사람은 32%에 불과했다. 64%는 '클린턴이 정직하지 않으며 신뢰할 수 없다'고 답했다. 정치인 클린턴은 정직하지 않다는 이미지다. 무엇보다 이메일 사건은 클린턴의 도덕성을 집요하게 깎아내렸다.

클린턴은 국무장관으로 일하던 2009년부터 4년간 개인 이메일 서버로 국가기밀이 포함된 문건을 주고받았다. 올해 대선 과정에서 미국 연방수사국(FBI)은 수사를 진행했지만 '무혐의'로 흐지부지 마무리되는 듯했다. 그러나 대선을 11일 앞둔 지난달 28일 FBI는 클린턴의 이메일 스캔들에 대한 재수사를 결정했고, 지지율은 크게 떨어졌다. 급기야 대선 이틀 전 FBI는 무혐의로 종결했지만 결과적으로 클린턴에 직격탄이 된 셈이다. '클린턴 재단'의 비리 의혹도 그의 도덕성에 흠집이다. 클린턴 재단은 클린턴 일가의 로비 창구로 의심 받았다. 올해 초 보수성향의 시민감시단체 '사법감시'는 클린턴 재단과 국무부가 유착관계에 있었다는 의혹을 제기했다. 클린턴 재단의 고액 기부자들이 클린턴 재임 시절 국무부로부터 각종 특혜를 받았다는 것이다.

고액 강연료 문제도 클린턴에 대한 불신을 부채질했다. 고액 강연으로 손쉽게 돈을 번 그들을 보는 서민들의 마음은 불편했다. 클린턴은 남편 빌 클린턴 전 대통령과 함께 수백 차례 강연에 나갔는데, 강연료는 한 회당 최고 28만 달러에 이른 것으로 전해졌다. 클린턴 부부가 강연료로 벌어들인 수익은 550만 달러에 달했다. 더군다나 금융위기를 일으킨 월가에서 그들의 이익을 옹호한 강연은 국민들의 분노를 사기에 충분했다.

미국 사회의 불평등과 소득 양극화도 민주당 정권에 대한 반감을 키웠다. 버락 오바마 대통령 지지율은 높지만 민주당의 경제, 외교, 복지, 교육 등의 주요 정책에 대한 국민들의 불만이 쌓여만 갔다. 이런 불만과 분노를 트럼프가 속 시원히 끄집어 냈고, 백인층은 트럼프에 열광했다. 대표적인 사례가 오바마 대통령이 이끌어 간 의료보험 시스템 일명 '오바마케어'다. 오마바 정부는 대형 제약사 등 거대 이해집단 개혁에는 실패했다. 내년엔 일부 주의 보험료가 50% 이상 오를 것이라는 전망까지 나왔다. 더 많은 의료보험료를 부담해야 하는 국민들의 불만은 커질 수밖에 없었다. 트럼프는 오마바 정부의 이런 실정을 비판하며 "작동하지 않는 나쁜 제도인 오바마케어를 없애버리겠다" 했다.

경제 문제에 대한 유권자들 관심도 승패를 가른 원인이었다. 유권자들의 58%는 차기 대통령에게 있어 가장 중요한 쟁점으로 '경제'를 꼽았지만 힐러리는 경제 문제, 특히 일자리에 대한 확답을 주지 못했다. 트럼프가 "미국 내 제조업 일자리를 감소시키는 불합리한 무역협정을 손봐 일자리를 미국으로 도로 가져오겠다" 줄곧 강조한 끝에 위스콘신 등 민주당의 아성이었던 북부 지역의 표를 가져온 것과 크게 대비된다.

불법이민자와 자유무역협정도 미국인들의 일자리를 빼앗아갔다는 분노로 표출됐다. 북미자유무역협정(NAFTA)과 한미자유무역협정(FTA) 등은 오히려 미국 제조업을 침체시키고, 저소득 노동자들의 고용을 더 악화했다는 공식으로 해석됐다. 멕시코와 미국 국경에 장벽을 쌓고 불법이민자를 쫓아내겠다는 트럼프의 극단적인 공약이 먹혀든 것도 모두 이런 맥락이다.

뉴욕타임스 CNN 등이 공동으로 에디슨리서치와 함께 진행한 출구 조사 결과에 따르면 공화당 지지자가 트럼프에게 등을 돌릴 것이라는 클린턴 지지자들의 기대와 달리, 공화당 지지자의 90%가 트럼프에게 한 표를 행사했다. 민주당 지지자의 89%는 클린턴을 찍었지만 트럼프를 찍은 이(9%)의 비중도 결코 적지 않았다. 공화당 지지자로 클린턴을 찍은 이(7%)의 비중보다 높았다. 클린턴으로 전향한 공화당원은 생각보다 적고, 오히려 민주당 지지자 가운데 트럼프에 동화된 사람이 많았다는 이야기다.

무엇보다 트럼프에겐 백인 남성의 강고한 지지가 큰 기반이 됐다. 버락 오바마 대통령이 당선된 2008년과 비교했을 때 공화당 후보에게 투표한 백인(55%→58%)과 남성(48%→53%)의 비중이 높아졌다. 2008년에는 흑인 후보라는 상징성 때문에 흑인 투표자의 95%가 압도적으로 민주당에 몰표를 줬지만, 이번 선거에서는 그 비중이 88%로 떨어졌다. 트럼프를 찍은 흑인 유권자 비중은 8%였다.

백인 가운데서도 고졸 이하 저학력자에게 트럼프는 압도적인 인기(67% 지지율)를 누렸다. 유색인종 저학력자 가운데 75%가 클린턴을 지지하고, 트럼프를 지지한 비중이 20%에 그친 것과 대조적이다. 백인 저학력 남성의 박탈감을 자극했다는 점이 선거 결과에서 또렷이 드러났다.

히스패닉과 아시아인 가운데 지난 4년 사이 공화당으로 전향한 사람이 늘어난 것도 변수였다. 인구 구성으로 보면 클린턴이 앞설 수 있는 여건이 마련돼 있었다. 미국 인구 가운데 민주당지지 성향이 강한 유색인종 비중이 4년 전 28%에서 30%까지 늘어났다. 히스패닉 비중은 2012년 10%에서 올해 11%로 높아졌다. 하지만 이들이 그만큼 더 민주당에 기울지는 않았다. 히스패닉과 아시아인의 민주당 지지율은 4년 전에 비해 각각 6%포인트(71%→65%), 8%포인트(73%→65%) 떨어진 반면 공화당 지지율은 2%포인트, 3%포인트씩 올라갔다. 비주류인 유색인종 가운데서도 '아무런 매력 없는' 클린턴에게 등을 돌린 이들이 많았다는 뜻이다.

세대별로는 30세 이하 밀레니얼 세대의 54%가 클린턴을 지지했으며 34%는 트럼프에게 표를 던졌다. 65세 이상 유권자의 52%는 트럼프를 지지했고 45%는 클린턴에게 표를 던졌다. 이 또한 2012년보다 격차가 줄어든 것이다.

도시와 농촌 간 차이도 컸다. 5만 명 이상이 거주하는 도시지역의 트럼프 지지자는 35%인 데 비해 교외에 사는 이들은 50%, 소도시 및 농촌 거주자는 62%가 트럼프를 찍었다. 도시에 사는 고소득 전문직 종사자들이 주요 정책을 결정하고 위세를 부리는 세상에 일격을 날린 셈이다. 이민자 문제가 중요하다 여기고(64%), 가족의 재무상황이 전보다 나빠졌다고 생각하며(78%), 다른 나라 때문에 일자리를 빼앗기고 있다 여기는(65%) 이들에게서 트럼프가 표를 얻은 것이다.

그동안 주류 사회에서 목소리를 잃어버렸던 숨은 트럼프 지지자들이 경합지역에서 트럼프에게 힘을 실어줌으로써 주류 언론과 여론 조사기관은 모두 체면을 구기게 됐다.

Listen, Yankee!
이제까지 모든 정치공식을 파괴하라!

트럼프의 승리로 끝난 미국 대통령 선거는 정치학 교과서를 바꿔 놓았다. 이단아 트럼프는 조직과 자금, 전략가가 총동원되는 '워싱턴 식' 선거캠페인을 거부했다. 주류 언론과도 선거 내내 전쟁을 치렀다. 이것이 엘리트 기득권을 거부하는 민심과 맞아떨어지며 모든 정치 공식을 무너뜨렸다.

힐러리 클린턴의 선거캠프에는 빌 클린턴 정부 시절부터 함께해 온 숙련된 선거전략가, 여론 조사분석가, 정책 참모들이 즐비했다. 그러나 트럼프 캠프는 공화당의 전략가인 폴 매나포트를 제외하면 이른바 '듣보잡'으로 채워졌다. 그나마 매나포트도 일반 유권자가 아 닌 공화당 대의원의 표심을 얻어야 하는 전당대회를 위해 투입됐다 가 8월 중순 교체됐다. 트럼프는 캠프의 다음 사령관으로 극우매체 브레이트바트의 설립자 스티브 배넌을 택했다.

트럼프의 초기 캠페인을 지휘했던 '심복' 코리 루언다우스키의 선 거전략은 '트럼프를 트럼프이게 놔둬라(Let Trump be Trump)'였다. 쉽 게 말해 선거전략은 따로 없고 트럼프가 모두 알아서 한다는 뜻이 다. 날것 그대로의 트럼프를 원하는 민심을 읽은 것이다. 부지런하고 뭔가를 늘 준비하는 클린턴과 달리 트럼프는 즉흥적이며, 내키는 대 로 말하고 움직였다. 지난 9월 뉴욕타임스가 트럼프 캠프 참모들의 평가를 종합한 것을 보면 트럼프는 '게으르고 변덕스러우며 뭔가에 제대로 집중하지 못한다'. 그러나 지지자들에게 처음부터 트럼프의 자질은 크게 중요하지 않았다.

스타군단과 유력인사들이 총동원됐던 클린턴에 비해 트럼프는 혼자서 전국을 누비고 다녔다. 그는 유세 마지막 날인 7일 "우리는 레이디 가가도, 존 본 조비도 필요없다. 그저 미국을 위대하게 만들겠다는 생각이 필요할 뿐"이라고 했다. 공화당에서도 적극적으로 도와주는 사람이 그다지 없었다. 트럼프와 공존할 수 없다는 거부감에, 의회 선거에서 불리하게 작용할지 모른다는 걱정이 더해진 탓이었다. 트럼프는 상관하지 않았으며 자신을 후보로 내세운 공화당과도 전면전을 펼쳤다.

그는 주류 언론 또한 적으로 돌렸다. 심지어 '공화당의 기관지'라 불리는 폭스뉴스와도 간판 여성 앵커를 조롱하며 싸웠다. 100대 언론사 가운데 트럼프를 공개 지지한 언론사는 없었다. 그러나 언론의 속성을 꿰뚫어본 것은 트럼프였다. 언론들이 막말을 중계하고 비난할수록 홍보 효과는 더 커졌다. 지난달 25일 미디어리서치센터가 7월 양당 전당대회 후 12주 동안의 방송 보도를 분석한 결과를 보면 이 기간 트럼프가 보도된 방송시간은 440분인 데 반해 클린턴은 185분이었다. 91%가 부정적인 보도였음에도 트럼프에게는 결과적으로 득이 됐다.

TV광고를 하지 않아도 됐던 덕분에 트럼프는 돈도 적게 모았고 적게 썼다. 지난달 28일 기준 블룸버그 집계를 보면 트럼프가 모금한 선거자금은 총 5억 1200만 달러(약 5880억 원)로 10억 6800만 달러를 모금한 클린턴의 절반 수준이다. 그 대신 트럼프는 소셜미디어로 유권자에게 직접 이야기했다. 쉽고 짧은 단어를 이용한 트럼프식 막말은 140자 트위터에 최적이었다. 워싱턴 엘리트들의 고상하고 어려운 말에 거부감을 느끼던 대중은 트럼프에 더욱 열광했다.

공화당 백악관 쳐들어가 상·하원도 장악

미국 공화당은 대통령 선거와 함께 치러진 연방 의회 선거를 독식했다. 상원 52석, 하원 240석을 차지해, 다수당의 지위를 굳건히 지켰다. 민주당은 각각 47석과 195석에 머물렀다. 대선 주자 트럼프의 당선에 이어 상·하원을 모두 장악한 공화당을 중심으로 워싱턴 정가가 일대 재편될 것으로 전망된다. 공화당이 백악관과 상·하원을 독차지한 것은 2006년 조지 W. 부시 전 대통령 재임 시절 이후 10년 만이다.

상원 선거를 앞두고 민주당의 다수당 탈환이 관심을 끌었다. 선거

공화당은 대선주자 당선은 물론 상·하의원 모두 석권

구 34곳의 현역 의원은 공화당이 24명, 민주당이 10명이었다. 많은 의석을 지켜야 하는 공화당이 불리하리란 전망이 많았다. 관측은 빗나갔다. 선거 전 판세의 흐름은 이번 대선과 비슷했다. 선거분석 업체 파이브서티에이트에 따르면 지난달 말 70%를 웃돌던 민주당의

상원 선거 승리 확률은 선거를 3일 앞두고 50%대로 떨어졌다. 미국 연방수사국(FBI)의 힐러리 클린턴 민주당 대선 후보 '이메일 스캔들' 재수사가 박빙의 상원 선거에 영향을 미친 것으로 분석된다.

공화당은 하원 선거에서도 이변 없는 승리를 거뒀다. 하원 전체 의석 435석 가운데 240석을 거머쥐었다. 기존 의석 247석 중 7석을 민주당에 내줬지만 과반인 218석은 가뿐하게 넘어섰다. 선거 전 공화당이 하원 다수당 지위를 민주당에 내줄 확률은 희박하다는 관측이 지배적이었다. 경합 지역은 17곳에 불과했다. 지난 6년 동안 하원 다수당을 지킨 공화당은 이번 승리로 다수당 지위를 2년 연장하게 됐다. 하원의장 후보로는 공화당 1인자 폴 라이언 하원의장(위스콘신), 케빈 매카시 원내대표(캘리포니아), 스티브 스칼리스 원내총무(루이지애나) 등이 거론된다. 라이언 하원의장은 트럼프에게 전화를 걸어 축하 인사말을 건넸다.

백악관과 상·하원을 모두 공화당이 접수함에 따라 트럼프는 강력한 정책 추진 동력을 확보했다. 특히 자유무역협정(FTA) 재검토, 중국의 환율조작국 지정 등을 조기에 추진할 것으로 보여 관련국들과의 갈등을 예고한다.

미국에서는 모든 입법안이 대통령 최종 서명 전 상·하원을 반드시 통과해야 할 만큼 의회 권력이 막강하다. 오바마 대통령도 주요 정책을 놓고 상·하원을 장악한 공화당에 번번이 발목을 잡혔지만, 트럼프는 의회의 전폭적 협조가 예정돼 있다. 다만 상원에서 법안을 단독으로 처리하는 '슈퍼 60석'에는 미치지 못해, 부분적으로 민주당과의 협력이 불가피하다.

반면 오바마 대통령과 민주당이 지난 8년간 일궈온 정책들은 물거품이 될 가능성이 크다. 공화당은 건강보험 개편, 이란 핵 협상 등 '오바마 레거시'를 폐기하겠다고 벼려왔다. 쿠바와의 관계 개선, 난민

수용 등 민주당의 유화적 대외 정책도 강경 선회하리라는 예측도 나온다.

연방대법원 구성도 바뀔 전망이다. 모두 9명의 종신대법관은 현재 보수 4명, 진보 4명으로 1석이 비어 있다. 앞으로 트럼프가 보수 성향의 법관을 지목하고 의회가 인준하면 주요 판결이 보수적으로 흐를 수 있다. 공화당이 백악관, 의회, 법원 모두 장악해 삼권분립이 무색하게 공화당이 사회 전반을 뒤흔들 것이라는 우려도 나온다.

다만 '이단아' 트럼프가 공화당 주류가 포진한 의회와 갈등을 빚을 수 있다는 관측도 나온다. 공화당 1인자 폴 라이언 하원의장을 비롯한 공화당 지도부는 대선 과정 내내 자유무역협정(FTA) 재협상, 이민자 추방 등 당 정체성에 어긋나는 공약을 주장한 트럼프와 불협화음을 내왔다. 일부 의원들은 트럼프의 패색이 짙어지자 아예 트럼프와 선을 긋고 '각자도생'식 선거 운동을 벌였다. 프린스턴대학의 줄리언 젤리저 역사학과 교수는 "공화당이 트럼프 지지층, 극단적 공화당주의자, 폴 라이언 지지층 등 세 개로 쪼개져 내전에 빠질 수 있다"고 파이낸셜타임스에 말했다.

실제로 상원에선 트럼프에 비판적이던 공화당 지도부가 당선되며 저력을 과시했다. 트럼프로부터 '가짜 전쟁 영웅'이란 비난을 받은 존 매케인(애리조나) 상원의원은 6선에 성공했고, 트럼프의 사퇴를 촉구한 마이크 리 상원의원도 유타에서 재선했다. 한편 네바다에서는 민주당 소속 캐서린 코르테스 마스토 전 주 법무장관이 히스패닉계로는 처음으로 상원의원에 당선됐다.

트럼프 대통령 사람들

공직생활 경험이 전무한 도널드 트럼프 후보가 미국 대통령에 당선되면서 앞으로 구성될 내각에 관심이 집중되고 있다. 미국 정치권에서 아웃사이더였던 트럼프가 기용할 수 있는 인력풀은 과거 대통령과는 많이 다를 것으로 예상되기 때문이다. 트럼프의 인맥은 주로 '외인부대' 위에 꾸려져 있다. 대선 과정에서 캠프에 참가한 정치인과 경제인과 선거 전문가들, 거래관계가 있었던 기업인 그룹, 가족 및 지인들 세 부류로 구성된다. 현재 트럼프 내각 구성에 대한 온갖 언론 추측이 나오고 있지만 막상 뚜껑을 열어보면 예상하지 못한 인물들이 등장할 가능성도 적지 않다.

먼저 미국 정가에서는 정치권에서 잔뼈가 굵은 부통령 마이크 펜스 인디애나 주지사가 주도적인 역할을 맡을 것으로 내다보고 있다. 마이크 펜스 부통령 당선자는 정치 경력이 풍부한 인물이다. 아일랜드계 이민자 후손으로, 2001년부터 2013년까지 인디애나 6구역 하원의원을 지냈다. 2009~2011년 당 서열 3위인 공화당 의원총회 의장을 역임할 만큼 당 내부 핵심 세력의 지지가 탄탄하다. 그는 2012년 중간선거 때 인디애나 주지사에 당선됐다. 공화당 내 강경 세력 '티파티' 소속이며 2008년·2012년엔 공화당 대선 후보군으로 거론되기도 했다. 끊임없이 당내 신임 논란을 겪었던 트럼프의 약점을 보완해 줄 '맞춤형 러닝메이트'라는 평가가 계속된 것도 이 같은 이력 덕분이다.

미국 언론들은 펜스 당선자가 당내 기반이 약한 도널드 트럼프와 공화당 보수 인사들을 연결하는 '고리'가 될 것으로 전망한다. 트럼프 행정부와 의회의 가교 역할도 해줄 것이라는 평가를 받는다.

하지만 트럼프와 펜스의 불편한 동거를 예상하는 이들도 적지 않다. 두 사람은 대선을 통해 알게 된 사이일 뿐 개인적인 친분은 전혀 없었다. 펜스는 지난달 트럼프의 '음담패설 녹음파일'이 공개됐을 때 "용납할 수 없다"며 비판에 가세하기도 했다.

한편 '기업인 기용설'이 나오는 재무부 장관 후보에는 '기업 사냥

꾼'으로 잘 알려진 헤지펀드 매니저인 칼 아이칸 아이칸엔터프라이즈 창립자가 1순위 후보로 꼽힌다. 트럼프는 자신의 저서와 선거 유세 등에서 아이칸을 "최고의 재무부 장관감"으로 치켜세우며 "아이칸 같은 사람이 외국과의 무역협정 협상을 맡아야 한다" 언급한 바 있다. 아이칸 또한 "트럼프는 워싱턴의 꽉 막힌 정치를 때려 부술 사람"이라며 그를 도왔다. 그러나 아이칸이 "정치에는 관심 없다"고 선을 그어놓고 있어 입각 여부는 불확실하다. 골드만삭스 임원을 지낸 스티브 뮤친도 후보로 거론된다. 그는 헤지펀드 회사 '듄 캐피털 매니지먼트' 회장 겸 최고경영자로, 트럼프 캠프의 선거자금 전반을 관리했다. 헤지펀드 매니저인 존 폴슨 폴슨&컴퍼니 회장도 재무장관 후보자 가운데 한 사람이며, 트럼프 경제팀의 일원으로 활약해 왔다. 잭 웰치 전 제너럴일렉트릭(GE) 회장 또한 재무장관 후보로 꼽힌다.

에너지부 장관 1순위는 세라 페일린 전 알래스카 주지사다. 극우 성향인 그는 지난 1월 트럼프 후보 지지를 선언했다. 기후변화와의 전쟁을 선포한 버락 오바마의 에너지정책에 공개적으로 반대하면서 언론 인터뷰 등을 통해 에너지정책을 담당하고 싶다는 의지를 공공연히 밝혀왔다. 보건복지부 장관은 신경외과의사 출신으로 경선 과정을 포기하고 트럼프 지지를 선언한 벤 카슨이 꼽힌다.

법무부 장관 자리는 루돌프 줄리아니 전 뉴욕 시장이 1순위다. 줄리아니는 트럼프가 음담패설 등 성추문으로 곤경을 겪을 때 대변인을 자처하며 적극 변호에 나선 바 있다. 그는 검사 시절 마피아 조직을 소탕해 명성을 떨쳤고 뉴욕 시장 때는 범죄율을 대폭 낮추는 성과를 거둬 장관직에 적임이라는 평가를 받는다. 마찬가지로 전직 검사 출신인 크리스 크리스티 정권인수위원장, 트럼프 캠프에서 외교안보정책을 담당했던 제프 세션스 앨라배마 상원의원도 자리를 놓고 경쟁할 만하다. 크리스티 위원장과 세션스 의원은 트럼프가 8일 수락연설을 하는 자리에서 줄리아니와 함께 이름을 부를 정도로 신뢰하고 있다.

국방부 장관 자리엔 마이클 플린 전 국방정보국(DIA) 국장이 첫손에 꼽힌다. 플린은 국방 분야 고위 인사로는 드물게 트럼프를 공개 지지해 왔다. 미국 정보당국이 대선 후보들을 상대로 진행하는 안보 브리핑에 트럼프와 같이 참석할 정도로 깊은 신뢰를 얻고 있다. 백악관 국가안보보좌관직 적임자로도 언급된다.

백악관 비서실장으로는 라인스 프리버스 공화당 전국위원회(RNC) 위원장이 유력하다. 대선 무렵 트럼프가 폴 라이언 하원의장 등 공화당 주요 인사들과 지속적으로 갈등을 일으킬 때도 프리버스는 끝까지 트럼프에게 변함없는 지지를 보내 그의 마음을 얻은 바 있다. 남다른 충성심으로 '트럼프의 남자'로 불리는 코리 루언다우스키 전 선거본부장이 다음 순위로 거론된다. 충성도와 빠른 판단력, 불도저 같은 추진력 등이 그의 강점으로 꼽힌다. 루언다우스키는 작년 초 트럼프 당선자가 대선 출마를 염두에 두고 맨 처음 기용한 선거 전략가다. 지난 6월 경질되기 직전까지 캠프 좌장으로 경선 과정을 총괄하면서 경선을 승리로 이끈 1등 공신이다. 경선 막판 캠프 내 불화설이 돌면서 근원으로 지목돼 쫓겨났다. 그러나 이후 CNN 해설자로 활약하면서도 트럼프에 대해 여전히 충성심을 보였다.

미국의 대외관계 직무를 수행하는 국무부 장관엔 뉴트 깅리치 전 미국 하원의장이 거론된다. 깅리치는 선거 기간 동안 트럼프의 정치적 멘토로 활약하며 조언을 아끼지 않아 줄곧 부통령 후보 물망에 오르기도 했다. 그 밖에 존 볼턴 전 유엔대표부 미국대사, 리처드 하스 미국외교협회 회장, 밥 코커 상원 외교위원장도 물망에 오르고 있다.

멜라니아(왼쪽)와 맏딸 이반카(오른쪽)

백악관 대변인엔 켈리앤 콘웨이 선대본부장이 가능성이 있다. 트럼프 십년 지기이자 여론 조사전문가 출신인 그는 대선 여론 조사와 전략 마련 등을 진두지휘했다. 콘웨이는 언론에 나와 트럼프를 옹호해 이미지를 잘 관리했다는 호평을 받았다.

트럼프의 소셜미디어담당 보좌관인 댄 스카비노는 백악관 사진사로 발탁될 수 있다. 골프 캐디를 하다가 트럼프의 눈에 들어 트럼프그룹의 임원, 골프장 사장까지 지낸 그는 연초 CNN 인터뷰에서 이 자리를 희망했다. 트럼프그룹 법무 자문위원인 앨런 가튼은 백악관 대표 변호사로 들어갈 수 있다. 여론 조사전문가 출신으로 트럼프와 십년지기다.

트럼프 대통령의 여인들-주목받는 누드모델 퍼스트 레이디

미국은 200년 만에 '이민자 출신 퍼스트 레이디'를 맞이하게 됐다.

연설문 표절 논란에 휩싸이는가 하면 취업비자 없이 미국에서 모델 활동을 했던 사실이 폭로되는 등 선거 기간 내내 구설에 올랐던 멜라니아 트럼프(46)가 백악관의 새 안주인이 된다. 1996년 8월 미국으로 이주한 멜라니아는 슬로베니아 출신이다. 10대부터 유럽에서 모델로 활동했다. 9년 뒤 그녀는 24살 차이가 나는 트럼프와 결혼해 그의 세 번째 부인이 됐고 이듬해 미국 시민권을 얻었다. 트럼프의 당선으로 멜라니아는 미국의 6대 대통령인 존 퀸시 애덤스(재임 1829~1837년)의 영국 출신 부인의 뒤를 이어 이주민 출신 퍼스트 레이디가 됐다. 멜라니아는 대선을 닷새 앞둔 지난 3일 펜실베이니아주 버윈에서 처음으로 단독 유세에 나섰다. 여기서 그는 퍼스트 레이디가 되면 "여성과 어린이들의 대변자가 될 것"이라며 "사이버 폭력을 없애는 데 집중하겠다" 말했다.

트럼프의 극적인 대통령 당선에는 빼어난 미모와 뛰어난 말솜씨를 자랑하는 맏딸 이반카 트럼프(35)의 활약이 있었다. 선거 운동 기간에 불안했던 트럼프의 옆자리를 든든하게 지키기도 했다.

미국 정치전문매체 폴리티코는 "트럼프가 대통령이 되면 맏딸 이반카가 특별보좌관으로 참모 역할을 할 것"이라고 전망했다. 트럼프와 첫 번째 아내 이바나 사이에서 태어난 이반카는 모델 출신으로 현재 트럼프그룹의 부사장이다. 이반카는 2015년 트럼프의 대권 출마를 공개 지지하며 캠프에 합류했다. 수려한 외모와 뛰어난 말솜씨를 갖춘 그는 선거 기간 내내 갖가지 성추문 논란에 시달린 트럼프의 약점을 극복하는 데 큰 도움이 됐다는 평가를 받는다. 지지자들 사이에선 "트럼프보다 이반카가 더 인기가 많다"는 농담까지 오갔다. 트럼프가 추문으로 지지율이 떨어질 때도 이반카만은 높은 대중적 인기를 누렸다. 트럼프가 가족과 함께 대선 전 마지막 유세 무대에 섰을 때에도 트럼프가 마이크를 넘긴 건 그녀였다.

이반카는 단순히 '얼굴마담' 역할에만 그치지 않았다. 그는 트럼프 캠프에서 정책 조언자로서 여성 관련 정책을 직접 기획하고 선전했다. 보육비용 세금공제 혜택, 6주간의 출산휴가 등 트럼프의 주요 여성 관련 정책엔 이반카의 입김이 컸다는 후문이다.

이런 이반카의 활동에 중량감 있는 후보가 부족하다는 평을 듣는 트럼프 내각에서 그녀가 '막후의 특별보좌관'으로 활동할 가능성이 제기되고 있다. 트럼프 또한 지난 8월 한 인터뷰에서 "이반카를 행정부에 기용하면 잘 해낼 것"이라고 밝힌 바 있다. 그러나 정작 이반카는 지난달 인터뷰에서 "아버지가 당선되더라도 정부에서 일할 생각이 없다"고 말해 관심이 쏠린다.

그럼에도 미국 언론은 트럼프가 당선되면 이반카가 실질적인 퍼스트 레이디 역할을 비롯해 트럼프의 중요한 참모 구실을 할 것이라는 분석을 내놓는다. 폴리티코는 이반카를 두고 '트럼프의 나은 반쪽' '트럼프 진영의 조용한 실세' 등 기사를 내보내기도 했다.

이반카와 2009년 결혼, 트럼프의 사위가 된 재러드 쿠슈너(35)도 핵심 실세가 되리란 분석이다. 홍보, 모금, 연설문 작성 등 선거 과정 곳곳에 쿠슈너의 손길이 미쳤다는 평가다. 지난 5월 트럼프가 정권 인수위원회의 구성을 쿠슈너에게 맡겼을 만큼 신뢰를 얻고 있다.

'미국 우선주의(America first)' 격변 트럼프 대통령 시대

미국은 결국 전 세계가 우려하는 후보를 대통령으로 선택했다

한마디로 '미국 우선주의'에 대한 갈망이라는 해석이 나온다. 유권자들의 이에 대한 갈망이 화합, 포용 등의 가치를 넘어설 정도로 컸다는 것이다. '트럼피즘'으로 불리는 도널드 트럼프 당선자가 추구하는 가치는 미국 우선주의로 정리할 수 있다. 공화당 주류 정치인들조차 등을 돌린 '막말'과 '기행'으로 점철된 트럼프를 미국 국민이 선

택한 것은 이 같은 미국 우선주의에 깊숙이 동조했기 때문이다.

미국에 조금이라도 손해가 된다 싶은 자유무역협정(FTA)은 폐기하고, 미국의 오랜 동맹관계조차 미국에 이익이 되지 않는다 싶으면 재고하겠다는 것이 트럼프의 주장이다. 아메리칸 드림을 꿈꾸며 국경을 넘는 이민자들을 장벽으로 가로막고 미국 내 불법이민자들은 쫓아내겠다는 것이 트럼프의 공약이다.

일등국민을 자처하며 이민자들과 화합하고 세계화를 부르짖어 온 미국인들이 이 같은 트럼프의 공약을 추종하리라 누구도 쉽게 예상하지 못했다. 하지만 팍팍한 현실이 끝내 미국인들의 선택을 강요했다. 무슬림을 따르는 자생적 테러리스트의 잇따른 총기난사, 백인 경찰을 향한 흑인사회의 저격, 중국산 수입품이 미국의 쇼핑몰을 장악한 현실, 미국의 생산현장을 점령한 히스패닉 이민자들, 이런 것들을 더 이상 견디지 못한 미국으로 하여금 트럼프를 선택하도록 몰아세웠다.

미국 우선주의는 전 세계적으로 확산하고 있는 고립주의의 한 단면이기도 하다. 트럼프의 당선은 미국판 고립주의다. 지난 6월 치러진 영국의 브렉시트 국민투표 결과는 고립주의 현상을 대표적으로 보여준 사례다. 난민을 배척하고 EU와 섞이기를 거부한 것이 브렉시트라면 이민자를 내쫓고 자유무역을 부정하는 것이 트럼피즘의 실체다.

많은 사람이 힐러리 승리를 예상했을 때, '제2의 브렉시트'가 일어날 것이라 예고했던 트럼프의 경고는 이와 같은 맥락에서 이해할 수 있다. 거의 모든 전문가들과 언론의 예측이 보기 좋게 빗나갔다는 점도 브렉시트와 트럼프 당선의 공통점이다. 고립주의는 비단 브렉시트와 트럼프의 당선에만 국한되지 않는다. EU 내에서는 영국의 뒤를 쫓아 추가 탈퇴하려는 움직임이 가시화하고 있으며 중국은 군사굴

기라는 '마이웨이'를 추구하고 있다. 세계적인 현상이라는 뜻이다.

트럼프의 당선은 세계 경제에 불확실성으로 작용할 전망이다. 미국 국내 성장률은 물론이고 세계 교역에 충격을 줘 전 세계 경제에도 타격을 줄 것으로 보인다. USA투데이는 트럼프 당선으로 이민규제 강화, 중국·멕시코를 포함한 교역상대국과의 갈등 격화 우려 등으로 움츠러들었던 기업투자가 더 위축될 것이라면서 전문가들이 경제성장세 둔화를 예상한다고 보도했다.

트럼프가 전통적인 공화당 정책과 궤를 같이하는 거의 유일한 경제정책이 감세이다. 그는 법인세를 35%에서 15%로 대폭 삭감하고, 대신 세액공제 대부분은 철폐할 방침이다. 특히 소득계층에 관계없이 전면적인 소득세 감세를 추진해 최고 소득계층 세율을 지금의 39.6%에서 25%로 깎아줄 계획이다. 최하위 소득계층에는 세금을 면제해 준다.

무디스 애널리틱스의 마크 잰디 경제전문가는 트럼프의 공약이 일단 내년에는 감세에 따른 소비증대 효과로 미국 성장세에 일부 보탬이 될 수 있다고 봤다. 법인세와 소득세 세율이 낮아지면서 기업이나 가계 모두 초기에는 지출이 확대될 것으로 전망된다. 특히 법인세 인하는 이론적으로 미국 기업들의 경쟁력을 높이고 다국적기업을 끌어들이며, 덕분에 일자리 창출로도 연결된다. 무디스는 트럼프의 계획이 내년 미국 성장률을 0.7%포인트 끌어올릴 수 있다고 내다봤다.

그러나 옥스퍼드의 데이코는 감세 효과보다 불투명한 경제전망에 따른 기업과 시장의 자신감 후퇴, 정부 재정지출 감축에 따른 마이너스 요소가 더 크다고 지적했다. 경제에 해롭다는 것이다.

재정적자도 확대될 전망이다. 싱크탱크인 조세정책연구소(TPC) 추산에 따르면 트럼프 당선자의 감세안으로 인해 앞으로 10년 동안 미

연방 재정수입은 9조 5000억 달러 줄어든다. 트럼프는 탈루를 막고 세제 맹점을 보완해 부족분을 메꾸겠다고 장담하지만 상당수 전문가들은 대규모 재정적자를 부를 가능성이 높다고 본다.

무디스, 옥스퍼드 모두 재정적자를 충당하기 위해 미국 정부가 훨씬 더 많은 국채를 발행해야 할 것이라고 전망했다. 국채 발행이 많아지면 가격과 반대로 움직이는 수익률은 떨어진다. 결국 중장기적으로 시장 금리 기준이 되는 채권 수익률이 올라가면서 금리가 오르고 신용이 위축되어 경기침체를 촉발할 수 있다.

트럼프는 일찌감치 보호주의를 천명하고 나선 터라 세계 최대 시장인 미국의 진입장벽이 높아지는 것을 피하기 어렵게 됐다. 그는 중국을 환율조작국으로 지정하고 싶어 하며 멕시코와 중국 제품에는 보복관세를 물리겠다고 공언해 왔다. 멕시코 상품에는 35%, 중국 상품에는 45% 보복관세를 물려 미국 내수기업들을 키우고 경제를 다시 끌어올리겠다고 다짐해 왔다. 그 연장선상에서 환태평양경제동반자협정(TTP), 유럽연합(EU)과의 범대서양교역투자협정(TTIP) 등 자유무역협정 비준이나 협상을 모두 중단하고, 멕시코 및 캐나다와 맺은 북미자유무역협정(NAFTA)도 폐기하겠다는 게 공약이었다. 그러나 그의 구상은 역풍을 맞을 수밖에 없다. 중국이나 멕시코 등 보복관세를 물게 되는 국가들이 무역보복에 나서게 될 테고, 그렇게 되면 미국도 수출에 타격을 받으면서 경제성장률이 후퇴하게 된다.

무디스의 잰디는 특히 트럼프가 국내 진입장벽을 높여 미국 기업들을 다시 국내로 돌아오게 하려 하지만 중국 등에서 활동하는 미국 기업들이 임금이 높은 미국으로 되돌아올 가능성은 낮다고 지적했다.

트럼프 당선의 일등공신이지만 경제정책으로서는 최대 약점이 이민규제이다. 멕시코 불법이민자부터 테러리즘을 이유로 무슬림 입국을 규제하겠다고 밝히는 등 트럼프는 대선 캠페인 내내 반이민 정서를 무기로 활용해 왔다. 멕시코와 국경지대에 멕시코가 비용을 부담해 장벽을 만들고 미국 내 불법이민자 수백만 명도 추방하겠다는 공약도 내세웠다. 그러나 이는 급격한 노동력 감축을 불러 경제에 충격을 줄 수밖에 없다. 무디스는 불법이민자들이 미국 전체 노동력의 약 5%를 차지한다면서 이들이 추방되면 노동시장의 구인난은 심화될 것이라고 염려했다.

교육 및 환경 정책에서도 상당 부분 변화가 있을 것으로 예상된다. 트럼프는 "진보주의자들이 아이들을 세뇌하고 있다. 정치적인 공정성만을 따지는 사람들이 학교를 장악했고, 결국 그것이 우리 미국 아이들을 망치고 있다"고 공공연히 말해 왔다. 오바마가 이끌어 온 이제까지의 미국 교육정책과는 상당히 거리가 먼 이야기이다.

트럼프의 교육정책 원칙은 '경쟁'이다. 학생 간, 학교 간, 주정부 간에 경쟁을 통해서 수준 높은 교육이 이뤄질 수 있다는 주장이다. 교사들도 예외는 아니다. 그는 "교사도 서로 경쟁해야 한다. 경쟁에서 살아남지 못한 교사는 교사로서의 자격이 없다. 그리고 급여는 살아남은 교육자들에게만 주면 된다" 주장한 바 있다.

또한 트럼프는 교육부의 영향력을 줄이겠다고 밝혀왔다. 그는 학교의 기본적 운영권과 책임을 연방정부가 아닌 지자체에게 돌려줘야 한다고 이야기했다. 따라서 자율형 공립학교, 특성화 학교 등 학교를 더 자율적으로 선택할 수 있도록 하겠노라 약속하며 이를 위해 연방정부 차원에서 즉시 200억 달러를 투자하고 앞으로 국가적인 목표를 세우겠다고 밝혔다.

학교 안전에 대한 트럼프의 공약은 논란을 일으킬 소지가 많다. 그는 총기를 통한 안전을 주장해 왔다. 힐러리 클린턴이 학생의 문제행동을 최소화하기 위한 교육프로그램을 늘리고 학생 인권을 위해

교내 체벌이나 학교경찰들을 조금씩 줄여나가겠다고 공언한 것과 달리 트럼프는 학교에도 반드시 총기를 소지한 경찰이 있어야 하며 총기를 소지한 교사는 학교 안전에 크게 기여할 것이라고 주장했다.

환경정책에서도 전 지구적으로 빨간불이 켜졌다. 트럼프가 당선되면서 협상에만 20여 년이 걸린 파리협정에서 미국이 탈퇴해 석유·석탄 개발에 박차를 가하는 등 그야말로 '재앙(catastrophe)'이 일어날 가능성이 높아졌기 때문이다. 트럼프는 꾸준히 "기후변화는 날조된 것(hoax)"이라 주장하며 지구온난화에 의심을 표해 왔다. 그는 지난 2012년 지구온난화를 미국의 제조업을 비(非)경쟁적으로 만들려는 중국에 의해, 중국을 위해 만들어진 음모라고 주장했다.

때문에 트럼프는 자신이 대통령으로 당선된다면 파리협정을 "취소할 것"을 암시하기도 했다. 파리협정이 "미국의 산업에 도움이 되지 않으며 외국이 우리가 사용하는 에너지양에 간섭하게 될 것"이라는 이유다. 또한 이산화탄소 방출의 주요 원인인 화석연료를 이용한 생산 규제 철폐와 파리협정의 핵심인 오바마 행정부의 청정전력계획(Clean Power Plan) 취소를 계획하고 있다. 하지만 파리협정은 3년간 탈퇴를 금지하고 있으며, 탈퇴를 하려 해도 1년간 예고 기간을 두도록 하고 있어 트럼프의 계획대로 탈퇴가 쉽지 않을 것이라는 관측도 나온다.

트럼프는 히스패닉 이민자와 여성 비하 발언, 이슬람 교도 입국금지 논란, 공화당 지도부와의 갈등, 납세자료 제출 거부, 음담패설 녹음파일 폭로 등 숱한 우여곡절을 겪었다. 하지만 핵심 지지층인 저학력·백인·남성의 결집으로 이를 극복했다. 이 때문에 트럼프 취임 후 미국 사회는 한동안 극심한 분열과 갈등에 노출될 것으로 예상된다.

Listen, Yankee!
트럼프 대통령 보면 미국이 보인다?

참으로 기이했던 대통령 후보, 공화당을 경악시킨 공화당 후보 도널드 트럼프가 이제 미합중국 45대 대통령이다. 이 놀라운 대선 결과를 이해하기 위해서는 다섯 가지 키워드를 놓쳐서는 안 된다.

Trilemma(3자 택일의 금지) : '트릴레마'는 세 가지 목표를 동시에 이루는 것이 불가능한 상황을 가리키는 용어로, 주로 경제학에서 쓴다. 경제학자인 대니 로드릭 하버드 대학 케네디스쿨 교수는 이 개념을 변형해 '세계경제의 정치적 트릴레마'를 제시했다. '전면적 세계화'와 '국가주권'과 '민주주의' 세 가지를 동시에 이루는 것은 불가능하다. 목표끼리 충돌하여 모순이 일어나기 때문이다.

'전면적 세계화'는 거대한 부를 생산하지만, 대신 사회 협약을 해체하고 불평등을 심화시켜 소외된 사람들을 대규모로 만들어 냈다. 이런 사람들이 투표장에서 세계화를 응징하는 순간 국가는 이를 집행해야 한다. 이제 국가주권과 세계화 가운데 적어도 하나는 부러진다.

이 둘 모두를 지키려면 민주주의가 후퇴할 수밖에 없다. 그렇게 되면 표로 응징받을 염려가 줄어든 정부는 세계화에서 소외된 사람들을 무시하고 번영을 좇을 수 있다. 하지만 이것도 불가능한 선택 사항이다. 경제학자 대런 에이스모글루 MIT 대학 교수는 지속적인 번영과 발전을 위해서는 경제 제도와 정치 제도가 동시에 포용적이어야 한다고 주장했다. 그래야만 경제가 착취의 위협으로부터 자유로워진다. 민주주의를 제약하면 에이스모글루가 제시한 조건으로부터 이탈하게 되고, 장기적으로 번영 그 자체를 잡아먹을 수 있다.

로드릭의 결론은 명쾌하다. "민주주의와 글로벌 경제가 충돌할 때 물러나야 할 것은 뒤엣것이다." 트릴레마를 탈출할 유일한 대안은 민주주의가 역습하지 않도록 '세계화의 깊이를 얕게 유지하는 것'이다. 하지만 세계화로부터 가장 크게 이득을 본 제1세계 엘리트들은 로드릭의 트릴레마를 신경 쓰지 않았다.

2016년은 로드릭의 트릴레마가 세계를 강타한 해다. 상반기 최대 뉴스였던 브렉시트는 '더 연결된 세계'에 대한 소외된 사람들의 거부권 행사였다. 이민 물결에 직면한 유럽은 헝가리부터 프랑스까지 극우 정당이 이미 집권하거나 집권에 다가가고 있다. 우파에서 더 두드러지기는 하지만, 좌파에서도 반(反)세계화 세력이 약진했다. 대표주자가 미국 민주당 경선에서 돌풍을 일으켰던 버니 샌더스이다.

제2차 세계대전 이후에 정립된 전통적인 좌·우파는 주로 시장에 정부가 어느 정도로 개입할 것인가를 두고 논쟁했다. 그런데 이제 정치세력을 구분하는 핵심 전선 자체가 재편성되고 있는 것이다. '글로벌'과 '로컬'의 대립, '더 연결된 세계'와 '자국민을 보호하는 세계'의 대립이 정치의 핵심 전선으로 떠올랐다. 이에 지난 7월 영국 주간지 〈이코노미스트〉는 "좌·우파 경쟁이여 안녕. 이제는 개방과 폐쇄의 경쟁시대"라고 논평하기도 했다.

Realignment(재편성) : '리얼라인먼트'는 정당지지 기반이 구조적으로 다시 짜이는 사건을 일컫는 정치학 용어다.

20세기 미국 정치사에서 정치학자들이 모두 합의하는 '재편성'은 크게 두 번 등장했다. 1930년대 민주당의 프랭클린 루스벨트 대통령이 이끌었던 '뉴딜 동맹'이 첫 번째다. 루스벨트는 기존 핵심 기반이던 남부에 더해 대졸 지식인과 산업노동자 단체를 결합시키며 민주당 시대를 열었다. 1960년대부터 시작되어 20세기 끝 무렵에 완성된 공화당의 남부 탈환이 두 번째로 꼽힌다. 미국 내전 이후 100년 동안 민주당의 텃밭이었던 남부는 이제 공화당의 확실한 표밭이다.

트럼프의 대선 승리가 새로운 재편성의 하나일까? 물론 아직까지 정치학자들은 대체로 신중하다. 폭발적인 유권자 재배열이 일어났다는 증거는 부족하다. 그럼에도 미묘하지만 일관된 신호는 나타났다. 이번 대선의 승패를 가른 지역은 앞서 여러 번 이야기했듯이 '러스트 벨트'이다. '러스트 벨트'는 몰락한 제조업 지대를 부르는 용어로 미시간, 위스콘신, 펜실베이니아, 오하이오 등이 여기에 속한다. 이 몰락한 산업지대는 일자리가 사라져가는 공포를 상징하는데, 트럼프는 '공장을 빼앗아가는 자유무역과 일자리를 빼앗아가는 이민자'라는 증오의 대상을 이 지역 유권자에게 인식시켰다.

그리고 클린턴은 바로 이 '러스트 벨트'에서 뼈아픈 패배를 당했다. 이 네 개 주에서 클린턴은 2012년 오바마 대비 82~95%를 얻는 데 그쳤다. 반대로 트럼프의 득표력은 확실히 올라갔다. 트럼프는 2012년 롬니 대비 100~109%를 얻었다. 실로 놀라운 약진이다. 주별 승자가 배당된 선거인단을 독식하는 미국 대선 제도의 특징 때문에, 이 변화가 그야 말로 폭발적인 결과를 낳은 것이다. 네 주에 걸린 선거인단은 펜실베이니아 20명, 오하이오 18명, 미시간 16명, 위스콘신 10명으로 모두 64명에 달한다.

민주당의 아성이던 북부 백인 노동자 벨트가 공화당의 표밭으로 움직이기 시작했을까? 이번 선거에서 가장 극적인 변곡점인 '러스트 벨트'의 결과가, 글로벌 차원의 정치 재편성과 맞닿아 있다는 점만은 부인할 수 없다. 2016년의 정치는 좌우 대립에서, '더 연결된 세계'와 '자국민을 보호하는 세계'의 대립으로 다시 판을 짜고 있다. 그리고 미국에서 가장 큰 경합 주인 러스트 벨트는 자국민을 보호하는 세계의 손을 들어주는 것으로 대선 결과를 바꿨다.

Uncertainty(불확실성) : 트럼프 시대를 상징하는 단어를 오직 하나만 꼽으라면 무엇보다 '불확실성'을 들 수 있다. 세계 각국에서도 연일 '불확실성'이라는 단어가 신문 지면을 가득 채운다. 무엇보다 정책의 불확실성이 두드러진다. 트럼프는 자신의 말에 구속되는 기색이 없는 정치인이며, 선거 기간 동안 내놓은 공약들도 서로 충돌하거나 실현 불가능한 것이 적지 않다. 이와 함께 정치의 불확실성도 높아졌다.

트럼프 캠페인은 거의 불확실성투성이였지만, 그럼에도 한 가지만은 일관성이 뚜렷했다. 바로 '갈등'이다. 트럼프는 갈등의 증폭기였다. 인종이든 종교든 성 정체성이든 '우리'와 '그들'을 나누고, '그들'을 배제하면서 '우리'의 힘으로 캠페인을 밀어붙였다. 중화의 정치는 일정한 중간점으로 사회를 수렴해 안정시킨다. 하지만 증폭의 정치는 한계점이 없고, 사회를 어디까지 이끌어갈지 알 수 없다.

인종, 종교, 성 정체성 등을 함부로 입에 올리는 것을 절대 금기로 보는 PC(Political Correctness : 정치적 올바름) 문화는 미국 사회에 뿌리가 깊다. 이 PC 문화를 받아들이지 못하면서 억눌려 지내던 사람들이 트럼프의 승리로 '동지들'이 아주 많음을 확인했다. 이제 이들이 '우리'가 아닌 '적들'에게 내뱉는 증오 공세가 거침없어질 가능성이 높다. 실제로 트럼프 당선 직후 백인 우월주의, 반유대주의, 인종 차별, 동성애 반대 등을 표방하는 미국의 극우 비밀 결사 단체인 쿠 클럭스 클랜(Ku Klux Klan)이 거리낌없이 자신들의 주장을 펼치고 있다.

물론 트럼프가 당장 미국이라는 거대한 국가 조직을 크게 뒤흔들 수 있다고 믿는 이들은 많지 않다. 하지만 문화는 이야기가 다르다.

인종주의, 성차별주의, 성소수자 혐오가 "우리가 다수다"는 사회적 인증을 얻은 셈이다.

불확실성은 또 있다. 미국은 글로벌 패권국가다. 핵안보 질서를 유지하며, 국제법과 국제기구의 권위를 지키고, 자유시장을 보호하며, 자유무역 체제에서 개발도상국 제품을 소비해 주고, 글로벌 기축통화를 공급하는 등이 '패권국의 책무'이다. 이런 비용을 지출해서 국제 질서를 유지할 때 가장 큰 이익을 얻는 나라도 미국이다. 그런데 세계화로부터 소외된 유권자들은 엘리트의 셈법에 이의를 제기한다. '민주적 제국'에서는 유권자가 제국의 유지비용을 인정하지 않을 위험이 늘 존재한다. 앞으로 트럼프가 이끄는 이 패권국가가 국제 규범을 준수할지가 더는 뚜렷하지 않다.

Modern History(근대사) : 불확실성이 높아지고 예측 가능성이 두드러지게 떨어지는 세계에서, 분석가들은 기댈 언덕을 찾아 역사로 눈을 돌렸다. 시선이 모이는 곳은 전간기, 즉 제1차 세계대전과 제2차 세계대전의 사이에 해당하는 1920~1930년대이다.

대니 로드릭 교수는 올해 3월에 발표한 '분노의 정치'라는 글에서 전간기가 되돌아오고 있다고 주장했다. 그가 '첫 번째 세계화 시대'라고 부른 20세기 초반의 고삐 풀린 세계화는 소외된 이들의 반동을 불렀다. 그것이 전간기 정치를 휩쓴 공산주의와 파시즘이었다. 이 '첫 번째 분노의 정치'는 인류사 최악의 전쟁인 제2차 세계대전을 낳았다. 2차 대전 이후 서구는 그때의 교훈을 바탕으로 세계화의 속도를 제어하고, 복지 체계로 분노의 정치를 예방했다. 하지만 고삐는 다시 풀려버렸다. 이 시각으로 보면 2016년은 분노의 정치가 패권국가의 행정부를 장악한, 전간기에도 없던 놀라운 승리를 거둔 해가 된다.

영국 역사학자인 니얼 퍼거슨은 파시즘의 징후라는 관찰과는 거리를 둔다. 그는 이렇게 주장했다. "역사에 등장했던 파시즘은 군국주의가 필수 요소이다. 트럼프 현상은 파시즘이 아니다. 전형적인 포퓰리즘이다."

Popuilsm(대중영합주의) : 포퓰리즘이 인민주의나 대중주의로 옮겨질 때는 '보통 사람을 대변하는 이념'이라는 가치중립적 의미가 된다. 하지만 일상 용법에서 포퓰리즘은 민주주의의 절차, 제도, 공동체 의식, 숙의 과정을 우회하거나 생략해 버리고, '우리'와 '그들'을 나눠 '그들'에 대한 적대를 부추기는 정치 행태를 뜻한다. 이 용법에서 포퓰리즘은 민주주의의 한 갈래라기보다는 민주주의의 적이다.

퍼거슨은 포퓰리즘의 재료로 다섯 가지를 꼽는다. 이민, 불평등, 기존 정치에 대한 신뢰 붕괴, 금융 위기, 뛰어난 선동가.

불평등은 소외되고 분노한 유권자를 대규모로 축적한다. 정부나 기존 정치권에 대한 신뢰가 무너지면 선동가의 공간이 열린다. 1873년 대불황, 1929년 대공황, 2008년 금융 위기는 모두 포퓰리즘의 훌륭한 배양액이었다. 그리고 이민자는 결정적으로 중요한 요소, 모든 문제의 근원으로 지목될 '그들'을 공급한다. 퍼거슨은 히틀러나 무솔리니가 아니라, 1870년대 캘리포니아 노동자당 당수 데니스 커니가 '트럼프의 원형'이라고 지목한다. 금융 위기와 인종 갈등과 불평등을 이용할 줄 알았던 선동가 커니는 모든 연설문을 "중국인은 나가라!"로 끝내는 것으로 유명했다.

앞의 네 요소는 2016년의 세계가 충분히 갖췄다. 이제 뛰어난 선동가가 등장하는 곳에서 포퓰리즘은 폭발한다. 트럼프는 훌륭한 성공 모델을 보여주었다. 그는 클린턴의 선거 구호였던 "함께하면 더 강하다"라는 '물러터진' 말은 하지 않는다. 대신에 "9·11 테러 때 뉴저지 주의 무슬림 수천 명이 환호했다. 내가 TV로 봤다"라고 말한다. 이 뛰어난 선동가의 승리는 2017년의 세계에도 중요한 영향을 끼칠 가능성이 높다. 역사적으로 제1세계 유권자는 극우파 선동가 정치인을 선출하는 데 부담을 느껴왔다. 결선 투표제가 있는 프랑스와 같은 나라에서는, 극우파 후보가 결선 투표에 진출하면 광범위한 반(反)극우 좌우합작이 작동했다. 하지만 이제는 극우파 지도자가 현실에서 상상 가능한 대안으로 떠올랐다.

한국 또한 2017년 대선을 눈앞에 앞두고 있다. 퍼거슨이 제기한 5대 조건 중에서도 가장 중요한 이민 문제에서 한국은 미국이나 유럽보다는 자유롭다. 증오의 대상이 될 '그들'을 발견하기는 쉽지 않다. 그러나 반대파 정당과 그 지지자를, 의견이 다른 동료 시민이 아니라 '적'으로 증오하는 데까지 나아간 유권자 그룹이 소수이지만 분명히 존재한다. 이들의 분노가 사회에 쌓인 불평등이 정치 불신과 결합할 때, 탁월한 선동가가 기회를 거머쥘 수도 있으리라.

Listen, Yankee!
인생은 투기 '퍼펙트스톰'

온 세계가 '충격과 공포'였다. 예상을 깬 트럼프의 대통령 당선으로 이제 미국과 국제사회는 시계 제로의 상태, 낯선 여정에 들어섰다. 트럼프가 예상을 뒤엎고 승리한 것은 영국의 유럽연합(EU) 탈퇴보다 더 큰 충격으로 국제사회를 강타했다. 유럽에서 시작된 반세계화 우파 포퓰리즘이 해일이 되어 미국까지 덮친 것이다. 세계화와 함께 진행된 경제적 사회적 양극화에 대한 불만이 그 원인이지만, 그 대응으로는 더없이 퇴행적인 우파 포퓰리즘의 기승이 결국 트럼프의 대통령 당선으로까지 이어졌다.

트럼프의 당선으로 국제사회의 세계화, 개방화, 협력체제는 안갯속으로 빠져들게 됐다. 미국과 유럽 정치권은 국제적 협력보다 공격적인 자국 이익 챙기기에 나설 것으로 보인다. 미국은 그동안의 적극적인 국제 개입주의를 버리고, 고립주의로 선회할 위험이 크다. 더 큰 문제는 이 고립주의가 트럼프가 주장하는 미국 예외주의에 따라서, 동맹국들에 부담을 떠넘기는 공격적이고 일방적인 성격을 보일 가능성이 크다는 점이다. 이는 조지 부시 행정부의 미국 일방주의와는 또 다른 모습으로 세계적 폐해를 예고한다.

"내 마음속에 품고 있던 생각, 내가 하고 싶은 말을 도널드 트럼프가 해서 놀라웠다. 트럼프가 말하는 세계가 내가 보고 싶은 미국의 모습이다. 어쨌든 트럼프에게 투표할 것이다."

포퓰리즘과 반세계화 물결을 확인시켜준 트럼프 대통령 당선

　대선을 앞둔 트럼프 지지자들에서 나왔던 공통된 발언이다. 트럼프의 미국 대통령 당선은 이제까지 몇몇 후진국의 전유물로만 여겨졌던 포퓰리즘과 반(反)세계화의 물결이 국제사회 전반을 뒤덮고 있음을 확인시켜 줬다. 특히 자극적인 말과 행동으로 기성 정치에 대한 반감을 조장하는 트럼프의 전략, 일명 '트럼피즘(Trumpism)'이 이번 선거에서 성공을 거둠에 따라 트럼프식 포퓰리즘은 앞으로 국제정치 무대에서 빠르게 확산되리라 전망된다. 이미 '아시아의 트럼프'

로 주목받고 있는 로드리고 두테르테 필리핀 대통령과 일부 유럽 극우주의 정치인들의 공격적 포퓰리즘이 각국에서 각광받기 시작한 가운데 트럼프의 당선으로 이 같은 추세를 가속화할 수 있다는 것이다.

무엇보다 올해 끝 무렵부터 내년에 걸쳐 여러 선거가 열리는 유럽에 미국 대선 결과가 일으킬 파장은 적지 않을 것으로 예상된다. 내년 4~5월의 프랑스 대선을 비롯해 독일과 네덜란드 총선 등 주요 선거가 줄줄이 예고된 유럽에서 난민 문제와 경기 침체 등에 분노한 백인 유권자들을 겨냥한 포퓰리즘 정당이 득세할 가능성이 높아졌기 때문이다.

반이민정책을 앞세운 프랑스 극우정당인 국민전선(FN)을 창당한 장 마리 르펜은 트럼프의 승리 소식이 알려진 뒤 트위터에 "오늘은 미국, 내일은 프랑스"라며 내년 대선에서 FN의 승리를 다짐했다.

공화당에서도 '아웃사이더'로 평가받던 트럼프가 세계 최강국 지도자가 되면서 그 파장에 세계가 촉각을 곤두세우고 있다. 극단적 보호무역주의 등 선거 기간 내내 기존 노선을 뒤엎는 공약을 제시한 트럼프의 집권으로 국제 정치는 물론 외교·안보, 경제·통상 등 모든 분야에서 세계 질서의 거대한 변화가 나타날 것이란 전망이다.

미국의 동맹국인 독일과 프랑스 등은 당혹스러움과 충격을 감추지 못했고, 내심 힐러리 클린턴 민주당 후보의 당선을 바랐던 일본 정부는 공황 상태에 빠졌다. 가장 당혹스러운 반응을 보인 곳은 트럼프의 인종차별적 발언에 거부감을 보여왔던 독일이다. 프랑크발터 슈타인마이어 독일 외무장관은 9일 트럼프 당선이 확정되자 유럽연합 외무장관 긴급회의 개최를 요청했다. 긴급회의는 정례 외무장관 회의 전날인 11일 열릴 예정이다. 유럽연합(EU)의 난민 수용을 이끌어 온 앙겔라 메르켈 독일 총리는 트럼프 당선을 축하한다면서도

"미국 민주주의는 오래되고 영광스러운 민주주의 역사가 있다. 선거 운동은 어려운 도전에 직면했었다"며 에둘러 우려를 표현했다. 독일 정치권 인사들은 직접적으로 충격을 표현했다. 하이코 마스 독일 법무부 장관은 "세계가 끝장나진 않지만 더 미쳐갈 것이다"라고 트위터에 적었다. 지그마어 가브리엘 독일 부총리는 "트럼프는 새로운 권위주의와 국수주의 국제 운동의 선구"라고 비판했다.

프랑수아 올랑드 프랑스 대통령은 이날 트럼프 당선자에게 "그의 당선을 축하한다"면서도 "이번 미국 대선으로 앞으로 불확실성의 시기가 다가올 것"이라고 말했다. 올랑드 대통령은 "프랑스는 미국의 새 행정부와 국제 문제에 대해 방심하지 않고 솔직하게 대화하겠다"며 "유럽의 가치와 이해가 도전받을 때 유럽의 정책을 증진할 수 있는 단결된 유럽이 요구된다" 말했다. 올랑드 대통령은 미국 대선 기간 인종·여성 차별적 발언을 쏟아낸 트럼프에 대해 "그의 지나친 언행들은 심지어 미국인들마저 구역질 나게 한다" 비난한 바 있다.

엘리제궁은 올랑드 대통령이 축하 성명을 발표하기 전 앙겔라 메르켈 독일 총리와 전화 통화를 했다고 밝혔다. 엘리제궁은 미국 대선에서 클린턴 후보가 승리할 것으로 예상하며 트럼프 당선 가능성을 고려하지 않았다고 현지 라디오 방송은 전했다. 미국 대선 전날 엘리제궁 비서관들이 올랑드 대통령이 클린턴에게 보낼 당선 축하 편지만 준비하고 트럼프에 보낼 당선 축하 편지는 준비조차 하지 않았다는 것이다. 장 마르크 에로 프랑스 외무장관도 프랑스 2TV와의 인터뷰에서 "미국 대선 결과를 이해하려 노력하고 있다"며 당혹스러움을 감추지 않았다.

'트럼프 퀘이크(Trump-Quake)'. 영국의 데일리메일이 트럼프 당선이 유력시되자 내놓은 헤드라인이다. '브렉시트'로 큰 지진과 같은 상황을 맞아야 했던 유럽 지도자와 언론은 초반에는 트럼프발 충격으로 말을 잇지 못하는 표정이었지만 곧 트럼프 당선을 반기며 협력 관계를 유지하겠다는 입장을 밝혔다.

시진핑 중국 국가주석도 축하 메시지를 보냈다. 그는 "최대 개발 도상국과 최대 강대국인 중·미 두 나라가 전 세계 양대 경제체제로서 세계 평화와 안정을 유지하고 지구적 발전과 번영을 촉진할 중요 책임을 맡고 있을 뿐 아니라 광범위한 공동의 이익을 갖고 있다"며 "나는 중국과 미국의 관계를 매우 중시하며 서로 충돌하거나 맞서 싸우지 않으려는 마음을 갖고 있다. 협력·공동 번영의 원칙 아래 지역별, 글로벌 각 영역의 협력을 넓히고 싶다"는 의사를 내비쳤다.

중국 관영 환구망은 "트럼프의 승리는 미국 전통 정치를 맹렬히 공격했다"는 제목의 사평(社評)을 통해 "힐러리의 패배도 개인적인 패배가 아니고 전통적 정치 엘리트의 패배로, 이것이야말로 미국판 문화대혁명"이라고 분석했다.

일본 정부의 충격도 크다. 일본은 버락 오바마 행정부가 추진해온 아시아 중시 전략인 '아시아 재균형' 전략의 틀 아래서 2014~2015년 집단적 자위권의 행사를 뼈대로 한 안보 관련법을 정비했다. 일본은 국무장관 시절 '아시아 재균형' 정책을 처음 내걸었던 클린턴 후보가 대통령이 되면 외교·안보정책의 기본 노선이 이어지리라 기대해 왔다. 이런 일본 정부의 기대감을 보여주는 듯 지난 9월 유엔 총회 참석차 미국을 방문한 아베 신조 일본 총리는 트럼프 후보는 배제한 채 클린턴 후보와만 개별 회담을 진행한 바 있다. 아베 총리는 트럼프 당선이 결정된 뒤 총리관저에서 "미국은 가장 중요한 동맹국이다. 신속히 새 정권과 신뢰관계를 구축할 필요가 있다" 말했다.

이와 달리, 트럼프의 승리를 기대했던 극우파와 러시아는 트럼프 당선을 환영했다. 트럼프와 '찰떡궁합'을 과시했던 푸틴 러시아 대통

반트럼프 시위자들 텍사스 주립대 학생들(2016. 11. 10)

령은 트럼프에게 축하 메시지를 보냈다. 푸틴은 "위기 상황에 처한 미국과 러시아 관계 개선, 국제 현안 해결, 국제 안보 도전에 대한 대응 방안 모색 등에서 공동 작업을 해나가길 바란다"고 전했다.

미국 경제와 긴밀히 연결돼 있는 오세아니아 지역 언론도 대체적으로 '악몽과 같은 결과'라고 분석했다. 호주 퀸즐랜드의 지역언론 더코리어 메일은 트럼프의 당선이 지역 경제에 부정적인 결과를 낳을 것이라며 '트럼프 슬럼프(Trump Slump)'란 헤드라인을 달았다.

캐나다에서는 공식 이민 사이트가 마비될 정도였다. "트럼프가 되면 이민 가겠다"는 미국인이 적지 않은 상황에서 트럼프 당선이 가시화되자 캐나다 이민국(CIC)이 운영하는 공식 웹사이트가 한때 마비되기도 했다. 이 사이트는 캐나다 이주나 시민권 신청을 안내하는 곳으로, 이는 온갖 막말과 논란으로 점철됐던 트럼프의 당선이 확실해지자 절망해 아예 미국을 떠날 가능성을 알아보려는 사람들이 한꺼번에 사이트에 접속하면서 벌어진 일로 보인다.

더욱이 트럼프의 당선으로 캘리포니아 등 민주당 지지 성향 지역에서 미국 연방 탈퇴 주장이 제기되고 있다. 유럽연합을 탈퇴한 영국(브렉시트)처럼 미국 연방에서 탈퇴해 독립국가를 세우자는 것이다. 특히 국내총생산(GDP) 규모가 세계 6위에 해당하는 캘리포니아주에서 이 같은 주장이 적극적으로 나오고 있다. 캘리포니아는 미국에서 인구가 가장 많으며 페이스북과 구글 등 세계적인 기업들의 본사가 자리 잡고 있다. 민주당 지지 성향 주에 거주하는 주민들은 트위터 등 소셜미디어에 해시태그 '칼렉시트'(#Calexit), '칼리브포니아'(#Caleavefornia) 등을 붙이며 이 같은 주장에 동조하고 있다.

펜실베이니아와 캘리포니아, 오레곤, 워싱턴 등 미국 곳곳에선 반(反)트럼프 시위가 열렸다. 캘리포니아주 로스앤젤레스에 있는 UCLA 인근에서는 500여 명이 거리로 몰려나와 트럼프의 당선에 저항했다. 오클랜드에서는 100명이 넘는 시민이 거리로 나와 트럼프의 모형을 불태우는 등 과격한 모습을 보였다. 캘리포니아주 북쪽에 위치한 오리건주의 포틀랜드에서도 300여 명이 시내 중심으로 나와 선거 결과에 반발했다. 워싱턴주의 시애틀에서는 100여 명의 시위대가 국회의사당 근처에 모여 길을 가로막고 쓰레기통을 불태우기도 했다. '트럼프 대통령'에 불만인 이들이 거리로 나와 시위를 벌이는 등 미국은 심한 대선 후유증에 시달리고 있는 것이다.

국제사회에서 미국의 지도력 또한 불확실성에 놓이게 됐다. 후보 시절 트럼프는 나토를 통한 유럽 국가들과의 동맹에 대한 회의를 표출하며 나토 동맹에 따른 미국의 개입과 방위 의무에 의문을 제기하기도 했다. 영국의 브렉시트로 드러난 유럽의 반세계화 흐름과 보호주의, 국수주의는 트럼프의 미국 대통령 당선과 맞물려 현재 국제질서의 주축인 대서양 양안 동맹에 큰 균열을 일으킬 것으로 보인다.

오바마 대통령이 추진해 온 '피봇 투 아시아'(Pivot-to-Asia) 정책은 트럼프의 당선으로 물거품이 될 처지에 놓였다. 트럼프는 대통령 선거에 출마할 의사를 나타내기 전에도 한국과 일본이 자국 안보력에 '무임승차'하고 있다 규탄해 왔다. 남중국해 영유권 문제에 대해서도 트럼프는 "이미 중국이 인공섬을 지어버린 걸 어떡하냐"라며 무관심한 자세를 일관해 왔다. 포린폴리시(FP)는 트럼프의 당선이 확정되자 "방금 중국이 대선에서 이겼다"라는 제목의 기사를 싣기도 했다. 트럼프가 중국의 영향력 확대를 봉쇄하는 '피봇 투 아시아'를 전면 수정할 것으로 전망되기 때문이다. 트럼프는 이코노미스트지와의 인터뷰에서도 "우리가 뒤로 물러나 있으면 일본이 알아서 할 것이다"라며 "그들은 중국과의 전쟁에서 언제나 이겨왔다"는 말을 남기기도 했다.

FP는 동남아시아 국가들이 중국 경제에 의존하는 경향이 큰 만큼, 중국의 영향력은 앞으로도 늘어날 것이라고 내다봤다. 이어 "트럼프의 불확실성 때문에 더 이상 안보를 미국에 의존하지 않을 것"이라며 "미국의 강력한 동맹국이었던 일본과 한국, 대만 등은 입장을 재고하게 될 것"이라 염려했다. 한편 트럼프는 일본과 한국이 미군에 합당한 방위비 분담금을 지급하면 동맹체제를 지속하겠다고 말해 왔다. 트럼프의 당선은 최근 일본의 군사무장을 금지하고 있는 원칙인 헌법 9조의 개정을 시도하고 있는 아베 신조 내각에 부분적인 '호재'로 작용할 가능성이 크다.

트럼프의 외교정책에서 '중동'은 굉장히 큰 의미를 차지한다. 테러 방지·이민자 추방 등 그의 핵심 공약과 깊게 연관돼 있기 때문이다. 다만 그는 구체적인 계획을 거의 내놓지 않아 자세한 방향은 뚜렷하지 않다. 트럼프는 현 중동 정세의 핵심에 있는 시리아 정책과 관련해 IS 축출을 시도하면서도, 그의 외교 원칙인 '불개입주의'를 선택하리라는 전망이 높다. 트럼프는 미국이 이제껏 중동에 지나친 개입을 해서 권력의 공백을 가져왔고 이 때문에 혼란이 일어난 것이라는 생각을 여러 차례 드러낸 바 있기 때문이다.

그는 당선 전 TV토론에서 "힐러리는 시리아 반군 편을 들어 싸우기를 원하는데, 문제가 있다. 우리는 반군의 실체가 뭔지를 모른다" 지적했다. 또 "우리는 IS를 쓰러뜨려야 하고, 지금은 시리아가 IS와 싸우고 있다. 러시아도 이란도 IS를 제거하고 있다"라며 "우리가 지나치게 (시리아에) 개입하기에 앞서 IS를 놓고 걱정하고, 이들을 잡아야 한다" 주장했다. 이 발언은 시리아에 대한 직접 개입을 최대한 자제하는 대신, 러시아 및 아사드 정권과 공조할 수도 있다는 뜻으로 풀이된다.

트럼프는 그간 러시아에 우호적인 발언을 자주 쏟아낸 바 있다. 우크라이나 크림반도 강제 병합을 옹호하는 듯한 말을 했고, 나토 동맹국이 공격받더라도 자동 개입하지 않겠다는 말을 했다. 푸틴 또한 이런 트럼프를 찬사해 둘의 관계는 '브로맨스', 더 나아가 미국과 러시아 관계는 '신데탕트'가 될 것이라는 전망이 나왔다.

트럼프가 내세우는 이런 나토 회의론과 친러시아 태도가 장기적으론 동서 진영 대결과 갈등을 누그러뜨릴 가능성이 없지 않다. 하지만 당장은 미국과 유럽 동맹국들 사이의 갈등과 혼란이 불가피하다. 트럼프와 그 지지세력이 반대하는 세계화가 미국 내부에서 경제적 사회적 양극화를 부르기는 했으나, 미국 전체의 부를 성장시켰다는 데는 그 누구도 이의가 없다. 트럼프도 그 최대 수혜자 가운데 하나다. 세계화와 미국 주도의 국제적 협력체제의 이다음 행보는 미국의 상류층 및 기성 엘리트들과 트럼프의 관계가 어떻게 설정되느

'세계질서에 가장 큰 전환점' 뉴욕 타임스는 '미국이 백척간두에 섰다'고 평했다.

냐에 따라 결정될 것으로 보인다.

　트럼프 행정부, 미국의 기성 엘리트, 주요 동맹국 등 관련국들의 대응과 갈등에 따라 지정학적 위기로까지 발전할 수 있다. 제2차 세계대전 이후 미국이 이끄는 세계질서는 가장 큰 전환점을 맞았다. 뉴욕 타임스는 사설에서 "미국이 백척간두에 섰다"고 평했다. 세계질서도 백척간두에 섰다.

오바마, "트럼프, 나토 지지 표명"

2016년 11월 15일, 다가오는 1월 임기를 마치는 버락 오바마 미국 대통령이 도널드 트럼프 대통령 당선자에게 8년 동안의 백악관 생활을 바탕으로 진심 어린 조언을 하며 응원해 눈길을 모으고 있다. 오바마의 이 같은 발언은 트럼프의 공약이 실제로는 변화할 가능성이 있음을 보여주는 사례이기도 하다.

AP, 워싱턴포스트(WP) 등 미 언론에 따르면 오바마 대통령은 10일 트럼프와 회동 후 나흘 만에 기자회견을 열고 두 사람의 대담 내용에 대해 소개했다. 외교·안보 현안 등에 대해 설명한 오바마 대통령은 트럼프가 실용적인 대통령이 될 것이라며 그와 미국 대통령 자리에 대한 진솔한 대화를 나눴다고 고백했다.

오바마 대통령은 "트럼프에게 선거 캠페인을 하는 것과 정부를 이끄는 일은 다르기 때문에 변화가 있어야 한다고 설명했다"며 "논쟁이 많았던 이번 선거에서는 (분쟁 등을) 다시 조정하는 일이 무엇보다 중요할 것으로 보인다"고 밝혔다. 이어 트럼프에게 자신을 지지하지 않은 유권자, 여성 및 소수자들에게 다가가라고 조언했다고 설명했다. 또 오바마 대통령은 "트럼프는 이념적이기보다 실용적인 사람"이라면서 "주변에 좋은 사람들과 함께 있고, 이들에게 분명한 지시를 할 수 있는 감각이 있다"고 평했다. 그는 특히 "트럼프에게 신뢰할 만한 참모들을 구하는 일이 중요하다는 점을 강조했다"고 전했다.

AP는 〈완전한 반전, 오바마가 트럼프 비판을 거절했다(In complete reversal, Obama refuses to criticize Trump)〉는 제목의 기사에서 이날 오바마 대통령이 트럼프에 대한 비판을 전혀 하지 않았는데 이는 고작 1주일 전과 180도 달라진 태도라고 설명했다. 대선 하루 전이었던 지난 7일 오바마 대통령은 펜실베이니아주 필라델피아에서 열린 힐러리 클린턴 전 국무장관의 마지막 유세에 참여해 "트럼프는 몹시

백악관 **집무실에서 오바마와 만나는 트럼프 대통령** 2016년 11월 11일

준비가 안 된 후보이고 핵 단추를 누를 자격이 없다"며 공격했다. 특히 이번 대선 기간 동안 어떤 현직 대통령보다 지원 유세에 적극적으로 나서며 트럼프가 대통령직에 적합하지 않다고 정면으로 비판, 클린턴 '킹메이커'를 자처한 바 있다.

그러나 버락 오바마 미국 대통령은 이날 도널드 트럼프 대통령 당선자가 "나토(북대서양조약기구)와 미·대서양 동맹에 대한 공약을 지지하겠다는 의사를 밝혔다"면서 동맹 방어 공약을 재확인함으로써 전 세계의 우려를 불식시키려는 것으로 보인다고 밝혔다. 오바마 대통령은 아시아의 주요 동맹 관계에 대해서는 특별히 언급하지 않았지만, "트럼프가 핵심적 전략 관계에 관심을 보였다"고 밝힌 만큼 한국·일본 방어 공약에 대해서도 어느 정도 공감대를 이뤘을 것이라는 관측이 제기된다.

임기 8년을 마무리하기에 앞서 고별순방을 떠나는 오바마 대통령은 지난 8일 대선 끝난 뒤 처음으로 가진 이날 기자회견에서 "트럼프는 나와의 대화에서 핵심 전략 관계에 대한 지대한 관심을 보였다"면서 "(트럼프 행정부에서도)미국은 다른 나라들과 군사적·외교적 관계를 지속할 것"이라고 말했다. 오바마 대통령은 지난 10일 트럼프와 첫 회동을 열고 정권 인수·인계방안을 논의한 바 있다.

오바마 대통령은 이날부터 21일까지 예정된 그리스·독일·페루 순방을 언급하면서 "내가 이번 방문에서 가장 중요하게 해야 할 일은 미국이 나토와의 탄탄한 관계를 유지하기 위한 공약에 대한 의지가 전혀 줄지 않았다는 점을 알리는 것"이라면서 "동맹은 유럽에만 좋은 것이 아니라 미국에도 좋은 것이며, 전 세계에도 필수적 요소"라고 말했다. 특히 오바마 대통령은 "동맹은 미국의 국가안보에 필수적이며, 전 세계 안정에도 필수적"이라면서 "이것이 바로 나토 및 미·대서양 동맹이 미국의 민주·공화당 행정부와 관계없이 수십 년간 유지됐던 이유"라고 강조했다.

오바마 대통령은 이날 나토와 미·대서양 동맹만을 언급했지만, 이 같은 원칙은 한·일 등 다른 동맹국에도 그대로 적용될 가능성이 높은 것으로 보인다. 트럼프가 선거 캠페인 과정에서 수차례 나토를 "쓸모없는 기구"라고 비판했지만, 오바마 대통령과의 면담에서 다소 입장을 바꾼 것으로 풀이되기 때문이다. 실제로 트럼프는 지난 10일 박근혜 대통령과의 전화 통화에서 북핵 문제를 포함해 "한·미 동맹 강화 및 발전에 100% 공감한다" 밝혔고, 13일에는 선거 캠페인 과정에서 밝힌 한·일의 핵 개발 허용 시사에 대해서도 "절대 그런 말이 한 적이 없다"고 번복하는 등 기존 입장에서 다소 후퇴하고 있다.

수전 라이스 미국 백악관 국가안보보좌관도 이날 AFP 통신과의 인터뷰에서 "동맹국들이 미국의 방어 공약이 유지되기를 기대하는 것은 당연하다"고 말했다. 라이스 보좌관은 지난 8일 대선 이후 첫 언론 인터뷰에서 "백악관의 위치 미국 리더십의 무게, 이에 따르는 책임감 등 때문에 동맹국들이 미국의 방어 공약이 유지돼야 한다고 기대하는 것은 합리적"이라면서 이같이 밝혔다.

언론들은 오바마 대통령이 이날 기자회견에서 밝힌 것처럼 트럼프가 선거 캠페인 당시와는 다른 국정운영을 보여줄 것이라고 밝히며 동맹국들을 안심시킬 것이라고 예측했다.

한미 관계의 새 동반자 트럼프

"북한의 미치광이로부터 매번 한국을 보호해 주고 있으나 실제로 얻는 것은 아무것도 없다"(2016. 3. 10 공화당 12차 대선 토론회).

"즐겁지는 않겠지만 (주한 미군을 철수할) 의향이 있다. 우리는 수십억 달러의 손해를 볼 여유가 없다"(2016. 3. 26 NYT 인터뷰).

"우리는 일본, 독일, 한국, 사우디아라비아를 보호하는데 그들은 돈을 내지 않는다. 그들이 정당한 몫을 지불하지 않으면 그들은 스스로 지켜야 한다"(2016. 9. 26 대선 1차 TV토론).

"중국은 북한에 대한 완전한 통제권을 가지고 있다. 중국으로 하여금 핵실험 문제를 해결하도록 해야 한다"(2016. 1. 11 폭스뉴스 인터뷰).

"김정은과 대화할 용의가 있다. 그와 대화하는 데 아무런 문제가 없다"(2016. 5. 17 로이터 인터뷰).

"자유무역이 우리를 죽이고 있다. 그들은 우리의 피를 빨아먹고 있다"(2016. 5. 1 포토웨인 유세 연설).

"한·미FTA는 일자리를 죽이는 무역 협정이다"(2016. 6. 28 펜실베니아 경제정책 연설).

"기존 자유무역협정을 모두 재협상해야 한다"(2016. 9. 26 대선 1차 TV토론).

이는 그동안 쏟아낸 트럼프의 한반도 관련 발언이다. 미국 우선주의를 내건 트럼프가 대통령으로 당선되면서 우리나라도 한 치 앞을 가늠할 수 없는 '시계 제로' 상황에 빠져들었다. 경제는 물론 외교와 안보 전반에 걸쳐 퍼펙트 스톰과 같은 초유의 위기에 내몰릴 수 있다는 우려가 높아지고 있다. 특히 수출 등 대외경제 의존도가 높은 한국 경제 상황에서 미국이 극단적인 보호무역주의로 치닫게 되면 글로벌 경제 위축과 외환시장 불안 등 치명적인 악영향을 받을 수 있다.

또한 트럼프 후보의 당선은 곧 대북 강경 노선을 추구하는 공화당의 집권을 의미한다. 북한 김정은의 도발에 미국이 '힘의 논리'로 맞대응할 경우 동북아시아 안보지형이 누구도 예측하지 못한 상황으로 펼쳐질 수 있다. 그동안 미국의 핵우산에 의존하던 외교와 안보의 틀을 전면 수정해야 할 가능성도 제기된다.

트럼프 당선으로 미국은 보호무역주의 흐름의 선봉에 설 가능성이 높다는 게 전문가들 분석이다. 그러나 세계 교역량 위축으로 한국 수출은 큰 타격을 입을 가능성이 크다. 한미 자유무역협정(FTA) 재협상이 불가피할 것이란 전망도 나온다. 트럼프는 유세 기간 한미 FTA에 대해 "미국 내 일자리를 죽이는 정책"이라고 비난했다. 김준경 한국개발연구원(KDI) 원장은 "철강 등 한국의 주력 수출 업종에 반덤핑·상계관세 공세를 강화하고 한국을 '환율조작국'으로 지정할 가능성도 배제할 수 없다"고 걱정했다.

외교·안보분야도 충격이 예상된다. 트럼프는 주한미군 방위비 100% 분담을 주장해 왔다. 2018년이 시한인 5년 단위 협상을 기다리지 않고 당장 내년부터 방위비 인상을 요구할 가능성이 제기된다. 북한에 핵개발 중단을 요구하면서도 북한과의 직접 대화 가능성을 내보임에 따라 대북 정책 기조에도 큰 변화가 불가피하다.

그러나 한쪽에서는 트럼프의 당선을 지나치게 부정적으로만 볼 필요는 없다는 견해도 있다. 최병일 이화여대 국제대학원 교수는 "트럼프는 기업인 출신으로 '원칙'보다 '실리'를 내세울 가능성이 높다"며 "미국과의 우호적 관계를 바탕으로 정부와 정치권이 치밀한 대응책을 마련한다면 위기를 기회로 바꿀 수도 있다" 말했다.

또한 트럼프 캠프 정권인수위원회 위원으로 활동 중인 에드윈 풀너 헤리티지재단 창립자 겸 전 회장은 "트럼프는 경청하는 유형이다. 한미 관계의 큰 틀은 안 바뀔 것"이라 말하기도 했다. 풀너 전 회장은 해마다 한국을 두세 차례 방문하는 미국 워싱턴 정가의 대표적인 친한파 인사로 꼽힌다. 그는 공화당 전당대회 직후인 지난 8월부터 크리스 크리스티 뉴욕 주지사가 이끄는 정권인수팀에 합류해 에너지·교육 분야 위원으로 활동하고 있다. 그는 처음 트럼프를 만났을 때 사려 깊게 상대방의 말에 귀 기울이는 모습이 인상적이었다고 말했다. 언론에서는 자신의 주장을 강요하거나 자신의 말만 하는 인물로 그려지지만 실제로는 상대로부터 새로운 것을 배우기 위해 말을 경청하고 존중한다는 것이다.

또한 풀너 전 회장은 트럼프의 한미 관계 관련 발언에 대해 "새로운 대통령이 기존 정부에서 만든 정책에 대해 점검하는 것은 드문 일이 아니다"면서도 "트럼프는 한미 관계를 강화하는 데 확신을 갖고 있다" 말했다. 트럼프의 발언은 두 나라 관계를 강화하기 위한 미세조정의 의도이지 근본적 틀을 바꾼다는 뜻은 아니라는 것이다.

한국은 국가 리더십이 오락가락하는 상황에서 세계 질서 변화에 아무런 대책 없이 노출될 가능성이 크다. 경제·외교·안보 등에서 동시다발적으로 '퍼펙트 스톰'이 몰아칠 것에 대비해 정부와 정치권이 패거리를 떠나 모든 주체가 애국으로 합심해 치밀한 대응전략을 마련해야 할 때이다.

Listen, Yankee!
박근혜 대통령! 트럼프 대통령!

미국 대통령 도널드 트럼프 탄생! 한 나라가 운이 트였을 때 위대한 인물, 또는 위대한 바보가 탄생하는 까닭은 무엇일까? 이는 바로 그 나라가 무엇인가를 믿고 따르며 그 국민적 포부의 에너지를 송두리째 한 사람에게 쏟아 넣는다는 데 있다. 시대의 커다란 힘이 단 한 개의 맥박 속에 흘러드는 것이다.

프랭클린 루스벨트는 이 힘을 조정하며, 그것을 거의 모든 각도로 내보내 반응을 일으키고, 이념과 인물들을 배출하는 한편 어마어마한 문제들을 찾아낼 줄을 알았다. 그는 새로운 자극에 반응하는 바를, 대중 움직임의 경향과 농도를 언제나 예민하게 떨며 측정하는 자력계(磁力計) 같았다. 그러나 바닥이 아무리 심하게 떨린다 해도 그의 자침이 정북(正北)에서 벗어나는 일은 거의 없었다.

그는 위대한 대통령이 될 수 있을까? 우리는 도널드 트럼프에게 루스벨트를 기대한다. 대통령 도널드 트럼프여, 세계를 사랑하라!

도널드 트럼프의 대통령 당선이 확정되자 온 세계가 경악했다. 힐러리 클린턴 당선을 의심치 않던 세계인들에게 너무나 놀라운 일이었다. 한국 박근혜와 미국 트럼프 두 정상의 통화가 2016년 11월 10일 이루어졌다.

'최순실 게이트'로 매우 시달리고 있는 박근혜 대통령은 깊게 가라

앉은 음성이 뚜렷했다. 그럼에도 한 나라의 수장으로서 책임을 지고 그녀는 한국이 맞닥뜨린 위기감을 극복해야 한다는 굳은 결의를 보였다. 두 정상이 통화한 시간은 짧지만 그 내용은 길었다. 수화기 너머 도널드 트럼프의 힘찬 목소리가 울려왔다.

박근혜는 차분한 목소리로 "당선을 축하합니다" 인사를 건넸다. 트럼프 당선자는 걸걸하면서도 굵은 목소리로 경의를 표하며 답했다.

"감사합니다. 박근혜 대통령 각하!"

꽤 여유로운, 마치 전화를 기다리고 있었다는 듯 매우 친근한 분위기가 묻어 나왔다.

박근혜는 조심스럽게 말을 이었다.

"한미 동맹 관계는 지난 60여 년간 공산주의 독재정권 도전에 함께 맞서 싸워왔습니다. 두 나라는 서로 진실한 신뢰를 쌓아왔으며 아시아태평양지역 평화 번영의 주춧돌을 이루었습니다. 앞으로도 두 나라의 공동 이익을 위해 다양한 분야에서 동맹관계를 더욱 강화하고 발전시켜 나아가기를 기대합니다."

"옳습니다. 전적으로 동의합니다."

트럼프의 목소리가 우렁차게 울려왔다. 거침없는 화답이었다.

박근혜 대통령은 북핵 문제도 제시했다. 한국과 미국이 직면한 가장 큰 위협은 북한의 도발이며, 북한이 또다시 세계를 위협에 빠뜨릴 경우 강력한 대응을 할 수 있도록 긴밀히 협력해 나갈 필요가 있음을 강조했다.

트럼프는 대북제재 압박 필요성에 대한 박근혜 대통령의 말에 "기본적으로 동의한다" 대답하면서 오랜 시간 함께해 온 한국과의 우정을 지킬 것을 확약했다.

"미국은 한국의 방어를 돕기 위해 굳건하고 빈틈없는 방위태세를 유지할 것이며 흔들리지 않고 한국과 미국의 안보를 위해 끝까지 함께할 것입니다."

트럼프는 이렇게 자신의 의지를 강력히 밝혔다. 그는 지난 9일 박근혜 대통령이 보낸 '한미 동맹관계 발전을 위해 양국 간 공조를 더욱 굳건히 해나가기를 기대한다'는 축전을 잘 받았다면서 앞으로도 한국과 미국의 전통적인 우호 관계를 잘 지켜나가자는 뜻을 다시 확언했다.

며칠 전까지만 해도 선거유세 때마다 트럼프는 미국이 왜 잘사는 한국을 지원해 가면서까지 보호해야 하는지 의문이라고 불만을 토로했다. 이제까지 주한미군 2만 명이 한국을 지키고 있는데 왜 아무런 대가도 지불하지 않느냐는 것이었다.

한미 방위비분담 특별협정(SMA)에 따르면 올해 한국의 방위비 분담금은 주한미군 주둔 비용의 50%였지만 트럼프는 한국이 100% 분담할 것을 요구했다. 1990년까지만 해도 미국이 전액 부담했지만 1991년부터 2~5년 주기로 한국과 SMA를 맺는 방식으로 방위비 일부를 분담하도록 되어 있었다.

제8차 SMA 체결 협상이 끝난 뒤 다시 맺을 제9차 SMA의 유효기간은 2018년이므로 이와 같은 트럼프의 방위비 분담금 인상 요구는 한국에게 큰 고민이 아닐 수 없다. 박근혜 대통령은 1년 반 남짓 임기를 남겨두고 있는 현 시점에서 명확한 결단력이 필요할 것으로 보여진다. 제9차 SMA 체결에서 방위비 분담금이 인상된다면 제10차 SMA 체결에서 막대한 비용을 요구할 것이 불 보듯 뻔하기 때문이다.

한편 트럼프는 후보 시절 최근 삼성과 LG 한국 회사의 TV를 4000천 대 넘게 주문했다면서 "한국을 좋아합니다. 한국은 부자나라입니다. 그런데 미국을 위해 한 푼의 이윤도 주지 않습니다. 이는 미친 짓입니다. 나 같으면 담판을 지을 것입니다"라고 거침없이 항의하기도 했다.

불행 중 다행스럽게도 트럼프는 김정은 노동당 위원장을 가리켜 "미치광이"라고 단적으로 말하면서, 김정은이 국제사회를 계속 위협할 경우 "없애버리겠다"는 강한 의지를 드러냈다. 김정은을 아버지 김일성과 비교하면서 차라리 "김일성이 훨씬 나았다"며 불안함에 극도로 달아오른 김정은을 거침없이 깎아내렸다. 하지만 트럼프는 미치광이 지도자를 옆에 둔 한국을 가리켜 자신의 안보는 직접 챙겨야 한다면서 한국의 힘으로 방어할 것을 요구했다.

트럼프의 주장대로 그에게 주한미군 비용을 지불해야 한다면 한국은 매우 큰 부담감을 떠안게 되겠지만 모든 관계를 '이익'으로 따지는 트럼프의 간단명료한 정책은 오히려 대응하기에 쉬우리라 해석되기도 한다.

트럼프는 김정은이 미국을 방문한다면 햄버거를 함께 먹으며 협상할 뜻을 밝히기도 했는데 북한을 최대한 압박하겠다는 강력한 의지가 엿보였다. 김정은이 햄버거 속 고기처럼 짓눌려 어쩔 줄 몰라하는 모습을 떠올리니 그간 북한 때문에 고생한 일들이 한꺼번에 날아가는 듯하다.

가장 걱정거리인 사드(THAAD·고고도미사일방어체계) 이야기를 꺼내본다. 트럼프는 한국이 미국에게 이득을 주지 않을 경우 한반도 사드 배치 일정이 늦어지거나 비용을 전액 부담하라고 역제안할 수도 있다고 밝혔다.

사드 포대 배치에 드는 비용은 1조 5000억 원 정도이며 요격 미사일 1발 가격은 110억 원으로 알려져 왔다. 성주 사드 포대는 고성능 엑스밴드 레이더 1개, 화력 통제 시스템, 발사대 6개, 요격 미사일 48발로 구성될 전망이며 이 돈은 미국이 전액 부담하기로 되어 있었으나 트럼프가 대통령에 당선된 지금 한국이 모두 부담할 가능성이 커졌다. 게다가 그는 한국이 반대하는 일이라면 굳이 사드를 설치하지 않겠다는 뜻도 비쳤다.

풍전등화(風前燈火)의 한국을 어찌해야 한단 말인가.

온 세계에 충격을 준 트럼프의 당선 뒤에는 미국의 경제적인 어려움이 있었다. 일거리가 없어 고통받던 미국 노동자들은 일자리를 창출하겠다는 트럼프의 선거공약을 믿고 그를 뽑았다. 과거 노무현에게 속아 그럴듯해 보였던 정책을 철썩 같이 믿었던 암울한 한국의 정치사가 떠오른다.

그러나 트럼프는 노무현과는 다르리라 기대된다. 말하는 바는 이루고야 마는 인물로 여겨진다. 이를 증명이라도 하듯이 트럼프 당선자는 한미FTA가 미국 노동자들에게 큰 피해를 주고 있다고 주장했는데, 앞으로 한미 동맹관계의 적지 않은 변화가 있을 것으로 예견된다. 실로 걱정이 아닐 수 없다.

이것 말고도 트럼프는 2015년 한국에 넘기기로 확정한 전시작전통제권 이양을 서두르겠다는 뜻도 내비쳤다. 이를 두고 나라의 자주권을 되찾은 것으로 생각해서는 안 된다. 미국으로부터 어느 정도 독립을 하는 대신 그만큼 지원 받지 못하는 점을 우려해야 한다. 순망치한(脣亡齒寒). 입술이 없으면 이가 시려오는 것처럼 보호해 줄 울타리가 없으면 그 안에 살고 있는 국민 모두가 바스라져 버릴 수 있는 한국의 운명을 똑바로 바라보아야 한다.

제45대 미국 대통령 도날드 트럼프. 누구도 예상하지 못했던 이변의 결과는 이렇듯 세계를, 특히 한국을 마구 뒤흔들고 있다. 이렇게 어지러운 틈새를 타 종북세력들은 기다렸다는 듯이 광화문에 촛불시위를 준비하고 박근혜 대통령을 강제로 끌어내려 나라의 기강을 바로잡겠다는, 마치 '민초'를 위해서 정의를 실현하겠다는 거짓된 포

사드 배치 미국이 전액 부담하기로 되어 있으나 염려되는 부분이다.

장으로 국민들을 현혹시키고 있다.

　박근혜 대통령의 천려일실(千慮一失)은 부정할 수 없다. 참으로 안타깝기 그지없다. 그러나 아직 늦지 않았다. 한국 박근혜 대통령과 미국 트럼프 대통령 당선자의 통화가 끝나자, 하락했던 아시아 증시도 상승세를 보이며 회복하고 있다.

　미국 대통령 도널드 트럼프, 그에 대해 언론들은 이렇게 평가하고 있다. 트럼프는 아메리칸 드림을 다시 부활시켰다(뉴욕 타임스). 도널드 트럼프는 거래의 달인이다. 사자가 육식동물이고 물이 축축하듯 그는 거래의 달인이다(시카고 트리뷴). 그는 매혹적이며, 사람들을 완전히 몰입하게 만든다. 트럼프의 거들먹거리는 행동이 매우 생생하게 전달되어 독자들은 한 부분도 놓치지 않으려 애쓰며 집중하지 않을 수 없다(보스턴 헤럴드). 그의 변칙적인 행동 뒤에는 숨겨진 동기들이 있다(월스트리트 저널).

북한 김정은 미국 트럼프?

이번 미국 대통령 선거에서 민주당 힐러리 클린턴은 공화당의 도
널드 트럼프 당선인보다 더 많은 표를 얻었다. 하지만 트럼프조차 비
민주적이라고 비판했던, 선거인단 제도에 따라 2등을 한 트럼프가 1
등을 한 클린턴 힐러리를 제치고 대통령에 당선됐다. 이 때문에 트
럼프의 승리가 '기득권 제도'에 대한 저항이라고 할 수만은 없다. 그
러나 어쨌든 대통령직 근처에도 갈 수 없을 만큼 상스럽고 무지한
자격 미달 후보가 승리한 것은 놀라운 일이다.

일반적으로 분노계층은 교묘한 아웃사이더 정치 전략가를 통해
막연한 분노를 주입받는다. 돌아보면 클린턴을 지지해야 한다는 메
시지는 밋밋했다. 가난한 실업자들에겐 의미 없고 짜증나는 설득이
다. 클린턴의 메시지는 "나는 도널드 트럼프가 아니다"에 불과했다.

하지만 클린턴만큼 전통적 공식을 따른 정치인은 없다. 아웃사이
더 시대의 인사이더였다. 말 많은 기득권 파괴자의 시대에서 신중한
전문가였다. 하지만 클린턴을 선택한 건 민주당의 실수다. 물론 민주
당 내 경선이 클린턴에게 우호적으로 진행됐다는 인식도 널리 퍼져
있다. 실제로 경선이 클린턴에게 유리했는지는 확신할 수 없지만 버
니 샌더스 상원의원이었다면 트럼프에게 지지 않았으리라 생각한다.
샌더스는 가난한 백인들의 호응을 이끌었다. 스캔들도 거의 없었다.

그 반대로 클린턴은 '부패한 정치인'이었다. 트럼프 진영의 전형적
인 주장이긴 하지만 클린턴 부부는 대부분의 미국인에게 깨끗한 인
상을 주지 못했다. 미국 연방수사국(FBI)은 선거기간 동안 클린턴을
조사했다. 자신의 잘못을 해명하는 과정에서 클린턴은 계산적이고
로봇 같은 사람으로 비쳐졌다. 이는 오늘날의 유권자들이 원하는 모

트럼프는 불안함의 혼합체 초반에 '김정은과 대화할 것'이라고 말했지만 워싱턴 대북정책 기관으로부터 거센 항의를 받았다.

습이 아니다. 버락 오바마 대통령처럼 감동을 주지도 못했다. 심지어 는 연설도 미셸 오바마가 더 잘했다.

미국 대선에서는 언론도 주요한 역할을 했다. 뉴욕타임스·워싱턴 포스트·허핑턴포스트 등은 끊임없이 클린턴이 이긴다고 예측했다. 트럼프와 그 지지자를 인종차별주의자로 깎아내리며 비웃는 투의 내용이었다. 마치 가난하고 못 배운 '러스트벨트'의 유권자들이 "빌 어먹을! 트럼프에게 투표해야겠어"라며 투표소로 뛰어가기를 바라 는 것처럼 보일 정도로 말이다.

이 가운데 세계 모든 나라가 트럼프 당선이 나라들마다 어떤 영 향을 줄지 신경을 곤두세우고 있다. 북한 또한 마찬가지다. 선거 전 북한 조선중앙통신은 트럼프를 지지한다고 시사했다. 북한이 트럼프 를 좋아하는 것은 놀랍지 않은 일이다. 사실 누가 공화당 후보가 되 었더라도 민주당 대선 후보 힐러리 클린턴보단 선호했을 것이다. 클린턴은 여러 해 동안 버락 오바마 대통령의 국무부 장관으로서 북한에 강경 노선을 취해왔기 때문이다.

그러나 북한이 트럼프 대통령 당선을 마냥 환영하는 것이 맞을까? 클린턴과 달리 트럼프는 대선 캠페인 기간 대통령이 되면 북한을 어떻게 다룰지 언급한 적이 거의 없다. 캠페인 초반 트럼프는 "북한의 김정은과 대화할 것"이라고 말했지만 이 일로 워싱턴 대북정책 기관으로부터 거센 항의를 받았다. 그 뒤로 트럼프의 참모인 피터 후크스트라는 취재진에게 트럼프는 김정은을 만나지 않을 거라고 밝혔다.

우리는 아직 트럼프의 대북정책을 정확히 알지 못한다. 그는 앞으로도 대북정책을 즉흥적으로 둘러댈 수 있다. 어쩌면 한반도의 정치방정식의 주요한 변화가 될지도 모른다. 북한은 처음으로 대북정책이 불확실한 미국을 마주해야 할 것이다. 평양뿐만 아니라 미국의 동맹국과 중국·러시아를 포함한 모두에게 상당한 골칫거리가 될 것으로 우려된다.

트럼프의 기질을 고려해 대북정책의 방향을 예측해 보는 것도 좋은 방법이다. 먼저 트럼프는 강력한 군사력을 사용할 수 있는 미국의 능력이 제한되었음에 짜증을 표출했다. 트럼프 대선 캠프 인사를 잘 아는 내지인에 따르면 트럼프는 고위 군 관계자들과 회의 때 미국이 왜 핵무기를 사용할 수 없는지 반복해서 물어봤다고 한다. 그는 또 공공연하게 이슬람국가(IS)에 "폭탄을 떨어뜨릴 것"이라고 말하곤 했다. 한마디로 트럼프는 불안함의 혼합체이다.

그러므로 북한이 트럼프의 정권 이양 기간 동안 무엇을 하는지 살펴볼 필요가 있다. 트럼프가 45대 미국 대통령에 취임하기까지 10주의 준비기간이 남아 있다. 나는 평양(북한)이 김정은 북한 노동당 위원장과의 만남을 제안한 트럼프를 떠올릴 것으로 생각한다.

또 하나 정권 이양 기간 동안 트럼프 대통령 당선인에게 자신들의 존재감을 알리기 위해 도발을 감행할 것으로 여겨진다. 추가 핵실험을 할 가능성이 가장 높다.

북한이 백악관 집무실에 있는 트럼프를 상대로 핵실험을 감행하는 것은 미국으로부터 맹렬한 비판을 불러올 것으로 생각된다. 앞으로 10주간 핵실험과 미사일 발사 등을 몰아서 할 가능성이 있다. 오바마 대통령 아래에 일어나는 것이므로 트럼프는 정치적 책임을 지거나 이에 반응할 필요가 없기 때문이다.

대북 전문가들은 미국 대선과 북한 도발 사이의 시차가 지속적으로 짧아졌다는 점에 주목했다. 즉 북한의 6차 핵실험과 미사일 실험은 앞으로 몇 주 내 일어날 수 있다는 게 대체적인 관측이다.

북한의 도발은 국제사회에 굉장한 스트레스를 줄 것이다. 유엔 안전보장이사회는 지난 9월 북한의 5차 핵실험을 규탄하는 성명 채택에 상당한 진통을 겪었다. 중국이 미국의 모든 제안에 반대했기 때문이다. 앞으로의 6차 핵실험에 대한 안보리의 입장에도 비슷한 진통이 따를 것으로 예상된다. 북한에 대한 중국의 제재는 4차 핵실험 이후 안보리 제재 2270호 때 최고 수위에 도달했다.

중국은 내년 19차 공산당 전국대표대회를 앞둔 국내 정치에 초점을 맞추고 있다. 또 미국과의 긴장감이 고조되는 상황에서 북한에 압박을 가함으로써 일어날 수 있는 변수를 경계해 왔다. 그러므로 향후 북한 도발에 대한 안보리의 반응에 동의할 가능성이 줄어들 것이다. 미국과 그 동맹국들은 양자 간 제재를 통해 대북 압박 강도를 높이겠지만, 이는 북한을 단기간에 바꿔 놓지는 못할 것이다. 오바마 대통령이 남은 임기 동안 북한에 단호한 제재를 허용할 가능성도 낮다.

따라서 북한이 트럼프가 대통령에 취임하는 내년 1월 20일 이전에 추가 도발을 한다면 트럼프는 북한에 대해 논평은 하겠지만, 별다른 행동은 취하지 않을 것으로 보여진다. 트럼프는 북한의 문제를 민주당의 정책 실패로 떠넘길 테고, 마음에 더 닿는 쟁점에 집중할 것이다. 즉 북한이 더 완벽한 핵무기를 만들어 낼 시간을 벌 수 있다는 뜻이다. 북한에 점점 관대해지는 중국의 우산 아래서 말이다.

그러나 북한이 트럼프 대통령 재직 중 핵이나 미사일 발사 실험을 한다면 오바마 대통령 아래에서 봤던 대북 제재보다 더 격렬한 반응을 맛보게 될 것으로 예상된다. 트럼프 대통령은 자신이 다시 위대하게 만들겠다고 약속한 미국을 북한이 비웃는다고 느낄 것이다. 이는 테스토스테론으로 채운 감정 폭발로 이어져 갑작스럽고 단호한 행동으로 이어질 게 뻔하다. 나는 이것이 대북 제재 강화를 넘어서, 통제하기 어려운 일련의 사건을 불러올까봐 무척 두렵다.

북한은 다음 한국의 대북 스탠스도 눈여겨볼 것으로 예상된다. 트럼프 대통령의 대북 정책에 보조를 맞추면서도 한국이 자체적으로 핵무기를 개발할 조짐이 있는지 근심스럽게 지켜볼 것이다. 만약 한국의 핵무기 프로그램이 시작되면(현재 박근혜 대통령은 최순실 게이트 때문에 이런 급진적인 움직임을 지시할 정치적 권위가 더 이상 남아 있는지 의문이지만), 북한의 미사일은 한국을 목표 지점으로 삼을 것이다. 또 한국을 겨냥한 미사일 발사로 협박하면서 핵무기 프로그램을 멈춰 세우려 할 것이다.

한국은 미국 대통령 트럼프 당선이 던져주는 복잡한 질문과는 별개로, 한반도 상황이 더욱 불안정해졌음을 명확히 할 필요가 있다. 매우 힘든 시간이 될 것 같다. 하지만 트럼프 대통령은 나쁘지 않을 수도 있다. 합리적인 조력자들에게 의지할지도 모른다. 타협할 수도 있다. 혹은 그저 승리하기 위해 분노한 시민들에게 불을 질렀을 수도 있다. 대통령으로 오른 뒤에는 선거기간 동안 봐왔던 트럼프가 아닐지도 모른다. 그러나 클린턴이라면 절대 하지 않을 김정은과의 전화 통화로 평화협상을 이끌어 낼 수도 있다. 아무도 모른다.

정말 트럼프는 김정은과 햄버거를 먹을까?

사실 트럼프는 막말 때문에 실체가 가려진 인물이라 볼 수 있다. 트럼프의 대외정책은 '미국제일주의'를 되살려 낸 패트릭 뷰캐넌의 평론이나 저서를 '원전'으로 삼고 있으며, 그런 까닭에 단순한 포퓰리즘으로 보기는 어렵다.

각종 혐오 발언을 걷어내면 거기에는 미국 대외정책과 관련된 하나의 지적 사조를 대변하는 색다른 인물의 모습이 드러난다. 바로 '대외 불개입주의(non-interventionalism)' 또는 '고립주의'다. 미국의 저명한 평론가 찰스 크라우트해머는 4월 28일자 워싱턴 포스트 기고문에서 "트럼프는 제2차 세계대전 발발 전 미국 제일주의(America First)를 제창한 찰스 린드버그, 냉전 종식 후 일찍이 '미국이여 고향으로 돌아가라' 절규한 평론가 패트릭 뷰캐넌, 공화당 대선후보 중 하나였던 랜드 폴 상원의원으로 계보가 이어져온 고립주의자다"라고 단언했다.

트럼프의 선전 구호라 할 수 있는 '미국 제일주의'부터 그렇다. 본디 이 구호는 찰스 린드버그가 제2차 세계대전에 미국이 관여하는 것을 막기 위해 사용하기 시작했다. 린드버그가 결성한 '미국 제일주의위원회'는 히틀러의 횡포에 맞서려는 미국 정부의 발목을 붙잡다가 일본이 진주만을 폭격한 지 5일 만에 해산됐다.

린드버그의 미국 제일주의 구호를 냉전 종식 후 되살려 낸 인물이 바로 패트릭 뷰캐넌이다. 그는 닉슨·포드·레이건 대통령의 보좌관과 고문으로 활약하다 시사평론가로 전업해 명성을 떨쳐온 인물이다. 특히 그가 1991년 9월 8일자 워싱턴 포스트에 기고한 평론은 소련과의 냉전에 이어 걸프 전쟁에서까지 승리해 미국 주도의 '신세계질서(NWO)'에 도취해 있던 미국 사회에 찬물을 끼얹었다.

그는 이 평론에서 "미국 제일주의는 미국인 또는 미국의 사활적 이익이 위기에 처했을 때에만 해외 전장에 나간다는 건국 아버지들의 이상에 뿌리를 두고 있다. 더 이상 무분별한 개입을 중지하고 고향으로 돌아가자" 주장했다. 그 구체적인 방안으로 그가 제시한 내용들은 트럼프가 이번 대선 과정에서 쏟아낸 대외 정책 관련 발언들의 뼈대를 이룬다.

트럼프의 거의 모든 대외 정책은 뷰캐넌의 평론이나 저서를 원전으로 한 것이다. 그런 점에서 트럼프는 뷰캐넌주의자라 할 수 있다. 뷰캐넌은 2002년 《서방의 죽음》과 2011년 《초강대국의 자살》이라는 책을 통해 자신의 견해를 좀더 상세하게 밝혔다. 그는 대영제국이 멸망한 것은 세계 문제에 개입했기 때문이라며, 미국이 대영제국과 같은 길을 걸으면 똑같은 운명에 처할 것이라고 경고했다. 이 같은 지론에 따라 그는 부시 정권의 이라크 전쟁에 격렬하게 반대했다. 극우 국가주의자로 분류되는 그가 진보 세력과 손잡고 이라크 전쟁 반대를 외친 것은 하나의 진풍경이었다. 또한 이런 점에서 뷰캐넌에서 트럼프로 이어지는 고립주의자들은 부시 정권 이래 민주당이나 공화당을 막론하고 막강한 영향력을 미쳐온 네오콘과 구별되기도 한다.

네오콘이 이스라엘의 이익을 위해 미국의 대외 개입주의를 선도해 온 유대인 중심 세력이라면 뷰캐넌으로 대변되는 고립주의자들은 미국 남부에 포진한 백인 기독교도에 뿌리를 두고 있다. 공화당 내 티파티 그룹과 맥을 같이한다. 《서방의 죽음》에서 뷰캐넌이 주장하는 서방(the West)이 바로 백인 기독교도 사회를 뜻한다. 유색인종의 이민으로 인해 위기에 봉착한 백인 기독교 사회를 구하기 위해서라도 불법이민을 철저히 단속해야 한다고 그는 주장한다. 지난해 대선 출마와 함께 트럼프가 외친 멕시코 국경지대 장벽 설치는 뷰캐넌이 이미 2011년 저서에서 언급한 방안이기도 하다. 환태평양경제동반자협정(TPP)을 반대하고 한미 자유무역협정(FTA) 재협상을 주장하며 보호무역주의 노선을 걷겠다고 한 트럼프의 대외경제 노선 또한 자유무역에 피해 의식을 가진 백인 기독교도의 정서를 바탕으로 하고 있음은 물론이다. 심지어 동맹에 대한 시각도 부분적으로는 인종주의에 기반을 둔다. 한국이나 일본·중동의 유색인종을 지키기 위해 미국이 굳이 피를 흘릴 까닭이 없다는 것이다.

"친구를 돕지 않을 뿐 아니라 적과 싸우지도 않는다." 고립주의자의 대외 정책관을 한마디로 요약하면 이렇다. 미국이 굳이 한국과 일본, 유럽을 지키기 위해 돈을 쓸 이유가 없으니 미군이 필요하면 각국이 비용을 대라는 것이다. 또 중국·러시아와 미국이 적대관계를 맺을 이유도 없다. 크림반도 문제로 러시아와 대립하고 있는 중부 유럽 전선이나 아시아 국가들과 안보 및 경제 분야의 유대를 강화하는, 오바마의 아시아 회귀 전략으로 긴장이 고조되는 중국과의 대립 전선에서 극적인 변화가 예상되는 대목들이다.

대선 기간에 트럼프는 "김정은과 햄버거 먹으며 대화하겠다" 말했다. 이 또한 알고 보면 즉흥적으로 나온 말이 아니다. 대북정책에 대한 뷰캐넌의 처방에 닿아 있다. 뷰캐넌은 2006년 10월 19일자 '크리에이터어닷컴'에 기고한 '부시 독트린은 끝?'이라는 제목의 글에서 "부시의 이라크 침공이 북한과 이란의 핵 개발을 자극했다"고 비판했다. 그러면서 "북한은 1970년대 닉슨 대통령이 마오쩌둥에게 주었던 것을 원하고 있다"며 북한과의 직접 협상에 나설 것을 촉구했다. 북한이 모든 핵 프로그램을 공개하고 추가 핵 개발을 포기한다고 확고하게 보장하면, 그 대가로 북한과 외교관계 수립, 경제적 지원, 주한

미군 철수를 담은 안보조약을 체결하라는 것이다.

트럼프는 이 가운데 김정은과 직접 협상이라는 첫 단계를 대선 과정에서 극적인 방식으로 공개한 것이다. 뷰캐넌의 제안을 참고하면 트럼프 정부의 대북정책 방향을 짐작할 수 있다.

미국이 한반도의 긴장 상태에서 손을 떼야 한다는 뷰캐넌의 발상은 지난 1월 북한의 핵 실험 직후에도 등장했다. 정치 매거진 〈아메리칸 컨서버티브〉에 기고한 '북한과 꼬인 동맹'이란 글에서 그는 "북한의 수소탄 실험으로 골치 아픈 것은 중국의 시진핑이지 미국이 아니다. 미국은 핵전쟁 위험이 있는 한반도에서 발을 빼야 한다" 주장했다. 또한 한미 상호방위조약을 죽은 정책에 비유하고 아시아 각국이 스스로를 방어하도록 미국이 신(新)닉슨 독트린을 고려해야 할 때라고 주장하기도 했다.

뷰캐넌이나 트럼프의 고립주의 정책이 낯설게 느껴질 수 있다. 하지만 이것이야말로 미국의 진면목이라는 지적도 있다. 미국이란 나라 자체가 대외 불간섭주의로부터 출발했다. 건국의 아버지 조지 워싱턴은 대통령 이임사에서 "미국은 유럽의 어떠한 나라와도 관계를 맺으면 안 되며 유럽의 분쟁에 휘말리면 안 된다" 말했다. 고립주의 정책의 시작이다. 그 뒤 고립주의는 '먼로 독트린'으로 구체화됐고 제2차 세계대전 이전까지 주로 대외 개입에 신중한 편이었다. 그런 점에서 2차 대전 이후 70년의 역사야말로 미국이 고향을 떠나 방황해 온 시기라 할 수 있다. 이제 미국은 피폐해진 심신을 이끌고 고향으로 돌아가겠다고 선언한다.

Listen, Yankee!
도널드 트럼프 대통령은 누구?

뉴욕에서 나고 자란 순수한 뉴요커

도널드 트럼프의 본명은 도널드 존 트럼프(Donald John Trump)이다. 아버지 프래드와 어머니 메리 사이에서 1946년 6월 14일에 태어났다. 2016년에 꼭 70세가 되었다. 미합중국 뉴욕 주 퀸스 구 출신. 인종의 도가니라고 불리는 뉴욕에서도 특히 다인종, 다민족이 사는 곳으로 유명한 지역이다. 트럼프는 뉴욕에서 태어나고 자란 순수한 뉴요커이다.

TV를 보면 알 수 있듯이 트럼프는 매우 당당한 체격의 소유자이다. 키는 188cm. 미국인의 평균키 176cm. 다민족 국가이므로 생각보다 평균이 낮은 것을 감안해도 트럼프가 미국인 중에서도 상당히 큰 것은 틀림없다.

그 거구와 함께 또 하나의 트럼프의 특징은 그 기발한 헤어스타일이다. 그 부자연스러움 때문에 종종 가발 의혹이 일어나지만, 트럼프는 그것을 일체 부정했다. 때로는 타인에게 머리카락을 당겨보게 하고는 "어때, 진짜지?" 하며 의기양양해 하는 장면은 이미 익숙한 광경이다.

취미는 스포츠. 어릴 때는 야구와 축구에 열중했고, 지금은 주로 골프를 즐기고 있다. 핸디가 3.7이라고 하니 프로라고 해도 무색하지 않을 실력이다.

"당신은 해고야!"로 인기 높아지다

그는 부동산업을 생업으로 하고 있다. 그것도 단순한 부동산업자가 아니라 전미 제1위의 부동산왕으로, 미국의 경제지 포브스의 억만장자 순위표에 단골로 오르는 대부호이다.

당연히 미국에서의 지명도는 발군이지만, 그것은 부자라는 이유에서만은 아니다. 어느 TV 프로그램에서 진행자를 맡은 일로, 안방극장의 인기스타가 되기도 했기 때문이다. 그 프로그램이 바로 '견습'을 의미하는 '어프렌티스'. 복수의 참가자 중에서 트럼프의 회사에서 일하는 인재를 결정하는 리얼리티쇼이다.

이 속에서 탈락하는 참가자에 대해 트럼프가 말하는 '당신은 해고야!'(You'e Fired!)라는 대사가 크게 반향을 일으켜, 트럼프는 TV스타로서의 인기도 얻었다. 이것이 이번 대통령선거에서의 트럼프 선풍의 한 요인이 되었다.

도널드 트럼프의 성격
어떠한 때라도 아이들의 전화는 받는다

연설에서 종종 터뜨리는 지나친 강한 언동에서, 마치 인격파탄자처럼 생각되기 쉬운 트럼프. 그러나 과격하기만 한 인간이 빅비즈니스를 원활하게 추진할 리가 없다. TV 화면 너머로만은 엿볼 수 잇는 내면도 갖추고 있다.

그 대표적인 것이 자식에 대한 애정이다. 트럼프는 그의 자서전 속에서 "설령 무엇을 하고 있을 때라도 아이로부터이— 전화는 받기로 하고 있다"고 말했다. 비즈니스를 최우선하는 경영의 귀재라는 것은 어디까지는 이미지. 사실은 자식밖에 모르는 좋은 아버지이기도 하다.

그리고 트럼프는 정직하지 못한 방법을 아주 싫어한다. 어떤 친구가 그의 힘으로 브로드웨이 뮤지컬의 티켓을 구할까 하고 타진해

왔다. 그것에 대해 트럼프는 "그런 일은 하고 싶지 않다"고 딱 잘라 거절했다.

또 어떤 노부인이 조상 대대의 농장을 잃을 뻔했을 때는 "정직하고 부지런히 살아온 사람이 모든 것을 잃어서는 안 된다"고 일어섰다. 놀랍게도 그 노부인을 위해 기부를 모집하여 10만 달러의 거금을 모았다. 반칙을 싫어하고, 정직한 자가 당하는 세상도 매우 싫어한다. 트럼프에 대해 생각할 대는 과격한 언동뿐만 아니라 이 성실함도 잊어서는 안 될 것이다.

이기기 위해서는 수단을 가리지 않는다

위에서는 트럼프의 성실한 면에 대해 썼지만, 그 과격한 연설 그대로의 강한 개성도 당연히 그의 성격을 애기하는 데 빠질 수 없다.

우선 트럼프는 지기 싫어하는 성격이다. 자서전 속에서 "이기기 위해서라면 법이 허락하는 범우 안에서 무엇이든 한다" "때로는 상대를 비방하는 것도 거래상의 흥정의 한 방법이다"라고 호언한다.

그리고 트럼프는 싸울 때는 철저하게 싸우는 남자이기도 하다. "나는 굴복하기보다 싸운다. 한번이라도 굴복하면 당장 겁쟁이라는 평판을 듣게 되기 때문이다"라고 자서전에 썼다. 트럼프는 대통령 선거 예비선거 단계부터, 자신이 대통령이 되는 날에는 미국의 국익을 최우선하겠다고 민중 앞에서 공언했다. 그의 선거 슬로건은 'Make America Great Again' '강한 미국을 다시 한 번'이다. 그가 미국의 최정상에 선다면, 결코 물러서지 않고, 이기기위해 수단을 가리지 않은 외교정책으로 타국의 리더들에게 싸움을 도전할 것이다.

흔들림 없는 정책(전략)
언제나 최악의 사태를 상정하고 일을 추진한다
누구나가 부러워하는 빌리어네어(자산 1억 달러 이상)까지 올라간 비즈니스에서의 대성공, 그리고 대통령을 진심으로 노리는 야심. 그러한 트럼프의 행동을 지탱하고 있는 것이, 언제 어디서든 흔들리지 않는 그 자신의 강한 정책이다.

그가 지기 싫어하는 것은 앞에서도 말했지만, 결코 강경 일변도를 좋다고 하는 신념의 소유자는 아니다. 의외로 소극적인 사고방식을 좋다고 하고 있다. 수많은 터프한 교섭을 헤쳐나온 트럼프이지만, 비즈니스에 있어서는 신중하게 일을 추진하는 것이 그의 스타일이다. 자서전에는 "언제나 최악을 예상하고(중략) 최악의 사태에 대처할 방법을 생각해 두면(중략) 무슨일이 있어도 걱정없다"고 썼고, 그가 돌다리를 두드려서 건너는 섬세함을 중요시하고 있는 것을 알 수 있다.

'융통성을 가짐으로서 위험을 최소화한다'는 것도 트럼프의 정책의 하나이다. 비즈니스에서는 한 가지 밥법을 고집하지 않고, 모든 가능성을 모색한다. 상황이 바뀌면 임기응변으로 대처하는 것이다.

그리고 트럼프가 특히 소중히 하는 것이, 사물을 크게 생각하는 것이다. 작게 분류해 버리면, 그 이상의 성과는 결코 얻을 수가 없다. 그러므로 크게 생각하는 것이다.

일을 즐기고, 자신을 속이지 않는다
이것도 의외로 생각될지도 모르지만, 트럼프는 지금까지 거듭해 온 성공과 얻어온 자산에 집착하지 않는다. 왜 그럴까? 그는 돈을 버는 것에 흥미가 있는 것이 아니라, 비즈니스 자체에 강한 매력을 느끼고 있기 때문이다. 즉 일을 즐기고 있는 것이다.

서브프라임론에 의한 대불황 등의 영향으로, 트럼프는 지금까지

세 아이들과 함께 자식밖에 모르는 좋은 아버지 트럼프

네 번이나 파산했다. 그때마다 파멸직전까지 몰리지만, 그는 반드시 부활하여, 지금도 미국 부동산왕으로 군림하고 있다. 그 이유는 바로 일을 즐기고, 자신을 속이지 않는 삶의 방식에 있는 것은 명백하다.

대통령선거 예비선거에 있어서, 트럼프는 결코 자신을 속이지 않았다. 싫은 것은 싫다, 원하는 것은 원한다. 그 솔직함은 흔히 공격대상이 되었지만, 결코 정책을 자세를 굽히지 않는 그 모습은 많은 열광적인 지지자를 낳았다.

트럼프의 비즈니스와 연수입
불사조처럼 소생하는 부동산왕

트럼프의 직업을 한 마디로 말하면, 실업가이다. 레스토랑 경영이나 브랜드의 라이센스 사업 등에 손을 대고 있지만, 그중에서도 그의 메인비즈니스는 부동산업이다. 아버지의 회사를 물려받아 명칭을 바꾼 부동산회사 '트럼프 오가니제이션'의 회장겸 사장을 역임하고 있고, 이밖에도 여러 개의 회사의 보스이다.

트럼프는 지금까지 자신의 이름 'TRUMP'를 내건 호사스러운 건물을 수없이 지어왔다. 맨해튼 미드타운구의 5번가에 지은 202M의 고층빌딩 '트럼프타워'를 비롯하여 '트럼프 프라자&카지노' '트럼프 마리나' 등등. 그러나 이 가운데 트럼프 프라자&카지노와 트럼프 마리나는, 트럼프의 소유물이 아니게 되었다. 거듭되는 파산으로 매각하지 않을 수 없었기 때문이다.

그의 비즈니스가 지금까지 순풍에 돛단배였는가 하면 그렇지는 않다. 트럼프는 지금까지 네 번이나 파산을 경험했다. 그때마다 트럼프는 자신의 실력, 그리고 부동산 붐 등의 운도 도와서, 부를 이룩해 왔다. 역경에 강한 강인함, 결코 포기하지 않는 의지, 이것이 바로 트럼프를 초일류 비즈니스맨으로 만든 것은 의심할 여지가 없을 것이다.

1년 수입은 무려 약 6조 원!

위기를 모조리 극복해온 터프가이는 그런 만큼 주위에 대한 요구도 엄격했던 것 같다.

어느 날, 공사 중이었던 호텔 객실 천장을 올려다본 트럼프는 격앙했다. 천장이 너무 낮다고 공사담당자에게 호통을 쳤다. 그러나 공사책임자는 설계상의 이유로 천장이 낮아지는 것을 이미 트럼프에게 알려 준 것이다. 그것을 트럼프가 제대로 이해하지 못했을 뿐인데, 그는 바닥을 주먹으로 때리면서 불같이 화를 냈다고 한다. 이 사건 이외에도 종종 트럼프는 종업원을 심한 욕설로 매도했다고 한다. 원맨 경영자의 대부분이 그렇듯이, 트럼프도 불같은 성격의 소유자인 것 같다.

마지막으로 궁금한 트럼프의 연수입에 대하여. 2016년 5월의 개인 자산보고에 따르면, 과거 1년 동안의 소득은 우리 돈으로 환산하여 약 650억 원. 배당금과 자산매각 수익은 포함되지 않은 금액이어서, 실제로는 이보다 많을 것이다.

트럼프 브랜드의 부동산
호텔에 카지노, 골프장까지

트럼프는 자신이 손댄 부동산의 대부분에, 자신의 존재를 과시하듯이 '트럼프'를 붙이고 있다. 그런 트럼프 브랜드의 부동산의 일례를 소개하겠다.

가장 유명한 것이 뉴욕의 일급지에 지은 트럼프 타워와 트럼프 월드 타워이다. 일류 상점, 호사스러운 레스토랑, 그리고 세계적인 유명인사들이 사는 고급아파트가 있는 복합시설은, 트럼프의 대명사라고 할 수 있는 건축물이다.

트럼프 타워 바로 가까운 파크애비뉴에 짓는 것이 트럼프 파크애비뉴. 24층에는 약 $576m^2$의 넓이의 다섯 개의 침실, 일곱 개의 욕실과 파우더룸을 자랑하는 펜트하우스가 있다. 트럼프는 이것을 소유하고 있었지만, 2015년에 약 26억 원에 매각했다.

맨해튼의 어퍼웨스트에는 대형 맨션 콘도미니엄군인 트럼프 플레이스가 있다. 집세가 수백만엔 가량하는 트럼프 브랜드 중에서, 비교적 집세가 싼 물건이 있다는 것이어서, 트럼프의 물건에 살아보고 싶은 사람은 검토해 보는 것도?

지금까지 소개해 온 것은 뉴욕이 물건뿐이지만, 트럼프의 물건은 미국 전역에 산재해 있다. 다음 페이지에서 소개하기로 한다.

승리를 선언한 '마르 아 라고'

마르 아 라고는 프로리다주의 리조트지 팜비치에 서는, 방이 무려 118개나 되는 거대하고도 럭셔리한 저택이다. 1985년에 트럼프가 살기 위해 800만 달러(한화 93억)에 구입한 것인데, 나중에 회원제 고급 리조트로서 운영하고 있다. 트럼프가 대통령 선거 예비선거의 승리를 선언한 슈퍼화요일 연설도 이 장소에서 했다.

로스앤젤레스의 해안이라는 발군의 위치에 있는 것이 트럼프 내셔널 골프 클럽이다. 250억 달러(한화 29조)를 투자하여 정비한 이 골프장 주위는, 부호들의 고급주택가가 되어 있다.

이밖에도 트럼프는 스코틀랜드의 애버딘에도 트럼프 인터내셔널 골프 링크스라는 골프장을 개장했다. 건설 당시에 부근 주민과 갈등이 있었지만 세계 최고의 현대골프코스라는 찬사를 듣고 있다.

트럼프 타워는 유명인들이 사는 호화시설
그 유명 영화감독과 일류가수가 거주

트럼프가 손댄 부동산의 대표격인 트럼프타워는 맨해튼 5번가의

트럼프 월트 타워 90층. 유엔 건물 맞은편에 있다.

랜드마크이기도 하다. 높이는 202미터, 68층의 복합시설이다.

가게는 구찌 등 일류 브랜드를 비롯하여 엄선한 카페와 레스토랑이 즐비하고, 오피스에리어에는 카타르 항공과 북중미 카리브해 축구연맹이 훌륭한 사무실을 가지고 있다. 고층에는 고급아파트. 현재는 경제적으로 성공한 부호들이 살고 있고, 과거에는 스티븐 스필버그와 가수 폴 앙카가 구입한 적이 있다.

그런데 궁금한 트럼프 타워의 집세인데, 약 140m^2의 방 두 개 짜리가 월 1만달러 정도. 이것은 상당히 싼 편이고, 월 6만달러가 넘는 집도 드물지 않다. 참고로 트럼프도 이 트럼프타워에서 살고 있다. 그가 사는 것은 최상층. 같은 층의 아파트를 터서 깊이 24m를 자랑하는 거실이 있는 아파트에서 유유히 지내고 있다.

트럼프의 자산은 도대체 얼마?
트럼프가 말하기를 자산은 10조 원이 넘는다

트럼프의 총자산에 대해서는 다양한 설이 있고, 각 보도기관에 따라 숫자가 제각각이다. 트럼프 본인은 '나의 총자산의 100억 달러 이상은 된다'고 평소부터 말해왔다.

이에 대해 미국의 경제지 포브스는 트럼프의 총자산은 45억 달러 정도로 보고 있고, 연방선거위원회의 조사에서는 적어도 14억 달러라는 숫자가 발표되었다.

참고로 포브스가 추정한 45억 달러라는 총자산은 포브스지 2016년 판 세계장자순위표의 324위에 해당하는 금액이다. 2015년도 포브스는 트럼프의 자산을 마찬가지로 45억으로 추정하고 있었는데, 이때의 랭킹은 121위였다.

어쨌든, 그가 세계적인 대부호인 것에 변함은 없다.

1090억 원의 전용제트기

트럼프의 자산 중에는 현금이나 부동산, 유가증권 등 다양한 물건이 포함되어 있는데, 그 중에는 그 물건 자체가 한 재산이라고 할 수 있는 것이 있다.

대표적인 것 중 하나가 전용제트기이다. 'Mr. Trump's 757'이라고 명명된 이 제트기의 기종은 보잉사의 757. 좌석수는 200이 넘도, 국제선 등에도 사용되는 중형기이다.

보통으로 사도 870억 원 정도는 하는 757. 트럼프는 이것에 롤스로이스사의 엔진을 탑재, 좌석벨트의 잠금쇠를 황금으로 도금하고, 최고급 오디오&미주얼시스템을 완비하고, 화려하게 주문제작. 총액은 1090억 원이 너끈히 넘어간다는 애기(愛機)로, 하늘을 달아다니고 있다.

트럼프 757 전용제트기 업무용 전용기로, 이번 대선 캠프 이동시에 효과적인 이동수단
이 되었다.

그밖에 전용헬기도 소유하고 있다. 그 모든 기체의 측면에는
'TRUMP'라는 글씨가 큼지막하게 적혀 있다.

대통령 도널드 트럼프를 만든 부모
11세부터 일한 아버지 프레드
트럼프의 부모가 결혼한 것은 트럼프가 태어나기 10년 전인 1936
년이었다. 아버지의 이름은 프레드, 어머니의 이름은 메리라고 한다.
아버지 프레드가 뉴저지에서 태어난 것은 1905년. 프레드의 아버
지는 번성하고 있는 레스토랑을 경영하고 있었지만 생활은 엉망이
었다. 아버지는 술에 빠져서, 알코올 중독이 되어 있었기 때문이다.
트럼프의 형 프레드 주니어는 알코올 중독에 의해 일찍 세상을 떠
났는데, 할아버지도 마찬가지로 술에 빠져 살고 있었다. 트럼프가

술을 한 방울도 마시지 않는 것은, 이러한 일이 한 원인일지도 모른다. 프레드는 그의 아버지와 달리, 무척 부지런한 일꾼이었다. 열한 살 때 아버지를 잃자마자, 과일 배달과 구두닦기, 건축자재운반 등의 일을 하여 돈을 벌고, 모자 가정의 생계를 유지했다. 부지런히 일하는 한편, 프레드는 면학에도 힘썼다. 고등학생 때 야학에 다니며 건축을 배워, 열여섯 살 때 이웃을 위한 목재 차고를 지었다. 이것이 나중에 부동산왕 도널드 트럼프의 아버지가 될 남자의 첫 번째 건축물이었다.

프레드는 고등학교를 졸업하자, 주택건설업자로 취직한다. 다섯자리 수의 암산을 어렵지 않게 해내는 두뇌와, 야학에서 축적한 지식, 그리고 타고난 향상심으로 급속하게 두각을 드러낸다.

봉사활동에도 열심이었던 어머니

어머니 메리는 프레드와 달리 화려한 것을 좋아하는 성격이었다. 엘리자베스 여왕의 대관식이 방송되었을 때, 스코틀랜드인인 메리는 넋을 잃은 얼굴로 TV 앞에서 떠나지 않았다고 한다. 화려한 것을 좋아하는 면은 어머니한테서 물려받은 것 같다고 트럼프는 말한다. 확실히 트럼프의 건설물의 화려함을 보는 한, 어머니의 피를 강하게 물려받은 것은 틀림없는 것 같다.

그런 어머니 메리는 남편 프레드를 잘 내조했다. 트럼프를 비롯하여 다섯 아이를 돌보는 한편, 지역이 병원 봉사활동에도 참여했다고 하다.

경제적으로는 유복했지만, 트럼프 집안은 사치를 좋아하지 않고, 1달러를 소중히 하는 검소한 생활을 했다고 한다. 백만장자임에도 불구하고, 실은 트럼프의 식사가 검소한 것은, 부모의 영향 때문일지도 모른다.

트럼프 대통령 형제는 모두 엘리트만
트럼프는 다섯 형제 가운데 넷째

트럼프는 다섯 형제 가운데 넷째로, 형이 하나, 누나가 둘, 동생이 하나 있다. 강온 양면을 구사하는 교섭술로 부동산왕까지 올라온 것은, 가정환경에 의하는 바가 컸을지도 모른다.

그런데 트럼프의 형제를 소개하면, 우선 트럼프가 친밀함을 담아 프레디라 부르는 여덟 살 연상의 형 프레드 트럼프 주니어. 형제의 아버지인 프레드는 매우 완고한 성격이었지만, 트럼프가 말하기를 프레디는 '아버지와 정반대의 성격'이었다고 한다. 사람들로부터 사랑받는 온후한 성격으로, 파티를 매우 좋아하는 미남자이다. 인생을 진심으로 즐기고 있었다고 트럼프는 말한다.

그러나 그런 형에게도 고뇌는 있었다. 그 우수함이 오히려 재앙이 되었는지, 비즈니스에게는 적합하지 않았다. 아버지와 함께 일하는 것도, 성깔이 보통 아닌 고객을 상대로 하는 강인한 정신력은 결여되어 있어서, 프레디는 종종 아버지와 충돌한다. 그리고 대부분의 경우에서 꺾이는 것은 프레디 쪽이었다. 얼마 안 가 프레디는 꿈이었던 파일럿으로 일하게 된다. 그러나 프레디는 술에 빠져 마흔세 살이라는 젊은 나이에 세상을 떠나고 만다. "트럼프 집안 특유의 압박감을 견딜 수 없었을 것이다. 그것을 조금만 더 일찍 알았더라면……"이라고 트럼프는 통한에 사로잡혔다고 한다.

형뿐만 아니라 누나 동생도 모두 수재

트럼프 형제의 최연장자, 위의 누나인 메리언 트럼프 베리는 대학을 졸업한 뒤 결혼. 아이들이 다 자라자 다시 학교로 돌아가서 법률 공부를 시작한다. 우수한 성적으로 졸업하고 민간기업을 거쳐 연방감찰관이 되어 나중에 연방판사까지 되었다.

둘째 누나인 엘리자베스 트럼프도 메리언과 마찬가지로 우수했지만 야심은 그다지 없어서 맨해튼 은행에서 근무했다.

그리고 트럼프보다 두 살 아래인 남동생 로버트 트럼프. 악동이었던 트럼프와 달리 온순한 성격이었다고 한다. 얼마나 온순한가 하면, 어린 시절 트럼프에게 억지로 장난감 블록을 빼앗긴 데다 풀칠까지 당했는데도, 그 에피소드를 웃으면서 이야기할 정도. 이때 이미 로버트는 트럼프가 어떤 인생을 보내게 될지 알았다고 하니, 총명했던 건 틀림없는 것 같다.

의외로 소박한 교우관계
점심식사도 휴일도 혼자 보내는 외로운 남자

트럼프는 친구가 많은 편이 아니다. 오히려 극단적으로 적다고 해야 할 정도이다. 애초에 트럼프는 사람과의 교제를 중요하게 여기지 않는 사람이다. 수완 있는 비즈니스맨이라면 파워런치라고 하며 점심식사 때도 사업 협상을 하거나 새로운 친분관계를 쌓으려고 하는 것이 보통이다.

그런데 트럼프는 점심식사를 하러 밖에 나가는 일이 좀처럼 없다. 바쁜 시간을 쪼개어 아주 간단하게 마친다. 점심이 토마토주스 한 잔뿐인 경우도 다반사이다.

물론 트럼프의 사무실에는 많은 사람들이 찾아오지만, 거의 모두가 비즈니스 파트너이다. 일이 끝난 뒤에도 트럼프는 돌아다니는 일이 없다. 집으로 돌아가도 여기저기 비즈니스 전화를 거는데, 그것이 잠들기 직전까지 이어진다.

그럼 휴일은 어떨까. 휴일에도 하루 종일 전화기만 붙들고 있다고 한다. 취미인 골프는 가끔 하지만, 그것도 비즈니스를 겸해서 하는 것이 대부분인 것 같다. 그 많지 않은 친구들도 이번 대통령 선거에서의 트럼프의 과격한 언동에 정나미가 떨어져 그와 더욱 거리가 멀어졌다고 한다. 앞으로도 과격한 언동을 되풀이하면 친구가 점점 줄어들 것이 틀림없다.

친구는 세계에서 존경을 받는 그 사람

트럼프가 대통령선거에서 과격발언을 되풀이해도 변함없이 친구관계를 계속해주는 사람이 있다. 그 몇 안 되는 사람 가운데 한 사람이 전 뉴욕시장인 루돌프 줄리아니이다.

2001년에 발생한 미국 동시다발 테러 때, 테러리스트와 철저히 싸우겠다고 선언하여 뉴욕시민을 비롯하여 전 세계에서 찬사를 받고, 세계의 시장이라 불리며 존경을 받은 인물이다.

그런 호인이 어째서?……라는 건 지나친 말일지도 모르지만, 어쨌든 트럼프와는 매우 친한 친구사이이다.

줄리아니는 뉴욕 주 예비선거 전에는 트럼프를 지지하며 투표할 것을 명언했다. 그리고 "내가 알고 있는 그는 사람들이 TV에서 보고 있는 그와는 다르다. 신사적이고 좋은 아버지이다" 하고 원호사격을 해주었다.

트럼프 대통령과 세 아내
트럼프는 금발미녀를 좋아해

트럼프는 지금까지 세 번 결혼했는데 모두 최고의 미녀들이었다.

첫 번째 아내의 이름은 이바나. 트럼프가 그녀와 결혼한 것은 1977년이었다. 체코슬로바키아 출신의 이바나는 삿포로 동계올림픽 스키팀 후보선수에서, 은퇴한 뒤에는 캐나다에서 모델로 활약하는 등, 대부호 트럼프의 아내에 어울리는 다재다능한 여성. 결혼 뒤 곧 트럼프의 사업을 돕게 되었다. 전 종업원의 이야기로는 비즈니스에

첫째 아내 이바나 세 아이 돈, 에릭, 이반카를 낳았다.

둘째 아내 말라 딸 티파니를 낳았다.

는 상당히 엄격했던 것 같지만, 트럼프의 회사의 재산을 지켜준 우수한 인재인 것은 틀림없는 것 같다.

그러나 그 강렬함에 트럼프는 서서히 싫증이 났던 모양이다. 공개적으로는 부부의 모습을 유지하면서 트럼프는 애인에게 정신을 팔게 된다. 상대는 여배우 말라 메이플스. 나이는 당시의 트럼프보다 열일곱 살 연하인 스물네 살로, 비율이 아주 뛰어난 금발미녀이다. 트럼프는 전부터 자기 이상형은 '다리가 긴 금발미녀'라고 말했으니, 그야말로 이상형 그 자체라고 할 수 있었다.

트럼프를 '친절한 당신' '귀여운 당신'이라 부르는 분망한 말라에게 홀딱 반한 트럼프는 종종 자기 호텔의 한 방에 틀어박혀 사랑을 속삭였다고 한다.

세 번째 결혼은 힐러리가 축복

트럼프의 두 번째 결혼상
대는 바로 말라였다. 말하자
면 말라는 멋지게 사랑을
차지하는 데 성공한 셈. 트
럼프와 이바나의 이혼이 성
립된 이듬해 1993년, 마침내
트럼프의 정식 아내 자리를
꿰찼다.

결혼식은 다이아몬드를
장식한 티아라와 특대 사이
즈의 웨딩케이크 등, 총비
용이 거의 28억원이나 되는
호화로운 것이었다. 그러나
딸 티파니를 낳은 트럼프
부부는 결혼한 지 6년 뒤인
1999년에 역시 이혼한다. 참
고로 딸 티파니는 2016년에
모델로 데뷔했다.

세째 아내 멜라니아 미국 대통령 퍼스트 레이디가
되는 행운을 잡았다.

세 번째 결혼으로 맺어진
현재의 아내는 스물네 살 연하의 전 모델 멜라니아 나우스. 트럼프
와 멜라니아가 결혼한 것은 2005년인데, 실은 이때의 피로연에는 이
번 대통령 선거의 라이벌인 힐러리 클린턴도 참석했다. 정말 희한한
인연이라고 할 수 있다.

딸 이반카는 절세미녀
미모를 살려 열네 살에 모델 데뷔

"저 아름다운 여성은 누구인가!" 트럼프가 연설할 때 자주 나타나는 백인여성의 모습에, TV를 보고 있던 남성들은 못 박힌 듯 시선을 떼지 못했다. 트럼프와 나란히 서도 그리 차이 나지 않는 큰 키, 늘씬하게 뻗은 팔다리, 그리고 하얀 치아 사이로 터질 듯한 미소가 인상적인 미모. 그런 흠잡을 데 없는 미녀가 연설을 마친 트럼프에게 다가가 다정하게 포옹한. "멋졌어요, 아빠!"

그녀의 이름은 이반카 트럼프. 트럼프가 첫 아내인 이바나 사이에 낳은 친딸이다. 이반카가 태어난 것은 트럼프와 이바나가 결혼한 지 9년 뒤인 1981년. 아버지와 마찬가지로 뉴욕에서 나고 자란 순수한 뉴요커이다.

이반카는 모델이었던 어머니 이바나의 DNA를 물려받아, 180cm의 늘씬한 키와 미모를 살려, 많은 유명인을 배출한 명문교 채핀스쿨 재학 중에 모델로 데뷔한다. 열여섯에 패션지 'seventeen'의 표지를 장식했고, 나중에 유명 브랜드의 패션쇼에서도 활약했다.

그녀가 대단한 것은 그 미모뿐만이 아니다. 예능활동하는 한편 공부도 열심히 해서 명문 조지타운 대학에 입학한다.

총자산 2000억원의 재색 겸비한 유명인

이반카는 나중에 아버지 트럼프의 모교이기도 한 펜실베이니아 대학 와튼스쿨에 편입한다. 우수한 성적으로 졸업한 뒤, 어린 시절부터 꿈이었던 부동산업에 뛰어든다. 아버지와 같은 길을 걷기 시작한 것이다.

주위에서는 처음에는 트럼프의 딸인 이반카에 대해 부모의 후광 덕분이라고 야유했지만, 그녀가 열정적으로 일하는 모습을 보고는 그 생각을 고쳤다고 한다.

현재는 아버지의 회사 트럼프 오거니제이션의 중역으로 일하는 그녀도 억만장자로, 총자산은 우리돈으로 환산하면 2000억원에 이른다고 한다.

이제 곧 서른다섯 살이라는 것이 믿어지지 않을 만큼 생기발랄한 이반카는 사실은 두 아이의 어머니이다. 남편 자레드도 부동산업을 경영하는 실업가로, 배우 뺨치는 미남이다.

재색을 겸비한 데다 비즈니스 센스가 뛰어나고 가족까지 화목한 슈퍼우먼. 트럼프 대통령선거에서 최강 카드로 일컬어지는 것도 수긍이 가는 이야기이다.

성장 유소년기~사관학교
음악교사를 때리는 지역에서 유명한 악동

현재의 모습에서 상상할 수 있듯이 유소년기의 트럼프는 악동이었다. 본인이 말하기를 자기주장이 강하고 공격적인 아이로, 사람들에게 매우 미움을 사거나 사랑을 받거나 둘 중 하나인 것은 지금도 변함이 없다고 말한다. 그러나 친구들 사이에서는 인기가 높고 항상 리더였다고 한다. 확실히 대통령선거에서의 트럼프는 대량의 안티를 만들었지만 열광적인 팬도 많이 획득했다. 즉 트럼프의 카리스마는 악동의 그것과 비슷한 셈이다.

자타가 인정하는 응석꾸러기였던 트럼프는 늘 장난칠 궁리만 했다고 한다. 그것은 사람을 골탕먹이거나 소동을 일으키는 것을 좋아했기 때문이라고 하며, 생일파티에서 물이 든 풍선을 던지는 장난을 자주 했다고 한다.

본디의 공격적인 성격 탓인지 손도 빨랐다. 초등학교 2학년 때는, 음악교사에게 '음악에 대해 아무것도 모르면서' 하고 펀치를 먹여 교사의 눈을 시퍼렇게 멍들게 만들었다고 자서전에서 자랑스럽게 회고했다. 이 행동에 대해 트럼프는 마찬가지로 자서전 속에서 '어린 시절부터 모든 것과 감연하게 맞서서, 매우 강압적인 방법으로 자신의 생각을 관철시키는 경향이 있었다'고 썼다. 그것은 지금도 변함없는 그의 삶이라고 할 수 있다.

군대식 학교에서 규율과 사교술을 배우다

못된 장난과 폭력사건을 되풀이한 트럼프는 당시에 다니던 초등학교에서 퇴학당할 처지에 놓였다. 보다 못한 아버지가 나서서 트럼프를 다른 학교에 전학시켰다. 전학한 곳은 뉴욕 밀리터리 아카데미. 19세기 후반에 개교하여 군대식 교육으로 알려져 있는 역사 있는 사립학교이다.

통제를 어기려는 자는 가차 없이 철권 제재되는 환경에서 트럼프가 배운 것은, 폭력교사는 힘으로 거스르지 않고 잘 사귀어야 한다는 것이었다. 구체적으로는 교사에게 경의를 표하면서도 두려워하는 기색을 보이지 않는 것. 즉, 위압이다.

군대식 교육을 통해 규율을 몸에 익히고, 강자와 싸우는 방법을 배운 트럼프는 성적이 좋아서 사관후보생 대장에 임명된다. 악동이 편입한 곳에서도 리더가 된 것이다. 아무래도 트럼프는 언제나 리더인 별 아래 태어난 것 같다.

성장 대학입학~졸업 후

일류학교에서 초일류학교로 편입

뉴욕 밀리터리 아카데미를 우수한 성적으로 졸업한 뒤, 트럼프는 포담대학에 입학한다. 이 대학은 전미대학 랭킹 상위 8%에 들어가는 일류대학이다. 한때 영화에 강한 관심을 가지고 있었던 트럼프는 남캘리포니아 대학의 영화과에 들어갈까 하고 생각한 적도 있었지만, 집에서 가깝다는 이유로 포담대학을 선택했다 한다.

일류대학에 들어가고도, 트럼프는 입학한 지 2년 뒤 편입을 생각하게 된다. 어차피 교육을 받는다면 최고인 곳에서 배우고 싶다는 생각에 서였다. 그리하여 트럼프는 펜실베이니아 대학의 와튼스쿨에 편입한다.

뉴욕 군사학교 재학시절 도널드 트럼프(1964)

포담대학이 일류라면 펜실베이니아대학은 초일류. 게다가 와튼스쿨이라고 하면 전미에서도 손 꼽히는 명문이다.

트럼프는 와튼스쿨에 대해 "하버드 비즈니스 스쿨은 많은 경영자를 배출했지만, 진짜 기업가 중에는 와튼 출신자가 많다"고 책에 썼다. 이 와튼스쿨에서 트럼프는 그 뒤의 인생에 도움이 되는 중요한 것을 얻는다. 바로 와튼스쿨의 학위이다. 이것이 있다는 것만으로 비즈니스 상대는 트럼프에게 경의를 표하고 몹시 존중해 주었다고 하니, 포담대학에서의 편입은 신의 한수였다고 할 수 있을 것이다.

그는 병역기피자?

트럼프는 대학에서 공부하는 한편 아버지 프레드의 일을 거들면서 수입을 얻고 있었다. 아버지는 부유했지만 자식에게 많은 신탁자금을 주지 않는다는 신념의 소유자로, 트럼프가 받은 것도 그리 많은 금액은 아니었던 것 같다.

그래도 대학을 졸업할 때의 트럼프는 20만 달러의 재산을 가지고 있었다. 참고로 그 대부분을 부동산에 투자하고 있었다고 하니, 이미 뛰어난 금전감각을 지니고 있었던 것 같다.

트럼프가 대학을 졸업한 것은 1968년, 그가 스물두살 때이다. 같은 해 미국 국내에서 베트남 전쟁의 징병이 시작되었다. 그런데 트럼프는 여기에 부적격 판정을 받는다. 그 훤칠한 체격에 어릴 때부터 운동을 잘했던 트럼프가 말이다. 워싱턴포스트지는 '병역기피'라고 했지만, 당사자인 트럼프는 그것을 일체 인정하지 않았다.

아버지 회사에 취직 부동산왕의 첫걸음을 내딛다
총격도 받을 수 있을 만큼 위험한 일

펜실베이니아 대학 와튼스쿨을 졸업한 트럼프는 아버지 프레드가 경영하는 회사 '엘리자베스 트럼프&선'에 취직한다. 어린 시절부터 아버지를 따라 건설현장에 갔고, 학생시절에는 실질적인 오른팔이었던 트럼프에게는, 그것은 자연스러운 흐름이었다고 할 수 있다. 트럼프는 단순히 돕는 정도가 아니라, 자기 자신도 부동산업에 커다란 매력을 느끼고 있었다. 무엇보다 학우들이 신문 만화나 스포츠난에 열중해 있을 때, 그는 연방주택국의 유질물건(流質物件) 목록을 들여다보고 있었을 정도이다.

아버지의 일은 주로 집세가 통제관리되는 주택을 건설하는 것이었다. 통제관리란, 집세의 인상폭 상한이 법률로 정해져 있는 것을 말한다. 이에 따라 가난한 계층도 그 아파트에 오래 살 수 있는데, 그만큼 치안이나 도덕이 열악한 경우가 적지 않았다.

어느 날 트럼프는 집세 징수인과 함께 아버지의 건물에 사는 거주자에게 집세를 재촉하러 갔다. 그러자 징수인이 노크를 하면서도 문 앞에 서려고 하지 않는 것이었다. 이상하게 여기고 묻자 징수인은 "이렇게 하면 위험한 것은 손만으로 끝난다"고 대답했다 한다. 징수하러 온 타이밍에 따라서는, 총격을 당하는 일도 있다는 것이다. 여기에는 트럼프도 간담이 서늘해졌을 것이다.

더욱 크게 돈을 벌 수 있는 일을 찾아서

또 어느 때는, 아파트 거주자가 창문에서 쓰레기를 버리고 있다는 것을 알게 된다. 소각로에 가는 것보다 편하다는 것이 그 이유였다.

이렇게 막무가내식 행동도 문제지만, 트럼프의 마음에 들지 않았던 것은 이익이 적다는 것이었다. 앞에도 썼지만 통제관리물건은 집세를 올릴 수가 없어서, 이익을 얻자면 경비를 줄이는 방법밖에 없었다.

'크게 생각하라'는 것이 모토인 트럼프가, 화려함이라고는 눈곱만큼도 없는 비즈니스에 싫증을 느끼는 데는 그리 오래 걸리지 않았다. 더욱 사치스러운 물건을 만들고 싶다, 좀 더 큰 비즈니스를 하고 싶다. 트럼프의 안에서 그런 욕구가 점차 차오르기 시작했다. 맨해튼에서 아파트를 빌려 혼자 살기 작하면서 독립을 향한 마음이 더욱 높아진 그 해에, 트럼프는 아버지로부터 회사경영권을 물려받는다. 지금도 그가 회장을 역임하고 있는 회사 트럼프 오거니제이션이 탄생한 것이다.

경영자로서의 커리어 출발
인기 사교클럽에 강제 입회

한 회사의 오너가 된 트럼프는 비즈니스를 확장시키기 위해 정력적으로 움직이기 시작한다.

가장 먼저 한 것은 인맥을 넓히는 일이었다. 트럼프가 주목한 것은, 당시 뉴욕에서 가장 인기가 있었던 클럽 '르 클럽'이었다. 유명인들이 많이 모이는 이 클럽에 입회하면, 자신의 좋은 비즈니스 파트너를 발견할 수 있을 거라고 생각한 것이다. 파티를 싫어하는 것으로 알려진 트럼프이지만, 자신의 이익을 위해서라면 기꺼이 사교장에 얼굴을 내밀었다. 이해득실에 충실한 트럼프다운 행동이라고 할 수 있다.

그 클럽은 처음에는 트럼프의 입회를 인정하지 않았다. 그 무렵의 트럼프는 신출내기 실업가에 지나지 않았으니 당연한 일이었다. 그래도 트럼프는 포기하지 않았다. 그리고 특기인 행동력과 강경한 투지로 결국 클럽에 입회하게 된다. 르 클럽에서 트럼프는 다양한 사람을 만났다. 돈 많은 사람과 대화를 나누고 때로는 미녀들과 데이트도 했다.

네트워크를 확고하게 넓혀나간 트럼프는 1973년, 빅터 팔미에리를 만난다. 당시 파산을 신청한 펜 센트럴 철도의 재산처분을 담당하는 회사의 보스이다. 팔미에리와의 만남이 트럼프에게 독립 후 첫 비즈니스로 이어진다.

어려운 협상에 대성공 이름을 알리다

팔미에리와 파트너십을 맺은 트럼프는, 이듬해 1974년에 워터프론트의 토지를 구입할 권리를 얻었다.

처음에는 이 토지에 아파트를 건설할 계획이었지만, 제반 사정에 의해 컨벤션센터를 짓는 것을 생각해낸다. 그리고 1978년, 뉴욕 주와 뉴욕 시는 트럼프의 토지를 사들여 컨벤션센터를 지을 계획을 발표한다. 오랜 시간과 수고를 들인 어려운 협상이 마침내 결실을 맺은 것이다. 트럼프의 협상력이 유감없이 발휘된 것이다.

트럼프와 아버지 프레드

경영자가 되어 처음 손댄 비즈니스의 이익은 83만3천 달러로 별것 아니었지만, 트럼프의 이름을 단숨에 뉴욕에 알리게 된다. 부동산왕 도널드 트럼프의 첫걸음은 이렇게 깊은 인상을 남겼다.

대통령의 비즈니스 스승은 아버지 프레드
고졸 1년만에 단독주택을 구입하는 수완

만약 트럼프의 아버지가 프레드 트럼프가 아니었다면, 도널드 트럼프는 결코 부동산왕이 될 수 없었을 것이다. 어린 시절부터 건축현장을 방문하는 일도 없었고, 일을 도와줌으로써 부동산의 기초를 배우는 일도 없었을 것이다. 당연히 독립할 때 아버지로부터 100만 달러의 융자를 얻는 일도 있을 수가 없었다. 분명히 트럼프는 1대에 재산을 쌓은 대실업가이지만, 그 계기가 된 프레드야말로 트럼프의 스승이라 부르기에 걸맞은 인물일 것이다.

프레드가 태어난 것은 1906년. 유소년기에 스웨덴에서 가족이 미국으로 이주했다. 아버지가 술에 빠져 있었던 탓에 어릴 때부터 일가의 생계를 지탱했고, 고등학교를 졸업한 뒤에는 건축업자로 취직.

두각을 나타내게 된 것은 이미 언급한 바와 같다.

그 뒤에도 프레드는 일에 몰두하여 놀랍게도 고등학교 졸업한 지 불과 1년 만에 단독주택을 구입한다. 그 집을 5천 달러에 지어 나중에 7천 달러에 팔았다고 하니, 근성뿐만 아니라 장사수완도 뛰어났던 것 같다. 그리고 프레드는 곧 자신의 회사 '엘리자베스 트럼프& 선'을 건립한다. 집을 판 자금을 밑천으로 새집을 짓고 파는 것을 되풀이하여 착실하게 재산을 늘려간 것이다.

아들도 물려받은 철저한 경비삭감

트럼프는 철저한 경비관리로 유명한데, 이것도 아버지한테서 물려받은 것이다. 프레드는 철저히 경비를 줄이는 것에 부심하고 있었다. 일의 성질상 이익을 올리려면 그렇게 하는 수밖에 없었던 것도 있지만, 그것을 감안하더라도 평범하지 않은 경비삭감이었던 것 같다. 이것은 프레드가 모든 경비를 숙지하고 있었기 때문에 가능했다고 트럼프는 자서전에서 말했다.

또 트럼프는 자서전에 "아버지는 또 믿을 수 없을 만큼 엄격한 현장감독이었다"라고도 썼다. 부하가 실수를 하면(때로는 실수를 하지 않을 때도) 격앙하는 일로 유명한 트럼프가 그렇게 말했을 정도이니, 프레드는 정말 보스기질이었던 것 같다.

프레드는 1999년에 세상을 떠났다. 유산액은 2억5천만 달려~3억 달러에 이르렀다고 한다.

온갖 수단을 다해 지은 그랜드하얏트

트럼프가 손댄 대표적인 건축물의 하나가 바로 그랜드하얏트이다.

1974년, 트럼프는 비즈니스 파트너인 팔미에리로부터 코모도라는 호텔이 경영난에 빠져 있다는 얘기를 듣는다. 코모도는 뉴욕의 그랜드센트럴역 바로 옆에 있는 좋은 입지. 트럼프는 즉각 이 호텔을 사들이기로 결정했다.

트럼프는 이 비즈니스의 성공을 향해 적극적으로 활약한다. 끈질긴 협상 끝에 뉴욕시에서 세금 경감조치를 이끌어내고, 중간에 일류 호텔 경영회사 하얏트를 끌어들이는 데도 성공한다. 25만 달러의 착수금을 요구받았을 때는, 트집을 잡아 지불을 지연하는 야비한 수를 쓴 적도 있다. 온갖 수단을 구사하여 마침내 코모도를 매수한 트럼프는, 케케묵은 내부를 전면 개수한다. 그 중에서도 주력을 둔 것은 로비였다. 난간과 기둥은 황금색으로 빛나는 황동을 쓰고, 바닥에는 대리석을 깔아 현란하게 치장했다. 지상 52m에 설계한 유리벽 레스토랑도 주목을 끌었고, 그랜드하얏트라고 개칭된 호텔은 연간 3천만 달러의 이익을 올리는 인기호텔이 되었다. 훗날의 트럼프 관련 건물에서도 볼 수 있는 '무조건 화려하게' 하는 건축스타일은 이때 태어난 것이다.

티파니에서 협상을

또 하나의 대표적인 트럼프의 건물은 트럼프타워이다.

나중에 트럼프타워가 되는 땅에는 본위트 테라라는 부티크가 서 있었다. 이것이 매물로 나온 것을 안 트럼프는 당장 협상에 나선다. 그가 노리는 것은 건물 자체가 아니라, 면적도 넓고 입지도 뛰어난 땅이었다. 트럼프는 여기에 고층빌딩을 지을 계획을 세우고 있었다.

협상 도중에 이 땅을 싼값에 매입할 수 있다는 것을 안 트럼프는 그 자리에서 가계약을 맺는다. 이어서, 그 땅 옆에 있는 티파니의 공중권을 500만 달러에 매수하여 한발 한발 계획을 진행한 끝에 1983년, 전면이 온통 유리벽인 고층빌딩 트럼프타워가 완성된 것이다.

상업적으로도 대성공을 거둔 이 빌딩은 트럼프의 이름을 미국 전역에 떨치게 해 주었다.

카지노 경영으로 천국과 지옥을 오가다
트럼프, 카지노업의 맛을 알다

트럼프가 카지노 진출을 생각해낸 것은 1975년. 그해에 라스베이거스 호텔에서 파업이 일어나, 힐튼호텔의 주가가 대폭락했다. 힐튼호텔은 전 세계에 150개가 넘으며, 라스베이거스에는 단 2개 뿐인데도 말이다. 이를 이상하게 여긴 트럼프는 당장 조사에 착수했다. 그러자 라스베이거스에 있는 단 두 개의 카지노 딸린 호텔에서만 회사 전체 순이익의 40%를 올리고 있음을 안 것이다.

카지노는 호텔보다 훨씬 많은 돈을 벌 수 있다. 그렇게 확신한 트럼프는 카지노가 합법화되어 있는 애틀랜틱시티의 땅을 손에 넣었다. 대형 호텔체인인 홀리데이 인이라는 새 파트너와 매우 유리한 조건으로 손을 잡은 트럼프는, 마침내 처음으로 카지노 딸린 호텔 '트럼프프라자호텔 앤드 카지노'(이하 트럼프 프라자)를 건설한다.

호텔의 총공사비는 2억1800만 달러. 현재 우리돈으로 치면 약 2650억원이나 들었지만, 그는 수익성이 높은 카지노라면 금방 회수할 수 있을 거라고 생각했다. 실제로 트럼프프라자의 연간이익은 4천만~6천만 달러나 되는 막대한 돈으로 트럼프의 주머니를 두둑하게 채워주었다.

카지노 세 개로 순풍에 돛단배……그러나

이익이 막대한 카지노 경영에 맛을 들인 트럼프는 마찬가지로 애틀랜틱시티에 건설 중던 힐튼호텔을 매수하여 카지노 딸린 호텔을 만들기로 결정한다. 매수액은 3억2천만 달러.

물론 리스크는 컸지만, 역시 카지노는 돈을 벌 수 있는 일이었다.

트럼프캐슬이라고 개칭한 이 시설은 첫해에만 무려 2억2600만 달러의 총수익을 올렸다.

1988년에는 세 번째 카지노를 오픈한다. 그 이름은 트럼프타지마할. 세계문화유산에 등록된 역사 있는 인도의 영묘를 모방하여 화려하기 그지 없게 지은 카지노이다.

트럼프프라자, 트럼프캐슬, 그리고 트럼프타지마할. 이 세 카지노의 이익으로 트럼프의 사업은 순풍에 돛단배처럼 달릴 일만 남았다. 그러나 돌연 비극이 트럼프를 덮친다. 그것은 트럼프가 나중에 몇 번이나 경험하는 파산이라는 이름의 비극이었다.

카지노 파탄으로 맛본 인생의 첫 번째 좌절
트럼프가 파산한 세 가지 이유

트럼프의 카지노 경영이 파탄한 원인은 크게 세 가지가 있었다.

하나는 트럼프의 경영방침이다. 어느 날 트럼프는 카지노의 단골에게 게임이 어땠느냐고 물었다. "오늘은 잃었소." 그 말을 들은 트럼프는 "거참 잘됐군요." 하고 웃는 표정을 지었다고 한다. 그렇다, 이해득실에 충실한 트럼프는 손님의 손해가 기뻐서 견딜 수가 없었던 것이다. 기분은 알지만 눈앞에서 손님이 진 것을 좋아하는 카지노 주인, 손님 입장에서는 불쾌하기 짝이 없다. 트럼프도 그 정도는 알고 있었겠지만, 이해득실에 충실한 나머지 숨기지 못한 것 같다. 그리하여 우량고객 대부분이 트럼프의 카지노를 떠난 것이다.

두 번째는 시설이 지나치게 호화로운 것이었다. 확실히 화려한 가게는 많은 부자들을 불러, 도박꾼들에게 현실감을 잃게 하고 돈을 낭비하게 했을 것이다. 그러나 호사스러운 시설은 그만큼 유지비가 든다. 막대한 러닝코스트는 풀솜으로 목을 조르는 것처럼 트럼프의 재정을 서서히 압박하고 있었다.

세 번째는 부동산 붐의 종식이다. 그때까지의 호경기가 거짓말이었던 것처럼 세상은 불경기에 허덕이고 있었다. 맨 먼저 타격을 입은 것은 카지노 같은 오락이다. 물론 트럼프가 경영하는 세 개의 카지노 매상도 점점 내려갔다.

파산 뒤 몇 년 만에 보란 듯이 부활!

트럼프타지마할이 문을 연 그 달, 수익은 약 3500만 달러에 이르렀다. 상당히 높은 액수이지만, 그만큼 트럼프가 경영하는 나머지 두 개의 카지노 수익이 대폭 감소해 버렸다.

거기에 불경기까지 덮치자, 선두였던 트럼프타지마할까지 적자로 전락하고 만다. 트럼프는 자기 힘만으로는 어떻게 할 수가 없게 되어, 은행에서 6500만 달러의 긴급융자를 받게 된다. 따라서 트럼프는 세 개의 카지노를 저당잡히지 않을 수 없었다.

그리고 연일의 자금대책에도 불구하고, 결국 트럼프는 파산하고 만다. 대부분의 자산을 매각하고, 비행기 사업 등의 사업에서도 어쩔 수 없이 철수했다. 첫 번째 좌절을 맛본 트럼프. 다시 호경기에 힘입어 불사조처럼 부활하는 것은 그로부터 몇 년 뒤의 일이다.

칼럼
트럼프 대학은 '사기다!', 학생들의 비난으로 떠들썩

트럼프는 2005년에 자신의 자금을 바탕으로 '트럼프유니버시티(트럼프 대학)'를 창설했다. 이 트럼프대학은 주로 온라인을 이용하여 부동산학 등을 배울 수 있다고 했지만 트러블이 끊이지 않았다.

애초에 이 트럼프대학은 대학이라고 내세우고 있지만 학위를 취득

할 수 없다. 학생들로부터 항의를 받자 2010년에 '트럼프 안트레플래너십 이니시어티브'로 명칭을 바꾼다.

항의뿐만 아니라 소송으로 발전한 케이스도 있다. 3만5천달러나 되는 고액의 수업료를 받고도, 수업은 호텔 연회장에서 트럼프가 강연을 하는 것뿐이고, 교과서는 도서관에서 아무나 빌릴 수 있는 지극히 평범한 책이라 하여 '사기'로 집단소송을 당한 것이다. 트럼프대학은 5천 명이 넘는 사람에게 수업료를 편취하야 피해총액이 4천만 달러나 되었다고 한다.

이 재판의 행방은 어떻게 될지?

Listen, Yankee!
대통령 트럼프와 정치 플레이

특이한 트럼프가 세찬 파도처럼 밀려온다
처음에는 물거품이 될 후보라 생각했는데……

트럼프는 미국을, 아니 온 세계를 대표하는 부동산 왕이다. 한편 그의 됨됨이 평판은 결코 좋지 않다. 발언은 품위가 없으며 텔레비전 리얼리티쇼 〈더 어프렌티스〉에서는 실로 나쁜 느낌의 캐릭터를 전면에 내세워 안티 영웅이 됐다. 그리고 2007년에는 프로레슬링 단체 〈WWE〉의 가장 큰 이벤트 〈레슬매니아〉에 등장했다. 바리캉으로 이 단체 사장인 빈스 맥마흔의 머리를 밀어버렸다.

예전부터 트럼프는 유명한 실업가이었으며 동시에 미국 굴지의 특이한 사람이기도 했다. 그런 트럼프가 대통령 선거에 입후보하겠다고 표명한 것은 2015년 6월이었다. 트럼프타워에 기자들을 모아 공화당 후보자 경쟁에 출마한다고 표명했다.

대립후보는 물론이고 거의 모든 미디어는 그를 물거품이 될 후보 가운데 하나라 생각했다. 실제 트럼프가 내건 정책은 실현이 불가능하다고 밖에 생각할 수 없는 일들뿐이었다. 진정한 대통령 후보로 예상하는 미디어는 전혀 없었다. 많은 지식인들도 '지명도만 높은 트럼프가 돈을 써가면서까지 화려한 일을 하고 있어' 이렇게 비웃었다. 하지만 실정은 달랐다. 황당무계한 일이라 생각한 정책을 내건 트럼프를 다수의 미국 국민이 지지했다.

트럼프의 기세에 대립후보가 차례차례 철퇴

CNN텔레비전 여론조사에 따르면 2015년 6월 트럼프 공화당후보의 지지율은 부시후보 다음으로 2위였다. 7월이 되자 상황이 역전되었다. 트럼프는 1위로 오르며 그 뒤로 순조롭게 지지율이 늘어났다.

그래도 많은 지식인들은 트럼프 인기가 금방 사그라질 거라 예상했지만 사태는 급격하게 변한다. 2016년 2월 뉴햄프셔 주의 예비선거에서 트럼프가 첫 승리를 거두었다. 그 뒤에도 트럼프는 연전연승. 그럴 때마다 그의 말은 더 날카로워지고 미국 국민은 열광했다. 지지율이 더욱 빠르게 높아졌다.

대립후보는 차례차례 패배를 인정하고 선거전에서 물러났다. 가장 큰 라이벌이었던 크루즈 후보도 인디아나 주 예비선거에서 지자 철퇴를 표명했다. 특이한 사람에 지나지 않았던 트럼프가 공화당 후보로 결정됐다.

어째서 대통령 선거에 입후보했는가?
2000년 대통령 선거에서는 패배

트럼프가 대통령 선거에 출마한다고 정식으로 표명한 것은 2015년 6월이었다. 하지만 실은 트럼프는 이보다 훨씬 전부터 미국 대통령 자리에 관심을 가졌다. 미국 인터넷 신문 허핑턴포스트의 보도에 따르면 트럼프는 1985년 공화당 대회에서 작가 웨인 베넷에게 '나도 언젠가 대통령이 되고 싶어' 이런 말을 했다고 한다.

그리고 1988년 텔레비전 방송에 출연했을 때 '대통령 선거에 출마하면 내가 당선 될 것이다' 이렇게 자신만만하게 말했다. 즉 트럼프는 30년도 훨씬 전부터 미국 대통령이 되는 일을 꿈이 아니라 목표로 삼았다.

실은 트럼프는 2000년 오랫동안 지지한 공화당에서 개혁당으로 전신하고 대통령 선거에 출마했다. 이때는 지금처럼 높은 지지율을 얻지 못하고 캘리포니아 주에서는 승리를 거두지만 결과는 패배했다.

누구나 트럼프가 대통령이 되는 목표는 포기했을 거라고 생각했다. 하지만 실제로는 그렇지 않았다. 트럼프는 호시탐탐 기회를 노리고 있었다. 그 기회는 선거전에서 패배한 뒤 12년이 지나 찾아온다.

주도면밀한 준비로 때를 기다려 출마하다

2012년 대통령 선거가 시작됐다. 개혁당 → 민주당 → 공화당으로 지지 정당을 바꿔온 트럼프는 공화당 롬니 후보를 돕고 있었다.

하지만 롬니는 오바마에게 참패했다. 이때 트럼프는 대통령 후보 지지자라는 역할에 실망했다. 늘 리더였던 트럼프는 무대 뒤쪽에서 평범히 일하는 걸로는 만족하지 못했다. 역시 자신이 선두에 서야한다는 것을 깨달은 트럼프는 다음 대통령 선거를 위해 움직이기 시작했다. 이번 슬로건인 'Make America Great Again!'을 상표등록 한 것도 마침 이 무렵이다.

물론 대통령 선거를 위한 승산은 있었다. 〈더 어프렌티스〉에서 얻은 절대적인 인기, 빈부격차에 분노한 저소득층은 미국 제1주의이며 사업에 능숙한 자신을 지지해주리라는 확신도 있었다. 때를 기다려 대통령 선거에 출마한 트럼프 입장으로는 지금의 열광을 예상했을지도 모른다.

지지층은 백인 저소득층
일자리를 빼앗긴 백인의 분노를 풀어준다

미국을 가장 먼저 생각하는 정책을 내걸고 다른 나라는 미국에게 해를 입힐 뿐인 존재라며 큰소리로 연설하는 트럼프. 그를 지지하는

때를 기다렸다 무대 뒤의 트럼폰에서 무대 앞으로 질주하기 시작했다. 'Make America Great Again!'을 슬로건으로.

사람들은 거의 백인이었으며 특히 푸어화이트라 불리는 저소득계층이 강하게 지지했다.

저소득계층의 백인들이 트럼프를 열광적으로 지지한 이유는 미국이 가진 실업문제 때문이다. 미국에는 매일 같이 멕시코에서 많은 불법이민자가 찾아온다. 그들은 매우 싼 임금을 받더라도 일을 하기 때문에 많은 백인들이 일자리를 빼앗았다. 연봉 2000만원은 흔하며 가운데는 연봉이 1000만원 단위까지 떨어지는 사람도 있을 만큼 실정은 심하게 줄어들었다.

트럼프는 불법이민자를 바로 강제로 송환해야한다고 공언했으며 멕시코 인이 미국에 들어오지 못하도록 국경에 만리장성을 쌓는다는 정책도 내걸었다. 이 일이 실현된다면 불법이민자는 미국에서 추방되고 빼앗긴 일자리가 백인들에게 돌아온다. 그러니 힘든 생활을 하는 푸어화이트들은 트럼프를 강하게 지지할 수밖에 없다.

한편 수입이 많은 백인층은 트럼프를 지지하지 않는다. 트럼프가 대기업에게 유리한 세제개혁을 한다고 말했음에도 불구하고 트럼프를 내리깎는다. 이유는 매우 단순하다. 공약대로 세제개혁을 했을 경우 미국 경제가 파탄난다는 걸 알기 때문이다.

흑인차별단체와의 관계가 보도됐다

트럼프 지지를 표명한 사람들 가운데 심상치 않은 단체가 있다. 백인지상주의단체 KKK(쿠 클럭스 클랜)다. KKK는 흑인에게 폭력, 방화 등을 반복하는 차별단체이며 흉악한 범죄조직이기도 하다. "이 단체의 지지를 받아들이는가?" 기자가 묻자 트럼프는 '무슨 단체인지 모르기에 비난할 수 없다' 이렇게 얼버무려서 많은 비난을 받았다.

실은 트럼프의 아버지 프레드는 KKK에 가입했었다고 보도된 적이 있다. 트럼프는 이를 부정했지만 그의 과격한 미국 제일주의는 아버지의 차별 사상을 물려받아서 그렇다고 지적하는 사람도 많다.

트럼프 지지를 표명한 얼마 안 되는 유명인 가운데 한 사람이 줄리아니 전 뉴욕 시장이다. 줄리아니는 보수적인 사상을 가진 인물이지만 트럼프와는 오랜 친구 관계에 있기에 그를 지지한다는 게 사실인 듯하다.

트럼프 인기는 왜 끓어올라만 가는가?
'더 이상 약한 리더는 싫어' 미국 국민의 본심

트럼프 인기가 이렇게까지 높아진 이유는 크게 두 가지이다.

하나는 미국이 강한 리더를 바란다는 점이다. 미국은 말하지 않아도 아는 최강의 군비를 자랑하는 나라이다. 군사비는 추정으로 연간 6000억 달러나 된다. 핵탄두 보유수는 러시아에 이어 2위지만 그럼에도 7650발 정도를 보유. 경제력에서도 GDP는 16.77조 달러로 단연 세계 1위다.

그런 강국 미국의 국민은 힘에 걸맞은 지도자를 원했다. 하지만 오바마 대통령은 기대에 응하지 못했다. 소극적인 외교가 이슬람 나라의 증장을 불러오고 국제협조노선이 국력 약체화를 유발했다고 많은 미국 국민이 실망했다.

그런 상황에 등장한 사람이 트럼프였다. '미국을 다시 위대한 국가로 만들겠다!' 이런 슬로건을 내걸고 군사면에서는 이슬람 국에게 핵무기를 쓰겠다고 호언하며 경제면에서는 중국제품 수입관세를 45%로 올리겠다고 발언했다. 이런 얼토당토않은 정책이라도 '사업에서 라이벌들을 압도한 트럼프라면 정말로 할지도 모른다.' 희망과 비슷한 기대감이 많은 미국 국민들의 마음을 사로잡았다.

자유의 나라에 어울리는 자유로운 대통령

두 번째는 트럼프가 대부호이기에 기부금에 의지하지 않아도 된다는 점이다. 대통령 선거에 출마한 후보자들은 많은 선거자금을 기업이나 국민의 기부로 충당하고 있다. 국민들의 적은 기부는 그렇더라도 대기업에서 많은 액수의 기부를 받으면 그들에게 유리한 정치를 해야만 한다는 일은 쉽게 상상할 수 있다. 즉 대기업의 꼭두각시가 될 가능성이 높다.

그러나 대부호 트럼프는 기부를 전혀 필요로 하지 않는다. 대통령이 된 뒤에는 자신이 하고 싶은 정책을 누구의 눈치도 보지 않고 할 수 있다. 트럼프는 자유의 나라 미국에 가장 어울리는 자유로운 대통령후보이기 때문에 인기를 얻었다. 만약 그가 대통령이 되었을 때 누군가의 안색을 살필 일이 있다면 엄청난 지지율 하락을 불러올 가능성이 있다는 것은 말할 필요도 없다.

왜 트럼프는 대량 안티를 낳았는가?
여성이나 이슬람교도에게서 증오를 모으다

트럼프에게는 열광적인 지지층이 많이 있는 한편 싫어하는 사람도 적지 않다. 많은 비판자를 낳은 이유는 바로 트럼프 자신에게 있다. 구체적으로 말하면 차별적이며 품위없는 언동 때문이다.

트럼프는 과거 마음에 들지 않는 여성을 살찐 돼지, 쓰레기 같이 품위가 전혀 없는 언어로 멸시했다. 텔레비전 토론회에서 여성 사회자가 이를 따지자 무려 트럼프는 그녀를 머리가 '텅 빈 여자'라고까지 말했다.

또 여성사회자에게 '저 여자는 질문할 때 눈이나 몸 이곳저곳에서 피가 흐른다' 발언했다. 생리 중이라는 사실을 은유한 말을 함으로써 여성 단체를 시작해 여러 방면에서 맹비난을 받으며 많은 안티트럼프 여성을 만드는 결과가 됐다.

여성 안티들과 나란히 많은 이슬람교도도 트럼프를 싫어한다. 그럴만도 하다. 트럼프는 이슬람교도의 미국 입국금지를 호소하면서 '이슬람교도는 상식이 없는 사람들'이라 폭언을 내뱉었다. 마치 모두가 테러리스트라고 말하는 듯한 취급에 이슬람교도들은 마땅히 심하게 화를 냈다. 게다가 백악관 보도관도 '유해한 발언이다' 비판했다. 트럼프는 자신의 입 때문에 더욱 많은 안티를 만들게 됐다.

소송을 내비치며 미디어를 언론탄압

많은 미디어는 트럼프에 대해 비판적이다. 오해가 없도록 먼저 말해두는데 미디어들의 정치적인 입장에 따른 공격이 아니다. 공화당을 지지하든 민주당을 지지하든 상관없이 많은 미디어가 트럼프를 비난한다.

USA 투데이지에서는 '트럼프가 대통령이 되면 미국은 괴롭히는 나라가 된다' 이런 뜻의 기사를 게재했다. 트럼프가 대통령이 되는 일에 경종을 울렸다.

트럼프의 폭언이나 억지 정책을 생각하면 이런 보도는 마땅하다고 말해도 좋지만 당사자인 트럼프는 계속되는 비난 보도에 무척 화를 냈다. 미디어들에게 소송도 개의치 않겠다고 협박했다. 언론탄압이라고도 할 수 있는 트럼프의 행동은 미디어의 반발을 불러왔다. 이렇게 해서 트럼프는 또다시 안티를 늘려갔다. 물론 힐러리와 맞서게 되면 더욱 과격한 발언을 해 안티들을 화나게 하리라는 건 불 보듯 뻔하다.

안티트럼프라 표명한 유명인들
할리우드 유명인들이 모두 비판

미국 유명인들은 적극적으로 자신의 정치적 성향을 말하며 지지하는 정치가를 응원한다. 그러나 반대로 트럼프는 미디어나 시민단체 뿐만 아니라 만은 유명인들에게서도 비판을 받았다.

〈캐리비안의 해적〉 등으로 유명한 할리우드 배우 조니 뎁은 그런 사람 가운데 하나이다. 트럼프를 야유하는 패러디 영화에 출연하는 등 트럼프를 매우 싫어하는 사람으로 알려진 조니 뎁은 "트럼프가 당선 되면 미국 마지막 대통령이 될 것이다"라고 발언했다. 즉 트럼프가 대통령이 된다면 미국이라는 나라 그 자체가 사라져 버릴 거라고 말했다.

〈오션스 일레븐〉의 조지 클루니는 트럼프를 '기회주의자이며 외국인을 싫어하는 파시스트' 이렇게 심하게 비난했다. 트럼프의 라이벌인 힐러리를 집으로 초대해 기부금을 모으는 파티를 열 예정이라고 한다.

가수 마일리 사이러스는 트럼프의 압승하리라는 이야기에 악몽이라며 실망감을 드러냈다. '만일 대통령이 된다면 이민 갈 거다.' 이런 말까지 하며 트럼프를 싫어한다고 공언했다. 이밖에도 영화감독 마이켈 무어나 여배우 제니퍼 로렌스도 트럼프를 비판했다.

오바마도 공공연히 트럼프를 비판

현대통령인 오바마도 트럼프를 비판하는 사람 가운데 하나였다. 지난 2015년 10월에는 '노동자들의 분노나 불안을 트럼프가 이용하고 있다'면서 선거전략 방향을 비난했다.

트럼프가 연설에서 한·일 두 나라의 핵 보유를 허락한다는 발언을 했을 때에는 '외교를 전혀 모른다', '(한일 두 나라와 동맹관계의) 중요성을 전혀 모르는 사람은 대통령이 되지 않았으면 좋겠다'며 안티 트럼프 입장임을 강조했다.

게다가 '대통령은 진지하게 임해야하는 일이며 텔레비전 리얼리티 쇼가 아니다'라는 설교도 덧붙이면서 쓴소리를 한 적도 있다.

선거활동 중에 문제연발
지지자의 폭력을 용인하는 듯한 발언

걸어 다니는 폭력배라 불릴 정도로 트럼프의 선거활동에는 늘 문제가 따라다녔다.

집회 중에는 항의활동이 끊임없었다. 2016년 3월 11일 미주리 주 집회에는 트럼프의 차별 언동에 항의가 쏟아졌다. 이에 트럼프는 '저런 녀석들이 미국을 엉망으로 만든다', '밖으로 쫓아내라' 이렇게 맞섰다. 결국 경찰이 출동하는 사태로 번져 32명이 구속됐다.

다음날 오하이오 주 집회에서는 트럼프 연설 중에 남자가 무대로 올라가려 하는 사건이 발생했다. 경비원이 제압했기에 큰일은 일어나지 않았지만 이때에도 트럼프는 '쫓아내라!' 외쳤다. 참고로 트럼프는 무대 위 연설대에 손을 대고 머리를 숙이고 있었다고 한다.

집회가 예정된 일리노이 주 회장에서는 트럼프에게 항의하는 데모 부대와 지지자들이 충돌했다. 일이 커져 지지자가 데모 부대를 때리는 등 폭력사건으로 발전했다. 이 일에 트럼프는 냉정해지라 부탁하기는커녕 '(폭력을 휘두른) 지지자의 소송비용은 내가 지불한다'며 설상가상으로 지지를 약속했다. 뿐만 아니라 '집회를 방해한 사람은 다음에 더욱 매운맛을 본다는 걸 배웠을 것이다' 발언했다. 마치 폭력을 긍정하고 광신적인 지지자를 부채질하는 듯한 언동은 마땅히 비난의 대상이 됐다.

롤링스톤즈가 노래 금지 요청

트럼프 집회에서는 롤링스톤즈 노래를 자주 사용하는데 이에 롤링스톤즈 측이 불만을 표시하기도 했다. 앞으로 다시는 트럼프와 관련된 행사에서 자기 노래를 사용하지 말라고 경고했다.

트럼프와 롤링스톤즈는 예전부터 알던 사이였다. 그렇지만 결코 친구는 아니다. 1989년 트럼프는 롤링스톤즈의 라이브를 개최하려 했지만 출연료 때문에 크게 싸운 적이 있다. 거기다 롤링스톤즈의 보컬 믹 재거는 대통령 후보인 트럼프를 지지하지 않기에 노래 사용 금지를 요청했다고 한다.

그런데 트럼프는 '나는 노래를 사용할 권리를 구입했다' 말하며 롤링스톤즈의 요구를 받아들이지 않았다. 참고로 에어로스미스나 닐 영 같은 유명한 록커들도 트럼프에게 노래를 사용하지 말라고 요청했다.

미국 총기 난사 사건. 그때 트럼프는?

50명 이상 사망. 지금까지 일어난 사건 중 최악의 총기 난사 사건

미국을 뒤흔든 가슴 아픈 사건이 일어난 것은 2016년 6월 12일 늦은 밤 2시 즈음(현지시간)의 일이었다. 미국 플로리다 주 올란드의 동성애 클럽 펄스에 남성이 침입하여 가지고 있던 라이플과 권총을 차례차례 발포했다. 적어도 50명이 사망, 부상자는 53명이라 발표됐다. 50명이라는 사망자수는 지금까지 일어난 미국 국내 총기사건 가운데 가장 많은 수이다.

경찰 발표에 따르면 범인을 플로리다 주에 사는 오마르 마틴 용의자(29세). 마틴 용의자는 펄스에 침입하자 총을 난사한 뒤 많은 손님들을 인질로 잡고 안에서 버텼다. 그 뒤 특수 부대가 돌입했고 범인은 그 자리에서 사살됐다.

이 사건이 일어난 뒤 이슬람은 자신들이 운영하는 통신사를 통해 '동성애자가 모이는 나이트클럽을 무장 공격한 사건은 이슬람 병사가 한 일이다'라는 범행성명을 발표했다. 마틴 용의자는 범행 전에 긴급신고 번호로 전화를 걸어 이슬람을 찬미하는 발언을 했다고 했으므로 이번 총격 테러가 이슬람의 소행인 것은 분명하다.

오바마 대통령은 '아직 조사 중이지만' 이렇게 말문을 연 뒤 '이 일은 테러행위이며 증오의 행위이다' 말했다.

이슬람을 억압해 노벨 평화상 수상?

이 사건으로 트럼프는 트위터에서 '이슬람 과격파에 대한(내 생각은) 맞았다', '(이슬람교도의 입국은) 엄격하게 대처해야만 한다' 주장했다. 이슬람교도 억압을 강하게 해야 한다는 생각을 다시금 강조했다.

트럼프는 이슬람을 철저하게 억압하겠다고 선언해왔다. 이를 못

마땅하게 여긴 미국인 가운데는 이번 사건으로 생각이 변한 사람도 많지 않을까? 무엇보다 이번 총기난사 사건은 미국 본토에서 일어난 테러이다. 9·11 테러가 일어난 뒤와 마찬가지로 반 이슬람 감정이 강렬하게 높아지리라는 건 상상하기 어렵지 않다.

트럼프는 2016년 2월 노벨평화상 후보로 추천됐다. 그때 '무슨 바보 같은 일이' 이렇게 웃는 사람도 많았지만, 트럼프가 대통령이 되어 이슬람을 모두 없애는 데 성공한다면 이슬람을 증오하는 국민감정의 후원을 받아 노벨상 수상이 현실로 이루어질지도 모른다.

처음부터 알 수 있는 대통령선거 1
~공화당과 민주당의 차이~

빈곤층이 지지하는 민주당. 엘리트가 지지하는 공화당

트럼프가 입후보 한 공화당, 힐러리가 입후보한 민주당. 이 두 정당은 미국의 2대 정당이라 불린다. 여기에서는 공화당과 민주당의 차이를 설명하겠다.

☆민주당

역사 : 리퍼블리컨에서 분열한 민주공화당이 이름을 바꿔 1828년 결당.

기본 사상 : 공공사업 등에서 적극적으로 경제개입을 하는 커다란 정부노선. 종교적으로는 자유주의.

복지·세금 : 사회보장을 두텁게 하는 일을 중시하며 부유층에게 상응하는 납세를 바란다.

지지층 : 유색인종, 빈곤층, 노동조합 등

★공화당

역사 : 흑인 노예제도 반대자가 모여 1854년 결당.

기본 사상 : 정부의 경제 개입을 최소한으로 하는 작은 정부노선. 종교적으로는 보수.

복지·세금 : 사회보장보다 개인의 자유를 존중, 부유층은 큰 폭으로 세금을 깎아준다.

지지층 : 엘리트층, 증세를 지지하지 않는 기업들, 전미 라이플협회 등

실은 민주당에 더 가까운 트럼프의 이념과 정책

공화당과 민주당의 차이는 이밖에도 아직 많이 있다.

예를 들면 외교 정책이 다르다. 민주당은 중국과의 관계를 깊게 만드는데 힘을 쏟지만 공화당은 미일관계를 중시한다.

당의 심벌마크는 민주당이 당나귀. 민주당의 첫 대통령인 앤드루 잭슨은 어느 날 수컷 당나귀라는 야유를 받았다. 그런데 잭슨은 이를 마음에 들어 해 그대로 심벌로 삼아버렸다. 공화당의 심벌은 코끼리. 풍자 만화가가 공화당을 코끼리로 그린 일이 시작이다.

그럼 여기까지 읽으며 눈치 챈 사람도 많으리라 생각하는데 트럼프는 공화당에서 입후보했지만 사상이나 정책은 민주당에 매우 가깝다. 그 당의 이념에 공감하는 사람이 모이는 게 정당정치의 기본 열쇠이다. 이를 완전히 무시한 트럼프가 대통령이 되면 2대 정당이라는 틀 자체가 사라질지도 모른다.

처음부터 알 수 있는 대통령선거 2
~후보자와 투표자~

대통령에 입후보하려면 적어도 35세 이상
◎어떤 사람에 대통령 선거에 입후보 할 수 있는가?

조건1 : 미국 국적을 가진 부모 아래 태어날 것. 아니면 미국 국내에서 태어날 것.

조건2 : 35세 이상일 것.

조건3 : 14년 이상 미국 국내에서 살아야 함.

조건4 : 대통령을 2번 역임하지 않을 것.

이런 조건을 모두 충족한 사람은 비록 아무런 소속이 없어도 대통령 선거에 입후보 할 수 있다. 하지만 미국 정치는 민주당과 공화당 2대 정당이 중심이며 다른 정당 후보나 무소속 후보가 득표수를 늘이는 일은 불가능하다. 그 증거로 과거 100년 동안의 대통령 선거에서 득표수 1위 자리는 민주당과 공화당이 나눠 가졌다.

물론 트럼프도 모든 조건을 충족한다. 조건1······아버지도 어머니도 미국 국적으로 트럼프 또한 미국에서 태어났다. 조건2······입후보를 표명한 시점에서 69세. 조건3······태어난 곳도 자란 곳도 뉴욕. 조건4······대통령 선거 입후보는 2번째이지만 과거에 대통령이 된 적은 없다.

예비선거의 투표권은 주로 당의 당원들뿐
◎어떤 사람이 대통령 선거에 투표할 수 있는가?

조건1 : 미국 국적을 가지고 있다.

조건2 : 18세 이상.

조건3 : 선거인 등록을 했다.

투표를 할 수 있는 조건은 3가지다. 미국에는 영주권(그린 카드)이라는 제도가 있지만 이 권리를 가지고 있어도 투표할 수는 없다.

한국에서는 선거가 다가오면 유권자 안내서가 오지만 미국에서는 직접 등록해야 한다. 이 등록을 해야 처음으로 투표할 권리가 생긴다.

본선거에서는 3가지 조건만 충족하면 투표권을 가질 수 있지만 예비선거 투표방식은 주마다 다르다. 많은 주가 채용한 방식은 정당마다 당원에게만 투표권을 주는 크로즈드 방식이다. 한편 당원이 아니더라도 투표할 수 있는 건 오픈 방식이라고 한다. 극단적인 이야기로 딱딱한 민주당원이라도 공화당 예비선거에 투표할 수 있다.

처음부터 알 수 있는 대통령선거 3
~선거의 구조와 흐름~

사실상 최종결전은 11월 8일의 본선거
미국 대통령선거는 ①예비선거→ ②당의 전국대회→ ③본선거→ ④선거인투표 이런 흐름으로 이루어진다.

예비선거란 민주당과 공화당 저마다 대표 한 사람을 정하는 선거를 말한다. 트럼프가 크루즈나 루비오 같은 라이벌을 물리치고 사실상 승리를 거둔 것이 공화당의 예비선거이다. 한편 민주당 예비선거에서는 힐러리가 승리했다.

예비선거에서 승리한 후보자는 민주당과 공화당 저마다의 전국대회로 나아간다. 여기서 당의 후보자로 정식으로 지명된다. 이때 대의원총수의 과반수가 필요하다. 공화당 대의원총수는 247명. 트럼프는 예비선거에서 이미 과반수를 얻었으며 7월 18일~21일에 개최하는 공화당 전국대회에서 공화당 대통령후보로 지명됐다.

11월 8일에 개최되는 본선거는 최종 결전의 자리이다. 민주당과 공화당, 그리고 다른 정당 후보자나 무소속 후보가 대통령 자리를 두고 선거전을 펼친다. 선거인 투표라는 완전히 형식화된 투표를 거쳐서야 드디어 아메리카 합중국 대통령에 취임한다.

트럼프 대통령의 미국은 어떻게 될 것인가?
말대답하는 사람에게는 '넌 해고야'

일이 있을 때마다 체인지를 말한 사람은 현대통령인 오바마이다. 트럼프 대통령 시대의 미국은 오바마와는 비교가 안 될 정도로 커다란 변화를 겪을 것이다. 물론 좋은 의미의 변화뿐만 아니라 나쁜 의미의 변화도 말이다.

트럼프가 가장 먼저 시작하는 일은 불법이민자 배재이다. 오바마는 불법이만자의 미국 체제를 허가하려 권한을 행사했지만 트럼프는 이를 없애고 강제송환으로 나설 가능성이 높다. 당연히 불법이민자들은 반발한다. 여러 지역에서 데모나 폭동이 일어나지만 새 대통령은 그런 일은 신경 쓰지 않고 불법이민자 배척을 계속한다.

그 무렵 로스앤젤레스 공항은 많은 아랍계 사람들로 가득 찬다. 트럼프가 공략대로 이슬람교도의 입국을 금지해 발을 묶었기 때문이다. 대혼란에 휩싸인 공항. 그 영상은 뉴스로 온 세계로 보내진다. 어떤 사람은 트럼프의 독재를 아들러 히틀러 같다고 야유하고 또 어떤 사람은 무솔리니가 다시 등장했다고 한탄한다. 가운데는 강인한 정책을 지금 바로 그만둬야 한다고 진언하는 관료도 있다. 백악관 대통령 자리에서 의자에 앉아 트럼프는 정의감에 불타는 그에게 말한다. '넌 해고야'

트럼프의 정치가 두려워 국민들은 캐나다로 이주

이는 트럼프가 공약을 실제로 이행했을 경우의 시뮬레이션이다. 그러나 실제로는 과격한 공약은 이행하지 않는 게 아닐까 보는 전문가도 많다.

하지만 트럼프는 맹수들을 상대해온 사나이다. 진정한 속마음을 쉽게 밝힐 리가 없다.

그런 트럼프에게 공포를 느낀 사람은 평온한 생활을 바라는 선량한 미국 국민이다. 저 무시무시한 정책을 정말로 실행하지는 않을까. 그런 불안에 시달린 사람들은 이웃나라 캐나다로 이주한다.

불법이민자는 국외추방을 당하고 이스람교도는 입국금지, 게다가 국민의 캐나다 유출 등 미국의 인구는 줄어 국력이 낮아질 가능성이 높다.

하지만 트럼프는 그런 일은 신경 쓰지도 않을 것이다. 왜냐하면 백악관 정면에 TRUMP를 세긴 간판을 거는 공사를 신경 쓰는데 바쁘기 때문이다.

트럼프 대통령 공약사전 1

멕시코 사이의 국경에 멕시코가 지불한 돈으로 만리장성을 쌓는다.

건설비용은 약 11조!

트럼프는 미국과 멕시코 국경을 만리장성으로 막으려 한다. 목적은 멕시코에서 오는 불법이민자를 국내에 들이지 않기 위해서이다. 불법이민자들은 싼 임금이라도 일을 하기 때문에 미국인 노동자층은 일자리를 빼앗겼다. 이를 막기 위해서이다.

만리장성을 쌓게 되면 트럼프는 경비를 모두 멕시코에게 부담시켜야 한다고 한다. 미국 CNN에 따르면 만리장성 건설비용은 적어도 11조가 넘는다고 한다. 멕시코에게 미국으로 가는 불법이민을 막는 이득은 적으며 그런 일에 큰돈을 쓸 생각은 없을 터이다.

가령 국경에 만리장성을 쌓아 불법이민을 배척했다고 하자. 미국 경제는 불법이민자의 싼 임금으로 유지됐기에 경제 균형이 눈에 띄게 변화를 보인다. 급등한 인건비가 인플레이션을 불러 그 여파로 많은 회사가 도산한다. 트럼프의 정책은 나라를 살리는 약이 아니라 독약이다.

트럼프 대통령 공약사전 2
미국법으로 금해진 '물고문' 등의 고문 부활!

어느 TV 인터뷰에서 트럼프는, 테러 범인 심문에 있어서 물고문 등의 고문을 부활시키리라는 명언을 했다. 현재 법률로는 포로에 대한 고문은 금지되어있지만 법을 '강화'함으로써 고문을 허가해야 한다는 것이다. 그 배경에 있는 것은, 이슬람 국가의 존재이다. 한 저널리스트가 잔학행위에 대해서 토로한 기사를 본 트럼프는 '상대와 같은 방식으로 억압할 필요가 있다. 소극적이면 이길 수 없다'고 강인한 자세를 강조한다. 자신이 대통령 된다면 테러 용의자 가족의 살해를 허가한다는 발언도 한 것이다.

미국 안에서는 이슬람 국가에 대한 지상부대파견을 지지한다는 전화조사에서는 53%가 지지하고, 오바마의 테러에 맞선 정책은 68%가 불충분하다고 대답했다. 테러는 철저하게 비난해야 하는 논조가 의연하게 강하다. '고문'이라는 전시대적 및 비인도적인 행위 또한 테러를 증오의 여론을 후원해주고 법적으로 허가되는 가능성은 충분히 있다.

트럼프 대통령 공약사전 3
빈민층도 부유층도 일제히 감세!

트럼프는 소득세의 최고 세율을, 현행 39.6%에서 25%로 내리겠다고 선언한다. 연수입 2만 5천 달러 이하(약 2917만 5천원) 이하 부부는 소득세를 0으로 하겠다고 했다. 중소득층은 환호했던 모양이지만, 실제로는 그렇지 않다. 트럼프는 법인세 최고세율도 현재의 35%에서 15%로 내리겠다고 주장했다. 서민들은 트럼프가 대기업을 중시하여 실시한 소득세 최고세율의 감세는 부유층에 큰 은혜를 가져다 줄 것이라고 생각했다.

누구에게나 좋은 얼굴을 보이는 팔방미인적 세제개혁은, 재원도 문제시되고 있다. 트럼프는 자산운용 펀드의 보수 과세를 끌어올림으로써 염출한다고 발언하지만, 그것만으로 충분한가 아닌가 문제는 아니다. 세금을 거둬들이는 데만 급급하면 경제는 크게 정체한다. 그런 악몽을 예상하는 국민들은 절대 적지 않다.

트럼프 대통령 공약사전 4
시리아로부터 난민들을 받아들이지 않겠다!

유엔난민 고등변무관 사무소(UNHCR)는, 시리아 주위 나라로 벗어난 시리아 난민이 400만 명을 돌파했다고 발표했다. 독일은 2015년에만 100만 인의 시리아 난민을 받아들였지만 트럼프는 자신이 대통령이 되기만 하면 난민을 받아들이지 않겠다고 전 세계에 발표했다. '이슬람 국가의 멤버일지도 모르는 사람들을, 20만 명이나 어떻게 미국으로 그냥 받아들일 수는 없다.' 이 말은, 수많은 미국 국민으로부터 환영받았다. 물론 시리아 난민 모두가 테러와 관계가 있다고 생각하는 것은 위험하다. 미국은 9.11 동시다발 테러의 피해국이다. 이슬람계 사람에 대한 두려움이나 경계심을 품

미국 제일주의 트럼프 그는 시리아 난민을 받지 않겠다고 공약했다.

은 사람이 많은 것은, 어쩔 수 없는 일인지도 모르겠다. 인도적인 면만을 고려한다면 이민들을 받아들이는 건 마땅한 선택이다. 그러나 트럼프는 미국 제일주의이다. 국민들의 생명과 재산을 지키기 위해서라면 얼마나 어떤 적이 생겨나든 상관없다. 트럼프만의 방법인 것이다.

트럼프 대통령 공약사전 5
중국 제품 과세를 45%로 하겠다!

일본에서도 가입한다, 안 한다라는 의논이 계속되는 TPP(환태평양 경제동반자협정). TPP의 선두국은 미국이지만, 이 나라의 차기 대통령 후보인 트럼프는, TPP를 '돼먹지 않은 정책'이라 부르면서 강하게 반대하고 있다. 트럼프 지지층은 주로 저소득층 백인들이며 TPP가 고용 저하, 또는 실업을 불러올까봐 두려워하고 있다. 그래서 TPP 반대를 외치고 있는 것이다.

저소득층으로부터의 지지층이 너무도 커지는 가운데, 트럼프는 "중국 제품 관세를 45%로 하겠다" 공언했다. 중국은 TPP에 참가하지 않지만, 값싼 중국 제품은 이미 미국 전역에 퍼져 있고 국내 각 업자들에게 있어 위협적인 존재가 되어있기 때문이다. 트럼프의 기세에 찬 모습은 지지자들을 열광토록 하기에 충분했다. 참고로 트럼프의 딸 이반카가 직접 꾸며준 트럼프의 스카프는 중국 제품으로 타버리기 쉽다는 이유로 회수를 명령받고 있다.

트럼프 대통령 공약사전 6
이슬람 국가는 핵무기를 이용하여 철저하게 부수리라!

트럼프는 자신이 대통령으로 취임하면, 이슬람 국가에 격렬한 공격을 퍼부으리라는 발언을 했다. 게다가 이를 위해서라면 핵무기 사용도 마다하지 않겠다는 것이다. 핵무기의 위력은 강력하다. 이슬람 국가에 엄청난 타격을 주는 것은 물론, 아무런 관계도 없는 일반시민들까지 큰 피해를 받게 될 가능성이 크다. 오바마 대통령은 그에게 "모든 이슬람교도를 악마로 보는 것은 공격적인 발언이다"라고 비난했다. 그러나 트럼프 지지층들이나 일부 보수파는 반대로, 핵무기 사용에 대해 긍정적인 입장이다. 배경 뒤에 있는 것은, 9.11 테러에 기원하는 이슬람교도에 대한 증오이다. 덧붙여, 세력을 확대해가는 이슬람 국가가 언제 또 미국 내에서 테러를 일으킬지도 모른다는 우려도 있다. 독일은 프랑스의 요청에 응하여, 이슬람 국가 공격작전에 참가하기로 결정 내렸다. 세계의 흐름이 이슬람 국가 섬멸로 흘러가는 지금, 트럼프의 핵공격안이 실현될 가능성이 아예 없다고 할 수는 없다.

트럼프 대통령 공약사전 7
보험에 대해서는 오바마케어를 철폐!

이번 대통령선거에서는 보험이 하나의 쟁점이 된다고 다들 이야기하지만, 트럼프는 오바마케어를 철폐하리라 주장했다. 오바마케어는, 간단하게 말하면 국민들 모두의 보험제도이다. 미국은 약 500만에 이르는 사람들이 보험에 가입하지 않았으며 그런 사람들도 직장을 통해 보험에 가입할 수 있도록 한 법률이다. 트럼프는 이런 오바마케어 대신에 의료저축구좌 제도를 확대하겠다는 입장이다. 의료에 대해서만 쓸 수 있는 구좌를 개설하면, 그 구좌로 세금 우대를 받을 수 있다는 것이다. 이 제도로 혜택을 받는 계층은 높은 보험료를 내고 싶지 않은 건강한 사람, 전액 자기부담으로 의료비를 내는 부유층들이다. 이 밖에도 트럼프는 보험가입 의무체제를 폐지하고, 메디케이드(저소득자를 위한 공적의료보험)의 충실, 의약품 시장을 더욱 자유화함으로써 가격을 내리겠다는 공약도 있다.

멜라니아는 퍼스트 레이디에 맞지 않는 여성?

트럼프가 대통령으로 당선된 현재, 그의 아내 멜라니아는 퍼스트 레이디가 되었다. 멜라니아는 현재 45세이지만 그 옛날 모델 일을 했기 때문인지, 나이보다 훨씬 젊어 보이고 어찌 보면 퍼스트레이디에 어울리는 미모를 가진 여성이라 할 수 있으리라. 또한 멜라니아는 외국어에 능통하다고 미디어에 보도된 적이 있으며 각 국의 퍼스트 레이디와의 만남이 이루어지게 되면 중심인물이 되어, 이른바 대통령 부인들과의 외교 면에서 큰 활약을 펼쳐 트럼프를 잘 지원할 것으로 예상되는 것이다.

그러나 이런 멜라니아에 대해, 퍼스트레이디에 어울리지 않는다고 말하는 사람이 있다. 트럼프와 같은 공화당 후보, 라이벌이라 할 수 있는 테드 크루즈가 있다. 유타주 예비후보 선거가 이루어지기 전 테드 크루즈는 15년 전 GQ잡지에 첫 선을 보인 멜라니아의 세미누드 사진을 인터넷에 게재했다. "이 여자가 퍼스트레이디가 되는 것이 싫다면, 크루즈에게 투표하라." 이런 글을 덧붙이기도 했다. 그러나 이 과정에서 트럼프의 기세는 더욱 높아지고 크루즈는 끝내 참패하고 만다. 멜라니아의 세미누드 사진으로도 트럼프 지지자들의 마음을 돌려놓지는 못했다.

[50억 달러를 벌어들인 비즈니스 기술]

어떻게 트럼프는 50억 달러를 벌어들일 수 있었을까?
탐욕적으로 행동하지 말라!

50억 달러 이상의 금액이라고도 할 수 있을 거액의 부를, 한평생 동안 벌어들인 부동산 왕 도널드 트럼프. 그는 대체 어떻게 억만장자의 자리에 앉을 수 있었을까? 트럼프 스스로는, '나의 거래는 단순명쾌하다. 목표를 높이 두고, 바라는 걸 손 안에 넣을 때까지 밀어붙이고 밀어붙이고 또 밀어붙인다.' 이렇게 말한다. 이 말대로라면 강인한 타입의 사나이처럼 생각되지만 사실은 확실하고 위험이 없

CNN방송 녹화 오른쪽은 뉴스 앵커로 유명한 앤더슨 쿠퍼

는 방법을 쓴 덕분이라 할 수 있다.

먼저, 그는 비즈니스맨으로서 무척 신중한 타입이다. 개인적으로도 비즈니스 쪽에서도 도박은 하지 않는다. 아틀랜틱 시티의 카지노 건설이 그 좋은 예로, 그가 보드워크(해변의 널을 깐 보도, 산책로)와 가까운 곳에 카지노 경영을 시작했을 때, 홀리데이 인이 파트너가 되어주기를 요청하러 직접 찾아갔다. 상대가 제안한 조건은 '트럼프가 땅 매수에 들인 비용, 건설비용 모두를 부담하는 대신, 이익의 반을 줄 것'이었다. 주위에서는 모두들 '이익의 반을 주는 건 손해다' 말하면서 그를 말렸지만 트럼프는 전혀 망설임 없이 홀리데이 인의 조건을 받아들였다. 그에 따르는 위험부담을 혼자 떠맡고 이익의 100%를 얻기보다, 아무런 위험부담 없이 50%의 이익을 얻는 방법을 택한 것이다. 분명 만만찮은 성격의 소유자이지만 절대로 탐욕을 부리지는 않는다.

철저한 비용 관리

그는 비용도 철저하게 관리한다. 장대한 프로젝트를 계획할 때에도, 반드시 타당한 비용으로 그 일을 실현해낼 수 있을지를 기준으로 삼는다. 또한 성공을 거두었을 때에도 돈의 힘을 빌어 좋은 입지를 구입하려 들지는 않는다. 오히려 기존 입지의 가치를 높일 방법을 강구해낸다.

트럼프 타워를 설립할 때, 그는 이 건물을 어느 5번가보다도 가치가 낮은 3번가에 세우기로 결정하고 토지를 구입했다. 트럼프라는 이름이 하나의 브랜드라는 걸 이용하여 3번가에 호화로운 트럼프 플라자를 건설한 것이다. 그 결과, 부유층 사람들이 트럼프 플라자를 선호하게 되었고 3번가를 가치가 높은 땅으로 성장시켰다. 위험 회피나 비용 소멸 등, 기본에 충실하다는 게 트럼프 비즈니스 기술 특징이다. 그러나 그의 비즈니스 바탕에는, '훌륭한 거래'가 존재하며 트럼프가 말하기를 '거래는 태어날 때부터 갖고 있던 천부적 재능'이라 할 수 있으리라.

시장조사와 경험으로 보강된 직감
직접 조사한 내용을 바탕으로 결단을 내리다

부동산계에 그치지 않고, 다양한 비즈니스에 있어서 시장조사는 빠질 수 없다. 세상에는 시장조사를 전문으로 하는 회사도 존재할

신중한 비즈니스맨

만큼, 그 필요성은 설명할 것도 없으리라. 마땅히, 트럼프 또한 시장 조사를 중시하고 있지만, 여기서 포인트가 되는 것은, 그는 분석가의 의견이나 리서치회사의 정보를 전혀 신용하지 않는다는 점이다. 그렇다면 무엇을 믿고 있는가? 바로 '자기가 직접 보고 들은 현장의 정보'이다.

트럼프는, 조사에서 결단에 이르기까지, 수많은 일을 자기 발과 머리로 해내왔다. 관심이 가는 땅이 있으면 반드시 현장을 방문한다. 이웃 주민들과 이야기를 나누고, 학교, 치안, 상점 등에 대한 온갖 정보를 얻어내려 하는 것이다. 또한 한 번도 가본 적 없는 거리에서 택시를 탈 때에는, 운전수에게 그곳에 대한 이야기를 자세히 듣는다고 한다. 이렇듯 자기가 직접 얻은 현장의 정보 무엇보다 더 중시하고 있는 것이다. 트럼프의 조사방법은 자기만의 방식이지만 유명한 컨설팅 회사보다도 빨리, 쉽게, 정확한 정보를 얻어낼 수 있다고 자신한다. 사실, 그 정보를 바탕으로 내린 결단에 의해 이제까지 유리한 거래를 무수히 성공시켜 왔다. 게다가 이번 대통령 선거에서도 백인 중소득층이 자신을 지지토록 하는 마케팅 또한 훌륭히 성공시켰다.

분석가의 의견은 완전히 무시

그가 결단을 내릴 때 중시하는 것은, '직감'이다. 직감이라는 말은, 트럼프의 인터뷰나 저서 등에도 자주 등장하는 키워드다. 그러나 이를 읽은 사람이 직감에 따라 결단을 내린다고 하더라도 반드시 성공할 수는 없음을 주의해주길 바란다. 왜냐하면 트럼프의 직감은 풍부한 지식과 경험으로 이루어져 있기 때문이다.

트럼프는 창조적 아이디어를 낼 때에도 직감이 관계되어 있다고 생각한다. 트럼프 타워를 건설할 때에는, 외관에서부터 내부 디자인에 이르기까지 수많은 직감들이 작용했다. 처음에는 건축평론가들로부터 혹평을 받았지만 대중들에게는 받아들여져 대성공을 거둔 뒤에는, 마치 손바닥 뒤집히듯 여기저기서 큰 칭찬을 받았다. 이 경험으로부터, 그는 분석가와 리서치회사는 물론, 평론가들의 의견마저 믿지 않기로 한 모양이다.

50억 달러를 벌어들인 승자의 선전력
자극에 열광하는 매스컴을 훌륭히 이용

트럼프는 선전에 의한 영향력을 중시했다. 특히 가장 많이 실천한 일은, '트럼프 자기 선전'이었다. 자신을 전전하기 위해, 그가 눈을 돌린 곳은 매스컴이었다. 언제나 매스컴은 기사에 굶주려 있기 때문에 선정적인 내용을 좋아한다. 그 습성을 잘 이용한 것이다.

그는 논쟁의 중심이 되는 것을 개의치 않고 분방한 언동과 야심적 흥정으로 화제를 모아왔다. 또한 젊은 나이임에도 큰 성공을 거둔 그는, 호화로운 생활을 전혀 숨기려 들지 않았다. 그 결과, 매스컴은 너무도 즐거워하면서 트럼프의 기사를 마구 써대기 시작했다. 물론, 모든 매스컴이 그를 호의적으로 생각한 것은 아니다. 비판적인 기사도 많지만 트럼프는 받아들였다고 한다. 왜냐하면 비판 기사에 의해 생기는 불이익보다 화제가 됨으로써 얻는 이익이 훨씬 크다고 생각했기 때문이다. 그 예로서, 트럼프는 저서 《트럼프 자전》에서 'TV 시티'를 이야기한다. 1985년, 맨하탄 웨스트 사이드의 100에이커에 이르는 넓은 땅을 구입했을 때, 그곳에 사는 주민들도 그 땅이 있었는지 몰랐다고 한다. 그러나 그가 그 땅에 '세계에서 가장 높은 빌딩을 세우리라'고 발표를 하자, 매스컴은 일제히 그에게 달려들었다.

화제가 된 것만으로도 승리!

뉴욕타임즈는 1면으로 기사를 게재하고 인기 저널리스트 댄 래더는 저녁 뉴스에서 이 일을 보도했다. 각지 논설위원이나 건축 평론가도 함께 모여 의견을 나누면서 큰 주목을 모았다. 모든 기사가 세계 제일의 빌딩이라고 긍정적인 기사를 쓴 것은 아니다. 그러나 수많은 사람들 눈에 띈 것으로 프로젝트의 가치가 높아졌다고 그는 말한다. 이른바 '화제 만들기'로서 비판적인 의견을 내비치는 사람들도 적지 않다. 그러나 얼마나 야유를 받든, 화제만 되면 이미 승리한 것이나 마찬가지이다. 대통령 선거에 공화당으로 출마한 그때, 트럼프는 물거품 후보 한 사람에 지나지 않았다. 그러나 견실한 공약들만 늘어놓는 '시시한' 후보를 무관심한 눈으로 흘긋 바라보고는 과격한 발언으로 매스컴의 화제가 된 그는, 공화당 대표 자리를 꿰찼다. 트럼프의 선전 전략이 효과를 본 결과라 할 수 있으리라.

트럼프 대통령에게 배우는 교섭술
교섭은 레버리지 = 교섭 때의 우위성

'거래를 사랑하다', '거래는 예술' 등, 여기저기에서 거래에 대한 뜨거운 가슴 속 말을 토로하는 트럼프. 수많은 거래를 성공시켜온 트럼프의 교섭술에는, 어떤 비밀이 숨겨져 있을까? 트럼프가 교섭에 있어서 가장 중요시하고 있는 것은 '레버리지'이다. 직역하면 '지레의 작용'으로, 경제어로는 '소액의 자금으로 큰 금액을 거래하는 일'이라는 뜻이다. 그러나 트럼프는 이 의미에서만 그 말을 사용하지 않고 '교섭할 때의 우위성'도 레버러지라 부른다.

그에게 있어서 교섭할 때 가장 금기시되는 것은 '무슨 교섭이라도 성공시키고 싶다'는 기색을 상대에게 보이는 일이다. 자신이 필사적이 되면 상대는 그것을 알아차린다. 그렇게 되면 상대에게 유리한 거래가 이어지게 되기 때문이다. 그래서 그는 레버러지를 중시한다. 교섭을 할 때에는, 상대가 '바라는 것', 상대가 '필요로 하는 것', 그리고 상대가 '없으면 곤란해지는 것'을 생각하면, 교섭의 주도권을 차지하고 유리한 거래를 해낼 수 있다. 그렇다고 해도, 늘 자신이 그러한 것들을 마음먹을 수는 없다. 그럼에도 레버러지를 이용하기 위해, 때로는 상상력과 세일즈맨쉽을 발휘하여 상대에게 '이 거래는 이롭다' 생각토록 할 테크닉이 필요하다.

'하이볼'로 큰 요구를 마시도록 한다.

어떤 기업이 트럼프와의 제휴를 결정한 이유는 '다른 제휴 후보보다도, 트럼프 쪽이 건설공사가 잘 진행된다고 판단했기 때문'이었다. 그러나 실제로 트럼프 측 공사는 잘 진행되지 않고 있었다 한다. 이때 그는 온갖 수를 발휘하여 공사가 잘 진행되고 있는 듯한 인상을 준 것이다. 상대의 관심이 건설공사의 진도 상황임을 눈치챈 뒤, 이때다 싶어 준공을 서두르도록 하여 제휴 약속을 얻어냈다.

또한, 트럼프는 교섭술 이론으로 유명한 '하이볼' 방법도 많이 이용했다. 하이볼이란, 요구보다도 큰 요구를 함으로써 상대가 요구를 받아들일 라인을 더 높일 수 있는 교섭법이다. '멕시코 국경에 만리장성을 건설', '이슬람교도의 입국 금지' 등, 극단이라고도 할 수 있는 발언을 하이볼이라고 생각하는 유권자도 많으며 그런 트럼프에 믿음직함을 느끼는 사람도 적지 않다.

4번의 파산신청을 딛고 부활한 정신력
재정위기에도 절대 강경한 자세는 무너지지 않다

부동산왕이라 불리는 트럼프이지만, 그 비즈니스 경력은 절대로 순조롭게 쌓인 것은 아니었다. 오히려 파란만장하다고 할 수 있으리라. 왜냐하면 그는 이제까지 4번이나 파산신청을 했었기 때문이다. 1990년 때, 세간에는 대부호로 여겨지던 트럼프이지만, 사실 심각한 재무 상태에 빠져 있었다. 트럼프는 34억 달러(현재 환율로 약 4조 1000억) 채무를 껴안고 변제하느라 큰 고생을 하고 있었다.

그러나 그는 재무적으로 '다시 일어설 수 없는 몸'보다 디벨로퍼(지역개발을 행하는 단체, 업자)로서 '살아있는 몸'을 보여줌으로써 파탄위기를 벗어나려 했다. 자신만만하게 사업재편안을 이야기하고, 채권자들의 합의를 꾀어내어 5년의 유예와 은행으로부터 수당자금으로서 6500만 달러의 신용 테두리를 이루었다. 그 결과, 1993년까지는 3채의 카지노는 모두 파산을 피해갔기 때문에 채권자는 트럼프의 수완을 높이 평가내리게 되었다. 30억 달러 이상의 채무는, 대담한 그마저도 절망적인 숫자의 금액이었다. 그러나 부정적인 생각에 빠지지 않고, 문제해결에 집중할 수 있도록 노력했다. 미디어에서는 '트럼프는 이제 끝났다' 기사를 써댔지만 그는 절대 인정하지 않았다. 이 강인한 사고방식이야말로, 갑자기 찾아온 파탄위기를 극복해 낸 요인이라 할 수 있다.

4번이나 되살아난 터프한 사나이로서 높은 평가

그는 승자가 되기에 필요한 조건으로서 '완고한 사람이 될 것'을 이야기했다. 절대로 포기하지 말 것, 꼭 이기려는 자세를 취할 것 – 말로는 간단하지만, 그 상태를 유지하기란 쉬운 일이 아니다. 점차 그는 자신의 무기로서 '거래의 센스'를 내세운다. 그러나 수많은 패자, 범인과의 결정적인 차이는, 어떤 상황 속에서도 자신을 잃어버리지 않는 정신력이지 않을까?

사업에 실패했다고 하더라도 부활한다면 다시 인정받을 수 있는 풍조가 미국 자본주의에는 깔려 있다. '네 번의 파산 신청'은 한국인이 보기에는 마이너스 이미지로 보였을지 모른다. 그러나 미국에서는 그에 대해 '4번이나 되살아난 터프한 사나이'라 부르는 사람이 많다. 그런 불사신과 같은 사나이가, 대통령 선거에서 '강한 미국의 부활'을 슬로건으로 내걸었다.

Listen, Yankee!

폭언과 망언은 정치전략이야, 바보들아!

권력자를 향한 폭언

처음에는 별 주목도 받지 못했던 도널드 트럼프가 대통령에 당선된 까닭은, 그가 내뱉은 폭언과 망언들 때문일 것이다. 트럼프는 이런 망언들로 대중들의 인기를 얻었다. 그러나 자화자찬과 폭언들만으로는 선거에서 당선될 수 없다. 트럼프가 명연출가였기에 가능했던 일이다. 예선이 열리던 날부터 그가 대중들을 놀라게 하며 주목받을 수 있었던 까닭은 현 민주당 정권 최고 권력자 버락 오바마와 그 관계자들에게 내뱉은 폭언 때문이었다.

"이 바보 녀석들!"

트럼프가 외친 이 한마디는 오바마 대통령과 백악관에 있는 권력자들을 향한 것이었다.

힐러리 클린턴은, 오바마의 출생증명서를 필사적으로 찾아다녔다. 대중은 그 사실을 지금은 잊고 있다. 존 매케인 또한 그랬다. 그러나 출생증명서는 끝내 찾아내지 못했다. 힐러리와 존 매케인은 실패한 것이다! 하지만 나 도널드 트럼프는 오바마의 출생증명서를 손 안에 넣었다!

그 녀석의 일처리 방법은 전혀 아름답지가 않다. 그 스캔들이 일어나지 않았다면 위대한 대통령으로서 이름을 남길 수 있었을 텐데 참으로 안타까운 일이다. 더 예쁜 미인과 스캔들이 터졌더라면 국민들도 그를 이해했을지도 모른다. 케네디와 마릴린 먼로의 스캔들과는 수준이 다르다.

—여기에서 '녀석'이란, 힐러리의 천하의 바람둥이 남편 42대 대통령 빌 클린턴을 말한다. '일'이란, 백악관의 연수생 모니카 르윈스키와의 불륜을 뜻한다. 이번 대통령 선거가 열리기 17년 전에 일어난 사건이지만 트럼프는 2015년 4월 자신의 트위터에 다음과 같은 폭언을 내쏟았다.

그 여자는 남편도 만족시키지 못하면서 어떻게 미국을 만족시키려 하는가?

나는 빌 클린턴 대통령이 맺은 북미자유무역협정을 폐지하고 현재 이야기되고 있는 TPP도 쓰레기통에 처박아 버릴 것을 여러분에게 약속한다.

믿을 수 있겠는가? 운전수가 더러워진 구두를 신고 왔다. 그 얼간이가 더러운 구두를 신고 온 것이다. 얼굴을 보니, 푸에토리코인이다. 스페인계 할렘가에서 자란 얼간이 놈이다.

이놈이나 저놈이나 온통 얼간이들뿐이다. 저런 물거품 같은 쓰레기 녀석들을 고용한 건 내가 아니다. 바로 네놈들이다. 책임은 월트 디즈니 쪽이 져야 한다. 월트 녀석이 그런 쓰레기 같은 놈들을 고용했다.

모든 악의 근원은 월트 디즈니에게 있다!

—이는 너무나 심한 인종차별 발언이다. '물거품 같은 쓰레기 놈들'이란, 히스패닉계를 포함한 이민 노동자들을 뜻한다. '이놈이나 저놈이나'는, 트럼프 말고 미국 기업가들 모두를 가르키며 '순수 미국인'에게서 일을 빼앗아가는 이민자들을 고용한 월트 디즈니를 지탄하고 있는 것이다.

오늘부터라도 내가 새로이 바꾸어 버리고 싶은 것은 고학력 흑인들이다. 그렇지 않은가! 그

폭언과 망언으로 인기를 얻다

검둥이들은 너무나 쉽게 고용되고 있다.

내가 생각했던 대로 그 녀석은 하나도 바뀌지 않았다. 이제까지 트럼프 캐슬이나 트럼프 프라자에서 흑인 회계사를 고용하여 우리 기업 계산일을 맡겨왔던 것이다. 너무나 불쾌한 일이다. 1년 내내 야물카(유대인들이 기도할 때 쓰는 모자) 따위를 쓴 꼬맹이에게 내 돈을 맡겨왔단 말인가.

온통 가짜투성이다. 내 말이 맞지 않은가? 저기에도 가짜, 여기에
도 가짜. 녀석들에 대해 안 좋게 말하는 자들이 있지만 나는 그렇게
생각하지는 않는다. 녀석들은 그저 무슨 일을 어떻게 할지 모를 뿐
이다.

─가짜라고 표현되어 있지만 원어 Dammie는 장식용 인형, 사격연
습용 표적 인형, 허수아비와 같은 인물 등을 의미한다. 물론 그가
말한 가짜란, 그의 대통령 선거 경쟁자들을 뜻한다.

손이 작은 사람은 신체 다른 부위도 작다.

─2016년 3월 3일, 4개 주에서 동시에 예비선거가 열리기 직전 TV
토론회장에서 트럼프는 득표 수로 제 뒤를 집요하게 쫓아오는 마르
코 루비오에 대해 이렇게 말했다.

존 매케인은 위대한 인물이다. 차원이 다른 남자다! 지인의 소개
로 친밀한 사이가 된 것은 내가 존 매케인에 대해 속속들이 다 알고
있기 때문이다.

그 녀석은 전쟁 영웅이다. 포로가 되었기 때문이다. 그러나 나는
포로가 되고 싶지 않다. 당연히 그렇지 않은가? 나는 녀석을 전쟁
영웅으로 부르고 싶지 않다. 왜냐하면 그는 포로였으니까.

─앞서 한 말과는 태도가 180도 바뀐 말이다. 왜일까? '포로'는, 석
달 전에 매케인이 트럼프의 일관성 없는 발언을 비판했기 때문에 그
에 맞서는 표현으로써 쓴 말이다.

나는 선거에는 나가지 않겠다. 올바른 정치를 하라니, 터무니없는
말이다. 좋은 사람이 되는 건 딱 질색이다. 소극적이고 약한 정치가
가 되라는 말인가! 그런 말은 듣기만 해도 화가 치밀어 오른다.

내가 만일 자유로운 민주당 사람이었다면 분명 이제까지 없었던 인물이라는 소리를 들을 것이다. 역사상 없었던 최고의 천재라고 말이다.

내가 받은 건 하나도 없다. 문제는, 증서에 서명하여 무엇을 손에 넣었는가이지만 아무것도 얻지 못했다고 말할 수 있다.

―다른 사람이 대통령 후보자로 당선될 경우, 그 인물을 지지하고 제3정당에는 출마하지 않겠다는 내용이 적힌 공화당 서약서에 서명할 때의 트럼프 발언이다. 이때에는 대통령 후보로 확실시되지 않았지만 당당히 후보자가 된 지금, 이 서약서는 어떤 의미를 가지는가.

나는 어떤 모습으로든 변신할 수 있다. 아주 우아한 사람으로도, 또 무척 세련된 사람으로도. 정치적 중립 또한 굳건하다. 정신 나간 말이 아니다. 요컨대 되고 싶은 사람으로 얼마든지 변신이 가능하다.

나는 어떤 일에도 진지한 사람이다. 리더십도 갖추고 있다. 회사도 훌륭하게 키워냈으며 좋은 학교도 나왔다. 베스트셀러를 내기도 했다. 전무후무한 사업 책 《거래의 기술 *The Art of the Deal*》이 바로 그것이다. 쇼비즈니스 또한 대성공을 거두었으며 할리우드 거리 '워크 오브 페임'에 내 이름 또한 별 모양으로 새겨져 있다. 심지어 내가 사회자를 맡았던 방송 '어프렌티스'도 큰 인기를 얻었다.

제44대 미국 대통령 버락 오바마는, 취임 전후에 출신을 둘러싸고 의혹 섞인 소문 속의 주인공이었다. 미국 하와이에서 태어났다는 오바마가 사실은 케냐에서 태어났기 때문에 대통령이 될 자격이 없다는 것이었다. 그러한 의혹 추궁 집단의 선봉에 선 자가 바로 트럼프였다.

2011년 ABC뉴스에 출연한 트럼프는, 자신의 출생증명서를 모두에게 보여주며 "오바마 대통령 또한 나처럼 증명서를 공개해야만 한다"고 목소리를 높여 주장한 것이다. 오바마는 아버지가 케냐 사람, 어머니가 미국 출신 백인으로 1961년 하와이주 호놀룰루에서 태어났다고 알려져 있다. 트럼프는 이러한 사실을 완전히 부정했던 것이다. 이러한 주장은 사실, 2008년에 오바마가 민주당 예비선거에서 승리했을 때에도 때때로 말해 오던 것이었으며, "오바마의 입후보는 무효"임을 호소하는 재판이 미국 곳곳에서 열리고 몇몇 소송은 대법원에까지 간 적도 있었다. 트럼프의 주장은, 오바마 예비선거에서의 '음모론'을 다시 문제 삼는 것이었다.

미국 헌법에서는 미국 대통령이 되기 위해서는 본인이 미국에서 태어나든지, 또는 부모가 모두 미국 국적이어야 한다는 것이 기본적인 자격조건이다. 또 부모 가운데 한 사람이 외국 국적일 때에는 미국 국적을 가진 쪽이 10년 이상 미국에 살았으며 최소한 5년 동안은 16세 이하여야 하다는 게 그 조건이다.

트럼프는, 오바마가 태어난 곳이 하와이가 아니고 케냐라고 주장해 왔었다. 그는 태어났을 때 영국과 미국 등, 이중국적을 취득하고 그 뒤로는 인도네시아로 이주했으니 미국 헌법 2조 1항에 명시되어 있는 자격조건 '미합중국에서 태어난 시민'이 아니기 때문에 대통령 자격 조건을 충분히 갖추지 못했다고 결론 내린 것이다. 그러나 트럼프가 주장한 '오바마 케냐 출생설'에 대해서는 2008년에 오바마 측이 만든 웹사이트 '중상모략 퇴치'에서, 출생증명서 초본이 공개되면서 잘 해결되었다고 사람들은 생각하고 있었다.

음모론 재연을 계획한 트럼프의 주장에 맞서 오바마 측은, 하와이

주 위생국이 발행한 출생증명서 원본을 다시 공개하여 하와이에서 태어난 사실을 증명해 보였다. 하지만 그 증명서에 대해 트럼프는 전혀 주눅 들지 않았고 "오바마는 출생정보를 제출했다. 오히려 나는 내가 이룬 일에 대해 자랑스럽게 생각한다." 말하면서 자화자찬을 했다. 미국 미디어에서는 "트럼프의 이해할 수 없는 행위가 국민들을 지치게 만들었다"(워싱턴 포스트)고 보도했다.

다른 나라들을 향한 폭언
한국/일본
일본과 한국의 핵보유는 그렇게 나쁜 일은 아니다.

2016년 3월, 미국 뉴욕타임스 인터뷰에서 일본과 한국의 핵을 제거하지 않으리라는 자신의 생각을 이야기한 것이다. 전에도 재일미군격퇴에 대한 발언으로, 그들을 짓밟는 형태를 이야기하기도 했다.

일본
북한이 공격해오든 말든, 너희 나라는 너희가 지켜라.

2016년 4월, 위스콘신주 연설에서 일본의 방위문제에 대한 발언. 이 말에 이어서 트럼프는 한국과 일본 사이에 일어날지 모르는 무력충돌에 대해서도 언급했다.

무시무시한 일이 일어나겠지만, 충돌할 거면 충돌해라.

만일 일본이 공격을 당한다면 미국은 곧바로 그들을 도와주어야만 한다. 그러나 미국이 공격을 받으면 일본은 우리를 도와줄 필요가 없다.

2015년 8월, 아이오와주 더뷰크에서 연설을 할 때, 미일안전보장조약에 불만을 표시했다.

아라비아 해를 지나는 일본 유조선을 왜 미군이 지켜줘야 하는가. 1988년, 미안전보장의 불공평성을 이야기하는 트럼프. 그의 이러한 이론은 서양의 반세기 전부터 전혀 바뀌지 않았다.

중국

중국제품 수입관세를 45퍼센트로 올리겠다.

2016년 3월 CNN 주최 공화당 토론회, 미국에서 생산된 것들을 장려하겠다는 발언. 트럼프는 중국에 대해 "미국 국민을 굶주리게 하면서 장사는 하지 않고 일자리를 빼앗고 있다"는 말과 함께 적의를 드러냈다.

멕시코

이 나라와 미국 사이에는 만리장성을 쌓아야만 한다.

2015년 7월 텍사스주 연설에서 출마 선언을 할 때, 멕시코 이민자들에 대한 폭언을 수도 없이 퍼부었다. 그리고 이 연설은 멕시코와 미국 국경 마을을 방문하여 새로운 지론을 발표한 것이다.

멕시코인들은 자신들의 문제를 우리가 사는 곳으로 가져온다. 멕시코인은 마약, 범죄, 강간범을 데리고 온다.

2015년 6월, 뉴욕에서 열린 대통령 선거 출마 선언 회견장에서 갑자기 트럼프가 외친 발언. 이 발언은 히스패닉계 미국인 수가 증가하고 있는 미국에서 큰 파장을 일으켰다. NBC TV는 트럼프가 주최하는 '미스 유니버스 대회' 방영을 중단했고 메이시스 백화점 대표는 자신의 백화점에 들어와 있는 트럼프의 브랜드를 모두 퇴거시키기도 했다.

충돌할 거면 충돌해라

우크라이나

러시아와 깊은 관계를 맺으려는 우크라이나는 관심이 없다.

2015년 2월에 이 발언을 듣고 러시아 푸틴 대통령은, "참으로 똑똑한 인물이다" 트럼프를 평가했다.

이슬람

이슬람교도의 미국 입국금지를 요구한다.

2015년 12월, 트럼프는 자신의 웹사이트에서 "우리나라가 실정을 파악할 수 있을 때까지"라는 말을 시작으로 이렇게 말했다. 그는 이슬람교도들을 두고 "양식과 인명 존중 따위는 눈곱만치도 없는 사람들"이라고 비난하여 백악관 보도관으로부터 "공격적이고 유해한 발언"이라는 비판을 받았다.

확실히 보수주의적이라고 할 수만은 없는 트럼프가 공화당에서 이룬 활약들 가운데 하나가, 극단적인 대중영합주의(포퓰리즘)이다. 트럼프는 아무런 가식 없는 폭탄발언으로 이민정책이나 의료, 세금, 외교 등의 모든 문제에 대해 큰소리 치고 격차로 불만이 쌓인 백인 중산층들을 대변하는 방법으로 지지자들을 차근차근 모아가고 있다.

미국에서는 이제까지 '에스타브리슈멘트'라 불리는 정치가들이 긴 세월 동안 나라의 지도자 역할을 해왔기 때문에 그들 대부분이 선거권을 가지는 중간소득층들은 붕괴하고 빈부격차는 극단적으로 확대되고 있다. "사회가 피폐해졌을 때, 이제까지와는 다른 유형의 사람에게 정치를 맡긴 것과 같다"(뉴욕타임스) 미국 언론이 이렇게 분석했듯이, 트럼프의 대담한 발언과 행동은 사회 긴장이 완화되길 바라는 국민들에게 있어서는 그들을 구출해 줄 인물로 기대되는 것이다.

트럼프 망언들
나에게는 100만의 팔로워가 있다. 자그마치 100만이라고. 더 이상 기자회견은 하지 않겠어. 트위터로 대체할 수 있으니까. 트위터의 위력은 정말 대단해. 전혀 손해를 보지 않고 뉴욕타임스를 손에 넣은 거나 마찬가지니까. 정말 대단해.

내가 그렇지 않다는 건 잘 알겠지만 만일 내가 게이였다면 직접 나서서 게이라고 인정할거야.

—트럼프는 게이인 엘튼 존을 결혼식에 초대하거나 게이 모임에도 참여했기에 성적소수자들과도 친하다. 대통령 예비선거가 이뤄지는 가운데 레즈비언이 "당신이 대통령에 취임하면 우리 성적소수자들은 한 발 더 앞으로 나아갈 수 있을까요?" 묻자 "그렇다. 다양한 사람들을 하나로 모으지 않으면 나라는 산산조각이 날 테니까" 트럼프는 이렇게 답했다. 단 동성 결혼에는 반대하기에 트럼프의 견해가 애매하다는 걸 나타내는 이야기이다.

여자는 최고다! 그녀들은 훌륭한 실무가로 이른바 최종파괴병기다!

그럼 남자들은 어떠냐고? 미안하지만…… 남자들은 만나서 영광이라는 기분밖에 들지 않는다.

여자들에게 '영광'이라는 단어는 아부할 때나 쓰는 말이다. 여자들은 특별하니까!

나는 사랑이 많은 남자다.

내 인생에 로맨스가 없었다면 완벽을 추구할 마음이 생기지 않았겠지. 여자를 사랑하는 이유 가운데 하나는 거기에 있다.

나에게 있어 여자들은 위대한 영감이다.

여자들은 무능한 남자들보다 훨씬 강인하고 계산도 빠르다. 내가 사귄 여자들은 더욱 그렇다.

모델보다는 마음씨가 고운 여자가 좋다고 말하는 남자들도 있다. 그건 모델과 사귀지 못한 녀석들의 변명에 지나지 않는다.

그래 이렇게 멜라니아에게 고백을 했지.

"당신은 아름다워. 사랑해. 당신은 정말 최고야. 믿을 수 없을 만큼 말이지. 당신 없이는 살 수 없어. 그러니 약혼 계약에 서명해 줄래?"

뭐 이런 말을 했지. 이 세상에서 가장 로맨틱한 일이었다고까지는 말하지 않겠지만 말이야.

—멜라니아는 트럼프의 세 번째 아내, 멜라니아 나우스. 이때 트럼프는 59세였고 멜라니아는 그보다 스물네 살이나 어린 모델이었다. 2005년 1월에 결혼했는데 이듬해 아들이 태어났다.

트럼프를 돕는 아내 멜라니아. 선거운동을 할 때 테드 크루즈를 지지하는 정치 단체가 모델 시절 찍은 누드 사진을 네거티브 캠페인에 사용하자 "처음으로 누드 사진을 찍은 영부인이 탄생할 것인가" 이런 말로 파란이 일었다.

세상에는 미녀도 있다. 그리고 야수 로지도 있다.

세상에는 미녀와 야수가 있으며 그래서 잘 돌아간다. 그러니 트럼프도 있다.

—"나는 야수지만 미녀들에게 인기가 많아." 이렇게 자만하는 것처럼 들리지만 실은 그렇지 않다. 심한 성적차별이 담긴 발언이다.

로지란 미국의 인기 여성 코미디언 로지 오도넬. 레즈비언이며 초과격 반체제 발언으로 유명하다. 트럼프는 이를 바탕으로 그녀를 야수라고 야유했다.

많은 사람들에게 호감을 얻는 일은 어렵다. 항의전화가 한 통도 오지 않은 날이 있을까? 아부를 하는 사람이 사라지는 날이 올까?

비록 일이 잘 안 풀려도 인간관계 능력을 시험하는 시련이라 여기며 즐기기로 했다. 나에게 있어 인생은 모두 심리 게임이다.

트럼프와 멜라니아(가운데), 이반카

　—트럼프는 제멋대로 망언과 폭언을 내뱉는 것처럼 보이지만 의외랄까. 당연하달까. 실로 냉정하게 상대의 심리를 읽는다. 그 섬세함은 누구에게도 지지 않는다.

　그렇거나 망언과 폭언으로 화제에 올랐는데도 인기는 솟구쳐 오르고 지지자들이 줄어들지 않은 이유는 아슬아슬한 정도를 지키는 그의 화술에 있으며, 그 일이 가능한 까닭은 트럼프가 심리 게임의 달인이기 때문이다.

　몇 번이고 몇 번이고 상대와 이야기를 한다. 그러면 알게 된다. 이야기를 나누기 전부터 상대가 무엇을 말하려 하는지. 처음 세 마디가 상대의 입에서 나온 순간 나는 무슨 말을 할지 예측할 수 있다. 그 뒤에 말할 40마디까지 말이다.

　쓸모없는 잡담만큼 자신을 갈고닦는 데 도움이 되는 말은 없다. 나에게 세상을 보는 눈이 바뀔만한 잡담이 하루에 5~10번은 들려온다.

　내 인생의 가장 큰 목적은 계속 이기는 것이다.
　이유는 간단하다. 이기지 못하면 다음 싸움에 임할 수 없기 때문이다.

　사람들의 비판은 피하는 게 좋다.
　때로는 입을 다물어 버리는 게 가장 좋은 방법이다. 그 사람에게 맞서서 시간을 낭비할 필요는 없다.
　내가 아무 말 안하면 그 사람은 결국 바보 같은 행동을 하며 스스로 무너진다.

실현성 어려운 과격한 주장들
　이민정책에 있어서 트럼프는 시리아 이민자들이 미국으로 넘어오는 것을 반대했다. 20만 명에 달하는 이민자들이 미국으로 넘어오는 사태에 대해서 CNN 방송국 카메라 앞에서 다음과 같이 연설했다.
　"20만이나 되는 사람들 가운데 이슬람 사람이 있을지도 모르는데 그들을 다 받아들여 줄 수는 없다. 만약 내가 대통령 선거에서 당선된다면 그 20만 명은 모두 본디 살던 나라로 돌려보낼 것이다. 이 말이 전 세계 사람들에게 전해지길 바란다."

'에스타브리슈멘트'에게는 절대로 말하지 않는 이민과 테러와의 예민한 관계성에 있어서, 트럼프는 정면으로 맞선 것이다. 발언 직후 인터넷에는 긍정적인 반응들이 확산되었다. 또 멕시코 같은 중남미로부터의 불법이민을 금지시키기 위해 "멕시코 국경에 만리장성을 쌓자" 등의 '공약'을 발표하고 비용 또한 멕시코 정부가 부담해야 한다고 주장했다.

세금에 있어서도 일부 중·저소득층의 소득세를 예산에 넣지 않고 법인세율의 최고세율 또한 현재 부과되는 세금율의 35퍼센트에서 15퍼센트까지 떨어뜨리는 등, 10년 안에 12조 달러 규모로 세금을 줄이겠다고 하여 백인 중소득층을 기쁘게 했다. 그러나 이러한 주장들은 대부분 현실성이 부족하다. 멕시코 이민자들의 유입이 실제로 감소하고 있다는 사실을 모른 채 제 주장만 펼치고 있으니, 정치가로서의 인식이 부족하다는 사실을 트럼프 자신이 만천하에 드러낸 일이나 마찬가지이다.

주마다 사형폐지를 빠르게 시행하고 있는 미합중국. 그런 통에 예전부터 강경한 사형제도 존속파로서 알려진 이가 바로 트럼프이다. 사형제도를 긍정적으로 보는 그의 담대한 발언은 오래전부터 세계의 이목을 집중시켜 왔다.

1989년 뉴욕 센트럴파크에서 잔학한 강간사건이 일어났을 때, 트럼프는 사형이 사실상 폐지된 뉴욕주에서의 사형제도 부활을 위한 전면광고를, 8만 달러 이상의 자비를 들여 신문 4장에 달하는 크기로 게재했다. "사형제도를 다시 일으키자. 그러면 그들(당시 체포된 다섯 용의자들)을 처형시킬 수 있다" 이렇게 주장한 것이다. 이 광고에서 트럼프는 뉴욕 시장 에드 코치가 발언한, "증오해야 할 것은 죄"에 반론하고 "나는 죄보다 범인을 증오한다. 사회를 향한 공격을 시작한 범죄자에게는 인권이 보장되어서는 안 된다" 주장했다. 사형제도의 필요성을 말한 것이다.

2002년 교도소 안에서 한 남자가 자신이 범인이라 자백하고 오랜 시간 범인 취급을 당해 온 다섯 사람의 무죄가 법적으로 확정되었다. DNA나 지문이 맞지 않는데도 억지로 자백을 받아냈다는 이유만으로 형을 확정시킨 수사방법이 크게 비난받았다. 용의자 다섯 명의 변호사들은 트럼프에게 광고에 대한 사죄를 요구했지만 트럼프는 "사죄할 생각은 없다. 그들은 분명 자백을 했었다. 이제 와서 본인이 저지르지 않았다고 해도 나는 그들을 믿을 수가 없다"며 단호하게 부정했다.

이 일을 가만히 보고 있을 수 없었던 인권단체 사람들은 트럼프소유의, 맨해튼에 우뚝 서 있는 '트럼프 타워' 앞에서 항의 데모를 펼쳤다. "트럼프는 인종차별주의자다" 구호를 외치는 등, 트럼프를 향한 비판의 목소리가 더욱 높아졌다. 또한 앞서 일어난 사건들을 정리한 다큐멘터리 '센트럴파크의 5인'이 2012년에 공개되었다. 억울한 죄인 취급과 인종차별에 대해 이야기한 작품으로서 같은 해 칸 국제영화제에도 초대되었다.

2014년 뉴욕 거리에서 여러 경관들에게 붙잡혀 강제로 바닥에 엎어진 흑인 용의자가 질식사했을 때, 트럼프는 이렇게 주장하기도 했다. "백인이나 경관에게 죽임을 당한 흑인보다도 흑인에게 죽임을 당하는 시민들이 더 많다."

2016년 대통령 선거에 입후보했을 때에도 "내가 당선이 된다면 가장 먼저 대통령으로서 강령을 내리겠습니다. 경관을 죽이는 자는 누구라도 사형선고를 받게 될 것입니다" 말하면서 사형제도에 찬성한다는 뜻을 밝혔다.

2015년 8월 6일 열린 FOX TV 주최 공화당 대통령 후보자 토론회에서의 트럼프 발언이 물의를 일으키며 여성을 멸시했다는 비난을 받고 있다. 사건의 발단은, 토론회 여성 사회자인 메긴 켈리가 트럼프에게 던진 질문이었다. 켈리는 트럼프가 평소 여성을 깔보는 경향이 있다고 말하면서 "당신은 마음에 들지 않는 여성을 살찐 돼지나 개, 쓰레기, 역겨운 동물이라 부르곤 하셨더군요" 질문을 던진 것이다. 켈리의 물음에 트럼프는, 자신이 늘 정치적으로 공정하지는 않다고 대답했다. 그러면서 켈리에 대해 "머리가 텅텅 빈 아가씨"라고 바보 취급을 한다.

이런 트럼프의 발언들은 큰 파문을 일으켰지만 더 큰 문제는 다음 날인 7일 출연한 CNN TV 인터뷰에서 내뱉은 발언이었다. 트럼프는 이 인터뷰에서 켈리에 대해 "그녀가 나에게 질문을 할 때 그녀의 눈에서 피가 나왔다. 아마 다른 곳에서도 흘러나오고 있었을 것이다"는 말을 한 것이다. 이 발언에 대해 수많은 사람들이 "켈리의 생리현상을 빗대어 말한 것이다" 트럼프를 비판했다.

그러나 트럼프는 같은 해 9월 NBC TV '미트 더 프레스'에서 얼마 전 켈리에 대한 발언은 그녀의 생리현상을 말한 게 아니기 때문에 내가 사죄할 일이 아니라고 답했다. 트럼프는 다른 방송에 출연했을 때에도 눈에서 피가 나온다는 건 노여움의 은유적 표현이었다고 자신을 변호했다. 그러면서 자신의 트위터에서도 비판의 목소리에 이렇게 반론했다. "우리나라에는 정치적으로 자신이 옳다고 생각하는 어리석은 자들이 많다. 바보 같은 일에 시간과 힘을 낭비하지는 말자."

TPP를 파기하는 대신, 트럼프는 새로운 패러다임으로서 북미자유무역협정(NAFTA)에 캐나다, 멕시코와 재교섭할 것을 제안했다. 현재 중국은 TPP에 참가하지 않고 있다. 이 때문에 미국이 TPP에 참가하게 되더라도 값이 싼 중국제품이 미국으로 급격하게 유입될 리는 없다. 그러나 값싼 중국제품이 식료품 등을 중심으로 미국으로 흘러들고 있으며 나라 안 여기저기에 큰 영향을 미치고 있다.

트럼프는 중국제품을 눈엣가시로 여기고 "TPP는 중국을 더 유리하게 만들 뿐이다"면서 중국제품에 대해 유입관세를 45퍼센트 매기겠다고 발언했다. 이에 대해 공화당, 민주당 양측에서는 터무니없다는 비판이 잇따라 나오고 있다. TPP 교섭 참가국들 가운데 가장 비싸다면서 각국으로부터 비판을 받는 일본 농산물 관세마저 21퍼센트를 부과시키겠다 외치고 있다.

공화당은 민주당에 비하면 부유층이나 대기업들에게 너그러운 정책을 펴고 있다. 대통령 지명 선거전에서 각 후보자들은 사전에 세금제도 개혁안을 발표했었다. 그들의 개혁안들을 비교해 보면 트럼프의 안은 생각보다 그리 엉뚱하지는 않다. 예를 들어 미국의 현재 세금제도는 소득세의 최고 세금율이 39.6퍼센트로 정해져 있지만, 트럼프는 이 수치를 25.0퍼센트까지 내리겠다고 발표한 것이다.

세금율 인하는 공화당, 민주당 모든 후보자들 또한 주장해 왔다. 다른 후보자는 부유층을 대상으로 한 '캐리드 인터레스트'에 부여되는 과세를 현재 23.8퍼센트에서 25.0퍼센트로 올리겠다는 공약을 내걸었다. '캐리드 인터레스트'란 자산을 운용하는 펀드 매니저들이 받는 성과금으로, 미국에서는 이것에 세금을 매기고 있다. 부유층은 자신의 돈을 운용하여 끊임없이 부를 축적하고 있기 때문에 이에 부과되는 과세를 강화하는 것은 부유층에 대한 대책이기도 하다.

트럼프 지지자들은 중·저소득층이 볼륨 존(성장 개도국에서 중산계급의 급속한 형성으로 초래되는 대중소비시장)이라 여겨지기 때문에 트럼프의 세금제도 개혁안이 중·저소득층 사람들에게는 훌륭하다고 생각될지도 모른다. 그러나 그의 개혁안은 공화당의 다른 후보자가 내건 세금제도 개혁안보다도 증세율이 낮으므로 부유층에게 불리하다고만 볼 수는 없다. '캐리드 인터레스트' 증세는 부유층들에겐 꽤 큰 타격을 주겠지만 소득세 최고 세금율을 내리는 것으로 그들은 큰 이득을 볼 수 있는 것이다.

법인세 인하에 대해서도 공화당 각 후보자들이 개혁안을 내놓고 있는데, 트럼프는 현재의 35.0퍼센트에서 한 번에 15.0퍼센트까지 내리겠다고 발표했다. 이는 공화당 후보들이 내놓은 개혁안들 가운데 가장 낮은 숫자라고 할 수 있다. 즉 트럼프가 제시한 세금제도는 대기업 또한 이득을 보게 되는 것이라 할 수 있다. 사회적 약자의 편에 선 것처럼 행동해 왔던 트럼프이지만, 그가 제시한 세금제도 개혁안은 대기업에게도 이득이 되는 의외의 내용을 담고 있는 것이다.

실제로 세금제도 개혁안이 통과되었다 예상하고 실험을 해보니 세금 감면 규모는 앞으로 10년 동안 약 12조 달러에 달했다. 트럼프는 이 세금제도로 5~6퍼센트의 경이로운 경제성장도 가능하다고 주장했지만, 지식인들은 그런 상태라면 미국 재정은 막다른 길에 이르게 될 것이라고 우려를 나타냈다.

Listen, Yankee!
반글로벌리즘 폭풍을 타라!

반(反)글로벌리즘 트럼프 현상

미시시피 주의 어느 시골구석에 이곳의 역사가 시작된 이래 1만 3000명의 유권자들이 야외집회장에 모여, 얼어붙을 정도로 극한 추위 속에서 오랫동안 트럼프를 기다리고 있었다. 이윽고 트럼프가 단상에 등장하자 일제히 와아 하는 함성이 일어났다. 푸어화이트(가난한 백인)의 대부분이 기다리고 기다리던 인물이 등장한 것이다.

전미 1위 주간지 〈타임〉(1월 18일자)은 그 날의 사진과 함께 특집을 짜서 이 이변의 시작을 흥미롭게 전했다.

이변은 이어졌다. 그 전형이 로마교황의 발언이었다.

"트럼프는 그리스도교도가 아니다." 이 강한 메시지에 미국의 대중은 지지율 상승으로 응수했다.

트럼프 현상의 바탕에 있는 것은 반글로벌리즘이다. 진보적인 미디어는 이 포인트를 의도적으로 전하지 않는다.

유럽을 공격하는 테러, 시리아 난민에 대한 EU지도자들의 무책(無策). 그 분노가 프랑스에서 르펜이 이끄는 국민전선(FN)의 약진, 영국의 EU 탈퇴 움직임, 독일의 '페기타 운동'의 발흥을 낳았다.

그리고 독일의 부록 같은 오스트리아도, 반독일인 그리스도, 친미파가 된 마케도니아도 국경에 펜스를 쌓고 엄청난 수의 난민유입을 저지했다. 이것은 EU의 이념에 역행하는 정치적 조치이다.

프랑스에서는 FN의 마린 르펜 당수가 '이슬람 이민 배척'과 '국가 자본주의'를 슬로건으로 차기 대통령 자리를 노리고 있다. 르펜은 푸틴 대통령을 찬양하고 있다. 이 점에서 그는 트럼프와 매우 닮았다. 즉 푸틴에게 '강한 지도자'의 이미지를 씌우고 있는 것이다.

동유럽의 슬로바키아(체코에서 분리되었다)에서는 검은 제복에 번개 마크, '네오나치'를 흉내낸 듯한 민족주의 정당이 국회에서 의석을 획득했다. 불가리아에도 같은 움직임이 일어났다.

헝가리에서는 빅토르 오르반 수상이 무슬림 배제를 외치는 동시에 반유대주의적 입장을 명확히 드러냈다. 오르반 수상은 권위주의적인 전제주의 체제를 지향하며, 헝가리가 경제부진에 빠진 것은 '외국자본'(유대인의 은유) 때문이라고 주장했다.

폴란드도 외국인을 배척하는 정당이 다수파가 되고, 이탈리아에서도 국수주의자가 예상 밖으로 세력을 넓히고 있다.

물론 이탈리아의 '북부동맹'은 진보파로부터는 '극우 포퓰리스트'라는 비방을 들어왔지만, 이탈리아에 불법 입국하는 에티오피아, 리비아, 중국의 이민이 급증하고 있는 현실 앞에서, 국수주의자들은 '이들이 경제부진을 가져오고 있고 그 배경에는 좌익 글로벌리즘이 있다'고 비판하고 있다.

그리고 마침내 좌파중도정권이 계속되어 온 독일에서 EU, 유로라는 통합을 의문시하고 이민배척을 주장하는 신당 '독일을 위한 선택지(AfD)'가 급속하게 세력을 확장했다. 3월의 주의회선거에서 AfD는 주에 따라 15%의 지지를 획득했다.

영국에서도 EU 탈퇴를 내건 영국 독립당(UKIP)이 의회선거에서 제2당으로 약진했다. UKIP는 EU 이탈을 원하는 대중운동의 조직화에 성공했다. 폴리스 존슨 런던 시장은 "영국이 EU에서 이탈하면 국경의 지배권을 되찾을 수 있다"고 공언했고, 이것도 트럼프의 주장과 매우 흡사하다.

트럼프는 이러한 유럽의 움직임 등을 주시하면서 '멕시코 국경에 벽을 쌓아 불법 이민을 저지하라'고 목소리를 높였다.

'반지성주의' 공명(共鳴)

이민에 너그러웠던 역대정권에 도전장을 내민 이 난폭한 외침에 공감하는 미국인들이 많은 것은, 민중의 이스태블리시먼트(기성체제, 기득권층)에 대한 분노를 드러낸 것이다. 기성정치가에게 불만을 터뜨린 것이다.

이것이 '반지성주의'라고 불리고 있는 것이다.

일본으로 말하면 동경대학 법학부 졸업 출신 엘리트들이3 일본을 움직이는 기득권층을 형성해 왔지만, 그들의 주지적이고 관료적인 정치가 벽에 부딪치자, 중학교도 변변히 나오지 못한 다나카 가쿠에이가 강압적으로 일본을 끌고 갔던 것처럼, 학문, 지식이 문제가 아니라 처세하는 지혜가 중요한 요인으로 변화할 수 있다.

고이즈미가 중국의 비판을 못들은 척하며 야스쿠니 신사에 계속 참배하고, '자민당을 깨부수겠다'고 말하자 인기가 급등한 것처럼, 이러한 '반지성주의'의 폭발은 민주주의국가에서 이따금 일어날 수 있다.

동시에 EU, 유로 통합이 가져온 경제적 곤궁과 빈곤의 원흉은 글로벌리즘에 있다고 이 반란으로 알 수 있다.

그들은 '국경을 없애라' '돈의 출입을 자유롭게' '규칙을 대대적으로 완화하라'며 세계시장을 돈의 힘으로 석권한 글로벌리즘이 소득 격차를 낳은 원흉이라고 보고, 분노에 불타 행동에 나선 것이다.

좌익 미디어가 서둘러 이러한 보수운동의 물결을 '극우'라고 혹평한 것은, 민중의 흐름을 읽지 못한 채 자신의 이데올로기라는 프리

열렬한 트럼프 지지자들

즘만을 통해 표면만을 그대로 모방하며, 사물의 진실을 보려고 하지 않았기 때문이기도 하다. 극좌에서 보면 중도도 우로 비칠 뿐이다.

구미의 주요 미디어도 이러한 극좌적 체질과 별로 다르지 않다.

진보적인 저널리즘은, 유럽의 노도 같은 반이스태블리시먼트의 흐름이 트럼프를 미국에서도 밀어 올려 붐을 일으킨 것을 이해하지 못하고 단락적으로 반발한다. '트럼프는 KKK이고, 히틀러다', '공화당이 낳은 프랑켄슈타인'이라고 하면서.

대중은 '강한 지도자'를 열광한다

1년 전에는 '어릿광대'라고 조롱을 받았던 트럼프에게, 왜 대중이 강한 지지를 나타내는 것일까. 워싱턴의 아웃사이더이고 대부호이며, 월가의 헌금을 받고 있지 않은 사실도 호감을 얻었다.

키가 크고 풍채가 당당하며 대통령 전용기 '에어포스원'을 비꼬아

'트럼프포스원'이라는 자가용 비행기로 미국 전역을 날아다니면 사람이 와 하고 모여들어 열광한다. 시카고의 집회에서는 흥분한 지지자와 반대파 사이에 난투극도 벌어졌다.

그러나 그 근간에 있는 것은 약간 조잡한, 반지성주의라고 볼 수 있는 트럼프의 주장에 대한 땅울림 같은 공명이다. 점잔빼면서 한손에 와인잔을 들고 탁상공론적 '개혁'을 이야기하는 워싱턴의 기득권층 따위는 엿이나 먹으라는 듯한 민중의 분노이다.

그 신선한 정치스타일에 대중은 공감을 표하고 있다. 즉 그는 '심플하고 파워풀하며 톱다운 방식'의 강한 지도자상을 내걸고, 선전전쟁에서 진보주의의 공격에 대해 효과적으로 반격할 수 있었다.

실제로 트럼프는 다른 후보자보다 선거비용이 그리 많이 들지 않았다. TV 회견을 효과적으로 이용하여 비용을 들이지 않고 광고효과를 높였기 때문이다. 지금까지의 대통령 선거는 거액의 선거자금을 텔레비전이나 라디오 광고비용에 쏟아 부었다. 그런데 이번에는 3월 초순부터 클린턴은 2110억 원을 모금한 데 비해, 트럼프는 불과 300억 원밖에 모으지 않았다. 자기 자금 500억원을 사용했다 해도 매우 효율적으로 싸우고 있는 셈이다.

미국 기득권층의 면면을 보면 뚜렷한 사실을 알 수 있다.

얼마 전에 앤터닌 스칼리아 대법관이 사망한 뒤 새로운 대법관 임명이 지연되고 있었다. 공화당은 오바마가 진보적인 판사를 선택하자 절대반대의 자세를 보였다. 이로 인해 대법관 인사는 아마도 새 대통령 밑에서 이루질 것 같다(현재 메릭 갈랜드가 후보로 지명된 상태임).

현재의 대법관들을 봐도 압도적으로 가톨릭(유대교가 한 사람), 미디어의 표면적인 보도로는 '보수파 vs 진보파'라는 도식이 표면화하고 있었지만, 이면에는 가톨릭 판사가 압도적인 구조로 되어 있다.

대법원의 인사도 미국에서는 '정치'인 것이다.

2016년 1월부터 본격화된 대통령선거 예비선거에 입후보한 후보 가운데 힐러리 클린턴은 감리교(개신교), 버니 샌더스는 유대교, 트럼프는 장로교(개신교), 테드 크루즈는 남침례교(개신교), 마르코 루비오만이 가톨릭이다.

케이시크(오하이오 주지사)는 가톨릭 가정에서 자랐지만 가톨릭에 반발한 종교력이 있다.

즉 트럼프가 가진 또 다른 강점은 푸어화이트(가난한 백인)라는 고정표를 넘어서, WASP(앵글로색슨계 백인 신교도 ; 미국사회의 주류를 이루는 지배 계급으로 여겨짐)의 분노, 그리고 개신교의 가톨릭 이스태블리시먼트에 대한 반격이 집약되어 있다는 것이다.

트럼프는 공화당 내 좌파 및 네오콘(공화당을 중심으로 한 미국의 신보수주의자들)의 미움을 사고, 좌익 저널리즘인 뉴욕타임스로부터도 형편없이 평가되고, 보수 본류인 월스트리트저널로부터도 자주 비판을 받았다.

텔레비전은 ABC, CNN 등 거의 모두, 즉 주요미디어는 모두 입을 모아 트럼프를 비판했다.

"그런 사람이 대통령이 되면 미국은 망한다"는 것이다.

그런데도 트럼프의 인기는 식을 줄을 모르고 있다. 뿐만 아니라 발언할 때마다 지지율이 올라갔다. 로마교황의 신랄한 비판에도 지지율 급락으로 이어지지 않았던 것처럼 폭언과 실언을 되풀이해도 지지율은 급감하지 않았다.

워싱턴포스트의 편집위원 콜버트 킹(퓰리처상 수상자)은 '굳이 트럼프의 편을 드는 것은 아니'라고 전제하면서, 그의 스타일은 '약간 독재적인(권위적인) 정치가상을 표방하고 있으며, 공화당의 링컨이 지향했던 권위적 정치노선'이라고 썼다(《워싱턴포스트》 2016년 3월 4일).

즉 '위대한 미국'을 부각시키는 것에 트럼프의 출발점이 있으며, 그 스타일은 '심플하고 파워풀하며, 징벌적이다'.

트럼프의 지지자들이 원하는 것은 바로 그 리더십이며, 나이, 종교, 정치단체, 로비스트, 이스태블리시먼트의 정치를 초월하고자 하는, 링컨 시대처럼 '심플하고 파워풀하며 권위적'인 자세일 것이다.

콜버트는 진보파의 아성인 뉴욕타임스의 보도자세를 비판하며, '트럼프의 오프더레코드 발언을 주워 모아 꼬치꼬치 파고들며 과격하고 배려 없는 발언이라고 비판하는 것은 저널리즘의 원칙을 일탈한 것'이라고 말했다.

그 뉴욕타임스의 논조를 바탕으로 기사를 쓰거나 코멘트를 하고 있는 것이 일본의 유사 저널리스트들이므로, 일본의 미디어만 읽고 있다가는 정보 분석을 그르치게 된다.

트럼프 평전 《팜비치, 플로리다》를 쓴 작가 케슬러는 이렇게 말한다.

"트럼프에게 탁월한 지도력이 있다는 증거는 2만2천 명의 종업원과 100억 달러 규모의 사업을 움직이고 있다는 사실이다. 또 하루에 겨우 세 시간만 자고 술 담배도 하지 않지만, 사람들의 사랑을 받는 방법을 알고 있고 그것을 사업 성공으로 이어갔다."

따라서 '대통령으로 적격'이라는 이야기다.

Listen, Yankee!
미국이 휩쓰는 전쟁은 가라!

오바마 정권이 들어서고 나서 미국의 외교정책은 안전보장이 미지의 세계로 진입한 것처럼 보일 것이다. 그런데 이번 대통령 선거에서는 국토의 안전보장을 중심으로 하는 세계 안전보장이 논의되지 않고 있다.

미국 사회는 2008년을 계기로 전혀 다른 상태가 되어 버렸다. 미국의 변화를 뚜렷하게 만든 것은 말할 것도 없이 오바마 대통령이다. 그리고 큰 변화의 하나는 되도록 군사력을 행사하지 않는다는 '평화 지향성'에서 볼 수 있다.

오바마 대통령은 '두 전쟁은 끝났다'고 선언했으나, 아프가니스탄과 이라크에 대한 출구정책은 보이지 않는다. 미국시민은 '전쟁'이란 말에 신물이 날 지경이며, 현재의 미국은 '전쟁에 대한 염증'이 지배적인 분위기가 되어 있다.

러시아의 크리미아 반도 병합에 대해서도 이슬람 국가라 부르며, 지배지역을 넓히고 잔학한 행위를 자행하는 무장집단에게도 미국이 관여하지 않으려고 하는 배경은 바로 이 '전쟁 염증'으로 설명되고 있다. 'War Fatigue'(전쟁 염증)은, 뭐니뭐니 해도 무력행사를 피하고 싶다는 미국 대통령의 발언과 상통하는 것이다.

오바마 대통령은 2013년에 '미국은 세계의 경찰이 아니다'라고 선언하는가 하면, 그 이듬해의 일반교서 연설에서 '우리의 아들과 딸을 끝도 보이지 않은 진창의 싸움에 내보내는 일은 절대로 하지 않겠다'고 약속했다.

또 오바마 대통령은 2014년 헤이그에서 행한 올란드 프랑스 대통령과의 공동기자 회견에서, 러시아의 크리미아 병합에 대한 질문을 받고, '뉴욕에 핵폭탄이 떨어지지 않도록 하는 것이 가장 중요한 일이다'라고 분명하게 말했다.

미합중국의 대통령이 세계의 안전보장에 대하여 언급하지 않은 것은 물론, 그보다도 미국의 안전보장이 더 중요하다고 선언한 것이다.

그 충격은 냉전이 끝난 다음의 국제사회의 균형을 무너뜨렸다. 러시아는 우크라이나를 병합하고, 이라크와 시리아는 혼란상태가 되었으며, 그 상태에 편승하여 이슬람 국가라 자칭하는 무장집단이 잔학한 수법으로 점령지를 넓혀갔다. 아프리카의 무장집단인 보코하람은 나이지리아에서 잔학한 행위를 자행하고 있다. 중국도 호기를 만난 듯이 방공식별권(防空識別圈)을 설정하고, 동중국해와 남중국해에서 영해를 넓히고 있다. 이에 대하여, 미국은 무력으로 문제를 해결하려는 기세가 보이지 않는다.

한편 미국은 동맹국에 대하여 기대하는 것이 더 커진 것 같다. 이제까지 미국이 '자매'라는 말 위에 덧붙인 영국 이외의 '수식어가 없는 동맹국'은 장기로 말하면 졸(卒) 같은 존재였다. 그러나 말이 나아가서 '차·포' 같은 것이 되기를 바라는 것이다.

2014년 4월, 오바마 대통령이 이웃 일본을 방문했을 때 '센가쿠 열도는 미일안보조약 제5조의 적용 범위 안에 있다'고 말하자, 일본은 이를 큰 뉴스로 받아들였다. 그러나 이 발언 뒤에 오바마는 '그러니까 그런 상태가 되지 않도록' 하라는 뜻의 말로 아베 총리에게 쐐기를 박았다. '맡겨 달라'고 하는 냉전시대 미국의 믿음직한 모습은 어

오바마는 2013년에 '미국은 세계의 경찰이 아니다'라고 선언한다

디에서도 찾아볼 수 없고, 센카쿠 열도를 노리는 중국과의 무력충돌을 피하고 싶다는 본심이 빤히 들여다 보인다.

오바마 커뮤니티주의

워싱턴의 싱크탱크에서 열린 국제정치에 관한 포럼에 참석했을 때, '미국은 고립주의로 돌아가려고 하는가'라는 논의 광경을 자주 보았다. 동맹국의 역할을 강화하여 유사시에 과연 군사력을 발동할 것인지 의문시되는 미국이고 보면, '고립주의'라는 말로 표현하고도 싶을 것이다. 그러나 미국의 국제정치 관계자는 한결같이 '미국은 국제사회에서 큰 역할을 담당할 준비가 되어 있다'고 입을 모으며, '고립주의'라는 말을 철저히 부정한다. 오바마 대통령도 '21세기의 미국에는 고립주의라는 선택지는 없다'고 단호하게 말했다.

확실히 오바마 대통령은 고립주의로 향해 가는 것은 아니다. TPP나 FTA 같은 자유 무역협정에도 적극적이다. 예전에 비난을 해왔던 쿠바, 이란과도 수교를 하는가 하면 군사정권을 이유로 국교를 단절했던 미얀마와도 국교를 회복했다.

군사력 이외의 억제력을 이용함으로써 동맹국과의 관계강화도 꾀하고 있다.

오바마 대통령은 커뮤니티주의자로 부르는 데서도 알 수 있듯이 새로운 정치개념을 가지고 있다. 커뮤니티주의자는 커뮤니티를 통하여 문제를 해결하려는 생각을 기본적으로 가지고 있다. 오바마 대통령은 국제사회에도 커뮤니티를 이룩함으로써 국제문제를 해결하려고 한다. 요컨대 세계 안전보장을 군사력에 의존하지 않고 서로가 사이좋게 되면, 그것이 억제력이 되어 분쟁없는 평화를 가져온다는 것이다.

그러나 미국의 동맹국들은 군사력은 절대 행사하지 않겠다는 '평화 지향성' 발언에 어리둥절해하고 있다. 억제력이라고 하면 핵의 우산이고, 스타워즈 구상이라 하면 미사일 방어였던 것이다.

여기에서 외교정책에 대한 하나의 질문이 떠오른다. '평화 지향성'이라는 것은 일과성인 말일까, 아니면 오바마 대통령 시대가 끝나도 계속되는 것인가.

2016년의 대통령 선거 양상을 보면 앞으로도 이 경향은 이어가게 된다. 그것이 대답이다. 왜냐하면 '밀레니얼'이라고 하는 젊은 세대가 앞으로 더욱더 주류가 될 것이기 때문이다. 이 세대는 세계를 일률적으로 만들 것이다. 사회적 매체는 이 세대가 낳고, 사용하며, 앞으로 세계를 휩쓸게 될 것이다. 오바마 대통령의 커뮤니티주의의 이념과 사회적 매체라는 개념은 거의 같다고도 할 수 있다. 커뮤니티주의를 테크놀로지화한 것이 사회적 매체이다.

현재의 미국은 걸프전쟁 때 같은 위기감을 가질 필요는 없고, 할 만큼만 하면 된다는 것인 듯하다. 더구나 국토방위가 이제까지와는 비교도 안될 만큼 위험한 문제가 되었기 때문에 나라의 안전보장이 압도적인 관심사가 되지 않을 수 없는 것이다.

테러와의 작전에 군사력은 효과 없다

미국은 테러와 싸우는 데 있어, 지상전을 포함해서 대규모의 군사작전은 효과가 없다고 생각한다. 그러기에 2015년 1월에 일어난 파리 연속 테러사건을 비롯, 일본인 인질의 참수, 요르단군 조종사의 피살사건, 그리고 볼모가 된 미국여성이 살해를 당한 뒤에도 그 태도에는 변함이 없었다.

2015년 1월, 파리에서 풍자잡지인 샤를리 에브도의 피습으로 시작된 잇따른 테러에 온 세계가 충격을 받았다. 그 사건을 당한 프랑스의 파리에서는 테러행위를 규탄하고 희생자의 영혼을 기리는 데 모행진이 있었고, 프랑스의 올랑드 대통령, 독일의 메르켈 총리, 영국의 케머런 총리, 이스라엘의 네타냐프 총리 등 전세계의 지도자들이 모여 프랑스는 보복에 나설 것이라고 선언하였다.

그러나 미국은 조용히 지켜보는 자세를 보였다.

며칠 후에 오바마정권의 생각을 보여주는 컬럼이 워싱턴포스트에 실렸다. 이 신문의 컬럼은 무장단체에 대하여 전쟁을 부추기는 프랑스의 대응은 잘못이라 주장하고, 미국의 성공사례를 소개하였다. 미국도 9.11 연속테러사건이 일어났을 때에 강경하게 대응하였다. 주모자인 오사마 빈라덴과 그가 거느린 무장집단 알 카에다를 괴멸시킬 목적으로 아프가니스탄에서 무력을 행사하였고, 이라크에 대해서는 대량 파괴무기의 보유를 이유로 침공을 개시하였다.

그러나 그 칼럼니스트가 백악관과 국무성, 의회의 지도자들을 만나 인터뷰를 해보니, 테러집단을 제압하는 데는 군사력에 의존하는 방식은 효과가 없고 지역의 범죄단속을 강화하는 수법이 효과를 높인다고 한 것이다.

걸프전쟁, 아프가니스탄전쟁, 이라크전쟁이 남긴 화근은 이슬람 원리주의의 무장집단이 더 강대한 힘을 갖게 된 것에 있다고 미국은 파악하고 있다. 그래서 아메바처럼 퍼져 자폭테러를 되풀이하는 테러집단에 대해서는 정규전으로는 안되기 때문에, 다음 세 가지가 중요한 포인트가 된 것으로 생각된다.

그 첫째는, 이슬람 무장집단은 미국에 반감을 가지고 있으며 공감하는 일이 없기 때문에, 그들의 동포인 이슬람 국가가 앞장을 서도록 하는 것. 즉 미국은 테러와의 싸움에서 선두에 서지 않겠다는 것이다.

둘째는 지역 공동체와의 연대이다. 그 지역의 이슬람교 지도자와 경찰이 다른 지역 공동체와 제휴하여, 테러에 대한 정보를 서로 교환하여 미리 저지한다는 것이다. 이것은 통상적인 도시의 치안유지와 같은 방법이다. 실제로 이것이 성과를 거두고 있다. 덴버에서 이슬람국의 집단 지배지역으로 가려던 세 명의 여고생을 영국의 공항에서 체포한 것이다.

셋째는 테러리스트에 관한 데이터베이스의 작성이다. 미국은 '비행금지 리스트'라고 하는 테러리스트의 데이터베이스를 만들고 있다. 앞에서 말한 파리의 샤를리 에브도에 대하여 테러를 감행한 두 형제의 정보도 이 데이터베이스에 들어왔던 것이다.

미국은 앞장서서 동맹국과의 테러 관련 데이터베이스 구축과 그 정보공유를 모색하고 있다. 2015년 2월, 백악관과 국무성은 관계국을 모아 워싱턴 DC에서 테러 대응을 위한 국제회의를 개최하였다. 그 회의에서 중심이 된 의제는 '연휴'와 '정보공유'였다. 군사력에 의한 이슬람국의 괴멸이 테마가 아니고 지역에서의 각 공동체와 경찰 지도자와의 제휴, 지방정부와 연방정부와의 연대, 그리고 국가와 국가

간의 연대가 테마였다.

오바마 정권에서 국방장관을 지낸 레온 파네타는 '프랑스의 실패는 정보망 구축을 하지 않았기 때문'이라고 인터뷰에서 대답했다. 동시에 공화당이 지배하는 연방의회도 '오바마 대통령은 프랑스의 사건을 받아들여 전쟁으로 나가서는 안된다'는 성명을 발표했다. 결국 군사력에 호소하지 않고 먼저 할 수 있는 것을 한다는 것이 오바마 정권뿐만 아니라, 야당인 공화당도 포함한 미국의 총의인 것이다.

군인을 전사시키고 싶지 않은 트럼프 대통령

미국의 대통령이 가장 두려워하는 것은 전사자의 수가 늘어나는 것이라고 한다.

아침, 집무실 책상 위에 놓여지는 최초의 서류는 전날의 전사자 수라고 알려져 있다. 베트남전쟁에서 승리하기 전에 철수한 것은 전사자의 수와 전비의 액수가 미국이 감당할 수 있는 한계를 넘어섰기 때문이다.

아프가니스탄과 이라크전쟁을 시작한 존 W 부시 대통령 시대에 전사한 병사는 575명(아프가니스탄만), 그런데 오바마 대통령이 취임한 후 종전선언을 하기까지 그 동안에 1,500명 이상의 병사가 목숨을 잃었다. 오바마 대통령이 취임하자, 빨리 전쟁을 끝내기 위해 미국의 파병규모를 늘렸기 때문이다. 그러나 병력을 증가시켰음에도 불구하고 아프카니스탄의 치안은 수습되지 않고, 희생자의 수만 늘어갔다.

9.11 동시다발 테러사건 이후의 전쟁에서 미국이 배운 것은, 미국이 선두에 서서 무력으로 제압을 한다 해도 그 지역이 수습이 되지 않는 한, 미국에 대한 증오심만 키우는 결과밖에 생기지 않는다는 것이었다.

현정권 불신감과 아웃사이더 기대

공화당으로 출마한 트럼프가 민주당의 오바마 대통령을 비롯한 이제까지의 워싱턴 정치형태에 격렬한 의문을 제기하자, 이와 같은 생각을 가진 일반 시민들이 적극 찬성하였다. 현재의 정치에 실망한 사람들은 트럼프의 발언이 자기들의 생각과 같다는 것을 공감하고, 정치가 출신이 아닌 그에게 '아웃사이더'로서의 기대를 건 것이다.

이 흐름에 대하여 공화당 집행부와 지식층은 몹시 싸늘한 반응을 보이고 있다. 트럼프의 인기는 문외한의 일시적 소동일 뿐, 선거전이 본격화되면 그 붐은 종식되고 지금까지와 마찬가지로 자기들이 나라의 방향타를 잡게 될 것이라고 가볍게 생각하였다.

그러나 그 태풍은 사라지기는커녕 오히려 기세를 더하고 있다. 이것은 트럼프를 단지 일시적인 '거품 후보'로 생각한 공화당 집행부와 지식층의 견해가 독선적인 잘못이었음을 의미한다.

왜 트럼프 선풍은 이렇게까지 불어대는 것인가.

트럼프를 지지하는 사람들이 어떤 '불만'을 가지고 워싱턴을 바라보며, 어떤 이유로 트럼프를 대통령 후보로 밀고 있는가를 보는 것은 참으로 중요한 일이다. 그 일거수 일투족은 미국뿐만 아니라, 국제사회의 방향도 좌우하기 때문이다. 세계의 흐름을 좌우할 만큼 큰 영향력을 가진 미국의 여론에 대한 연구는 앞으로 정치와 경제의 전망을 세우는데 중요한 테마의 하나이기도 하다. 트럼프 선풍의 배경에 보이는 미국인의 '분노' 속에는 국제정치에 대한 생각을 하는데 있어, 중요한 힌트도 숨어 있는 것이다.

누가 트럼프를 지지하는가?

먼저 어떤 사람들이 트럼프를 지지하고 있는지 보기로 하자. 월스트리트 저널지가 '공공 종교연구소(PRRI)'와 '불루킹 연구소'가 모아

트럼프 지지자들은 가난한 백인 노동자 계층

정리한 조사에 따르면 트럼프의지지 기반은 다음과 같다.

공화당원과 공화당에 기운 중간층 가운데 39%의 백인 노동자 계층이 트럼프를 지지하고 있다. 이것은 대학출신 백인 유권자의 2배에 해당한다. 그의 지지자 55%가 백인 노동자 계층이다.

트럼프를 지지하는 노동자 계층의 중심은, 50세에서 64세로, 고졸 이상의 학력을 가진 남자들이다.

PRRI와 불루킹스의 조사에 따르면 이 지지자들은, 미국의 이민정책을 정면으로 부정하고, 불법이민이 미국시민들로부터 고용을 빼앗아 가고 있다고 생각하는 사람들이다. 이 계층은 영어가 아닌 다른 언어를 말하는 자들이 늘어가고 있는 지금의 미국 현상에 상당히 불만을 가지고 있다. 게다가 그들은 미국의 고용 상실 원인을 중국에서의 수입과 기업의 아웃소싱이라고 생각하고 있다.

앞에서도 말했듯이, 트럼프는 대통령 출마를 표명하자마자 멕시코로부터의 불법이민과 중국과의 무역적자에 냉혹한 태도를 보였는데, 그의 지지층은 이런 문제에 불만을 가지고 있는 사람들이라는 것을 알 수 있다. 트럼프의 정책에는 실현 가능성이 의심되는 것도 있지만, 그래도 많은 지지를 받고 있는 것은 이런 소외된 유권자들을 대변하고 있기 때문이다.

그래서 핵심적인 지지층을 굳히면서 전 미국에서 주목과 비판을 받으며 선거전을 잘 치른 트럼프는, 공화당 안의 역학관계를 송두리째 바꾸려 하고 있다. 월스트리트 저널지는 '트럼프 붐'에 대하여 다음과 같이 분석했다.

트럼프의 발언은 대통령 선거전에서 이제까지 없었던 포퓰리즘이 중심이 되었다. 그것은 지난날의 공화당 예비 선거전 수준을 뛰어넘었다. 트럼프가 내건 정책과 숱한 발언은 현정권에 불만을 가진 노동자계급을 매혹시키고, 그 기세는 민주당원까지도 현혹시키고 있다. 이 전대미문의 폭언 메시지는, 지금의 정치 지도자들로는 나라를 정상적인 상태로 되돌릴 수 없다고 생각하는 유권자들에게 큰 반향을 일으키는 것 같다.

이 신문은 처음에는 트럼프가 속한 공화당 예비선거에서 당의 주류파가 미는 후보와 사회문제를 중시하는 보수파 간에 1대 1의 대전이 될 것으로 예측했다. 그러나 트럼프의 등장에 의해 변화가 일어났다고 지적했다. 공화당 지지자들 가운데에는 급진파, 보수파, 경제적으로 어려운 사람들, 온건파 등 다양한 사람들이 있는데, 트럼프는 폭넓은 집단에 걸쳐 지지를 받고 있다. 또 공화당 내에서도 이제까지 트럼프는 당내의 예비선거에서는 이겨도 본선에는 이길 수 없다는 소리가 끈질기게 돌고 있었기에, 이것이 트럼프를 깎아내리는 재료로 쓰여져 왔다.

그러나 CNN의 여론조사에 따르면, '본선에서 이길 것 같은 후보는 누구냐'는 질문에, 공화당 지지층의 52%가 트럼프라고 대답한 것이다. 트럼프에 대한 지지가 핵심 지지층을 넘어 널리 확산되고 있음을 살필 수 있다.

실패 낙인이 찍힌 오바마 외교

그럼 트럼프가 이 정도까지 지지를 받는 이유, 즉 '정책'은 무엇인가. 그것이 훌륭하지 않다는 것은 분명하다. 예컨대 멕시코 국경에 거대한 벽을 쌓고 그 비용을 멕시코 정부가 물도록 한다는 생각은, 애당초 '정책'이라고 할 만한 가치가 있는지 대단히 의문스럽다.

또 트럼프에 대한 지지의 이유를 생각할 때, 중요한 것은 현정부에 대한 반감이다. 지금의 미국은 오바마 정부에 의한 소극적인 외교정책으로 인해 세계에서 주도권을 잃어가고 있다. 이 '연약한 미국'은 국민에게 위기감을 조성하고, 미국민들의 긍지를 상실시키고 있다. 오바마 정권 아래서 일어난 외교적인 사건들을 본다면 그 허약성은 분명하다.

오바마 대통령은 이제까지 '전쟁을 끝낸다'고 여러 번 선언하고, 아프가니스탄과 이라크에서 미군 철수를 서둘렀다.

그러나 그 뒤 아프가니스탄에서는 탈레반이 힘을 회복하였고 치안의 악화가 심각한 상태까지 이르렀다. 이라크에서도 부시 대통령이 병력을 크게 증파하여 치안을 회복시켰음에도 불구하고, 오바마 대통령이 미군의 철수를 서둘렀기 때문에 '이슬람 국가'라 자칭하는 테러집단의 등장에 원인이 되었다.

리비아에서는 미·영·프랑스가 개입하여 카타피 정권을 무너뜨렸는데, 그뒤에 이슬람 과격파가 세력을 키워, 위험한 상황이 되었다.

이집트는 미국의 우방이었는데, '아랍의 봄' 추세로 반정부 운동이 일어나자, 오바마 대통령은 그때까지 지원을 해온 무바라크 대통령과의 관계를 끊어버렸다. 그 결과 이슬람 세력이 등장, 다음에 쿠데타로 무바리크 정권이 무너지고 혼란에 휩싸였다.

시리아에서도 오바마 대통령은 '레드라인'을 제시하며 한계를 벗어나면 개입하겠다고 했으나, 다음에 태도를 바꾸어 내전은 오늘날까지 끝없이 계속되고 있다.

우크라이나에서나 시리아에서나 러시아의 푸틴 대통령에게 완전히 기선을 빼앗기고 미국은 수세에 몰려 있는 것이다.

이란과는 핵개발 저지에 합의를 보았으나, 이 때문에 동맹국인 사우디아라비아와 이스라엘의 미국에 대한 불신감을 키웠다.

한편 아시아에서는 '아시아로의 회복'을 표명하고 중국의 군사적 확장주의에 비판적인 자세를 보이긴 했으나, 실질적인 알맹이는 아무것도 보이지 않는다.

오바마 정권이 출범했을 때, 국방장관은 '미국 정치사상 가장 위대한 국방장관'이라는 평가를 받은 로버트 게이츠였다. 그가 2011년에 퇴임한 다음에는 CIA장관이던 레온 파네카가 그 자리를 메웠고, 2013년부터는 척 헤이글이 국방장관을 맡았다. 그리고 지금은 애슈턴 카터가 그 자리에 있다.

여기에서 흥미로운 것은 퇴임한 국방장관 세 사람이, 각기 회고록을 내던가 하여 오바마 대통령의 외교정책을 비판한 것이다. 방위계획으로 볼 때, 오바마 대통령의 정책은 내부에서도 실패의 낙인이 찍혀 버린 것이 된다. 대통령의 지도력 부족으로 전세계가 위험하게 된 것이다. 그리고 그 위협은 미국으로 향하고 있다.

국민은 강력한 지도자를 바란다

미국국민의 눈으로 볼 때, 오바마 대통령의 최대 실책은 '이슬람국'과의 문제라고 할 수 있다. '강력한 미국을 회복시킬지도 모른다.' 이 기대야말로, 트럼프가 열렬한 지지를 받을 수 있는 큰 이유라고 할 것이다.

CNN 여론조사에서는 '이슬람국' 문제에 대하여 가장 기대할 수 있는 후보로 트럼프가 공화당 지지층 46%의 지지를 받았다. 외교정책에서도 30%의 지지를 받았고, '군의 최고사령관으로서 책임을 가장 잘 수행할 수 있는 후보는 누구냐'는 질문에서도 37%의 지지를 받았다.

테러와의 전쟁에 대한 트럼프의 주장은, 과격한 발언 같이도 들린다. 회교 사원에 대한 감시와 이슬람 교도의 일시적인 입국금지, 인터넷의 일부 차단이라고 하는 방법은 언론과 신앙의 자유를 침해하는 것이라 하여 당내에서도 걱정하는 소리가 많았다. 이런 비판에 대하여 트럼프는 어디까지나 치안대책을 할 필요가 있다고 하여 자기의 주장에서 물러서지 않았다. 테러가 만연한 가운데 미국인들이 자기들의 생명조차 위험할지 모른다고 느끼고 있을 때, 이제까지 아무도 감히 부르짖지 않았던 방법으로, '어떻게 하든지 미국을 지키겠다'고 하는 트럼프에게 지지의 폭은 넓혀갈 것이다.

트럼프 선풍의 요인은 테러와의 전쟁 등 국외의 문제만이 아니다. '강력한 미국'을 바라는 미국민들에게 있어 국내문제의 안정도 중요하다. 현재 국내정치에 대하여 미국민들은 워싱턴에 깊은 실망감을 느끼고 있다.

오바마케어라고 하는 건강보험 개혁과 총규제의 문제, 그리고 불법이민에게 시민권을 주는 대통령령을 무리하게 밀어붙인 것이 보수파를 중심으로 큰 불만을 샀다.

경제적으로 성공한 트럼프에게 미국민들이 기대를 거는 것은 '미국민 누구나 더 풍요하게 살고 싶다'는 염원이 담긴 것이다. 중국을 비롯한 다른 나라 국민들이 점점 더 잘 살게 되는 것을 곁눈질하면서, 미국의 경제적 취약성을 느끼기 시작했다.

이번의 트럼프 선풍은 '아웃사이더 선풍'이라고도 한다. 그것은 단지 정치가 출신이 아닌 트럼프의 인기 때문만은 아니다. 이 선풍은 일과성의 붐이 아니고, 이제까지의 정치행태 전체에 대한 미국인의 불신감을 나타낸 것이다.

이것은 트럼프 이외에 어떤 후보가 주목을 끌고, 어떤 인물이 인기가 없는가를 보면 알 수 있다.

2016년 대통령 선거에서, 공화당은 처음에 전 대통령 조지 W 부시의 동생 젭 부시를 가장 유력한 인물로 보았다.

플로리다 주지사 시절에는 190억 달러의 감세를 단행함으로써 역량을 인정받아, 재선된 최초의 공화당 지사가 되었고, 그만하면 실적이 충분했다.

젭 부시는 처음에 정치자금 모금에서 먼저 스타트대시를 하여, 다른 후보를 압도, 철수시키려는 전략을 세웠으나 TV 토론회에서 잃고 '부시'라는 간판에 주지사로서의 실적에도 불구하고, 트럼프 선풍 앞에서는 힘없이 무너지고 만 것이다.

2016년의 미국 대통령 선거전은 당초 '클린턴 대 부시'의 싸움이 될 것으로 보았다. 그러나 '아웃사이더'를 바라는 미국민들의 소리 앞에서 이 구도는 어이없이 무너지고 말았다.

이번 선거전은 또 후보자들의 이제까지의 정치경력도 별로 의미가 없는 세계가 된 것이 아닌가 싶다. 이것은 '클린턴'이라는 간판을 등에 업은 민주당의 절대적 유망주 힐러리 클린턴도 예외가 아닐 수 없었다.

민주당 안에서는 힐러리와 잘 싸우고 있는 것이 버니 샌더스 상원의원이다. 월가를 예리한 언변으로 비판하고 사회민주주의자임을 자처하는 샌더스 의원은, 힐러리에게 불만을 품은 자유주의자들을 받아들이는 후보로서 지지를 받고 있다. 실제로 아이오와주에서는 힐러리가 샌더스에게 아슬아슬하게 승리, 고전을 면치 못했다.

정치가들 중에서 워라와 가장 좋은 관계를 쌓아 온 힐러리에게는 민주당 내에서도 회의적으로 보는 자유주의자들의 시선이 곱지 않았다. 절대적 유망주인 힐러리가 반석 같은 지지를 받아 무풍지대를 보였던 민주당에도, 트럼프의 등장으로 '아웃사이더 선풍'이 불고 있다고 봐야 할 것이다.

이와 같은 트럼프 선풍이 일어난 배경에는, 이제까지의 정치행태 전체에 대한 국민적 분노가 소용돌이치고 있다는 것을 알 수 있다. 그 분노가 이제까지의 정치질서를 근본적으로 무너뜨리려 하고 있는 현상을 엿볼 수 있다. 오바마에 대한 불만, 그리고 민주당으로부터 백악관을 탈환하려고 하는 공화당의 전략을 넘어, 더 큰 국민의 힘이 작용하고 있다는 사실을 받아들일 필요가 있지 않을까.

'뷰 리서치 센터'의 조사에 따르면, 연방정부를 신뢰하는 미국인의 비율은 실로 19%로까지 떨어졌다. 이 센터는 1958년부터 같은 조사를 해 왔는데, 연방정부의 신용도는 2007년부터 한결같이 30% 이하의 선을 그리고 있다. 1964년에 최고로 77%였던 신용도는 베트남전쟁의 시기부터 50% 이하로 떨어지게 되었다. 감세에 의해 경기를 회복시킨 레이건 대통령 때와, 2001년 동시다발 테러의 직후에는 일단 회복되는 듯했지만 현재는 역사적으로 매우 낮은 수준이 이어지고 있다.

월스트리트 저널지는 2015년 11월 23일자 사설에서 이 통계를 소개하고, 트럼프 선풍의 배경에는 이런 정부에 대한 불만이 깔려있다고 다음과 같이 논했다.

미국민들이 안고 있는 정부에 대한 불만은 공화당의 대통령 예선에서 도널드 트럼프의 성공을 뒷받침하였다. 지금 미국민은 정치가가 하는 말을 아무것도 믿지 않는 상황이다. 그러기에 미국민들은 이제 실행력을 가진, 정치가가 아닌 사람에게 오히려 정치를 맡기고 싶은 심정인지도 모른다. 그와 동시에 현직의 오바마 대통령은, 그만큼 많은 미국민들에게 싫은 존재가 되어 있다는 것도 사실이다.

요컨대 미국민들은 이제까지의 워싱턴 정치에 염증을 느낀 나머지, 정치가가 하는 말은 믿지 않게 되어버렸다는 것이다. 그 결과 트럼프에 대한 인기가 올라가고 있다. 트럼프 선풍의 배경에는, 이와 같은 미국 전체를 움직이는 여론의 동향이 있다는 데에 눈을 돌릴 필요가 있다.

트럼프는 그의 저서에서도 되풀이하여, 정직하다는 것이 자기의 장점이라고 말한다. 누구의 비판도 두려워하지 않는, 바로 그 정직성에 의해서 지금 국민의 인기를 모으고 있다고 할 수 있다. '거짓말은 도둑질의 시작'이며 '거짓말은 정치가의 시작'이라고 국민들이 생각한다면, 그들이 기대할 수 있는 것은 무엇보다도 정직한 생각을 말하는 인물이 되는 것이다. 뭘 숨기겠는가, 그것이 도널드 트럼프인 것이다.

티파티가 트럼프 선풍을 준비했다

미국에서 '정치가 따위를 누가 믿어' 이런 현상은, 트럼프의 등장

전부터 일어났다고 한다. 그것이 이른바 '티파티 운동'이다. 그것은 미국의 독립혁명 때에, 영국이 차에도 세금을 매기는 것에 분노한 시민들이 보스턴만에 엽차를 대량으로 내던진 항의운동에서 온 것이다.

그러나 피파티 운동의 '티(TEA)'가 갖는 또 하나의 의미는 '세금은 이미 충분히 물고 있다(Taxed Enough Already)'고 주장하는 야유의 목소리이다. 요컨대 증세에 반대하고 민간이 할 수 있는 것은 되도록 민간이 하는 편이 낫다고 하는 '작은 정부'의 비전을 믿는 사람들이 미 전국을 따뜻하게 연결하는 네트워크를 구축해 간다—이것이 티파티 운동인 것이다.

이 운동을 시작하게 된 계기는, 2009년 2월, 오바마 정권이 출범하기가 무섭게, 주택 담보대출을 받고 갚지 않아 압류를 당할 처지에 있는 사람들에게 보조금을 주는 계획을 발표한 때로 거슬러 올라간다. 금융위기도 있어 할 수 없이 집을 날리게 된 사람들의 처지가 가여운 것은 사실이다. 그러나 그런 사람들을 국민의 혈세로 도와주겠다고 한다면 이야기가 다르다. 자기책임으로 받은 담보대출을 갚지 않은 자들을 돕기 위해, 성실하게 일해서 번 돈을 왜 그런 사람들에게 주지 않으면 안 되느냐는 것이다.

이것을 TV에서 부르짖은 것이, CNBC 비즈니스 뉴스에서 해설을 맡고 있는 릭 센트리였다. 시카고 상품거래소에서 중계방송으로, '여기는 미국이오. 여분의 침실이 있는 집을 담보대출 받고 갚지 못하게 된 이웃사람을 대신해 빚을 갚아주고 싶은 자가 이 가운데 몇 명이나 되는지 어디 손을 들어봐요. 오바마 대통령도, 듣고 있지?' 하고 외치자, 주위에 모인 사람들이 박수갈채를 보냈다. 그런 다음 센트리는 '시카고 티 파티'를 열어 금융상품 따위를 미시간호에 내동댕이쳤다. 오바마 대통령의 고장인 시카고에서 벌어진 이 상황은 방송망을 타고 순식간에 큰 화제가 되고, '티 파티'라는 이름의 이 보수파 운동은 '여기에서 전 미국으로 퍼져 가게 되었다. 그 전에도 증세 반대를 중심으로 한 '티 파티'를 모방한 항의 활동은 존재했지만, 센트리의 부르짖음을 계기로, 전국적인 운동으로 크게 일어났다.

티 파티 운동을 지지하는 사람들은 오바마 대통령의 정책을 '사회주의'로 보고, 철저한 대결태세를 취하며 데모를 계속하면서 자기들이 지지하는 후보자를 선거에서 응원한다.

2010년 1월에는 매사추세츠주의 상원 보궐선거에서, 공화당의 스코트 브라운 후보를 당선시키는 데 주역이 되어 운동이 커져가는 기세를 보였다. 그리고 그들은 트럼프의 강력한 지지자가 되었다.

트럼프 선풍은 강력하다

미국인들의 연방정부에 대해 쌓인 불신은, 오바마 대통령의 지리멸렬한 정책에 의해 최고조에 달했다고 한다. 그리고 그런 불신감을 원동력으로 한 티 파티 운동의 흐름을 타고, 혜성처럼 등장한 트럼프가 단숨에 꽃을 피우게 되었다는 것이다. 실제로 티 파티운동과 트럼프의 지지층은 완전히 일치하지는 않고, 트럼프를 지지하는 쪽이 약간 오년파라는 조사결과도 있으나, '이제까지의 정치가들은 신뢰할 수 없다'는 실망감에서는 공감하고 있다. 이런 시대의 흐름 속에서 트럼프가 나왔다는 것은 주목할만하다. 그야말로 이 시대에 미국이 필요로 하는 인물이 등장했다고 보는 견해가 나타나는 것이다.

그리고 트럼프 선풍은 본인의 인기에 의한 것도 물론 있지만, 그보다도 미국 여론의 동향을 반영하고 있다는 것이 큰 의미를 갖고 있다. 먼저 인식하지 않으면 안 되는 것은, 트럼프 선풍이 일과성으로 그치는 것이 아니라는 것이다. 트럼프 선풍의 배경에는, 미국인들이 이제까지의 정치행태에 대해서 가지고 있는 뿌리깊은 불신감이 깔려있다. 중요한 것은, 이번 대통령 선거에서 이런 여론이 미국인 가운데 만연되어 있어, 미국사회를 움직이는 적잖은 원인으로 작용하게 되리라는 것이다.

미국은 본디 민주주의 국가이다. 민주국가란 국민의 의견이 모든 것을 결정한다는 것이다. 저널리스트나 변호사, 당의 고위층이 뭐라고 하든, 결국 대통령을 뽑는 것은 국민의 의사에 있고, 그 소리에는 저항할 수가 없다.

미국의 미디어로는, 뉴욕 타임스지가 자유주의적 경향을 가지고 매체의 주류를 이룬다. 그 논조에 따르면, 트럼프 선풍은 한낱 '터무니없는 포퓰리즘'이 되는 것이다. 하지만 그를 이렇게 깎아내린다면, 미국의 현실적 동향을 좌우하는 여론을 무시하는 게 아니고 무엇인가. 미국의 영향력이 세계정세에 얼마나 큰 역할을 하는가를 생각할 때, 앞으로의 전망을 흐리게 하는 것이 된다. 미국이라는 나라를 제대로 알기 위해서는 여론의 동향을 파악하는 것이 매우 중요하다. 따라서 트럼프 선풍이야말로 여론의 움직임에 중요한 요소로 평가할 필요가 있는 것이다.

정치적인 배려를 전적으로 무시해 가며 인기를 모으고 있는 것이 트럼프라고 할 수 있다. 트럼프는 멕시코 이민을 '음란마'라고 부른 데서 인종차별주의자라는 말을 듣게 되고, 이슬람 교도의 입국금지를 주장했다 하여 종교차별자로 취급되는 등 숱한 딱지가 붙게 되었다. 그러나 그런 자유분방한 언행이 도리어 매스컴의 공격이 두려워 하고 싶은 말을 하지 못하고, '정치적 배려'의 틀 안에서밖에 발언을 하지 않은 종래의 정치가들과는 확연한 차별이 되고 있다. 그런 정치적 배려를 강요하는 무언의 압력에 불만을 가진 사람들은 매스컴이 때리면 때릴수록, 기성 정치가가 비탄하면 할수록 트럼프를 지지하는 것이다.

워싱턴 이그재미너지는 '트럼프를 반대하는 자에게 이번 선거에서는 큰 문제가 생겼다. 말썽을 빚은 발언을 노린다든가, 이데올로기에서 벗어난 것을 지적한다든가 하던 후보자 공격의 종래 수법이 통용되지 않기 때문이다. 왜냐하면 그는 성질이 다른 유권자들에게 지지를 받고 있기 때문이다'라고 분석하였다. 또 이 신문 기사에 나온 유권자의 말을 인용했는데, 트럼프 선풍의 본질을 잘 보고 있는 것 같아 흥미롭다.

'트럼프는 좀 감당하기 힘든 제멋대로 된 인간이라는 생각이 때때로 들지만, 그러기에 우리가 필요하다는 생각도 하게 됩니다'라고, 폴 히긴스는 말하였다. '이 나라는 정치적 배려에 너무 신경을 쓰기 때문에, 실제로 하고 싶은 말을 제대로 하는 사람을 찾아볼 수 없게 되어 버렸지요. 그런데 그는 아무 거리낌 없이 사실 그대로 시원시원하게 말하는 사람입니다.'

출마를 표명한 때부터 트럼프는 그 '폭언' 때문에, 결국 선거전에서 물러갈 수밖에 없을 것이라고 누구나 생각하고 있었다. 그런데 현실은 어떤가. 트럼프는 그 '폭언'으로 말미암아, 현상에 불만을 가진 미국인들의 마음을 사로잡고 있다고 할 수 있다.

트럼프가 등장함으로써, 미국에는 극적인 변화가 오고 있다. 그것은 트럼프가 미국인에게 희망을 주고, 미래를 약속하기 때문이 아니다. 오히려 트럼프는 미국인의 분노 에너지를 끌어모아, 이제까지의 정치행태에 'NO'를 말하는 국민의 절규를 대표하는 것이다. 그 에너지는 상상을 초월할 만큼 큰 힘을 가지고 있다. 베트남전쟁 이래 줄곧 이어져 온 정치가들에 대한 불만이 쌓인 풍토에 오바마 대통령의 사회주의 정책과 외교의 실패에 의해 울적한 미국인의 분노가,

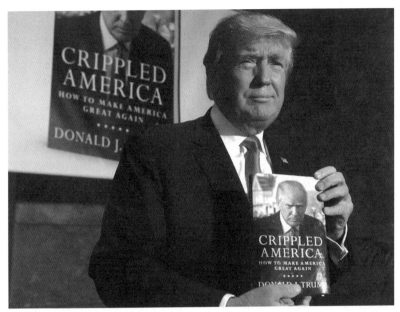

트럼프의 저서 《절름발이가 된 미국》

이제 분출하기 시작한 것이다. 이 에너지가 트럼프를 대통령으로 떠받들게 하는 것이다. 그 폭발적인 에너지가 앞으로 10년 동안 미국을 크게 변화시킬 것이 틀림없다. '트럼프 혁명'은 이제부터 시작되었다고 할 것이다.

트럼프식 대성공 법칙

선거전을 전력 질주하던 트럼프가 2015년 11월에 출판한 책의 제목은 《절름발이가 된 미국 *Crippled America*》이었다. 그야말로 본래 미국이 지니고 있던 모습이 이나라, 발을 질질 끌고 있는 듯한 이미지가 솟아난다. 표지에는 화가 난듯한, 심각한 표정의 트럼프 얼굴사진이 나와 있다.

선거용 자서전을 출판할 때, 일반적으로 '나만은 할 수 있어' 하는 자신만만한 표정이나 미소를 띤 얼굴사진을 쓴다.

젭 부시 전 플로리다 주지사가 트럼프와 같은 달에 낸 책에는, 표지에 부인과 함께 웃는 얼굴로, 친근감을 주려고 애쓴 흔적이 엿보인다.

그와는 반대로 트럼프는 미간을 찌푸리고 진지한 표정을 짓고 있다. 트럼프는 그 사진을 선택한 이유를 다음과 같이 설명한다.

"이 책에서 우리는 《절름발이가 된 미국》의 이야기를 하고 있다. 유감스럽게도 시원한 일은 거의 없다. 그래서 나는 행복하지 않은, 기쁘기보다도 내가 느끼고 있는 분노와 불쾌감을 나타낸 사진을 쓴 것이다. 왜냐하면 우리는 지금 결코 즐겁다고 할 수 없는 상황에 있기 때문이다. 우리 모두는 미국을 다시 한 번, 위대한 나가 되도록 일하지 않으면 안 되는 처지에 있다. 다 그것이 내가 이 책을 쓴 이유이다."

자신만만하게 희망을 말하는 후보자인가, 아니면 분노와 나라의 장래에 대한 불안을 말하는 후보자인가. 젭 부시 후보는 전자를 선택했다. 그러나 선거전에서 압도적인 지지를 받고 있는 것은 후자를 선택한 트럼프이다. 미국이 분노하고 있을 때, 그 분노를 대변하고 공감하는 트럼프는 국민의 마음을 사로잡았다. 그리고 '트럼프 혁명'의 파도는 너울거리기 시작했다.

민주국가에서는 아무리 훌륭한 이론이나 사상을 가지고 있어도, 아무리 주지사나 의원으로서 실적이 훌륭하다는 평가를 받아도, 결국은 민중의 마음을 사로잡은 사람이 이긴다. 그것을 트럼프는 실증하려 하고 있다. 좋든 나쁘든, 민주주의를 잘 터득하고 있는 인물로 보인다. 그리고 그의 지금까지의 인생 자체가, 이번 대통령 선거를 위해 준비했던 것 같기도 하다.

트럼프의 인생 미학은 '딜 메이킹'. 터프한 교섭에서, 상대와 서로 양팔을 지르고 맞붙어 싸우고, 교섭을 마무리하는 것이다. '부동산 왕'으로 세상에 나와, 처음으로 낸 자서전에는 〈거래의 미학〉이라는 부제를 달았다. 그에게는 교섭이 미학인 것이다. 트럼프의 주장은 이런 식이다.

'미국은 넘버원의 나라이기 때문에, 첫번째 교섭자가 다른 나라와의 교섭에 나서기만 하면 잘 된다. 그런데 목숨걸고 교섭을 해본 적도 없는 인물들이 정치 세계를 좌지우지하며 외교를 하고 있으니 힘이 딸릴 수밖에 없다. 살아있는 말의 눈이라도 뺄 듯이 혹독하고 터프한 교섭을 해본 적이 없는 인물에게는 나라를 맡길 수 없다. 왜냐하면, 국가원수의 중요한 일은 외국과의 교섭이고, 거기에는 사느냐 죽느냐 하는 국익이 달려 있다. 천재적인 교섭의 전문가가 외국과의 교섭에 나서지 않으면 이 나라가 승세를 이어갈 수 없다.'

이번 선거전에서 트럼프는 그 '천재적인 교섭의 전문가'가 자기라는 것을 내세우고 있다. 실제로 미국에는 천재적 교섭 능력을 가진 인물이 필요하다는 그의 지론에는 변함이 없다. 선거전에서 그는, '외국의 지도자는 머리가 좋은데, 미국의 지도자는 아둔하다. 그래서 이기지 못하는 것이다'라는 발언을 되풀이하며, 자기가 교섭에 나선다면 미국은 다시 위대한 나라가 될 수 있다고 외친다.

트럼프는 '나는 대단한 사람이다' '나는 큰 부자다'라고 호언장담을 되풀이 하고 있다. 그리고 상대 후보를 매도하여 신문이나 TV가 '폭언'을 요란스럽게 떠들도록 한다. 트럼프는 '미국의 부동산왕'으로, 45억 달러 추정의 순자산을 가진 입지전적인 인물이다. 그것은 부정하게 번 돈만이 아니고 빌딩을 짓는다든가, 시가를 조성하는 재개발 업자라는 사업을 통해서 이룩한 재산이다.

실제 토지 재개발이라는 사업도, 정치가로서 좋은 준비가 되었던 것으로 생각된다. 정치란, 사회의 구성원으로 살아가는 다양한 사람들 서로의 이해를 조정하는 역할을 한다. 정치란 또 비전을 말하고 그것을 실천해 가는 작업이기도 하다. 트럼프의 사업은 단지 고층빌딩을 세울뿐만 아니라 도시설계와 밀접한 관계를 가지고 있다. 결국 도시 전체를 어떻게 디자인하느냐 하는 비전을 언제나 그렸던 것이다.

지도자의 자질에 있어, 비전을 그리는 능력은 불가결한 요소이다. 트럼프는 도시를 만드는 사업을 통하여 자기의 힘을 세상에 보여주는 능력을 단련시켰는지도 모른다. 그는 과연 대통령으로서, 미국 재건의 비전을 구현하는 능력을 유감없이 발휘할까.

다시 말하면 도시의 얼굴이기도 한 건물을 세우는 사업은, 행정당국과 빈번한 교섭이 따르는 일이기도 하다. 실제로 트럼프는 건설계획을 추진하는데 있어 행정당국과 은행 같은 일반인들로서는 잘 안되는 사람들과 교섭을 계속하여 큰돈을 움직이며, 그때마다 안건을 마무리하는 협상의 달인이다. 정치가 일을 하자면 많은 사람들의 힘을 빌려야 한다. 특히 관료나 공무원을 상대해야 된다. 그러나 행정당국과의 절충에 능숙한 트럼프는 관료를 움직이는 방법을 보통의 정치가보다도 잘 알고 있다.

이런 트럼프의 경력을 보면, 그의 궤도는 이번 합중국 대통령에 '본격적으로' 도전하기 위한 준비였던 것같이 보인다.

트럼프가 '부동산왕'으로 한창 명성을 떨칠 때, 아내였던 이바나는 다음과 같이 말했다 한다.

"카지노를 소유한다든가 빌딩을 세우는 일을 한정없이 할 수는 없으니까, 언제가 그는 다른 분야에 눈을 돌리겠지요. 그것이 정치가 될지 다른 것이 될지는 모르지만. 대통령 선거에 출마하는 것도 절대로 안 나간다고 할 수는 없어요."

도널드 트럼프, 70세. 인생의 마지막 대성을 위한 시도는 무르익었다고 할 것이다.

여기에서는 트럼프의 성공법칙에 대하여 보기로 한다. 대통령 선거에 출마한 뒤부터는 그 '폭언'들로 인해 떠들썩하고 이목을 끌었지만, 그전에는 자수성가한 사업가로 잘 알려져 있었다. 특히 그는 거부가 되기까지의 마음가짐과 사업방법 등을 저서에 담아 되풀이하여 말하고 베스트셀러 작가와 강연자의 모습을 보여주었다. 네 번의 파산과 두 번의 이혼도 아랑곳없이 큰 부자로 이름을 떨치고, TV에도 잇따라 출연, 나아가 대통령선거에 출마하기까지 그의 행동 배경에는 그 나름의 성공철학이 있다.

그 성공법칙의 첫째는, 1987년에 출판한 《트럼프 자서전》에서 이미 썼듯이 '생각을 크게 한다(Think Big)'는 것이다. 꿈을 외치려면 큰 비전을 가져야 한다. 그러기 위해서는, 자기가 이제까지 당연하다고 생각했던 사고의 틀을 벗어나 다시 사물을 생각할 필요가 있다. 얼마나 스케일이 큰 꿈을 가졌는가에 따라, 그 사람의 성공의 크기도 결정된다. 적극적인 생각을 함으로써, 두려움을 마음속에서 몰아낼 수도 있다. 트럼프는 자기가 회사를 잘 돌아가도록 했을 때, 만일 경영이념을 말로 썼다면, 그것은 '모든 점에서 최고를 목표로 삼았을 것'이라고 한다.

크게 생각하는 것에 보태야 되는 소중한 것은, 일에 열정을 가지고 열중하는 것이라고 트럼프는 역설한다. 앞에서도 말했듯이 부동산 투자가 '호흡'처럼 생활과 일체가 되어 있는 트럼프는, 자나 깨나 사업에 열정을 불태워 왔다. 자기가 하는 일을 마음으로 사랑하지 않으면 어떤 분야에서도 성공할 수 없다. 트럼프의 성공철학은 '일에 대한 열정'을 소중하게 생각하는 것이다.

자기가 하는 일을 사랑하고 더 열심히 노력하며, 더 어려운 문제에 도전하여 능숙하게 어려움을 헤쳐가면, 즐거운 인생을 지낼 것이다. 소중한 것은 자기 사업을 잘 알고 사랑하는 것이다. 이 두 가지가 많은 문제를 해결해 준다.

그러면 자기 마음속에 품은 열정을 어떻게 해야 발견하는가. 정열을 가졌다 해도, 그 열정의 목표를 어떻게 찾아야 되는가. 트럼프는 돈은 목적이 될 수 없다고 말한다. 얼마나 벌어야 되는가가 아니라 사회를 위해, 공동체를 위해, 자기는 무엇을 할 수 있는가, 무엇을 제공할 수 있는가를 생각해야 한다. 이런 것을 어렴풋이 생각하고 있으면, 신바람이 나서 우쭐한 느낌이 든다. 그것이야말로 자기가 열정을 불태워 열중할 수 있는 것이라고 한다. 무엇을 하면 자기가 즐거울 것인가를 철저히 생각하여 그 일에 열의를 가지고 실천하는 날, 돈은 저절로 따라온다는 것이 '트럼프식' 발상이다.

비전의 중요성과 일에 대한 열정, 거기에 직관을 따르는 것이 소중하다고 트럼프는 말한다. 자기의 사업에 대해서 철저히 알고 온갖 지식을 가졌다 해도 마지막으로 결단을 내릴 때에는, 마음속 깊이 생각한 직관을 따르지 않으면 안된다는 것이다. 아무리 일류대학을 졸업하고, 재능이 뛰어나도, 직관을 활용하지 않으면 성공할 수 없다고 트럼프는 말한다. 인간은 공부를 하는데 따라 머리가 굳어지고, 자칫 남의 말에 붙들리기 쉽지만, 타고난 직관과 센스를 소중히하여 판단에 활용하면 삶은 더욱 빛날 것이다. 그러기에 흐름을 거스르더라도 자기를 믿어야 한다는 것이다.

Listen, Yankee!

대중은 나같은 대통령을 갈망해

대통령 선거를 10배 즐겁게 하는 이색 후보자

망언, 매도, 폭언을 되풀이하면서 서민의 압도적인 지지를 얻은 실업가 도널드 트럼프는 부동산 왕으로 잘 알려진 인물이다.

뉴욕 중심가인 5번가에 우뚝 서 있는 트럼프타워가 크게 성공하여 맨해튼에 호화 맨션을 잇따라 짓고, 미국뿐만 아니라 전 세계에 트럼프라는 이름을 붙인 복합빌딩을 세웠다.

월가 입구에도, 고급 맨션이 즐비한 맨해튼 북동부에도 빌딩을 가지고 있고, 유서 깊은 호화호텔 '플라자 호텔'도 한때 자신의 산하에 거느리고 있었다.

부동산 붐을 타고 예상외로 큰 성공을 거두었으나, 카지노에서 크게 타격을 입고 네 번이나 도산한 경험도 있다. 그러나 그는 그때마다 불굴의 정신으로 오뚝이처럼 다시 일어났고, 지금은 자가용 비행기를 타고 전미를 비좁은 듯이 날아다니고 있다. 그리고 공화당을 폭풍처럼 휘저으며 매스컴의 총아가 되어, 민주당 지지자뿐만 아니라 공화당 주류 및 온건파로부터 크게 빈축을 사기도 했다.

무엇보다 미국의 대통령선거는 장거리 경주이다. 1위를 달리는 선수 등에 딱 달라붙어서 골 직전에 치고 나가는 것이 가장 유력한 우승의 길로, 마치 마라톤 레이스를 연상시킨다.

트럼프가 선택한 전술은 돌풍처럼 1위를 폭주한 뒤에 본 경기에 임하는 방식이었다. 자금력과 체력이 없으면 계속할 수가 없다.

마치 1980년의 레이건 선거 같다. 처음에는 무슨 농담처럼 캘리포니아 주지사를 지냈던 이류배우 출신이 뭘 할 수 있겠냐고 하면서, 당시의 공화당은 레이건보다 부시(아버지)를 가장 유력시하고 있었다.

공화당의 주류는 비즈니스 주체인 온건파가 차지하고 보수주의라 해도 민주당으로 기울어진 글로벌리즘 신봉자들이 많다. 체질적으로 타관사람을 받아들이지 않고 아웃사이더를 차갑게 바라보는 체질이다.

그런데 그때 어떻게 레이건이 이겼을까?

간단하다. 당시 무능하다고 매도된 카터 정권은 테헤란의 인질 탈환작전(이란의 과격파가 미대사관을 점거하고 수십 명의 인질을 잡아 1년 이상 농성했다)에 실패했고, 미국인은 전에 없는 굴욕을 맛보았다.

그런 나약한 대통령은 필요 없다. 그 직전의 미국의 분위기에서 필자는 카터의 참패를 예측했지만, 그의 당선을 점치고 있었던 사람들은 레이건 당선 소식을 듣고 큰 충격에 빠졌다.

그런데 그 당시에는 악평을 받았던 그 레이건이 지금은 '역사상 가장 훌륭한 대통령'으로 존경을 받고 있다.

1992년, 아버지 부시 대통령은 걸프전쟁의 승리를 등에 업고 여유 있게 재선선거에 임했다(걸프전쟁 직후, 지지율이 무려 91%였다).

그런데 '아칸소의 말뼈'라고 무시당하던 빌 클린턴에게 지고 말았다. 부시에게 불만을 품었던 실업가 로스 페로가 무소속으로 출마하여 공화당 표를 잠식하면서 19%를 획득하는 바람에 '어부지리'로 클린턴이 화이트하우스의 주인이 된 것이다. 로스 페로의 반란은 공화

자가용 제트기를 사용한 유세 오하이오 주 데이튼 공항

당 보수본류에 대한 '반지성주의'의 반감이 드러난 것이기도 했다.

2008년, '체인지, 예스, 위캔'이라고 외치는 것만으로 대통령이 된 버락 오바마는 카터만큼이나 무능하여, 시리아 내전과 이슬람 국가 (IS)의 발호에 아무것도 하지 못한 채, 중동에서의 주도권을 러시아의 푸틴 대통령에게 완전히 뺏기고 말았다.

남중국해의 산호초를 멋대로 매립하고 군사기지로 만들어서 패권을 노리는 중국의 무모함에 대해서도 오바마 정권은 미온적인 태도밖에 보여주지 않았고, '아시아 리버런스', '피벗'이니 하는, 말뿐인 서비스에 아세안 각국은 불신감을 품었다.

오바마 정권은 중국에 대해 알리바이 공작이라도 하는 것처럼 해당 해역에 군함을 두 시간 동안 항행시켰을 뿐이다.

민주당 뒤는 공화당의 순서가 되는 여야당 역전은 미국대통령 선거의 역사가 되풀이해 왔다.

중국을 강력 비판한 트럼프

트럼프의 또 하나의 특징은 중국을 거세게 공격한 점이다.

"내가 백악관에 들어가면 즉각 중국을 환율조작국으로 인정하고 중국 수입품에 45%의 관세를 물리겠다."고 장담했다.

일반적인 미국인은 싼 소비 물자는 좋아하지만 중국의 해커 공격에는 분노를 감추지 않는다.

한 예를 들어보자. 네바다 주라고 하면 사막에 신기루 같은 오락 천국 라스베가스가 유명하다. 이 네바다 주는 10년 전까지 경제최악, 실업률 최고인 빈곤지구로 알려졌지만 몇 년 전부터 고도 성장기에 들어가, 특히 중국에서 도박꾼들이 대거하여 라스베가스의 일류호텔 도박장에 몰려왔다. 2015년 한 해만 20만 명을 헤아렸다. 특히 중국인이 집중되는 곳은 말레이시아 화교가 40억 달러를 투입한 '리조트 월드호텔'의 도박장이다. 또 네바다 주의 광산관계는 대중수출로 호황을 누렸다.

실업계는 중국열에 사로잡혀 상당한 친중파였다. 게다가 중국은 라스베가스에서 캘리포니아를 잇는 고속철도 건설계획을 장담하며 네바다 주와 캘리포니아 주의 정계와 재계를 뒤흔들었다.

그런데 중국이 불황에 들어가자 네바다의 경제도 냉각되고, 오히려 중국을 비판하는 목소리가 높아졌다. 크루즈와 루비오 등 공화당 후보자들은 트럼프를 따라 대중국 비판의 목소리를 높이며, 중국과의 무역 불균형에 무언가 제재조치가 필요하다고 호소했다. 뿐만 아니라 중국군의 남중국해 주둔에 대해서도 비판했다.

트럼프는 중국은 '미국인의 고용을 빼앗아가고', '환율조작국'이며, '제재조치를 가하여', '위대한 미국을 되찾자'고 일관된 주장을 되풀이했다.

그 때문에 중국은 일부러 트럼프 발언에 반발하여 '우리는 환율을 조작하지 않았다'고 반론을 펼치기도 했다.

민주당에서 1위를 달리는 힐러리 클린턴은 외교적으로 매파(강경파)로 행세하고 있지만, 내력이 잘 알려져 있어 오바마와 동일계열의 후보로 보이기 쉽다. 따라서 공화당이 존 웨인적인, 단세포로 허풍을 떠는 강한 후보가 이길 것 같다고 보면, 많은 사람이 우르르 이동하여 '트럼프라고 안 될 게 뭐 있어?'가 된다.

또 트럼프라면 '강한 리더'라는 인상이 있는 푸틴 대통령과도 어깨를 겨룰 수 있을지 모른다고 기대하는 것이다.

트럼프에게 농락 당한 공화당 후보자들

트럼프의 슬로건은 'MAKE AMERICA GREAT AGAIN'이다.

그 트럼프와 민주당 후보 힐러리 클린턴 전 국무장관을 중심으로 대통령 예비선거를 통해, 그 후보자들이 미국 국민에게 무엇을 호소해 왔는지, 과거의 발언을 한번 뒤돌아보자. 힐러리 클린턴 전 국무장관은 오바마 정권 제1기의 외교를 맡는 국무장관으로서 미국 외교를 담당한 경험과 책임이 있어, 원리원칙이라기보다 정책옹호에만 매진했다고 할 수 있다.

개인적인 메일이 문제가 되어 추궁 당했을 때, 힐러리는 "미국 국가안전보장국(NSA)의 감시시스템은 개인의 프라이버시를 침해하고 있을 가능성이 있고, 많은 국민이 배신당했다고 느끼고 있다."(2015년 2월 24일)는 말로 자신을 변호했다.

이민문제에 대해서는 "가족의 가치가 중요하며, 가족제도의 재건을 지향하는 것이라면 제도를 다시 한 번 신중하게 재검토해야 한다."(같은 해 6월 18일)고 말했다.

또 이스라엘 문제에서는 "내가 백악관에 들어가면 첫 주에 네타냐후 수상을 초대하여 대화를 나누겠다."(7월 27일)

덧붙여 일미동맹에도 언급하여 "동맹국을 당황시키는 정책은 취하지 않겠다."고 발언했다. 이 말은 일본정부를 안심시켜 일본 외무성을 힐러리 대망론으로 기울어지게 한다. 만사 무사안일주의, 현상유지가 가장 중요한 일본의 관료다운 졸속한 판단이다.

1992년에 퍼스트레이디가 되었을 때부터 관심을 두었던 의료보험과 사회보장제도의 개혁에 열성을 기울여, "보험료의 가속도적인 인상, 의료 경비의 상승에 국민 다수의 소득이 쫓아가지 못하는 것은 현실적인 문제다."(9월 22일), "사형제도에 대해서는 극형에 처해야 할 범죄도 있지만, 아직은 신중하게 심사해야 할 점이 많다."(10월 7일).

시리아 난민에 대해서는 "심사에 신중을 기해야 하는 것은 물론이지만, 미국이 약속한 6만 5000명은 받아들일 필요가 있다."(11월 14일), 그리고 테러리즘에 대해 힐러리는 "IS를 단순히 억지하거나 봉쇄하는 소극책이 아니라 철저하게 패배시켜, IS를 파괴해야 한다."고 매파의 의견을 대변하여 말했다.

이것을 보면 당내에서는 라이벌인 샌더스를, 공화당에 대해서는 트럼프의 발언과 동향을 주시하면서 계속 신중하게 발언하고 있음을 알 수 있다.

트럼프는 트럼프타워와 플로리다 주의 호화별장 등으로 부호라는 인상은 조금도 손상시키지 않고, 마치 테프론 대통령이라 불린 레이건처럼 되살아났다.

트럼프 진영은 암살을 두려워하기 시작하여 경호를 강화했다.

'강한 미국의 상징'으로 존 웨인 동상 앞에서 연설 아이오와 주 전 웨인 박물관

그는 30년 전에 《트럼프 자서전 거래의 기술 *TRUMP : THE ART OF DEALS*》이라는 책을 써서 베스트셀러가 된 적이 있다. 그 책 속에 그의 비즈니스 테크닉의 모든 것이 드러나 있다. 트럼프식의 거래, 교섭의 요령이 적혀 있어 매스컴의 화제를 불러일으켰다.

그 알맹이는 '병법은 궤도(詭道)'라고 하는, 미국판 '손자상법(商法)'이다.

철저하게 상대를 쓰러뜨려 승부를 크게 낸다, 물에 빠진 개를 저격하라, 당하면 갚아라 등이 교훈으로 나열되어 있다.

'멕시코의 불법이민은 강간마, 마약범죄인, 살인자'라고 말하는가 하면, "불법이민을 막으려면 국경에 높은 담장을 치되 고마쓰(일본의 건설기계회사)가 아니라 캐터필라의 크레인과 불도저로 쌓아라."(미국제를 우선하라), "이슬람교도의 입국을 거부하라." 등, 그의 비법인 '충격과 두려움'의 노선에 따라 큰 승부를 거는 전술이다.

3월 중순의 미니 수퍼화요일에서도 트럼프의 우위는 변함없었고, 게다가 공화당 주류파는 '트럼프는 본게임에서 힐러리를 이길 수 없다'고 보는 위구심, 아니 그보다는 강박관념이 강하고 또 당내 주류파와 온건파는 그를 매우 기피하는 경향이 있어, 무조건 정식 후보에서 끌어내리고 싶어 한다.

그러나 공화당 주류파의 이 판단과는 전혀 다른 양상을 보여 주었다.

당원이 집회와 예비선거에서 투표하는 동기는 '테러', '국가안전보장', 그리고 세 번째로 '경제'이며, 국가의 채무 문제에도 관심이 크다.

따라서 열광적 팬들이 트럼프 뒤를 따라다니면서 지지하고 있다. 폭풍처럼 맹렬한 기세다.

"이것이 현실이다. 이것이 공화당의 현재다." 트럼프 지지자들은 그렇게 대답하고 있다.

"트럼프는 당 간부와 주류파의 생각을 고려에 넣어 발언하고 있는 것이 아니다. 그는 서민의 감각과 감성을 향해 발언하고 있다. 그의 빠른 대응능력, 그것이 지금의 미국에 필요하다."(《워싱턴포스트》 3월 3일).

뉴햄프셔 예비선거에서 트럼프가 말했듯이 '빈부의 격차를 넘어서, 남녀를 넘어서, 비만인지 말랐는지 키가 큰지 작은지를 넘어서 이스태블리시먼트의 정치를 이긴' 것이다.

중반전 이후부터는 바람의 방향이 바뀌어 트럼프는 발언의 중심축을 살짝 이동시켰다. 미일안보는 불평등하다, 한국와 일본에 방위비 부담을 늘리라고 목소리를 높이며 이민정책은 후방으로 밀어

자서전 《거래의 기술》을 들어보이는 트럼프

냈다.

트럼프가 이민을 공격해온 것은 실제로는 모순되는 것이다. 그의 첫 번째 아내였던 이바나는 체코(당시에는 체코슬로바키아)에서 온 이민. 세 번째인 현부인 멜라니아는 슬로베니아에서 온 이민이다. 멜라니아는 누드모델을 한 적도 있다. 그 뿐만 아니라 트럼프의 딸 이반은 유대인과 결혼하여 유대교로 개종했다.

"이민을 줄이고 비자를 엄격하게 하라"는 트럼프의 주장과 부인들이 이민인 것은 서로 모순되는 것이 아니냐고 매스컴이 떠들었지만, 트럼프는 제대로 응하지 않고 논의를 비켜갔다.

독일에서는 이미 이민자가 1650만 명, 그 가운데 990만 명에게 영주권이 인정되었다. 미국과 마찬가지로 이민대국으로 시리아 난민 문제로 갑자기 국민의 불만이 높아진 것처럼 보이지만, 페기다 운동(독일 극우단체로 난민 유입에 반대함)과 '독일을 위한 선택지'의 주장은 국민의 마음속에 잠복해 온 감정의 폭발이다.

트럼프가 중반전에서 전술을 변경한 것의 첫 번째는 '일본의 핵무장'을 용인한 것이다.

일본의 핵무장 용인 발언은 트럼프를 인터뷰한 뉴욕타임스의 기사(3월 26일)로 전 세계에 보도되었지만, 일본에서 이 발언을 특필한 미디어는 거의 없으며, 여전히 '트럼프는 공화당이 낳은 프랑켄슈타인'이라느니 하는 '희한한 해설'만 나열되어 있었다.

트럼프는 '임신중절 수술을 받은 여성을 처벌해야 한다'고 발언했다가 빗발치는 비난에 철회하고 말았다.

미국 보수를 파괴하는 '트럼피즘' 의미

미국 보수사상 역사의 일인자 조지 내시씨는 "트럼프현상"에 대해 정교하고 치밀하게 분석해, 앞으로 미국 안에서 또 세계 일어날 수 있는 변화에 대해 경종을 울린다. 미국의 보수주의는 무엇을 잃었는가?

"트럼프 현상"으로 상징되는 요즘의 정치적 혼란 속에서, 미국 보수주의는 전쟁 뒤 부지런히 쌓아 올린 성과를 통째로 잃어버린듯한 충격을 받았다. 보수가 현재 마주한 어려운 상황을 검토하는 것에 제2차 세계대전 뒤 보수주의 사상의 역사를 살펴 볼 필요가 있다.

미국보수주의가 하나로 통일된 적은 없었다. 여러 개의 발원지를 가진 다양한 조류가 만든 연합체이면서, 서로 타협하는 일은 결코 쉽지 않았다. 사회주의나 공산주의등, 혁신세력이 20세기 주도권을 잡은 것처럼 보인 제2차 세계대전 바로 뒤에 지적인 힘을 가졌던 보수주의는 이제 미국에서 찾을 수 없었다. 그런 상황에서 좌익의 공세에 서로 다른 모습으로 대항하는 3개의 보수조류가 태어났다.

하나는, 국가주도의 계획경제를 반대하며 시장경제와 개인의 자유를 철저하게 지키려 했던 리버테어리언(자유지상주의자)이다. 다음으로, 근대화가 낳은 근본 없는 대중사회의 발달이나 절대적인 윤리기준을 버린 도덕상대화에 대항해 종교·윤리전통으로 돌아가기를 바라는 전통주의자. 세번째는, 냉전개시와 함께 신념을 가지고 일어선 반공산주의자다. 전 공산주의자들과 좌익에서 전향한 사람들이 이 그룹에 가세했다.

이 세 개의 조류는 윌리엄 백클리 주니어가 1955년에 창간한 잡지 〈내셔널 리뷰〉를 중심으로 합류했지만, 자유인가 덕인가를 둘러싸고 리버테어리언과 전통주의자들이 대립하는 등, 융합되기 어려웠다. 하지만 1964년 대통령선거에서 골드워터상원위원이 공화당후보로 선출되자마자, 보수융합이 전국적인 운동으로 발전됐다. 그 뒤, 1970년에 들어 리베랄(진보파)에서 보수로 전향한 신보수주의자(네오콘)들이 4번째 보수조류로 진영에 가담한다.

게다가 1970년대 끝 무렵에 일어났던 근본적인 종교적 각성운동에서 다섯 번째 보수조류인 종교적 우파가 등장했다. 낙태문제 등을 중시하는 이 그룹은 요즘 사회문제보수파라 불린다. 이 다섯 보수파들은 레이건 정권 아래서 통합되었다.

하지만 1991년 소련붕괴로 반공산주의 결속이 느슨해지자, 이 대연합파들이 서로 대립하기 시작했다. 공통의 적이 없어지면 파벌의식이 나타나는 현상은 연합체에 자주 일어나는 현상이다. 냉전 뒤 외교를 둘러싸고, 개입주의를 계속해야 한다고 주장하는 네오콘과 이를 반대하는 세력과의 싸움은 그러한 대립의 하나이다. 특히 새내기 네오콘에게 가장 강하게 반발한 사람은 보수논객 패트릭 뷰캐넌과 원보수주의자(팔레오 바디브 파레오콘)을 표방한 그룹이었다. 그들은 보수진영에 어울리지 않는 민족주의(내셔널리즘)를 도입했다. 개발도상국에서 온 이민자들을 기피하고 고립주의의 슬로건 '미국 퍼스트(미국제일)'를 외치며 전쟁 전의 미국 우익이 다시 등장한 것처럼 보였지만, 끝내 작은 세력밖에 되지 못했다.

그럼에도 1990년대부터 오늘날까지 '배려하는 보수주의' '개혁보수' 등의 이름으로 냉전 뒤 보수파들을 재통합하려는 노력을 계속해 왔다. 즉, 미국 보수주의 역사는 연합이다. 한편으로 연합은 언제나 분열의 위험을 안고 있다. 현재는 그 위험이 전례가 없을 정도로 고조되고 있다.

냉전이 끝난 뒤 4세기 반이 지나 그 시절의 상황은 사람들의 기억에서 사라져 갔다. 그 대신 분쟁이나 테러 등 새로운 싸움이 일어났다. 또 지금까지 유래가 없을 만큼 많은 사람들이 이동했는데, 이들은 거의 모두 미국을 목표로 했다. 미국으로 온 유학생은 해마다 약 100만, 그 가운데 30만이상이 중국인이다. 게다가 합법적으로 영주 허락을 받고 들어온 이민자들도 해마다 100만이나 있다. 미국에는 이주한 사람들이 세계에서 가장 많다. 국경을 넘어 교류하는 건 사물이나 서비스만이 아니다. 사람과 문화도 전례가 없을 만큼 많이 오가고 그 결과는 예측 불가능하다.

그 결과 중 하나로 나타난 현상은 진보파의 엘리트들이나 다문화주의에 심취한 젊은이들이 주도하는 포스트국민국가의식이다. 때로는 반국민 국가의식으로까지 높아진다. 미국은 보통나라와는 다른 특별한 사명을 가진 나라라고 생각하는 미국의 열외주의를 신봉하는 보수파는, 이러한 움직임에 당혹감을 느낀다.

이러한 현상을 배경으로 좌우 진영에 있어 포퓰리즘이 높아지고 있다. 포퓰리즘은 건방지고 자기이익만 생각하는 엘리트들에게 대항하는 서민사회 사람들의 반란이며, 미국 정치사에는 그런 현상이 오래전부터 나타났다. 은행경영자나 대자본가, 또는 대기업 그 자체 샌더스 상원의원의 말에 따르면, '백만장자에 억만장자'를 나쁜 사람

취급하는 포퓰리즘은 유명하다. 하지만 그것이 보수의 형태로 나타날 때도 있다. 예를 들면, 1970년대부터 1980년대에 로널드 레이건이 호소했던 포퓰리즘은 '정부는 방해만 하고 책임을 지려 하지 않는다.'로 국민이 가진 반감을 교묘하게 이용해 리벌타리언적인 심정에도 호소했다.

좌파 포퓰리즘이 전통적으로 'Big Money(부자나 대기업)'에 대한 분노라면, 레이건주의나 티파티로 볼 수 있는 우파포퓰리즘은 'Big goverment(큰 정부)'에 대한 분노이다.

2016년 11월 대통령선거는, 2008년 리먼쇼크에서 시작된 좌우 포퓰리즘 대결이 될 것으로 생각했다. 그렇기 때문에 선거에서의 승리는 경제위기와 그 여파의 원인을 보다 잘 설명한 진영이 가져가리라 생각했다.

그런데 지난해, 강한 분노를 숨긴 새로운 포퓰리즘 후보, 도널드 트럼프가 화산 분화처럼 갑자기 출현했다. 이것은 예상하지 못한 일이었다. 지금부터 좌우를 섞은 혼잡종이라 말할 수 있는 이 포퓰리즘을 "트럼피즘"이라 부르자.

트럼피즘의 전신은 정치 운동으로 1990년대의 부호 로스페로와 보수논객 패트릭 뷰캐넌의 대통령선서 출마에 역행한다고 생각할 수 있다. 사상적으로 보면, 원보수주의자(파레오콘)가 1990년대부터 호소한 반개입주의·반전세계주의·이민제한 '미국제일주의' 주장과 놀랄 정도로 닮았다. 트럼프의 약진이 뷰캐넌은 경이롭다고 말하지만 그 이유도 없지는 않다. 레이건 지지자나 티파티보수포퓰리즘에 좌파엘리트들이 분노하고 있었다. 하지만 트럼피즘은 좌파엘리트들에 더 해, 보수대연합이나 사상운동으로 연합해온 체제측에 있는 보수파 엘리트들을 공격하고 있다. 특히 트럼피즘은 냉전기에 형성된 보수국제주의에서 의식적으로 이탈을 도모하고 있다. 그것은 자유무역을 지지하고 서프라이사이드경제학을 정통으로 삼은 공화당이 1980년대 이래 제창되어 온 국제주의다.

트럼프는 과연 어떤 괴물인 것일까? 트럼프의 등장으로 미국은 밑바닥에서부터 변하는 시대에 이른 것일까?

지금 이 나라는, 이제껏 본 적 없는 좌우적 요소를 겸비한 이데올로기라는 면에서 혼란스러워 하고 있는 〈민족주의 포퓰리스트〉 정당처럼 형성되어 가지만, 그것은 아직 초기단계이다. 기본적인 세계관이나 정책적 관심은 프랑스 국민전선이나 영국독립당, 독일좌파정당 〈독일위한 선택기〉 등이 유럽과 미국에서 일어나는 항의운동으로, 어딘가 서로 비슷하다. 이제까지 이러한 운동을 짊어진 정당은 '우익'이라 분류되어 왔다. 우익은 국가총제주의의 경향을 보이고, 경제정책으로 복지국가를 강조한다. 어떤 면에서 보면 트럼피즘과 같다.

이런 정당들이 과제로 삼은 것이 ①장기화 되는 경제정체, ②세계적인 사람들 이동이 야기하는 큰 혼란, ③세계적으로 전개하고 다수의 사상자를 가져오게 하는 테러리즘이다. 이 세 가지는 미국이나 유럽에서도 공통적으로 안고 있는 문제다. 사람들은 불안감에 잡혀산다. 게다가 트럼피즘이나 유럽의 새로운 우익정당의 지지자들은 공통적으로, 정관계 엘리트에게는 문제를 개선할 능력도 의사도 없다고 간주하고, 또한 그것이 강한 확언으로 되어 간다는 사실이다.

트럼프가 작년 여름 대통령 선거에서 후보자로 나왔을 때, 순식간에 사람들의 이목을 이끈 것은, 이제까지의 정치가들이 늘 해오던 말을 아무렇지 않게 무시한 점이다. 상식을 깰수록 그의 인기는 더욱 높아져간다. 특히 대학교육을 받지 않은 사람들에게서 그러한 경향이 보여 진다. 대체 무슨 일이 일어난 것일까?

이 1년 동안 트럼피즘 현상이 세차게 일어남으로써 명백해진 것

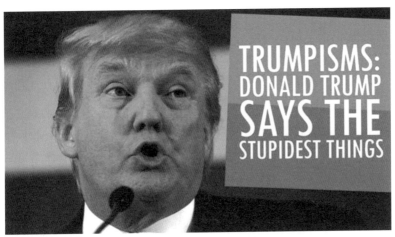

트럼피즘 강한 분노를 숨긴 새로운 포퓰리즘 대통령 트럼프

은, 미국정치가 안고 있는 위험한 균열이다. 이제까지의 좌우 균열보다 오히려 사회·경제를 축으로 본 경우에서의 빈부격차이다.

빈곤층 사람들은 많지만 그들의 분노를 트럼프가 대변해주고 있다. 반면에 부유한 사람들은 그들이 무엇을 생각하고 있는지 아무것도 모르고, 빈곤한 사람들을 경멸하고 있다. 빈곤층 사람들은 이런 부유층 사람들의 생각에 분노하고 있는 것이다. 그러므로 이 1년동안 두 관계의 긴장이 격해지고, 결국 우파에 있어 이데올로기의 '내전'까지 일어난 것이다.

이러한 사태가 더욱 심해지는 것을 우려하여 트럼프지지자들이 폭발할 것으로 생각하여, 이에 어떻게든 대응하려 하는 보수지식인들이 다수 있었다. 트럼프현상과 트럼프라는 인물에 대한 평가는 보수파들 가운데에서는 견해가 크게 갈린다. 무슨 일이 있어도 트럼프에게 투표하지 않으리라 맹세하고, '절대저지운동'을 진행하는 보수파 입장에서 보면 이 인물은 고작 시끄러운 남자, 나쁘게 말하면 약자를 괴롭히는 파시스트에 불과하다. 반대로 트럼프를 지지하는 측의 문제점은, 트럼프가 아니라 어쩌면 패배하게 되더라도 그것을 바로잡으려 하지 않는 보수측 '체제파'라고 격렬하게 비판하고 있다. 이 두 파 사이의 장벽은 너무나 높다.

'민주주의 포퓰리즘' 주장에 따라서 미국 보수주의를 근본부터 바로잡으려고 재편성하려는 움직임이 나타나고 있다. 또 하나의 우파(alternative right)를 줄여, 〈올트 라이트〉라고 부르는 한 단체다. 그들 다수는 '백인민주주의'를 지지하고, 백인집단 이익을 주장하는 'identity politics'를 진행하려 하고 있다.

이러한 대립은 보수주의 정신에 관계되는 투쟁까지 발전되고, 이 파란이 어떻게 끝날지 예상하기는 힘들다. 긴 시간 동안 미국보수주의 역사를 연구해 왔지만, 오늘날처럼 우파간의 격렬한 의견 대립이 일어난 것은 본적이 없다.

지금 일어나고 있는 의견대립은 활력의 증거라 말하는 사람도 있다. 결과만 본다면 그럴지도 모른다. 하지만 지금 보수에 필요한 것은 주장을 외치는 것만이 아니라 지성과 판단으로 움직이게 하는 것이다, 대립이 일어나는 지금이야말로 잠시 한 발짝 뒤로 물러나 질문을 해 보는 것도 중요하다.

기본적으로 되돌아오는 것으로, 보수파지식인들은 지금 일어나고 있는 논쟁의 혼란을 진정시키고 방향성을 잡아야 한다. 다시 말하면, 보수파가 1945년 뒤에 원하게 된 것은 자유롭게 있는 것, 도덕적 의미로 생활 하는 것, 국내외 각 위협에 대해 안전을 확보하는 것이다. 이런 사람들의 희망을 소중히 하면서 정부가 필요 이상으로 개입하지 않는 사회에 살고 싶다는 것이 보수파가 바라는 거다.

자유와 도덕, 안정보장 이 세 가지야말로 1970년 동안 발전해 온 운동의 리보테어리언, 전통주의, 반공(오늘날은 안전보장전반전반의 강화) 각파들이 목표로 하는 결승점이다. 바꿔 말하자면 보수파라면 누구나 이 세 가지 요소를 '융합'해 왔을 것이다. 그러므로 이 세 가지에 기초해 발전해야 한다.

'트럼피즘'은 이데올로기가 없다

2012년의 공화당 예비선거를 떠올리면 패턴이 참으로 비슷한 것을 알 수 있다.

보수진영은 첫 싸움에서 분열되었고, 보수파에서 론 폴, 릭 샌터럼(펜실베이니아 주지사), 그리고 보수본류에서 미트 롬니(매사추세츠 주지사), 의회 베테랑인 뉴트 킹그리치, 편승조인 릭 페리(텍사스 주지사)가 포진하고 있는 가운데, 릭 샌터럼의 추격이 맹렬했다.

전회에도 롬니와 5월까지 예비전을 다툰 것은 '의회의 망나니' 킹그리치였다.

종반에서 보수본류에 반발하는 보수강행파가 킹그리치에게 일원화를 도모하라고 선동했다. 어쨌든 최종적으로 공화당은 거당체제(擧黨體制)가 되었다.

캔자스, 네브래스카, 메인, 루이지애나 주 등의 표수의 변화에서 볼 수 있듯이 이 시점에서는 어쨌든 '안티트럼프 연합'이 움직이기 시작했다. 그것은 크루즈와 루비오가 합류하자 트럼프의 표를 웃돌기 시작했기 때문이다.

그래서 루비오는 케이시크 후보가 지반으로 하는 오하이오 주의 지지자들에게 '케이시크에게 투표해 달라'고 호소하여 트럼프의 연승에 제동을 거는 한편, 케이시크 진영에는 '플로리다 주의 케이시크 지지자가 자신에게 들어오도록'이라는 조건을 제시했지만 상대해주지 않았다. 왜냐하면 케이시크는 오하이오 주지사로서 아성에서 질리가 없기 때문이었다.

보수본류에서 보면, 트럼프는 '방해꾼', '국외자'에 지나지 않는다.

그런데 이데올로기적으로 오른쪽으로도 왼쪽으로도 기울지 않은 국민이 보기에는, 경제적 번영과는 거리가 멀고 민족문제와 소득격차에 시달려 왔기 때문에 기성정치인, 이스태블리시먼트 타도를 외치는 트럼프에게 기대를 건다.

이제 기존의 정치가는 필요 없다는 반지성주의가 그 기반에 있다.

즉 공화당 지지자의 말단은 당의 단결이라는 구호와 거리가 먼 곳에 있어, 당의 히에라르키가 정하는 방침에는 반항하기 쉽다. 이것이 '트럼피즘'의 정체이고, 이데올로기는 아무것도 없다.

'이즘이라기보다 무드이며, 정치 계절에 이따금 끓어오르는 그 무드를 트럼프의 폭언이 잘 붙잡았다'고 버지니아 대학의 제임스 W. 시저 교수는 분석하고 있다.

Listen, Yankee!
'낙오자만 진실'을 안다

저학력이면 어떤가. 학교시절에 공부를 좀 못한들 어떤가.

사람은 열여덟 살부터(고등학교를 졸업하고) 자기 힘으로 무슨 일이든 찾아서, 자력으로 살아갈 수 있으면 된다. 쓸데없는 소리 집어쳐라.

그런데도 하버드대학의 위선자 교수들(대부분 진보파 민주당 지지)이나 뉴욕타임스지 기자 같은 지식인들은 텔레비전에서 진지한 얼굴로, "흑인 청소년이 열심히 공부해서 대학에 가고, 더욱 공부하여 훌륭한 사람이 될 수 있도록 사회가 도와줘야 한다"고 말한다. 스트리트갱인 흑인소년들의 현실을 무시하는 발언이다.

미국 국민은 이러한 유명 코멘터(발언자)들의 코멘트를 늘 들으면서 자란다. 끊임없이 "더욱 더 공부하라. 현명한 사람이 되라. 훌륭한 사람이 되라"는 말을 들어왔다.

그런데 현실 세계는 그 학력경쟁에서 낙오한 자들뿐이다. 대부분의 사람들은 미국에서도 출세경쟁에서 탈락한 자들이다. 낙오자인 것이다. 이 거대한 진실을 도널드 트럼프는 지도자로서 너무나 잘 알고 있다.

자유지상주의Libertarianism라는 미국 정치사상의 제1원리는 '18세가 되어 자신의 직업이나 노동으로 자립하여 살고 있는 자에게, 체제와 정부는 쓸데없는 소리 하지 말라'는 것이다.

미국국민에 대해 트럼프가 호소하고 있는 것은, '기업경영자로 살아온 내가 먹여 살리겠다. 어떻게든 국민들을, 상당히 힘들겠지만 먹고 살게 해주겠다. 그러니 나를 믿고 나를 대통령으로 뽑아달라'는 것이다.

'We need mechanics. I will look after you(세상은 공장노동자를 필요로 하고 있다. 내가 어떻게든 모두를 먹여 살리겠다)'는 것이다.

그 말에 미국국민들도 반응하여 "그래? 이 사람은 오랜 기업경영자로서 엄격한 시련을 경험해 왔다. 그러니까 기업경영이라는 지옥의 고통을 알고 있는 이 사람에게 맡겨보자."고 생각하고 있다.

자유지상주의 세 가지 원리

다시 쓰지만, '저학력이면 어떤가. 모두 자기 나름대로 자신의 힘으로 노동을 하며 살아갈 수만 있다면'이 자유지상주의라는 새로운 정치사상의 제1원리(헌법 제1조)이다.

"바보라도 상관없다. 열여덟 살이 된 사람에게 더 공부하라느니, 좀더 훌륭한 인간이 되라느니 하는 소리는 집어치워라. 실례다. 모두 자신의 능력에 맞춰 자력으로 벌어서 살아가면 된다."이다.

그리고 제2원리는, "당신들이 무엇을 믿고(종교든 공산주의이든) 모여 살고 있든 그것은 당신(들)의 자유다. 인간은 자유니까. 그러나 당신들이 나의 자유를 조금이라도 간섭하고 이러니저러니 참견하는 것은 용납하지 않겠다. 그때는 나 자신의 총으로 싸울 것이다." 이것이 자유지상주의의 제2원리이다.

이것은 아인 랜드 여사라는 훌륭한 평론가(러시아에서 열아홉 살에 미국으로 건너왔다)가 1964년에 베리 골드워터를 응원하면서 한 말이다.

신문기자가 "아인 랜드 씨. 소비에트의 핵무기 위협이 눈앞에 닥쳐

나를 믿고 대통령으로 뽑아달라

왔습니다. 그것에 대해 당신들(자유지상주의자)은 어떻게 대처할 겁니까?" 하고 짓궂은 질문을 했다.

이에 대해 아인 랜드는 앙연히 대답했다.

"나는 총으로 싸우겠어요. 소비에트가 공격해 올 테면 오라고 해요. 여기서 이 총으로 싸울 테니까.(핵무기에 핵무기로 대결하겠다는 어리석은 말은 하지 않겠어요)"라고 대답했다.

그 때문에, 70년대까지는 자유지상주의자의 사상은 현실미가 없다고 하여 미국의 보수언론계에서조차 외면당했다.

그러나 현재 자유지상주의가 다시 되살아나고 있다. 미국 전역에서 '나는 리버테리언이'라고 말하는 사람들이 늘어나고 있다. 트럼프를 계속 비판해온 폴 라이언 하원의장도 일단은 리버테리언이다.

제3원리는 리버테리어니즘에는 이상주의가 없다는 것이다. 이상사회라느니 하는 허울좋은 말은 하지 않는다.

가능하지도 않고 있을 수 없으며 현실감이 없는 인류의 이상이나 소망은 말하지 않는다. 있는 그대로 땀내 나는 지금의 흙투성이 자신들의 현실이면 만족한다는 생각이다.

리버테리어니즘은 이렇게 정치사상의 한 유파(미국에서 1950년대에 태어났다. 아직 따끈따끈한 사상이다)이지만, 이상을 말하지 않는 것이다. 이것이 이 사상의 커다란 특징이다.

리버테리어니즘Libertarianism(자유지상주의)은 '리버럴리즘(자유주의)'과 닮았으면서도 다르다. 리버럴Liberal이라는 말을 피하여 어쩔 수 없이 Libertan(리베르탄. 건달(백수), 방탕한 아들)이라는 프랑스어에서 리버테리언을 조어한 것이다.

이제 우리나라에서도 이 미국의 정치사상을 이해하자는 분위기가 확산되고 있는 듯하다. 그것도 도널드 트럼프의 출현과 크게 관계가 있다.

얻어맞을수록 인기가 더 치솟는 트럼프

미국의 대통령 선거에서는 대립후보를 비판하는 내용의 선거광고에 거액의 자금을 투자하는 것이 관례다. 그러나 트럼프에게는 이런 광고도 전혀 통하지 않는다. 30년이 넘도록 텔레비전의 쇼프로그램 등에 출연하면서 가십과 스캔들 공격에 줄곧 시달려 온 트럼프는 눈썹 하나 꿈틀하지 않는다.

트럼프 자신이 연설에서 그러한 자신을 때리는 선거 광고에 자금을 내고 있는 공화당 본부를 지지하는 부유층을 매도함으로써 오히려 지지도를 높였다. 마침내 궁지에 몰린 공화당 본부는 공공연하게 반 드럼프 캠페인을 전개했다.

경제성장 클럽(Club of Growth), 아워 프린시플스(Our Principles), 네

버 트럼프(Never Trump)라는 공화당계의 세 단체가 2500만 달러 이상을 들여 트럼프를 비판하는 텔레비전 광고를 냈다. 그러나 모든 것은 역효과로 끝났다.

뿐만 아니라 트럼프는 스스로 트위터에 잇따라 글을 올려, CNN 등의, 트럼프를 우스꽝스러운 사람으로 다룬 체제파 미디어를 향해 도발적인 코멘트를 발표했다. 그 솔직한 발언이 프로그램에서 다뤄지자, 자기 돈을 들이지 않고 트럼프를 공격하는 광고보다 더 많은 방송시간을 자신의 선전을 위해 이용할 수 있었다.

사실 트럼프의 선거비용은 여러 후보들 가운데 가장 적었다.

"공화당의 각 후보가 한 표를 얻기 위해 투자한 비용은 제프 부시 1320달러, 루비오 260달러, 테드 크루즈 233달러이고, 트럼프는 불과 60달러였다."(2016년 2월, 로이터 조사).

가장 많은 자금을 모든 제프 부시는 형인 부시 전 대통령보다는 머리가 좋은 것으로 알려져 왔다. 그러나 그다지 나을 것도 없어 보였다.

제프는 "나는 네오콘(신보수주의)이 아니다"라고 명확하게 말하여 온건한 보수인 것을 어필했다. 그러나 미국 국민으로부터 네오콘계임이 들통나자 부랴부랴 선거전에서 물러났다. 3부자가 대통령이 되는 것은 아무리 그래도 미국 국민이 용납하지 않는다.

트럼프는 "내 선거 비용은 내가 낸다" 하고, 월가의 거액의 헌금에 기대지 않고 싸워왔다. 이것이 미국인들의 호감을 불러일으켰다. 자신이 번 돈으로 자신의 정치운동을 한다는 태도는 칭찬할 만한 일이기 때문이다. 그래서 그는 이 점에서도 매우 평판이 좋다.

그래도 나중에는 선거비용이 모자란다고 솔직하게 털어놓았다. 2월까지 8개월 동안 트럼프는 2500만 달러의 선거비용이 들었다(공표된 것만).

그러나 아마 이것저것해서 그 열 배는 들었을 것이다.

트럼프는 《트럼프 부동산으로 돈을 버는 방법》이라는 책에서 이미 이렇게 말했다.

"미디어에 대해 내가 배운 것은 그들은 언제나 기사에 굶주려 있으며 선정적인 이야기일수록 좋아한다.", "요컨대 다른 사람과는 달리 약간 주제넘거나 대담한 말을 내뱉거나 물의를 일으키면 미디어에서 다뤄준다."

이것이 지금도 변함없는 트럼프의 본심일 것이다.

뉴스 보도프로그램에서 트럼프를 때리는 프로그램을 지나치게 만들어온 NBC와 ABC는 다시 생각했다. 그것이 오히려 트럼프를 선전하는 결과가 되었기 때문이다. 그래서 그 뒤부터는 트럼프를 그다지 많이 다루지 않고 있다.

지지자들이 집회방해자들에게 폭력을 휘두르는 사건이 보도되어도 트럼프의 평판은 떨어지지 않았다. 극우(파 라이트 far right)와 KKK와의 관련이 지적되어도 기가 꺾이지 않았다.

그는 예비선거에서 줄곧 승리를 거두었다. 트럼프 지지자들은 대립후보들(민주당인 힐러리도 포함)의 네거티브 캠페인도 '체제와 민주당의 모략'이라고 흘려들었다.

속마음을 거침없이 내뱉는 트럼프

트럼프의 특징은 본심으로 하는 연설이다. '이것이 미국의 하층과 중간층 백인의 본심'이라는 내용을 거리낌 없이 말한다. 토론회나 연설회에서 전혀 겁을 먹지 않고 대담하다. stage fright(무대공포증)이 전혀 없다. 완전히 무대체질이다.

중하층 백인은 자신들의 삶이 힘든 이유는 멕시코 국경에서 히스패닉계 이민이 대량으로 불법 유입하여 자신들의 일자리를 빼앗고 있기 때문이라고 생각하고 있다. 이것은 노동자 계급자들이 절실하게 실감하는 문제이다. 이민자들은 임금이 싸기 때문에 경영자와 농장주들이 불법으로라도 그들을 고용한다.

트럼프는 출마를 표명한 직후에 "멕시코 국경에 높은 장벽을 쌓아 불법이민이 들어오지 못하게 해야 한다. 그 비용은 멕시코 정부에게 부담시키겠다"고 말했다.

또 작년 연말에 파리와 미국의 캘리포니아 주(12월 12일)에서도 '이슬람국가'와 연관된 테러사건(총기난사사건. 캘리포니아 주 샌버너디노. 14명 사망)이 연속으로 발생했다.

이때 트럼프는 "미국 내의 이슬람교도를 본국으로 귀국시킬 필요가 있다"고 발언했다. 다른 정치가들은 아무도 이런 말은 하지 않는다.

아무도 말하지 않는 미국 서민층의 본심을 소리높여 외쳤기 때문에 진보파뿐만 아니라 보수파들까지 깜짝 놀랐다. 트럼프는 후보자 연설에서 이 솔직한 언론폭탄을 연달아 터뜨려왔다.

그러나 2016년 5월부터는 수위를 좀 낮춰서 승자를 목표로 한 수비 태세에 들어갔다. "I'll act Presidential."(이제부터는 대통령답게 행동하겠다)고 말했다. 과격한 발언이 좀 줄어들었다. '모든 것은 협상이다. 상대와의 타협점을 모색하겠다'는 자신의 원리로 돌아간 것이다. 그는 기업경영자로서 수많은 고난을 극복해 왔다.

트럼프는 자신을 가리켜 'I'm wheeler-dealer'(나는 흥정하고 거래하는 인간 또는 모사꾼)이라고 줄곧 말해왔다. wheeling an dealing이란 바로 흥정과 거래에서 상대와 강제로라도 타협(계약성립)하는 것을 말한다.

트럼프는 여성 차별적인 발언도 아무렇지 않게 했다.

"힐러리 클린턴은 남편도 만족시키지 못하면서 어떻게 미국 국민을 만족시킬 수 있을 거라고 생각하는가?"

"(칼리 피오리나의)얼굴을 보라. 누가 그 얼굴에 투표하겠는가. 그게 대통령이 될 얼굴인가."

그녀는 HP(휴렛패커드)사의 CEO를 지냈다. 사실은 모회사(母會社)인 비아콤의 회장 섬너 레드스톤이 직접 키워낸 애인이었던 여성이다.

작년(2015년) 12월 텔레비전 각국의 후보자 토론이 시작되었을 때, 트럼프는 FOX뉴스(루퍼트 머독이 오너)의 여성사회자인 메긴 켈리 Maygn Kelly가 자신에게 집요하게 실례되는 질문을 했다고 화를 냈다. 트럼프의 여성편력과 여성관을 공격하는 질문이었다.

트럼프는 여전히 화가 난 채 이튿날 다른 텔레비전에서 질문을 받고 이렇게 대답했다. "그 여자의 눈에서 피가 나왔다", "There was blood coming out of her wherever."(그녀의 다른 곳에서도 피가 나오고 있을 것이다).

트럼프의 이 발언에 대해 CNN 여기자가 '여성에 대한 비정상적인 공격'이라고 썼다. 힐러리는 트럼프의 발언을 '상궤를 벗어났다'고 비판했다.

그런데 올 5월 16일에, 메긴 켈리와 트럼프는 9개월 만에 화해했다. 그녀의 프로그램에 다시 출연했을 때 켈리가 "역시 당신은 여성은 돼지라거나 인간쓰레기라고 말했더군요." 하고 또 추궁하자, 트럼프는 계속 변명하다가 마지막에는 "익스큐즈 미"하면서 악동 같은 표정으로 사과했다. 그러자 켈리가 웃으면서 손을 내밀어 두 사람은 화해했다. 이것으로 트럼프는 여자들도 자기편으로 끌어들였다.

이것이 트럼프의 대단한 힘이다. 자신의 적이었던 자를 자기 쪽으로 끌어들일만한 도량을 지니고 있다. 여자라는 생물은 남자를 어딘가 어린아이라고 생각한다. 그것을 교묘하게 건드리면 여자는 남자를 용서한다. 지금의 국민정치는 텔레비전에서 하는 절묘한 만담 대회장과 다름없다.

'아메리카 퍼스트!' 그 말의 진정한 의미

트럼프 외교정책 기본은 아이솔레이셔니즘(isolationism)이라 할 수 있다.

아이솔레이셔니즘은 미국에서 태어난 사상이다. 이 아이솔레이셔니즘의 아이솔레이트(isolate)를 직역하여 고립주의라고 우리나라에서 번역된다. 그러나 이것은 잘못된 것이다. 세계패권국(최강국)인 미국은 고립할 수가 없다. 제국은 고립하지 않는다. 주위에 속국군을 거느리고 있다. 그것은 인류 5천년의 역사이다.

아이솔레이셔니즘이란 '미국은 외국에 관여하는 것보다 국내문제를 우선해야 한다'는 사상이다.

가능하면 외국문제에 관여하지 않는다는 사상이다. 그러므로 '외국에 군대를 파견하지 말라. 미국 청년들을 외국의 전쟁터에서 죽게 만들지 말라'는 것이다.

제1차 세계대전 때도 제2차 세계대전 때도 미국은 유럽인의 전쟁에 관여해서는 안 된다, 참전해서는 안 된다고 주장한 정치가들이 있었다.

유럽의 전쟁, 아시아의 전쟁에 미국이 관여하는 것에 반대했다. 트럼프도 이 노선에 있는 사람으로, 따라서 아이솔레이셔니스트이다. 미국이 외국에 군대를 파견하여 외국을 지배한다는 생각에 반대한다. 단 트럼프는 어조를 약간 낮춰서, "나는 아이솔레이셔니스트는 아니고 '아메리카 퍼스트!'이다."라는 표현을 썼다.

이에 대해 '미국은 여러 외국을 적극적으로 구제하기 위해 미군을 파견해야 한다'는 입장이 있다. 이것은 개입주의(인터벤셔니즘 interventionism)이다. '미국은 전 세계에 독재체제와 전란에 허덕이고 있는 사람들을 도우러 가야 한다'는 것이다.

이 외국에의 적극적인 개입주의자(인터벤셔니트)가 바로 힐러리의 입장이다. 힐러리를 강력하게 지지하고 있는 네오콘(신보주의)의 세력이다.

그런데 아이솔레이셔니즘을 고립주의라고 번역하는 것은 잘못된 것이고, '국내문제 우선주의'라고 번역해야 맞다.

전 세계(약 200개국)의 각 나라는 그 나라가 독재국가이든 가난한 국가이든, 이상한 지도자가 있든 말든, 그 나라 국민의 문제이다. 미국이 일일이 간섭하고 개입하여 세계의 지도자를 연기할 필요는 없다는 생각이다.

그렇게 주장하며 싸운 미국 정치가가 많이 있다. 미국에는 이제 그런 여유는 없다고 트럼프는 더욱 분명하게 말하고 있다.

앞에서 말했듯이 트럼프는 '아메리카 퍼스트'(I'm 'America First')라고 말했다.

트럼프는 4월 19일 수도 워싱턴에서 '외교연설'을 했다. 주최한 것은 네오콘파 언론지 '내셔널 인터레스트'사였다. 여기서 트럼프는 "America First, will be the major and overriding theme of my administration."(아메리카 퍼스트가 내가 만드는 정권에서 가장 중요한 최우선 방침이다)이라고 명언했다.

다시 말하지만 이 '아메리카 퍼스트!'라는 말은 '아메리카가 최고'라는 의미가 아니다. '미국의 국내문제가 우선. 외국은 그 다음'이라는 의미이다.

이것을 최근에 '미국 제일주의'라고 번역한 신문기자도 있다. 그러

'America First!' 미국 국내 문제가 우선이라는 의미다.

나 그것으로는 의미가 분명하지 않다. 무엇이 제일인지 알 수 없는 것이다. 그래서 '미국의 국익이 제일이라는 의미'라고 비틀어서 사용하려 하고 있다. 확실히 트럼프가 자신이 네오콘이나 이스라엘 세력에 대해 약간 의식하여 그렇게 사용하려는 것이다.

그러나 '아메리카 퍼스트!'는 결코 '미국의 국익을 중시한다'는 의미가 아니다. '미국 국내문제가 첫째(퍼스트). 외국은 두 번째(세컨더리)'라는 의미이다. 그러므로 적어도 '미국국내 제일주의'라고 번역해야 한다. 그렇게 하지 않으면 올바르게 이해할 수가 없다.

이 '아메리카 퍼스트!'라는 말을 맨처음 사용한 것은 '하늘의 영웅' 찰스 린드버그였다. 린드버그는 비행기 조종으로 각광을 받은 영웅이었다. 언제 추락사할지 모르는 위험을 무릅쓰고 두려움 없이 하늘을 누볐기 때문이다.

린드버그(1902~1074)는 미국의 제2차 세계대전 참전에 반대했다. 그때 '외국일에 관여하지 말라' '미국의 아들들을 외국의 전쟁에서 죽게 하지 말라'면서 이 말을 한 것이다.

트럼프는 이 찰스 린드버그의 '아메리카 퍼스트!' 사상으로 다시 돌아간 것이다. 그래서 트럼프는 "나는 아메리카 퍼스트(국내문제 우선주의)를 나의 외교정책의 기본에 둘 것이다"라고 선언했다. 2016년 3월 21일 AIPAC에서의 연설에서도 그렇게 주장했다.

미국은 외국을 지배하지 않고 미국 국내에서 평화롭게 살아가자는 생각이다. 미국의 청년들이 군인이 되어 외국에서 죽는 일은 더이상 없어야 한다는 것이다. 이것이 바로 아이솔레이셔니즘(미국 국내문제 우선주의. ×고립주의)이다.

미국이 제2차 세계대전에 참전했을 때의 대통령이 프랭클린 루즈벨트 대통령이다. 그는 록펠러 재벌의 충실한 부하로, 글로벌리스트(지구지배주의자) 그 자체이다. 그는 일본의 진주만 공격을 계기로 미국의 참전을 결의하고 유럽 전선에도 대군을 파병했다. 그때 영국의 처칠 수상은 회심의 미소를 지었다.

공화당의 제27대 대통령인 윌리엄 태프트의 아들 로버트 태프트 상원의원이 의회에서 아이솔레이셔니즘을 연설했다. 반(反)글로벌리스트인 동시에 보퓰리즘(vote+pulism. 대중영합정치)도 체현한 정치가이다.

또 한 사람, 앨프 랜든 상원의원(공화당. 캔자스 주)이 있다. 그도 "미국은 유럽의 전쟁에 개입해서는 안 된다. 미국 젊은이들을 외국에서 죽게 만들 수는 없다"고 계속 주장해 왔다. 그들이 미국 민중의 진정한 대표였던 것이다.

중요한 것은 전쟁 전의 공화당원들의 대부분이 아이솔레이셔니스트였다는 사실이다.

미국 공화당은 본디 보수적인 지방 중소기업이나 농장경영자가 만들고 키운 정당이다. '컨트리클럽' 속에서 태어난 정당이다. 컨트리클럽이란 지방의 명사들을 회원으로 거느린 친목단체이다. '골프장이나 테니스코트를 소유하고 볼링과 춤을 즐긴다.

여기에 모이는 보수적인 소규모 경영자층은 본디 외부세계인 외국에 대해 흥미가 적다. 그들은 미국 국내에서 자신들의 장사가 잘 되기만 하면 그뿐이다.

이 본디 공화당 지지층의 중심인 농장주와 중소기업 경영자들은 자신들의 주변 생활 위주로 생각하기 때문에, 외국에는 그다지 관심을 갖지 않았다.

그들은 미국이 세계에 나가서 전 세계를 '돈(다국적기업)과 군사력'으로 지배하는 '지구지배주의(글로벌리즘)'에 반대했다. 글로벌리스트 globalist는 힐러리 등을 가리키며 글자 그대로 지구지배주의자이고 외국에 대한 개입주의자이다.

게다가 전쟁을 하면 돈이 굉장히 많이 든다. 재정지출을 무엇보다 두려워하는 것이 그들 공화당원들이다. 그러므로 트럼프가 새롭게 꺼낸 '아메리카 퍼스트!'=아이솔레이셔니즘은 공화당의 전통이다.

Listen, Yankee!
트럼프 대통령에게 무서운 세계전략이 있다

트럼프는 오바마 대통령이 주도한 타협의 산물인 이란과의 핵협약을 '파기한다'고 무모한 발언을 했다.

일단 국가끼리 맺은 약속을 무효로 하는 것은 선진국에서는 있어서는 안 되는 얘기이므로 허공에다 대고 외치는 것과 같은 행위이지만, 외교적 상식이 부족한 대중에게는 먹혀든다. 미국인의 대부분은 이란에 불만을 품고 있기 때문이다.

오바마의 결정 직후에, "그건 나쁜 결정이며 이스라엘의 안전을 위협한다"고 네타냐후 수상은 반박했다. 애초에 이슬람교도의 미국 입국을 금지하겠다고 공언한 트럼프이므로 호전적인 무뢰한으로 오해받기 쉬운 데다, 트럼프가 주장하는 미국의 세계전략은 실현 가능성보다는 현실주의 정책을 내걸고 있다(참고로 힐러리 후보도 오바마의 이란과의 화해 정책에 두 팔 벌려 환영을 표하지는 않으며, 3월 21일의 이스라엘 로비와의 간담에서 명확하게 이스라엘과의 동맹관계 진전을 강조했다).

중국과 짐바브웨, 수단 등의 독재체제를 시정하게 하고, 시장을 개방하게 하는 데는 경제발전이 최고라고 생각하는 것은 미국 전통의 국가의지이기도 하다. 그러므로 미국은 쿠바와도 졸속이라는 비판을 들으면서도 국교를 회복했고, 오바마는 남미역방의 첫날에 하바나를 방문했다.

트럼프의 중국인식은 무엇인가

"2000년, 클린턴 정권 후기에 미국은 중국의 WTO 가입을 인정했다. 농업에서 통신기기, 자동차에서 항공기까지 미국 제품의 중국시장 접근이 늘어나기 때문에, 이 거래는 미국에 도움이 된다고 클린턴 대통령은 말했다. 그러나 실제로는 중국과의 무역 접근 때문에 미국은 50만 개 공장이 문을 닫았다. 클린턴이 말한 것은 모두 거짓말이었다."

이렇게 말한 것은 도널드 트럼프의 중국에 대한 연설의 일부이다. 트럼프는 중국에 대해 과격한 어휘를 선택하면서 다음과 같이 계속한다.

"중국과의 통상 실패가 대표하듯이 워싱턴의 정치가가 한 일은 미국 경제의 실패로 이어졌다. 중국과의 교섭에서 필요한 것은 강인한 교섭력과 리더십이다. 월가의 권익뿐만 아니라 미국의 노동자와 제조자의 이익을 보호하기 위해 중국과 다시 끈질긴 교섭을 해야한다."

트럼프의 중국론은 추상론이기는 하지만 이해하기 쉬운 비판이다. 단순하게 중국을 가상의 적으로 만들어버림으로써 노동자와 일반 납세자에게 호소하는 파워가 있다.

또한 트럼프의 자유무역론은 이런 것이다.

"우리는 보호주의와 블록 경제를 지향하고 있지 않다. 그러나 미국의 공업력 쇠퇴에 두손 놓고 구경만 하고 있을 수는 없다. 위대한 미국의 재건이 중요하며, 자유무역 이전에 공정함이 필요하다. 공정한 자유무역이란, 중국도 미국과 같은 수준의 문호개방을 이행해야 하며 그렇게 하면 미국의 노동과 제조업을 해외로 이동시키지 않아도 자국 내에서 생산, 노동에 종사할 수 있다. 그것이 바로 미국의 국익이 아니겠는가."

트럼프의 이 말은 월가와 공화당 주류파, 무역자유주의, 즉 글로벌리즘의 신봉자에게 배척당했다. 그 이유는 알 수 없다.

오바마 대통령과 다른 현실주의 인식

트럼프는 '이라크 후세인과 리비아 카다피가 힘으로 국가를 다스리고 있던 시대에는, 중동은 안정되어 있었다'고 인식하고 있다.

물론 트럼프는 자유주의 입장에서 법치, 인권 및 민주주의로 이끄는 것이야말로 궁극적으로는 미국의 국익이 된다고 보고 있다. 단, 국익의 개념은 실제로 군사적 위협을 받은 경우에 그것을 배제하는 것에만 한정된다는 현실주의에 입각한 것이다.

국제정치의 현실주의자로서 맨 먼저 떠오르는 사람은 닉슨 정권 하의 안전보장 담당 대통령보좌관이었던 키신저로, 동서냉전 중에도 군사적 균형을 유지하는 것이 우선과제여서 '자유, 인권, 민주, 법치'는 뒷전에 두고, 소련을 쓰러뜨리기 위해서는 중국과 손을 잡는 것도 불사하는 타산적인 전략을 실행했다. 1971년 닉슨쇼크라고 불린 중국방문은 동맹국들을 놀라게 하고, 온 세계에 충격을 주었다.

기축의 전환으로 지각변동을 수반하는 국제질서의 변혁으로 이어져서 닉슨 정권 이후 그토록 극적인 피벗 외교를 행사한 대통령은 없었다.

오바마는 이란과 화해하고 쿠바와 국교를 정상화했지만, 미국의 국익을 위한 타산이라기보다는 치적 만들기를 서두른 개인적 야심이라는 동기가 더 강하며, 미국 국민이 모두 환영한 것은 아니었다.

오바마 정권은 '아랍의 봄'을 뒤에서 부채질하면서 튀니지, 리비아를 무정부상태로 만들고, 시리아를 시체투성이의 폐허로 만들었다.

사우디아라비아에 불신감을 주고, 적국 이란과 무원칙적 타협을 해서라도 치적 만들기에 열중했다. 그리고 중동은 테러리즘의 광풍

트럼프의 자유무역론 중국도 미국과 같은 수준의 문호를 개방해야 한다.

에 휩쓸려 상상을 초월하는 무질서상태에 빠졌고, 미국의 위신을 완전히 떨어뜨렸다.

트럼프의 리얼리즘 인식은 '강한 지도자가 이끄는 나라는 민주적이지 않더라도 안정적으로 성장할 수 있다'고 본다. 그래서 러시아의 푸틴을 찬양하고 있다. 오바마와는 세계관이 180도로 다른 것이다.

오바마의 무능함이 드러난 중동전략

첫째로, 러시아는 과거의 군사작전의 실패를 교훈으로 '제2의 아프가니스탄'이 되는 사태를 피하고 있는 것이 명백하다. 그래서 3월 중순에 러시아군은 부랴부랴 시리아에서 철수하기 시작했다.

두 번째로, 골란고원의 오스트리아군 철수와 시리아 화학무기 문제에서 러시아의 중개로 구미가 애먹고 있던 문제를 해결시켜 그것이 푸틴의 정치적 공적이 되었듯이, 푸틴이 노리는 것은 '최소의 개입으로 최대의 정치효과'를 올리는 일이다.

세 번째로, 미국의 서투른 작전과 추태가 대조를 이루고 있다.

이것 또한 오바마 대통령의 무능으로 귀결되는 문제이지만(《월스트리트 저널》은 오바마를 '믿을 수 없을 만큼 무능하다'고 썼다), 사담 후세인 체제를 타도한 뒤, 미군이 애써 키운 이라크 정부군은 무용지물이 되어 42억 달러나 되는 예산을 쏟아 부어 최신무기를 주었는데도 IS의 습격 앞에서 달아나버렸다. 뿐만 아니라 애지중지하던 하이테크 무기를 두 눈 뜨고도 IS에게 노획당하는 행태를 드러냈다. 게다가 미군이 시리아 반정부군의 훈련을 했음에도 아무 효과가 없었다.

네 번째로, 러시아에 있어서 시리아에 대한 군사개입은 자국의 안전보장과 직결되는 문제이다.

IS의 병력은 7천명이라고도 하고 2만명이라고도 하는데, 체첸의 이슬람 과격파를 필두로 북카프카스 및 중앙아시아 각국에서 테러 그룹에 가담한 자들이 주력을 이루고 있다.

체첸에서 우즈베키스탄과 타지키스탄, 키르기스에서 IS병사가 육로로 터키루트를 통해 전지(戰地)에 잠입하고 있다. 따라서 러시아에는 IS의 주력을 격파하는 것이 자국의 안전보장과 직결되는 일이다.

다섯 번째로, 러시아는 시리아를 경유하여 레바논, 키프로스, 이스라엘을 향해 가스를 수송하는 것으로 경제적 이익을 올리고 있어, 시리아에 해군기지를 건설하여 전략적 거점을 확보 강화하는 것은 유익한 일이다.

이 문맥에서 판단하면 '러시아의 개입으로 석유와 가스 가격이 올라간다'고 예측할 수 있다. 실제로 연초 이래 석유가격은 상승하고 있다.

파리 테러사건이 불러일으킨 변화

파리에서 테러사건이 연속적으로 일어난 뒤인 2016년 3월에, 벨기에에서 일어난 테러에 의해 완전히 흐름이 바뀌었다.

프랑스에서 르펜이 이끄는 '국민전선'이 제1당으로 올라서고, EU 각국에서 좌익정권은 크게 후퇴했으며, 독일에서조차 '페기타'운동이 일어났고, 영국에서는 UKIP가 스코틀랜드 독립운동의 그늘에 가렸지만 세력이 발전되고 있다.

프랑스는 좌익정권이지만 네덜란드 대통령은 어쨌든 르펜의 움직임을 주시하면서 미묘하게 정책을 바꾸고 있는 것처럼, 오바마는 결국 아프간에 병력을 주둔시키지 않을 수 없게 되어, IS에 대한 공중폭격을 이제부터라도 속행하지 않을 수 없게 될 것이다.

대통령 예비선거는 이러한 이슈를 배경으로 프랑스의 르펜 약진 현상과 흡사한 트럼프 현상을 보면서 그 대응에 바빠지고 있다.

유럽은 아프리카와 중동에서의 난민을 거느린 가운데 이민 배척의 목소리가 점차 높아졌고, '끝까지 보호하겠다'고 주장한 메르켈 독일 수상의 인기는 갑자기 떨어지기 시작했다.

지금 유럽에서 일어나고 있는 미증유의 위기는, EU라는 역사적 사회실험이 와르르 무너지기 시작한 일이다. 테러와 난민, 재정과 방위, 그리고 국수주의의 부활 등이다.

시리아 내전에서 IS의 테러리즘이 날뛰고, 터키가 난민을 그리스로 쫓아내어 무려 100만 명 남짓되는 사람들이 그리스의 외딴섬과 육로를 거치고 마케도니아, 몬테네그로, 코소보, 크로아티아 등을 거쳐 세르비아에서 헝가리로 입경하여 최종적으로는 독일로 향하고 있다.

이것은 터키가 EU에 대한 보복을 담아 규제를 풀었기 때문이다. 이스탄불은 서쪽에 등을 돌리고 이슬람으로 회귀했으며 러시아와 대치하기 시작했다.

독일에서는 '난민 신청'을 하면 심사하는 기간 동안 식사 외에 용돈까지 지급되고, 그 외에 의료도 무료로 제공된다. 또 어학연수 센터도 개설되었지만 독일어 습득은 그리 미덥지 않다. 그러면서도 난민으로 인정받지 못하더라도 강제송환되지는 않는다.

독일재계는 처음에는 부족한 노동력을 보충할 수 있다고 은근히 좋아했지만, 이제는 그런 말을 하고 있을 수가 없게 되었다. 독일에만 100만 명의 난민들이 메뚜기떼처럼 몰려오자 결국 주변 나라에 난민을 할당하려는 움직임으로 전개되었다. 따라서 독일을 비난하는 목소리가 커지고 있다.

독일은 이민문제에 민감해지고 헝가리, 네덜란드에서는 우파 정권이 탄생했으며, 영국에는 UKIP, 프랑스는 국민전선이 제1당으로 약진하고, 독일에서도 페기타 운동이 일어나 활기를 띠고 있다. 난민 캠프에 대한 방화사건도 끊이지 않고 있다.

프랑스가 비상사태를 선언하고, 마치 바이마르 체제라는 민주주의 아래에서 히틀러가 탄생한 것처럼 올랑드 프랑스 대통령은 이민 배척의 색깔이 짙은 정책으로 전환하고 IS 공중폭격에 참가해, 항공모함 샤를드골을 시리아 앞바다 쪽으로 이동했다. 독일은 정찰기와 아울러 지상부대를 파견했지만 반대의 목소리는 소수였다.

'세계 경찰'에서 물러난 미국

오바마는 맥없이 아프간과 이라크에서 미군을 철수시켰다.

그러고는 이따금 생각나면 미군을 증파하거나 축소 파견하겠다고 했다가 또 그건 중지한다고 말하기도 한다. 외교전략이 가을바람처럼 이리저리 바뀌는, 그야말로 불안정한 요철노선이다. 지역을 안정화시키겠다면서 군사 개입한 아프가니스탄과 이라크를 거꾸로 불안정한 상태로 만들고 시리아 내전을 격화시켰다.

1년 전까지 오바마는 러시아의 군사력을 매도하면서 "약한 군사력이고, 러시아는 지역적 파워에 지나지 않는다"고 공언했다.

푸틴은 조롱하듯이 미국의 위신저하를 비꼬며 이렇게 말했다.

"어느 날 갑자기 손에 들어온 세계의 지배권을 현명하게 활용하지 못하고 다양한 실패를 저지른 벼락부자" "말을 듣지 않는 나라에는 무력행사, 경제적 압력, 내정간섭을 시도하면서 전 세계를 감시하는 데 거액의 돈을 쓰고 있다"

러시아는 시리아 반체제파에 대한 공중폭격과 터키의 러시아기 격추에 보복을 자중하면서도, 시리아 영공을 통제하는 S400시스템을 도입했기 때문에 터키 등 NATO(북대서양조약기구)가 바라는 '비행금지구역'의 설정은 불가능해졌다.

오바마 발언은 이러한 현실을 인식한 것으로, "그러나 시리아의 안정과 질서회복이라는 목표는 군사력으로는 달성되지 않는다."고 말을 이었다.

그리하여 오바마의 오락가락하는 자세와 임기응변적인 시책에 의해 세계는 불안정해졌고, 러시아의 군사정치가 존중되는 한편, 중국이 무서운 세력으로 급부상하고 있다.

Listen, Yankee!
'트럼프 독트린'이란 무엇?

도널드 트럼프는 정권을 굳히는 인사로서, 치열하게 선거전을 치른 루비오와 크루즈를 각료로 받아들일 가능성이 있다. 아니면 케이시크 같은 베테랑 정치가를 백악관에 배치할 것이다. 그것은 그가 "나는 정치가가 아니다. 그러므로 정치가가 필요하다" 되풀이 말하는 것처럼, 주위를 정권통의 베테랑으로 굳혀 정권운영을 원활하게 할 것이다. 특히 국무장관에는 국제정세에 정통한 인물, 국방장관은 펜타곤이 납득할 수 있는 인물, 그리고 재무장관은 월가에서 오랫동안 일해 온 금융통 가운데 선출할 것이다.

그러므로 난민문제, 불법이민에 대해서는 어떻게 할까?

오바마는 종종 의회의 반대를 무릅쓰고 대통령 명령으로 정책을 강행하려 했지만, 결국은 의회의 맹렬한 반대로 몇 가지 제안이 무산되고 말았다.

트럼프도 경우에 따라서는 대통령 명령으로 의회의 의향을 무시하는 행위로 나올지도 모르지만, 난민문제나 불법이민은 미국에 1400만명이나 존재하고 있어 이미 기득권층이기도 하고, 강력한 로비집단이 있어서 단시일에는 해결할 수 없을 것이다.

외교에서는 이란과 중국에 대해 어떻게 할까.

이란과의 핵합의, 제재 해제에 대해 트럼프는 반대의 입장을 분명히 하고 있어 이란과의 재교섭이 예상된다.

중국과는 무역마찰을 눈앞에 두고, 트럼프는 "내가 대통령이 되면 첫날에 중국을 '환율조작국'으로 규정하겠다" 발언하고 "중국 수입품에는 45%의 관세를 물리겠다" 외쳐왔다.

남중국해의 계쟁에 대해서는 미군의 존재를 높이려고 도모하는 것 외에 구체적으로 눈에 띄는 발언은 없다. 그러나 '위대한 미국을 재현하겠다' 외치는 이상, 오바마 정권처럼 미온적인 태도로 임하지는 않을 것이다.

또 러시아, 시리아, 북한 등에는 강경자세로 나오겠지만 실속은 애매하고, 트럼프는 '개인적으로 푸틴과는 마음이 잘 맞다' 말하거나, 오바마의 쿠바에 대한 급격한 경사에도 뚜렷하게 반대하고 있지는 않다. 문제는 관타나모 기지 반환에 제동을 걸 것인가 하는 정도일 것이다.

이슬람 배격은 포퓰리즘의 극단적인 표현이지만, 애초에 이민들의 연방국가가 미국이고 WASP가 주류라는 생각은 아예 없다. 설령 트럼프 취향의 대법관 인사가 되더라도, 이슬람 배격이라는 극단적인 정책을 실행할 수 없다는 것은 트럼프 자신이 잘 인식하고 있을 것이다.

이상의 시나리오를 영국신문이 그려내고 있는데, 문제는 트럼프의 승리를, 미국의 정치통뿐만 아니라 형제인 영국의 미디어도 심각하게 인식하기 시작했다는 사실에 주목해야 한다.

트럼프에게 냉랭한 미디어와 공화당 보수파

할리우드 영화배우 중에서도 조지 클루니, 맷 데이먼, 스파이크 리는 분명하게 대통령 후보인 도널드 트럼프를 비판하고 있다.

클루니는 '트럼프는 파시스트'라 단언했고, 제인 폰다는 '트럼프는 NO'라는 사이트에 서명했다.

할리우드에는 비교적 민주당 지지자가 많다. 공화당 지지자는 실베스타 스탤론이나, 슈왈제네거, 권투선수 마이크 타이슨 정도밖에 없다.

미국의 저널리즘은 (서구의 미디어도 그렇지만) 7할 이상이 민주당을 지지하는 진보파로, 처음부터 편광 프리즘을 통해서만 트럼프를 봤다. 서구와 영국의 신문 등도 마찬가지다. 진보주의의 현대적 해석은 글로벌리즘이므로, 그들은 처음부터 트럼프에 대한 모멸로 가득하여 의견에 진지하게 귀를 기울이려 하지 않는다.

그렇다고 공화당이 트럼프를 전면적으로 지원하고 있는 것은 아니며 당 중추와 보수본류는 이길 수 있는 다른 후보를 물색했다.

지금도 트럼프에게는 매우 냉랭하며, 활동적인 보수파 진영은 티파티(정부의 건전한 재정 운영을 위한 세금감시 운동을 펼치는 미국의 보수단체)를 위시하여 네오콘도 테드 크루즈를 밀었다.

처음에 크루즈를 싫어한 보수본류도 미니 수퍼화요일 뒤에 루비오가 사퇴하자 케이시크나 크루즈로 일원화하려고 했다. 그리고 미트 롬니 등은 3월 19일에 입장을 바꿔, 지난날 대립했던 크루즈를 추천하는 입장으로 돌아선다. 롬니는 유타 주가 본고장인 몰몬교도로 유타에서 트럼프를 떨어뜨리면, 대의원수로는 트럼프가 공화당 대회까지 후보자가 될 수 없게 된다. 당대회에서 역전을 노린다는 전략 아래 롬니가 움직이기 시작했고, 그 때문에 유타 주에서는 크루즈가 이겼다.

어쨌든 대통령 예비선거의 생각지 못한 전개로 공화당 고층부, 특히 공론가나 중진들의 위기감은 상상 이상이었다. 애초에 공화당의 이스태블리시먼트는 '트럼프가 싫은 것'이다. 느닷없는 아웃사이더의 출현은 그들에게는 달갑지 않은 일인 듯하다.

'네오콘'의 총수격이었던 어빈 크리스토프의 아들 윌리엄 크리스

티파티 운동 오바마 정권과 대치한 공화당의 정치운동이었다.

토퍼는 "그가 정식 후보가 된다면 우리는 독립정당을 만들어 도전해야 한다" 강조했다. 애초에 트럼프에게는 대통령에 될 자격이 없다고 단정한 것이다. 그러나 어빈은 전 트로츠키스트, 네오콘의 논객 로버트 케이건은 부인이 우크라이나 정변 이면에서 포로셴코 대통령 옹립에 움직인 것이 탄로나서 워싱턴에서는 그다지 신용을 얻지 못했다. 즉 네오콘이 부시 주니어 시대에 '전성시대'를 구가하듯이 체이니 부통령을 업고 중동과 남아시아에서 전개한 일은 민주당 노선의 네거필름에 지나지 않기 때문이다.

네오콘을 대신하여, 2014년 무렵부터 티파티(정부의 건전한 재정 운영을 위한 세금감시 운동을 펼치는 미국의 보수단체)가 주목받은 건 오바마 정권과 대치한 공화당 내부에서의 정치운동이었다.

"큰 정부가 더욱 더 커진 것에 대한 반발이 확산되었다. 그 반발은 공화당 지지자 가운데 '풀뿌리 조직' 같은 스타일로 팽배하게 끌어 올랐던 티파티 운동으로 전개되었다. 그것은 2010년 중반에는 이미 무시할 수 없는 국민운동의 양상을 드러내어, 보수계의 FOX 텔레비전은 빈번하게 그들의 활동을 보도했다. (중략) 공통되는 주장은, '규율이 있는 재정' '작은 정부' 그리고 '규제가 적은 시장재생'이다. 이것은 프랭클린 루즈벨트 대통령 이전, 즉 그가 실시한 뉴딜 이전의 미국으로 돌아가야 한다는 주장이다. 이 주장을 역사적 시점에서 검증하려면, 루즈벨트가 실시한 내정과 외교의 재검토를 피할 수 없다."

즉 뉴딜은 막대한 자금을 뿌렸고, 그 혜택을 입은 것은 권력에 가까운 사람들이었으며, 이 실태를 은폐하기 위해 루즈벨트는 유럽의 전쟁에 간섭했다.

티파티는 그러한 민주당의 전통적인 이름인 '큰 정부'에 분명하게 반대했다.

1995년부터 99년까지 하원의장 자리에 있었던 의회의 망나니 뉴트 킹그리치는 "트럼프나 크루즈나 공화당 보수본류에 대한 불신을 상징하는 자들로, 그들이 트럼프를 받아들이면, 1964년의 골드워터 참패로 이어지거나, 아니면 1980년의 레이건 압도적 승리의 양자택일이 된다. 잊었을지도 모르지만 그 80년 선거에서 공화당 주류는 레이건을 싫어했다. 하지만 레이건이 나중에(예측과 다르게) 명대통령이 되자 그를 싫어했던 것은 싹 잊어버렸다."

그리하여 뉴트 킹그리치는 굳이 따지자면 트럼프 용인파이다.

"그런 자가 대통령이 되면 미국은 어떻게 되겠는가?" 이런 우려는 레이건 때도 있었다.

AEI(아메리칸 엔터프라이스 인스티튜드)의 부이사장 대니얼 플렛

트럼프를 지지한 뉴트 킹그리치 전 연방하원 의장

카는 다음과 같이 말했다(AEI는 공화당계의 유력한 싱크탱크이다).

"5년 전, 트럼프는 민주당에 기부를 했다. 그는 자유무역을 반대하고, 이민과 이슬람을 미워하며, 조지 부시의 시책에 반대해 왔다. 그런데 왜 그가 공화당인가?

그가 대통령이 되면 끔찍한 8년이 될 것이 뻔하다. 그러므로 만약 트럼프가 정식후보로 결정되면, 우리는 제3당을 만들어야 한다."

세계의 변혁에 대한 청사진이 없다?

AEI는 차기 정권에 유력 제작진을 들여보낼 계획임을 보여줬지만, 그것은 트럼프가 아닌 다른 사람이 후보가 된다는 전제에서였다.

에릭 칸터 전 하원 원내총무는 트럼프에 대해 더욱 단호하다.

"트럼프는 보수주의자가 아니다. 그가 하는 말은 국가안전보장을 취약하게 할 뿐 아니라 경제를 망친다. 그의 움직임을 저지해야 한다……"

아리 플레이처(부시 정권 전기의 백악관 대변인)는 트럼프가 공화당을 파괴할 것이라고 예측했다.

"미국은 셋으로 갈라질 것이다. 첫 번째는 힐러리와 샌더스가 이끄는 진보 집단. 두 번째는 크루즈와 라이언 하원총무로 이끄는 보수집단. 그리고 세 번째가 포퓰리스트 집단이다. 후자는 확고한 이데올로기가 전혀 없이 지도자의 개성과 인기만으로 움직인다."

그러고 보면, 공화당내에 레이건 시대처럼 활발하게 다음 미국의 세계전략을 논하는 분위기가 없다. 정치환경의 열화가 뚜렷하다.

중요한 것은 후보자가 앞으로 세계를 어떻게 변혁할 것인가 하는 장대한 청사진을 보여주어야 하는데, 그것을 들려주는 자가 아무도 없지 않은가.

레이건처럼 '소련은 악의 제국'이라 말하며 대치한 세계관은 당연히 '중국은 악의 제국'이라는 것으로 바뀌어, 맹렬한 중국비판 속에 아시아를 어떻게 변혁할 것인가 하는 큰 그림도 보이지 않고 있다.

이렇게 생각해 보면 소련이 붕괴한 뒤, 소련권으로 일컬어지는 동유럽 각국의 신속한 민주화와 NATO, EU 가맹 등의 격렬한 움직임이 뇌리에 떠오르지 않을 수 없다.

트럼프 또는 힐러리가 이러한 지각변동적인 레이건의 혁명을 재현시키는 것은 이미 불가능하지 않을까.

유럽이 맞닥뜨린 테러리즘과 난민문제
유럽은 테러리즘과 난민문제로 비명을 지르는 가운데 새로운 국면을 맞이했다. 그 비통한 외침이 아득히 바다 건너 우리의 귓전을 때리는 것만 같다.

독일을 향하는 시리아 난민은 100만 명을 넘어섰다.

메르켈 수상도 독일만 희생되는 일은 피하고 싶다며 다른 EU 가맹국에 난민수용의 틀을 마련할 것을 요청했고, 각국은 이에 반발해 EU 전체의 조화가 크게 흔들렸다. 불법이민의 배척을 호소하는 우파 세력은 네덜란드와 헝가리, 그리고 프랑스에서 크게 약진했으며 체코에서도 급진하고 있다.

체코의 제만 대통령은 15년 12월 26일, 난민의 유입은 '조직적인 침략'이라고 맹렬하게 비난하며 수용을 거부하고 나섰다.

제만 대통령은 국민에게 보내는 크리스마스 메시지에서 '난민은 건강한 젊은이들이 대부분인데, 그들은 귀국하여 IS와 싸워야 하지 않겠느냐' 목소리를 높였다. "조국에서 달아남으로써 오히려 IS를 강화시키고 있다. 왜 자유를 위해 싸우지 않는가."(이 주장의 반대가 트럼프의 이민배척으로 이어진다). 이웃인 헝가리도 같은 태도를 취하고 있다. 불가리아와 루마니아도 마찬가지다.

IS의 테러는 구미 전역으로 확대되어, 체코의 이웃인 오스트리아도 엄중한 경계태세이고, 난민이 통과지로 이용하지만 영주를 피하는 발칸 반도의 옛 유고슬라비아 각국은 난민에 섞여드는 테러리스트를 극도로 경계하며 국경 경비를 강화했다.

벨기에와 프랑스뿐만 아니라, 이를테면 보스니아에서도 테러 정보를 토대로 용의자들을 체포했다. 그래도 3월 22일의 벨기에 테러는 피할 수 없었다.

Listen, Yankee!
난 현실주의자, 미치광이가 아냐

내가 트럼프와 알고 지내게 된 계기는 이러하다. 25년 전, 미국 뉴저지 주 아틀란틱 시티에서 그의 카지노 사업이 파산되었을 무렵이었다. 나는 그 당시 미국 투자 그룹 '로스차일드'에서 매니징 디렉터 일을 하고 있었으며 경영진을 대표하는 입장으로 재건 교섭에 임했다. 그로부터 2년 동안, 나는 트럼프에게 조언을 해주는 역할을 하게 되었다. 그래서 그가 곤란한 상황에 처해있던 때를 잘 알고 있다. 그에게 있어서 그 시기가 가장 밑바닥을 경험하는 시기였을지도 모른다.

그 무렵, 우리가 안고 있던 가장 큰 문제는 트럼프에게 그대로 카지노 사업을 맡겨도 되겠는가였다. 기업이 파탄하게 되면 새로운 인물을 그 리더 자리에 앉히는 게 보통이다. 그러나 그 때에는 그대로 위임하는 길을 택했다. 그가 애틀란틱 시티에서 보여준 대중과 관계를 이루는 방법을 직접 보았기 때문이다.

내가 처음 애틀란틱 시티에 있는 트럼프의 카지노를 방문했을 때에는 뉴욕에서부터 트럼프의 전용 헬리콥터를 트럼프와 함께 타고 갔다. 그 헬리콥터에는 여성들이 손톱에 자주 바르는 매니큐어 색인 빨간색으로 'Trump' 이렇게 쓰여 있었다. 카지노 건물 바로 옆에 착륙하여 우리를 데리러 나온 차에 타고 나니, 그 주위에 있던 사람들이 트럼프가 온 것을 알아차리고 눈깜짝할 사이에 인산인해를 이루었다. '도널드다, 도널드가 왔어!' 소리치며 소동이 일어났다. 카지노 건물에 이르렀을 때에도 같은 상황이 펼쳐져 트럼프의 사인을 받으려 사람들이 마구 몰려들었다. 등이 깊게 파인 드레스를 입은 한 여성이 트럼프에게 다가와 등에 사인을 해달라고 부탁했다. 그곳에 사인을 받는다고 해서 무슨 소용이 있겠나, 싶었지만 트럼프의 인기를 보고 그에 대한 생각이 바뀌었다. 파산을 한 카지노 수익률은 그리 낮아지지 않았고 귀중한 단골손님이라 할 수 있는 고위층 고객들도 여전히 이곳을 찾았다. 이 경험으로 그가 어떻게 대중들의 지지를 받을 수 있었는지를 이해할 수 있었고 그에게 카지노 사업을 그대로 맡긴 이유이기도 하며 그에 대한 인상 또한 크게 바뀌었다. 나는 부동산 사업도 하고 있기 때문에 트럼프는 뉴욕에서 내 경쟁 상대이기도 하다. 그래서 그가 이 업계에서 어떤 존재인지를 잘 이해하고 있다.

그의 대처 능력은 참으로 독특하며 부동산 사업에서 자신의 이름을 브랜드화 시키는 일에 성공한 최초의 인물이라 할 수 있다. 오피스 빌딩에 '트럼프' 이름을 새기는 것만으로도 그 주위 건물들보다 그 가치가 올라간다. 그의 이름을 새긴 맨션은 집세가 올라갔으며 이와 함께 매출 또한 올라갔다. 이는 참으로 엄청난 일이다. 다른 동업자들 또한 트럼프의 이런 판매 방법을 계속해서 시도해왔지만 트럼프만큼 세계적인수준에까지 이른 사람은 아무도 없었다.

맨해튼 센트럴 파크에 있는 스케이트 아이스링크는 그의 손으로 새롭게 다시 만들어졌다. 뉴욕시가 1980년대에 몇 년 동안 공들여 수리하다가 끝내 공사에 실패한 것을 트럼프가 '제가 새로 다시 만들어보겠습니다' 이렇게 말하면서 지출을 감수하고 반년 만에 만들어냈다. 많은 돈과 시간을 낭비한 공동산업 문제를 한 번에 해결한 것이다. 이곳 아이스링크는 오늘날까지도 아이들에게 큰 인기를 끌고 있다. 그의 공공심 가득한 이 행동은 칭찬받을 만하며, 트럼프의 다른 면을 볼 수가 있다.

그처럼 플로리다 고급 별장촌에 집을 가지게 되면서 비즈니스 뿐만이 아니라 개인적으로 만나기도 하였다. 잘 모르고 있던 사실은, 그가 독지가(篤志家)라는 것이었다. 그는 고급 별장촌에서 가끔씩 자선 이벤트를 개최하기도 했다. 트럼프 자신이 거액의 돈을 들여 기부를 하는 것이다. 상이군인, 경찰관을 지원하는 일에도 너무나 열정적이다. 그를 공격하는 조사보도 측 사람들은 무척 많지만 그의 이러한 독지가의 모습이 보도된 적은 한 번도 없다.

확실히 그는 파산을 경험했다. 온갖 문제들을 안고 있는 것 또한 사실이다. 그러나 총합적으로 보면, 그는 성공한 인물이라고 할 수 있다. 그의 자산이 50억 달러라는 설도 있고 '월스트리트 저널'은 30억 달러라는 보도를 했고, 트럼프 자신은 100억 달러의 가치가 있다고 말하지만 그 액수는 그리 중요치 않다. 이 모든 액수만으로도 실로 어마어마하지 않은가. 게다가 그는 본디 이만큼의 액수만 있는 것은 아니다. 그의 아버지 프레드 트럼프는 분명 성공한 부동산 업자였지만, 뉴욕에서 보면 그렇게 크게 성공한 건 아니었다. 굳이 말하자면 '중간급'이라 할 수 있다.

트럼프는 과격한 발언을 마구 쏟아내는 인물로 알려져 있다. 멕시코 국경에 만리장성을 쌓고 이슬람교도를 입국 금지시키자는 주장을 펼쳤다. 그에게 미국 대통령이 될 만한 역량이 있을까? 좋은 대통령이 되기 위한 최대의 과제는, 말할 것도 없이 당선이라 할 수 있다. 이런 점에서 보았을 때, 그는 선거전에서 엄청난 능력을 발휘하고 있지 않은가. 이제까지의 선거전을 위해 3천만 달러밖에 쓰지 않았다고 알려져 있지만 주요 정당 후보들 가운데 이만큼밖에 돈을 들이지 않은 후보는 과거에도 없었다. 자금 면에서 보자면 이제까지는

과격한 발언을 마구 쏟아내는 인물로 알려진 트럼프 그러나 그는 독지가였다.

참으로 신중하게 선거전에 임한다고 할 수 있을 것이다.

공화당 내 주류파(에스타브리슈멘트)가 트럼프에 대해 격분하는 이유도 여기에 있다. 사실 주류파는 고액의 청구를 해오는 정치 컨설턴트이기도 하면서 정치 자금을 모으는 담당자들이 대부분이다. 선거 담당자들도 높은 보수금을 받고 있는 입장인 것이다. 트럼프 진영은 이러한 주류파가 정한 선거 규칙을 깨버리고 그들에게 어떠한 보수금도 지불하고 있지 않다. 트럼프가 그들의 분노를 사는 것도 마땅하다고 할 수 있으리라.

그는 선전에도 그리 많은 돈을 쓰지 않았다. 미디어가 지적하듯이 '트럼프는 미디어의 힘을 그저 가져다 쓸 뿐이다'는 비판은 알맞지 않다. 미디어는 그를 호의적으로는 이야기하지 않으며, 그에 대한 기사는 많아도 그를 비판하는 내용이 더 많다. 오히려 이만큼밖에 안

되는 예산으로 선거전에서 잘 싸우고 있다는 평이 옳을 것이다.

이에 비해 민주당 힐러리 클린턴(전 국무장관)은 얼마 만큼의 자금을 쓰고 있는가. 그토록 많은 자금을 쓰고 있음에도 처음에는 어느 누구도 주목하지 않았던 버니 샌더스를 압도적으로 이기지 못했으니, 그 차이는 아주 분명하다고 할 수 있다. 다만 그가 내뱉은 정치적인 발언들을 보면 내 입장에서는 몇 가지 주장은 틀렸다고 밖에 말할 수 없다. 나는 그의 모든 주장을 찬성하지 않는다. 예를 들어, 한국과 일본이 핵무기를 개발할 수 있도록 허용하겠다는 주장은 말도 안 되는 주장이라 생각한다. 애초에 한국과 일본에서는 그 어떤 국민도 핵무기 보유를 원하지 않는다. 그것은 아무런 의미도 가지지 못하는 정책으로, 좋지 않은 생각이다.

일본과 중국이 옳지 않은 방법으로 환율 시세를 조종하고 있다는 주장 또한 틀렸다고 생각한다. 이는 트럼프에 제한된 게 아닌 정치가를 지지한다는 점에서 누구에게나 같은 입장이기 때문이다. 트럼프는 주로 백인 저소득층의 압도적인 지지를 받고 있다. 미국 내에서 백인 저소득층은 수십 년에 걸쳐 미국 정치에 대한 좋은 생각을 품고 있지 않았다. 트럼프는 이런 저소득층 사람들이 더 잘 먹고 잘 살 수 있을 방법을 강구하고 있다고 할 수 있다.

트럼프가 진심으로 하고 싶은 말은, 미국 고용률이 악화되고 있는 이유들 가운데 하나는 글로벌리제이션에 있다는 것이다. 노동자들에게 다른 나라와 더 나은 계약을 맺겠다고 주장할 뿐이다. 그는 현실주의자이며 국제무역에 대한 모든 것을 반대하고 있는 게 아니다. 비즈니스맨이라면 누구라도 무역을 필요로 한다는 것을 알고 있기 때문이다.

과격한 말과 행동을 일삼는 트럼프를 미디어는 계속해서 비판한다. 미디어를 보면, 그가 여성을 무시한다는 보도를 쉽게 찾을 수 있

힐러리는 선거자금을 얼마나 쓰고 있는가

는데 그가 그런 일을 한 장면을 직접 게재하지는 않았다. 그는 분명 여성을 좋아한다. 결혼과 이혼을 반복한 것 또한 사실이지만 미국에서는 그리 신기한 일도 아니다. 오히려 압도적인 남성우월주의 세계인 부동산 업계에서, 그는 수많은 여성들을 등용했다. 트럼프의 회사에서 건설부문을 맡고 있는 사람이 여성이라는 것은 이 업계에서는 유명한 사실이다.

그러므로 미디어가 트럼프를 공격할 때처럼, '트럼프는 여성들의 적이다' 이런 견해는 참으로 어처구니없는 보도라고 할 수 있다. 그가 여성들 앞에서 한껏 멋을 내려고 하는가, 묻는다면 물론 그렇다고 대답할 것이다. 그의 밑에서 꽤나 많은 미인들이 일하고 있지 않는가, 말한다면 그 또한 부정할 수 없는 사실이지만 그는 한 번도 여성들에게 부적절한 행동을 한 적이 없으며 미디어가 그에 대해 과장되게 보도한다고 생각한다.

그가 남을 공격할 때의 발언 또한 좋지는 않다. 그러나 라이벌에게 별명을 붙이거나 평가를 내려 공격하는 정치가는 있지만 트럼프의 공격 방법은 남들이 쓰는 방법과는 조금 다르다. 이는, 그가 라이벌에게 붙이는 별명이 납득할 만하기 때문이 아닌가 싶다. 공화당 지명후보 경쟁에서는, 제프 부시(전 플로리다 주지사)를 '패기 없는 녀석'이라 불렀는데, 확실히 제프에게는 어딘가 어리숙한 데가 있다. 힐러리 클린턴이 공적인 일에 개인 메일을 쓴 사건에 대해서는 트럼프는 그녀가 '불성실'하다고 했지만, 이 또한 그녀의 아픈 곳을 웃음으로 잘 승화시켰다고 할 수 있다. 클린턴이 지금 안고 있는 큰 문제는 '신뢰성'이다. 미국 국민 과반수 이상이 그녀에 대해 '신뢰할 수 없다' 이야기한다. 그녀에게 있어서는 아킬레스건이며 트럼프는 그 부위를 아프게 찌르고 있다고 할 수 있다.

트럼프의 발언은, 우리 한국인들 귀에는 특히 과격하게 들릴 수 있을 것이다. 반감을 가지는 이들도 분명 있으리라. 그러나 트럼프는 지금, '나는 터프가이다' 이렇게 말하면서 과격한 발언을 내뱉고 있다고 할 수 있다. 앞으로 트럼프가 대통령에 어울리는 인물이 된다면 트럼프 대통령이 실현될 가능성은 너무나 높아질 것이다. 그는 분명 훌륭히 바뀔 수 있으리라 확신한다.

Listen, Yankee!
트럼프 대통령 걱정말라 전해라!

불안에 떨지 말라

큰일이 나리라. 누구나 생각한다. 외교 안보와 경제의 전문가는 말할 것도 없고, 각국에서 파견된 대사들도 심각하게 걱정한다. 트럼프가 대통령으로 등장하느냐 않느냐는, 미국이라는 나라의 사활이 걸린 문제라 생각할 정도이다.

잡지 〈이코노미스트〉는, 트럼프 대통령의 탄생을 '톱 10'의 세계적 위기로 평가하였다. 거기에는, 트럼프가 대통령이 되면 무역전쟁이 시작되어, 멕시코와의 무역은 심각할 정도로 타격을 받을 것이고, 테러리스트의 모집이 쉬워질 것이라고 했다.

또한 트럼프 대통령의 탄생은 세계의 안전보장과 글로벌 경제에 큰 타격을 줄 것이라 한다.

트럼프의 발언은 자주 변하지만, 미국의 국내와 국외에 대한 입장만은 변함없이 명백하다. 미국인에게는 당근, 외국에는 채찍이다. 국내의 고용을 핍박하는 무역은 반대하고, 안보는 국토안전보장을 가장 중요시하는데, 미국에 도움이 될 아시아의 번영과 평화에는 거의 관심이 없다.

워싱턴 포스트는 트럼프가 대통령이 되는 경우, 걱정이 되는 아시아 국가로 일본을 꼽았는데, 일본의 입장은 심각하다.

트럼프는 미국의 국민이 된다고 하는 미일안보에 전제조건을 제시하였다. '무임승차는 허락할 수 없다, 지켜주기를 바란다면 돈을 내라'는 입장이다. 안전보장을 논하는 데는 먼저 안전을 위한 '억제력'이 중요하다. 그런데 트럼프는 '아시아의 평화'는 미국에 도움이 되니까, 미국도 거기에 걸맞은 부담을 안고 미일동맹을 유지하려는 생각은 없는 것 같다.

트럼프가 중요시하는 것은 사업의 관점이다. 미일동맹을 비용과 효과를 비교해서 생각하며, 미국에 얼마나 이익이 되는가, 아니면 손해인가를 따져보고 적어도 엇비슷하지 않으면 안 되는 것이다.

그래서 트럼프가 대통령이 되는 경우에는, 어쨌든 일본의 독자적인 안전보장 능력을 끌어올릴 수밖에 없을 것 같다.

미국이 '세계의 경찰이 아니라'는 것은 이미 일반적인 사실이 되었다. 이제는 이슬람 무장단체가 최대의 적이 되어 미국의 국토를 노리고 있다. 아시아의 평화가 미국의 국익과 결부된다고 말하고 있을 여유가 없게 된 것이다. 아시아의 번영과 평화에 대한 중요성이 상대적으로 떨어진 것이 미국의 경향이다. 미국의 국토안전보강이 외국의 안전보장보다도 더 압도적으로 높은 비중을 차지하는 시대가 된 것이다.

트럼프가 대통령이 되면 이런 경향이 뚜렷하겠지만, 이것은 미국의 장기적인 대세이기도 하다. 만약 힐러리가 대통령이 된다면, 4년 또는 8년간의 유예기간이 될 것이 틀림없다. 트럼프적인 사고방식, 즉 트럼피즘은 미국외교의 조류가 되어 앞으로도 계속될 것이다.

다음으로는 경제이다.

트럼프는 변함없이 보호주의를 주장한다. 자유무역은 미국의 고용을 빼앗고 있다고 주장하며, NAFTA(북미 자유무역 조약)를 재검토하든가 파기할 자세이다.

트럼프는 자주 중국, 일본, 멕시코를 들먹이며, 자유무역 때문에

트럼프가 중요시하는 것은 사업의 관점

미국의 고용을 빼앗아가고 있다고 비판한다.

　트럼프는 사업에 자신이 있는 만큼, '내가 교섭하는 것이 낫다'고 발언할 것이 뻔하기에 무역협정의 재검토가 필요하게 된다. 중국에 대해서도 트럼프 타워나 트럼프 골프장이 생기면 경기도 고용도 좋아진다고 한다. 벼락 부자가 된 독선적인 사장의 발언으로 들리겠으나 무시할 수도 없는 말이다.

　글로벌 기업에도 심각한 일이다. 미국의 고용과 세금에 도움이 되는 것을 요구할 가능성이 크다. 흔한 수단이지만, 외국제품에 대한 과세강화, 글로벌 기업에 대한 과세강화, 미국에서 외국으로 기업을 옮기는 경우의 과세강화, 달러를 외국으로 옮기는 경우의 과세 강화, 미국에 회사를 둔 기업이 외국과 거래하는 경우의 과세강화 등을 생각할 수 있다.

TPP 탈퇴 FTA 반대선언

미국 공화당 대선 후보 도널드 트럼프는 6월 28일 펜실베이니아 주 모네센에서 행한 연설에서 "환태평양경제동반자협정(TPP)은 미국 제조업에 치명타"라면서 "대통령에 당선되면 아직 비준되지 않은 TPP에서 탈퇴하고, 미국 노동자들을 위해 싸울 가장 강력한 무역협상가를 임명할 것"이라 말했다. 또 "북미자유무역협정(NAFTA) 상대국과도 즉각 재협상에 나서고 미국 노동자들에게 해를 끼치는 각종 무역협정 위반 사항들을 상무장관이 확인하도록 조치하겠다" 말했다.

트럼프가 이날 재확인한 주요 무역정책은 자유무역협정(FTA) 전면 재검토, TPP 탈퇴, 중국 '환율조작국' 지정 및 징벌적 관세 부과 등이다.

트럼프는 민주당 대선 후보 힐러리 클린턴 전 국무장관이 과거 TPP를 지지한 것을 언급하면서 "내 입장을 보고 반대로 돌아섰지만, 클린턴은 대통령이 되면 TPP 가입을 승인할 것"이라고 공격했다.

또 트럼프는 "클린턴은 NAFTA에서 중국, 한국까지 끔찍한 무역협상을 지지해왔다"면서 FTA 반대 입장을 분명히 했다. 트럼프는 "미국 노동자들을 위해 즉시 NAFTA 재협상을 하겠으며, 다른 회원국들이 재협상을 하지 않는다면 미국은 협정에서 철수할 것"이라면서 "트럼프 행정부는 미국인을 위한 공정한 협정을 체결할 것이며 미국의 경제적 항복 시대는 마침내 끝날 것"이라 말했다.

또 트럼프는 한미 FTA로 "한국에 대한 무역적자가 2배로 늘었고, 미국 일자리도 10만 개나 사라졌다"면서 무역협정을 전면 재검토하겠다는 정책도 다시 확인했다. 이와 함께 트럼프는 중국에 대해서는 환율조작국으로 지정하는 등 강력 대응하겠다고 밝혔다. 트럼프는 "중국의 불법적인 보조금 지원 행위에 대해서는 무역대표부를 통해 미국 법원과 세계무역기구(WTO)에 제소하겠다" 말했다.

　미 공화당의 사실상 대선 후보인 트럼프가 자유무역에 반대하는 고립주의적 무역정책을 내놓으면서 미국에서도 보호무역주의로 향하는 역류가 강하게 일고 있다. 20세기 세계화를 주도했던 영국이 유럽연합(EU) 탈퇴 결정으로 보호무역주의 회귀 경향을 보이는 데 이어, 자유무역 질서의 수호자였던 미국에서도 트럼프가 '미국 우선주의'라는 표어를 내걸고 노골적인 자기 나라 이기주의를 내세웠다.

　힐러리 클린턴 전 국무장관도 버락 오바마 대통령이 추진해온 환태평양경제동반자협정(TPP) 반대 입장으로 돌아서면서, 내년 1월 취임하는 차기 대통령이 누가 되든 간에 미국의 보호무역주의는 지금보다 강화될 것이라는 우려가 나오고 있다. 전후 자유무역의 선봉에 섰던 영국과 미국이 모두 자기 나라 우선 고립주의 경향 속에서 보호무역주의를 강화하려는 조짐이 뚜렷해지면서 온 세계가 비상이 걸린 상황이다.

　앞서 트럼프는 지난 4월 외교·안보정책 연설 등에서도 멕시코산 자동차에 대한 35%의 관세 부과를 주장하고, 한국·일본의 대미 무역흑자를 비판한 바 있다. 이는 미국이 1990년대 냉전 종식 이후 구축한 전 세계 양자·다자 자유무역 질서에 역행하는 것으로, 트럼프가 미 대통령에 당선되면 보호무역정책이 노골화될 것으로 전망된다.

　시사 주간지 〈타임〉은 이날 트럼프의 무역정책에 대해 "국제무역 질서를 다시 쓰겠다는 구체적 계획을 선보였다" 평가했고, 〈뉴욕타임스〉는 "트럼프의 보호무역에 대한 향수는 수십 년 이어져 온 경제 방향과의 결별이며, 기업 이득을 중시하는 공화당의 주류 이해와도 동떨어져 있다" 분석했다.

하지만 미국의 보호무역 회귀 움직임은 클린턴 대선후보가 당선된다 해도 크게 바뀌지 않을 것으로 보인다. 클린턴이 오바마 행정부의 자유무역·국제주의 노선을 승계하고 있지만, 무역정책에서는 오바마 행정부보다 훨씬 강경한 보호무역주의를 표방하고 있기 때문이다.

TPP는 대표적 사례로, 클린턴이 국무장관 재직 당시엔 TPP를 "최상 수준 협정"이라고 평가했는데 올 들어선 "미국 노동자 권익 보호·실질임금 향상, 국가안보 보장이라는 2가지 전제가 충족돼야 한다" 이런 반대 입장으로 돌아선 것을 꼽았다. 또 클린턴 전 장관은 대통령 직속 무역집행관을 임명, 중국·일본 등의 환율조작에도 강력 대응하겠다고 공약했고 중국에 대해서는 "시장경제 지위를 부여하지 않겠다"는 단호한 입장을 보이고 있다.

선진국에서 보호무역주의가 득세하면 한국을 비롯해 중국 일본 등 동아시아 수출국들은 직격탄을 맞게 된다. 가뜩이나 수출이 17개월 연속 감소하는 등 어려움을 겪고 있는 한국으로선 통상 분쟁이 가시화할 경우에는 어려움이 커질 수밖에 없다.

류승민 국제무역연구원 수석전문위원은 "정부가 FTA를 통해 관세 장벽을 낮추기 위해 노력해 왔는데 보호무역주의 색채가 강화되면 관세 장벽이 부활하고 통상 마찰이 늘어날 가능성이 높다" 우려했다.

권오준 포스코 회장도 최근 임직원들에게 보낸 글에서 "전 세계에 확산되는 보호무역주의로 인해 수출에 중대한 차질이 우려된다" 말했다.

코트라 워싱턴무역관은 "미국에서 대선을 앞두고 보수·진보 할 것 없이 반자유무역주의 여론이 강하게 표출되고 있는 만큼, 향후 미국의 통상정책 기조가 얼마간 보호무역주의 방향으로 수정 전환

될 가능성이 높다" 전망했다.

과연 그는 강력한 대통령일까?

트럼프는 오랫동안 대통령이 될 준비를 해왔다. 자기 특기를 널리 알리기 위해 노력했다. 1971년 아버지의 사업을 물려받은 후, 40여 년 동안 트럼프라는 이름은 미국인은 물론 세계인들의 귀에도 익숙한 단어가 됐다. 고층빌딩 및 대형 호텔 또는 아파트에 자신의 이름을 상표로 사용했다.

도박과 유흥의 도시 라스베이거스 도심 한복판에 우뚝 솟아 있는 트럼프 호텔은 다른 호텔과 달리 카지노가 없다. 그 사실은 트럼프라는 인물을 단선적인 평가만으로 단언할 수 없음을 말해준다.

트럼프는 1980년대 후반 각종 TV 프로그램에 출연해 지명도를 높여 나갔다. 정치가가 아닌데도 많은 이에게 대통령을 꿈꾸는 사람처럼 보이도록 애써왔다. 1987년 이전까지 트럼프는 민주당원이었는데도 당시 공화당 조직가는 '트럼프를 대통령 후보로 추대하기 위한 모임'을 만들었다. 그러자 트럼프는 그 뒤 민주당을 탈당하고 공화당원이 되었다.

트럼프는 1999년 개혁당 후보로 대통령 선거전에 뛰어들었지만 후보가 되지 못했다. 트럼프는 제3당의 후보론 대통령이 되기 힘들다는 사실을 깨닫고 다시 공화당원이 되어, 2015년까지 기다렸다. 그동안 트럼프는 대통령이 되겠다는 의지를 여러 방식으로 드러냈다. 그가 쓴 10권이 넘는 저서들은 그의 강력한 의지를 잘 보여준다. 트럼프는 무식꾼, 막말꾼이 아니다. 그는 고도의 전략적 계산 아래 보통 정치가라면 엄두도 못 낼 말을 해왔고 이제 다른 정치가들이 할 수 없는 말을 자유롭게 해도 되는 상황에 이르렀다.

미국 국민들이 정치가와 언론인들을 매우 싫어한다는 것을 너무도 잘 아는 트럼프는 앵커와 기자들의 독설과 같은 질문에 그들 못지않은 독설로 맞섰다. 언론인과 트럼프의 다툼에서 승자는 늘 트럼프였다. 미국인들이 정치가만큼 언론인을 불신하기 때문이다. 트럼프는 광고비를 전혀 쓰지 않았는데도 언론에 소개된 시간과 비중이 제일 높은 후보가 되었다. 압승이 예상되던 민주당의 힐러리 클린턴보다 16명의 후보와 경합을 벌인 트럼프가 후보가 되는 데 필요한 전당대회 대의원 숫자를 먼저 달성했다.

트럼프가 공화당을 무너뜨릴 것이라는 견해가 많지만 공화당을 다시 세울 사람이라는 주장도 만만치 않다. 레이건은 수많은 민주당원을 공화당 지지자로 돌려놨는데 트럼프도 그럴 것이라는 예상이다. 트럼프 유세장에는 어느 때보다 많은 공화당원이 참여했고 공화당 아닌 사람들도 그의 유세를 보려고 쏟아져 나왔다.

미국도 너무 힘들다

트럼프의 당선이 한국에 미칠 영향을 제대로 알려면 트럼프의 거친 발언이 나온 배경을 먼저 살펴 봐야 한다. 트럼프는 자신의 짧은 정치 경력을 극단적 언사로 보완해 왔다. 트럼프의 말은 "미국 밖의 일에 개입하지 않고 미국의 이익을 최우선으로 할 것"이라는 메시지를 전한다. 이런 고립주의는 전통적으로 미국 민주당의 대외정책이었다.

반면 군산(軍産)복합체를 대변하는 공화당은 미국이 세계의 자유와 민주주의를 지키는 경찰 역할을 해야 한다고 생각해왔다. 공화당의 레이건 정부는 소련을 붕괴시켰고 냉전을 끝내버렸다. 부시 정부도 악의 축을 응징하기 위해 이라크와 아프가니스탄에서 전쟁을 벌였다. 이런 점에서 트럼프는 공화당 후보이면서도 공화당의 전통적 외교노선을 따르지 않는 것으로 유명하다. 민주당보다 더 미국의 고립을 추구하는 것으로 비친다. 심지어 미국이 운명공동체 격인 서유럽의 북대서양조약기구에서도 손을 떼야 한다고 주장한다.

트럼프는 이를 '미국우선주의'라 부른다. 그는 오직 미국의 국가 이익 관점에서 세계 문제를 볼 것이라고 했다. 미국에 도움이 되지 않는다면 유엔이나 국제사회, 다른 나라의 비난도 각오하겠다는 뜻으로 보인다. 이를테면 트럼프는 무슬림의 미국 입국을 막겠다고 말한다.

트럼프의 이러한 경제적 고립주의는 갈수록 사는 게 힘들어지는 미국 중산층의 불만을 대변한다. 자신들의 삶과 직접 관계도 없는 중동, 동남아시아, 동아시아 지역에서 자원을 헛되이 썼다고 여긴다. 미국은 천문학적 액수의 달러를 쓰고 미국 병사들은 휴머니즘의 가치를 위해 죽어나가는데, 한국 일본 독일 같은 나라는 미국의 보호를 누리면서 자기 나라 상품을 자유무역의 이름으로 미국에 쏟아붓고 있다는 불만이다.

트럼프는 미국인이 낸 세금은 미국인을 위해 써야 하며, 아시아와 유럽의 안보는 당사자들이 알아서 해결해야 한다고 강조한다. 여기에 많은 미국인, 특히 우월한 사회적 지위를 잃어가는 백인들이 심정적으로 지지를 보내는 것이다.

트럼프가 하는 말들을 자세히 살펴보면, 그의 세계관과 미국에 대한 관점을 잘 알 수 있다. 트럼프는 미국을 대단히 약해진 나라, 다른 나라로부터 존경받기는커녕 무시당하는 나라, 그럼에도 불구하고 가장 막강한 나라 또는 가장 막강한 나라가 될 수 있는 모든 조건을 갖추고 있는 나라라고 본다.

2011년 펴낸《터프해져야 할 때: 미국을 다시 1위로 만들자》라는 책에서 트럼프는 "워싱턴 정치가들이 아무리 달콤한 말들을 해도 중국 지도자들은 미국의 친구가 아니다" "한국에는 60만~70만 대군이 있다. 그런데 왜 아직도 2만 8500명의 미군이 계속 주둔하고 있는가?" "미군이 한국에 주둔하는 것이 좋은 생각이라면, 왜 주둔 비용을 한국으로부터 받아내지 않는가?" "오바마는 세계 무대에 중국을 정당한 국가로 등장시켰다. 그러나 그 대가로 받아낸 것이 무엇인가?" 당당하게 묻는다.

　미국의 신고립주의 확산기류는 트럼프라는 인물을 통해 표면화됐을 뿐, 미국사회 전반의 구조적 요인은 미국인들의 불만에 뿌리를 두고 있다. 금융위기 등을 겪으며 만성화된 저성장과 높은 실업률, 밀려오는 이민자들과 테러 위협 등의 문제가 그것이다. 트럼프가 2016년 11월 대선에서 당선되지 않더라도, 미국에 신고립주의 불을 붙인 트럼프 열풍은 차기 미국 정부에 큰 과제가 될 것이다.

　미국인들이 느끼는 불안감의 밑바탕에는 2008년 금융위기를 겪은 뒤 더욱 팍팍해진 살림살이가 자리잡고 있다. 미국 내에서조차 기본적인 먹고사는 문제가 해결되지 않는 상황이 이어지자 국민 정서가 그간의 개방화·세계화 흐름에서 벗어나 국가주의로 회귀하고 있다.

　미국이 금융위기에서 벗어나기 위해 적극적인 경기부양 정책을 펼치면서 2009년 10%까지 치솟았던 실업률은 최근 4.7%로 낮아졌지만, 실질소득 증가로 이어지지 않아 중산층이 체감하는 경제상황은 제자리걸음이다. 미국 연방준비제도이사회에 따르면 2014년 미국 가구 중위 소득(실질소득 기준)은 5만 3567달러인데 이는 1989년과 비슷한 수준이다. 미국 중산층의 실질소득이 20여 년 넘게 정체돼 있다는 뜻이다.

　특히 미국이 내년부터 본격적인 경기침체 국면에 접어들고, 장기적 저성장 국면에 들어갈 것이라는 경고까지 연이어 나오고 있다.

〈월스트리트저널〉은 미국 내수가 부진한 데다 기업이익까지 감소하는 등 최근 발표된 지표가 전형적인 경기하강 국면 진입을 나타내고 있다고 지적했고, 국제통화기금(IMF)은 올해 미국 경제성장률 전망치를 4월 전망치(2.4%)에서 0.2%포인트 하락한 2.2%로 제시했다.

미국 사람들의 마음속 한구석에는 "미국은 일등이다" "미국은 막강하고 용감하다"는 정서가 깔려 있다.

트럼프는 그 정서를 읽고 활용할 줄 안다. 각종 여론조사들로 파악된 2016년 대선에서 미국인이 원하는 대통령 후보의 첫 번째 자질은 '강력한' 대통령이냐의 여부다. 많은 미국 시민이 트럼프의 이미지를 '강력함'으로 인식하고 있다.

트럼프는 자본주의와 자유무역을 굳게 믿는다. 그러나 그는 특히 미국과 중국의 거래가 공정하지 못하다고 강조한다. 동시에 자신은 어떤 나라와도 공정한 게임을 벌일 수 있는 '거래의 명수'임을 자랑한다.

트럼프의 저서 중에서 가장 유명한 책은 1987년 펴낸 《거래의 기술》이다. 이 책은 〈뉴욕 타임스〉 베스트셀러였을 뿐 아니라 세계의 경영학 교수들도 인용할 정도로 인정받고 있다.

그의 외교정책을 구체적으로 알기 위해 가장 최근에 출간한 책인 《절름발이가 된 미국》을 살펴보자. 2015년 11월 간행된 이 책은 트럼프의 대통령 선거 출사표라고 보아도 된다.

심각한 표정의 얼굴 사진을 책 표지에 내건 트럼프는 웃는 사진도 많지만 오늘의 미국은 도저히 웃을 수 없는 나라이기 때문에 심각한 사진을 표지로 할 수밖에 없었다고 말하며 책을 시작한다 "그동안 미국은 지고 있었다" "이제 다시 이기기 시작해야한다" "우리는 너무나 막강하기에 감히 누구도 미국을 건드릴 수 없는, 그래서 사용할 필요가 없을 군사력을 만들어야 한다" 주장한다. 이 말들을 트럼프는 유세장에서 되풀이하고 있다.

이 책에서 트럼프는 "'정치적으로 맞는 말'을 함으로써 시간을 헛되이 쓰지 않겠다" 선언한다. 그리고 미국 국민들 모두가 심각하게 느끼고 있지만 차마 공개적으로 말을 하지 못하는 주제들을 터뜨린다.

우선 이민 문제다. 트럼프에 따르면 미국에 적어도 1100만명의 불법 이민자가 살고 있으며 실제 숫자는 아무도 모른다. 그는 "자신의 국경을 지킬 수 없는 나라는 나라가 아니다" 말한다. 이를 막기 위해 담장을 쌓을 것이며 담장을 쌓을 돈을 멕시코 정부로부터 받아내겠다고 한다.

불법 이민자들의 약 5분의 1 정도는 멕시코에서 범죄를 저지른 사람들이다. 트럼프가 이민자들을 강간범이나 살인범으로 이야기한 근거가 여기 있다. 멕시코 역시 남쪽의 더 가난한 나라들로부터 불법 이민자들의 유입을 막기 위해 담을 쌓아놓았다는 사실을 이 책을 읽고 알게 되었다.

트럼프는 "나의 외교정책 접근 방법은 강력한 기반 위에 근거한 것이다. 힘을 기반으로 작동하는 것" "미국과 함께 하는 나라들에는 보상을, 그러지 않는 나라들에는 처벌을…" "테디 루스벨트 대통령은 말은 부드럽게 하되 큰 몽둥이를 가지고 다니겠다고 했지만 나는 강하게 말하는 것을 겁내지 않을 것"이라 말한다. 그는 이를 위해 국방예산을 늘릴 것이며 막강한 군사력을 건설하겠다고 밝혔다. 트럼프는 "국방을 위해 돈을 쓰는 일은 현명한 일"이라 말한다.

그는 사우디아라비아, 독일, 일본, 한국에 대한 미국의 방위정책을 비판한다. 이들 나라들은 모두 부유한 나라들인데 미국은 이들을 지켜 주고 있지만 반대급부가 없다는 것이다. 트럼프는 "세계 각국은 자신들에게 합당한 부담을 담당해야 할 것"이라 주장한다. 트럼프의 이 같은 언급은 유념하지 않으면 현재 세계가 돌아가는 모습을 잘 알기 어렵다. "이라크는 우리나라(미국)에 아무런 위협이 되지 못하는 나라다." 이건 다시 말하면 "그런 나라를 무엇 때문에 가서 지켜 주고 있느냐"는 말이다.

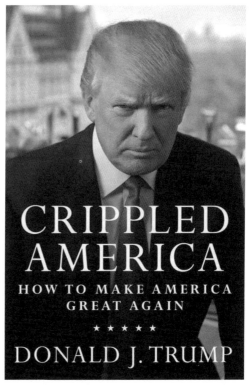
《절름발이가 된 미국》 표지

트럼프는 중국을 '러시아와 함께 미국에 장기적으로 가장 큰 도전'으로 꼽으면서, 중국 경제가 미국에 의존하는데도 미국은 바보처럼 미국의 이점을 잘 활용하지 못하고 있다고 말한다. 그가 대통령에 당선될 경우 그는 중국과 '경제전쟁'을 벌일 게 분명하다.

지금 미국이 바뀌고 있다

"지역 안보에 무임승차하는 사우디에 넌덜머리가 난다." "무임승차하는 나라들 때문에 짜증난다. 영국도 최소한 GDP의 20%를 국방비로 써야 한다. 그렇지 않을 경우 영국은 미국과 특별한 관계에 있다고 말할 자격이 없다." "영국도 적당한 부담을 담당해야만 한다."

이건 트럼프의 말이 아니다. 지난 3월 〈애틀랜틱 먼슬리〉지와의 특별 대담에서 오바마가 한 말이다. 트럼프와는 전혀 달라 보이는 오바마가 한 말이라고는 믿기 어렵다. 미국의 세계관과 외교정책이 대폭 바뀌고 있다는 사실을 나타낸다.

트럼프의 막말같은 외교정책 언급은 점잖은 정치가들이라면 자제해야 할지 모르는 말들이겠지만 다수의 미국 지식인과 국민들의 생각을 반영하고 있다. 미국은 더 이상 세상 어떤 문제도 미국이 해결해야 한다고 생각하지 않는다. 미국이 몰락하는 국가이기 때문에 이 같은 이야기가 나오는 게 아니다. 오히려 그 반대다. 미국은 이제 국제문제에 개입하지 않아도 될 위치가 되었기 때문에 고립주의적 발상이 나오기 시작한 것이다. 앞으로 오랫동안 세계 패권을 유지할 것이 확실하다고 믿는 미국 지식인들은 미국은 서서히 국제적 개입을 줄여 나가야 한다고 주장하기 시작했다.

주한미군, 주일미군, 주독미군을 모두 철수시켜야 하고 사우디아라비아도 지킬 필요가 없게 되었다는 트럼프의 말은 막말이 아니다. 미국사회 일각에서 일류 엘리트들이 이미 이야기하기 시작한 이슈들이다.

2014년 12월 펴낸《돌발적인 초강대국 : 미국의 압도적 우위와 다가오는 혼돈의 세계》에서 저자 피터 제이한은 "미국이 왜 아직도 찰리 포인트(독일에 있는 미군 검문소)와 휴전선을 지켜야 하는지 모르겠다" 말했다. 2015년 5월에 출간한《슈퍼파워에서 상당히 잘 나가는 정치학자이자 〈타임〉지 편집장인 저자 이언 브레머는 "미국은 이제 전 세계에서 일어나고 있는 국제문제로부터 독립해야 한다" 주장했다. 브레머의 이 주장에 미국 국민 중 72%가 동의했다.

미국 정치가들은 누구라도 안심하고 할 수 있는 국제정치적 언급이 있었다. "미국은 다른 나라와는 다릅니다. 미국은 지구에 없으면 안 될 필요불가결한 나라입니다. 미국은 세계의 문제에 개입해야 하고 세계인의 자유와 행복을 위해 기여해야 합니다. 미국은 독재자들로부터 고생하는 국민들을 지켜줘야 합니다."

미국이 세계경찰 역할을 계속 담당할 의무가 있다는 관점을 2015년 여름 여론조사에서 이런 주장에 동의하는 미국인은 28%에 불과했다.

트럼프의 극단적인 언사는 정치 지도자의 덕목에서 한참 벗어났다. 그러나 미국의 이런 내부 사정을 들여다보면 이해가 되는 측면도 없지 않다. 한 재미교포는 "보통의 미국인 중 상당수는 트럼프의 말에 환호한다. 그들의 갈증을 해소해주는 듯하다" 말한다.

트럼프 측근들은 그의 '주한미군 주둔비용 전액 부담' 요구에 대해 "최대치를 제시한 것"이라 설명한다. 트럼프는 맨 처음부터 최대치를 요구한 뒤 협상과정에서 요구 수준을 낮춰 합의점을 찾는 스타일로 잘 알려져 있다.

여권의 한 정치인은 "트럼프가 미국 대통령이 된다고 해서 한국이 주한미군 주둔비용을 전액 부담하거나 주한미군이 철수하는 일은 없을 것 같다. 다만 한국이 미국에 어느 정도 줄 건 주면서 우리가 바라는 것을 반대급부로 얻는 방향으로 상황이 진전될 것 같다" 내다봤다. 한 외교 전문가는 "트럼프가 대통령이 되면 한미 간 외교·군사 현안이 더 잘 풀릴지도 모른다"면서 이렇게 전망했다.

"트럼프가 체면 같은 것 다 내던지고 툭 터놓고 말하면 해결해야 할 의제가 분명해지는 효과가 있다. 그러면 한국 대통령도 툭 터놓고 말할 수 있다. 트럼프는 《협상의 기술》이라는 베스트셀러를 쓴 협상 전문가다. 깔끔하게 줄 건 주고, 받을 건 받는 스타일로 알려졌다. 한미 간에 지지 부진하던 일들이 뜻밖에 잘 해결될 수도 있다."

특히 트럼프의 '한국 핵무장' 발언은 파장이 적지 않았다. 북한의 잇따른 핵실험으로 그동안 한국에선 자체 핵무장 여론이 제기됐다. 그러나 한국 내 주류의 관점에서 핵무장은 '실현 가능성이 없는 일'로 여겨졌다. 이런 차에 미국의 유력 대선후보가 한국 핵무장에 동의한다고 발언함으로써 한국 핵무장은 '실현 가능성이 있는 일'로 급히 떠오른 것이다. 국제사회의 역학 구도로 볼 때 미국 대통령이 용인한다면 비핵화체제 아래서도 한국의 핵무장은 충분히 가시화할 수 있다.

한 군사전문가의 분석이다. 트럼프가 미국 대통령이 된다면 한국은 미국과의 협상에서 핵무장까지는 아니더라도 국가적 숙원인 핵 재처리는 받아낼지 모른다. 한국이 핵무장을 해도 상관없다는 마인드를 가진 미국 대통령이 나온다면 한국이 핵무장보다 낮은 단계인 핵 재처리를 얻어낼 가능성은 어느 때보다 높아진다. 한국은 주한미군 주둔 비용 같은 실익을 미국에 주는 대신 핵 재처리처럼 금전적으로 환산되지 않는 특정의 이익을 얻어낼 수 있을 것이다.

만약 트럼프가 대통령이 된 뒤 한국에 주한미군 주둔비용 전액 부담을 요구하고, 어느 시점에 주한미군을 철수하겠다고 통보하며, 돈을 더 내야 핵우산을 제공하겠다고 배짱을 부리면 어떻게 될까. 이것은 한미군사동맹이 사실상 와해되는 국면이 된다. 한국은 북한 핵 위협에 그대로 노출되는 생존 위기에 내몰린다. 핵무장 외엔 다른 대안을 찾기 힘들어진다.

트럼프의 측근들은 트럼프가 대통령이 되더라도 한미동맹은 굳건히 유지될 것이라고 말한다. 그러나 트럼프는 주한미군 철수 같은 민감한 문제를 아무렇지 않게 내뱉는 불안정한 사람이다. 따라서 한국으로선 그가 한미동맹을 어떻게 끌고 가는지 지켜보면서 그에 맞춰 대응할 수밖에 없다.

북핵을 선제공격한다!

트럼프가 대통령이
된다면 역대 미국 대
통령과는 다른 스타일
로 김정은을 다룰지
모른다. 트럼프가 보
기에 김정은은 만만한
상대다. 중동은 복잡
한 정세가 얽히고설켜
섣불리 개입하기 어렵
다. 동유럽과 옛 소련
지역에서도 푸틴과 한
판 붙기엔 위험이 너무
나 크다. 그래서 트럼
프는 중동과 유럽에선
고립주의를 고수할 가
능성이 높다. 반면 북

한국의 핵무장 트럼프는 한국의 핵무장을 용인해야 한다
고 주장했다.

한은 이미 세계의 문젯거리로 낙인 찍혀 버렸다. 따라서 트럼프는 북
한에게 미국의 강한 힘을 과시할 가능성이 있다.

트럼프는 자신의 저서 《협상의 기술》에 자부심을 갖고 있으며 스
스로를 협상의 귀재로 여겼다. 김정은은 3차, 4차 핵실험 때 미국 대
통령이 전략적으로 인내하는 모습을 지켜봤다. 하지만 그가 5차 핵
실험을 도발하면 '트럼프 대통령'은 즉각 반격할 것 같다. 상대의 공
격에 거침없이 대응하는 것이 트럼프 스타일의 협상기술이다. 트럼

프는 대북 무력제재에 나설지도 모른다. 지상군 파견까지는 안 가겠지만, 북한 핵 시설에 대한 미사일 공격과 같은 군사행동으로 한반도를 일촉즉발 상황으로 몰아넣을 수도 있다. 북한이 그 보복으로 한국의 수도권을 타격한다면? 그래도 트럼프는 그런 위험을 감수하고도 남을 위인처럼 보인다.

한국에도 보통 일이 아니지만, 김정은으로서도 제대로 임자를 만난 셈이 된다. 심지어 트럼프는 상황을 자신에게 유리하게 바꾸려고 대북 선제공격을 감행할지도 모른다. 중국을 견제하면서도 중국과의 마찰을 꺼린 오바마 대통령과 달리 트럼프는 중국을 무시하고 일방통행식으로 북한문제를 다루려고 할 것이다. 레이건 정부가 극단적 봉쇄를 통해 소련을 붕괴로 몰아갔듯 트럼프도 북한에 대한 봉쇄와 개입을 통해 북한의 변화를 추구할 것으로 충분히 예상할 수 있다.

한 군사전문가는 "트럼프는 한반도를 긴장에 빠뜨릴지 모른다. 또한 그는 북한의 정권교체를 가능하게 할지도 모른다. 트럼프는 북한에게 '전략적 인내' 내지 '전략적 무관심'으로 일관해온 민주당 대통령들과는 다르다" 말했다.

그러나 최근 트럼프는 "북한의 핵 프로그램을 막기 위해 김정은과 대화하겠다" 했다. 미국 대통령이 김정은과 정상회담을 하는 것은 현 대북제재 국면에선 상상하기 어렵다. 그 이전에 트럼프는 김정은에 대해 "미치광이"라 말해왔다. 당연히 이는 대북 강경 기조로 해석됐다. 이에 대해 외교가의 한 관계자는 "결국 미치광이와 대화하겠다는 이야기인데, 말에 일관성이 없다. 트럼프의 대북정책이 어떠한 내용인지 종잡을 수 없다" 말한다.

트럼프가 미국 대통령이 되는 것은 경제적 측면에서도 한국에 나쁘지만은 않다는 전망이 감지된다. 투자증권가의 한 관계자는 미국

주한미군 방위비 부담 문제 양국은 오랜 한미동맹 관계를 유지해 온 나라다. 긴장할 수밖에 없다.

시장의 소비 촉진을 중시하는 공화당이 집권하는 게 한국 경제에 유리하다고 본다. 신영증권은 보고서에서 공화당이 확장적 통화정책을 선호하므로 에너지, 소재, 필수 소비재 같은 전통 산업이 강세를 보일 수 있다고 분석했다. 반면 극단적 보호무역주의로 몇몇 한국 수출업종이 타격을 받으리라는 예상도 있다.

트럼프를 논할 때, 잊어선 안 되는 점이 있다. 그는 이익이 되면 기존의 신념을 언제든지 벗어던진다는 점이다. 그의 고립주의 또한 불변의 가치가 아니다. 개입이 이익이 된다고 판단하면 언제 그랬냐는 듯 고립을 버리고 개입을 택할 것이다.

트럼프의 정체성은 특정 이념이나 정책에 있는 것이 아니다. 그는 대중의 관심을 추종하는 포퓰리스트에 가깝다. 그는 2004년부터

2015년까지 '어프렌티스'라는 리얼리티 TV쇼를 진행하면서 인기를 얻었다. 시청자의 눈길을 잡기 위해서라면 어떠한 쇼맨십도 마다하지 않았다. 프로 레슬러와의 한판도 불사했고, 온갖 주제에 대해 폭탄 발언을 날렸다. 그의 장기는 대중의 속마음을 읽은 뒤 앞뒤 가리지 않고 터뜨리는 데 있다. 그래서 트럼프의 발언에선 일관성이나 뚜렷한 이념이 발견되지 않는다. 그가 집권하면 'TV쇼 같은 정치'를 실현시킬 것임에 틀림없다.

트럼프는 2015년 "멕시코 이민자들은 강간범"이라는 충격적 발언으로 주목을 받았다. 히스패닉계의 분노에 아랑곳하지 않았다. "멕시코 국경에 벽을 세워 멕시코가 돈을 내게 해야 한다"는 엽기적 주장도 폈다. 이런 말은 불법 이민자들 때문에 직장을 잃었다고 여기는 여러 미국인의 마음을 사로잡았다.

그러나 트럼프는 공화당 경선에서 승리한 뒤 태도를 바꾸고 있다. 멕시코 전통요리인 타코 보울을 먹는 사진을 인터넷에 올리며 히스패닉 유권자에게 애정을 보였다. 경선에선 백인 유권자의 지지가 필요했지만, 본선에선 히스패닉계의 지지가 절실하기 때문이다. 종전의 자기주장은 트럼프에게 별로 중요하지 않다. 역대 미국 대통령이 비교적 일관된 이념과 정책으로 대외관계를 풀어 간 것과 비교된다.

이민 반대와 보호무역주의를 부르짖는 공화당 대선후보 트럼프에 반대, "민주당의 힐러리 클린턴 전 국무장관을 지지하겠다"며 공화당을 이탈, 적진에 투항하는 인사들이 잇따르고 있다.

공화당 조지 H W 부시·조지 W 부시 행정부에서 고위직을 지낸 헨리 폴슨 전 재무장관과 리처드 아미티지 전 국무부 부장관, 브렌트 스코크로프트 전 백악관 국가안보보좌관 등 거물 3인방이 잇따라 힐러리 클린턴 지지를 선언한 뒤로 트럼프 반대를 외치면서 클린턴 지지로 돌아선 공화당 인사는 23명으로 늘었다.

〈워싱턴포스트(WP)〉는 6월 30일 "올 공화당 전당대회에서는 근대 역사에서 가장 혼란스러운 상황이 연출될 전망"이라고 평했다. 트럼프를 대선후보로 공식지명할 예정인 공화당 전당대회는 오하이오주 클리블랜드에서 7월 18일부터 22일까지 개최된다. WP는 이른바 전향자들을 부시 부자(父子) 행정부 출신, 역대 공화당 대통령 참모 출신, 외교·안보 전문가, 기업인 및 후원금 기부자, 전직 공화당 선출직 인사, 선거 전문가 등으로 구분해 소개했다.

먼저 아버지·아들 부시 행정부 출신 전향자에는 폴슨 전 장관 등 3인방 외에도 코리 셰이크 전 백악관 국가안보회의(NSC) 국방전략 담당 국장과 앨런 스타인버그 전 환경보호청 지역 행정 책임자가 꼽힌다. 부시 가문이 트럼프에 대한 지지 여부를 밝히지 않고 있는 가운데, 이들은 "트럼프보다 클린턴이 더 대통령 자격을 갖췄다"입을 모은다.

역대 공화당 대통령 참모와 외교안보 전문가들도 이 추세에 합류했다. 로널드 레이건 행정부에서 백악관 대변인을 역임한 더그 엘미츠는 최근 "트럼프 대통령과 단 하루를 함께 사느니 클린턴 대통령과 4년을 함께 살겠다", 레이건·부시 행정부에서 대통령 보좌역을 지낸 짐 치코니도 "클린턴은 경험이 많고 자질이 검증됐다"며 클린턴 전 장관 지지를 선언했다.

외교안보 전문가로는 네오콘(신보수주의) 이론가로 유명한 로버트 케이건 브루킹스연구소 선임연구원이 클린턴 전 장관 지지를 밝힌 상태이며, 맥스 부트 미국외교협회 선임연구원과 데이비드 페트레이어스 전 미 중부군 사령관의 보좌역이었던 피터 만수어 육군 예비역 대령 등도 클린턴 전 장관 지지로 돌아섰다.

기업인들과 공화당 '큰손'들의 이탈 행렬도 만만치 않다. 정보기술

(IT) 전문 벤처 투자자인 마크 안드레센 페이스북 이사와 댄 애커슨 전 제너럴모터스(GM) 회장, 척 로빈스 시스코 CEO 등이 공개적으로 클린턴 전 장관 지지 의사를 표명한 상태다.

2012년부터 공화당에 각각 300만 달러(약 34억5700만 원), 400만 달러를 기부해온 투자자 윌리엄 오번도프와 마이크 퍼난데즈도 최근 "클린턴에 투표하겠다" 밝힌 바 있다. 여기에 래리 프레슬러(사우스다코타) 전 상원의원과 안 칼슨 전 미네소타 주지사, 로버트 스미스 전 뉴욕주 대법관 등 공화당 선출직 출신 인사들이 트럼프 반대 노선에 합류했고, 2008년과 2012년 각각 공화당 대선후보 출신인 존 매케인 상원의원과 밋 롬니 전 매사추세츠 주지사의 핵심 참모였던 마크 솔터와 마이크 트레이저도 클린턴 지지를 선언했다.

한국은 어찌할 것인가?

트럼프가 대통령이 된다면 '미국의 네로 황제'쯤으로 여길지 모른다. '극단적이고 좌충우돌하며 믿음이 안 가는 미국 대통령'의 등장은 미래를 불안하게 할 수 있다, 미국은 '트럼프 대통령' 때문에 세계 유일 초강대국으로서의 지위와 도덕성에 상처를 입을지 모른다. 이는 중국과 러시아가 반길 일이다. 한국은 나라를 지탱하는 두 기둥인 안보와 경제 모두 흔들릴 수 있다. 그러나 달리 생각하면 한국으로선 '트럼프 미국 대통령'의 출현이 나쁜 측면과 좋은 측면, 위기와 기회 그 모두를 가지고 있다.

우리나라는 미국의 대통령이 누구냐에 따라 안보 및 경제적으로 크게 영향을 받는 나라다. 그렇다면 누가 다음번 미국 대통령이 될 것인지를 잘 분석하고 상황에 효과적으로 대처해 우리 국가 이익을 수호 및 제고하는 방안을 고민해야 한다.

우리는 마음에 들지 않는 언급을 한 후보를 '두들겨 패는'데만 정신이 팔려 있는 게 아닌가? 왜 미국 사람들은 트럼프를 공화당 후보로 선택했는지, 한반도에 대한 정책은 어떻게 변할지, 그리고 우리는 그 변화에 어떻게 대응하는 것이 좋은지를 생각해야 한다.

외교정책은 결국은 적응행위다. 우리나라처럼 국제정치의 변동에 큰 영향을 받는 나라는 상황에 대한 적응력을 더 키워야 한다. 그러기 위해서는 현상을 '객관적'으로 파악하는 일이 먼저다.

현재 미국의 통상 칼날은 일단 중국을 향해 있다. 미국은 중국 철강제품에 대한 담합 조사를 벌인 데 이어 막대한 반덤핑 관세까지 부과하기로 하면서 미중 무역분쟁이 점점 확산되는 상황이다. 하지만 이 칼날은 언제든지 한국으로 방향을 틀 수 있다. 한국과 중국의 수출 품목이 비슷한 데다 산업 연관성도 높기 때문이다. 실제 미국이 부과하는 반덤핑 관세나 상계 관세의 경우 한국의 주요 수출 대상인 철강과 금속 관련 제품에 집중돼 있다.

이처럼 보호무역 기조가 확산되면 한국이 추진하는 통상정책에도 차질이 불가피하다. 지금까지 두 나라간 FTA 체결에 주력해왔던 한국 정부는 지난해 TPP 타결을 계기로 여러 나라가 동시에 참여하는 '메가 FTA'를 적극 추진하고 있다. 지금은 TPP는 물론이고 중국 주도의 역내포괄적경제동반자협정(RCEP), 한중일 FTA 등이 동시다발적으로 진행되고 있지만 협상이 좀처럼 진전을 보이지 못하고 있다.

서진교 대외경제정책연구원 무역통상본부장은 "그간 미국, EU 등 선진국들이 블록경제를 주도해 왔는데 이 나라들이 보호무역주의로 기울게 되면 메가 FTA 흐름도 흔들릴 수밖에 없다"며 "통상에 미칠 영향을 냉정히 분석해 대응에 나서야 한다" 말했다.

한국 정부는 미 대선정국에서 제기되는 일련의 보호무역 강화 주장들에 대해 신중한 태도를 유지하고 있다. 특히 트럼프와 클린턴 등이 제기하는 한미무역 역조현상 등에 대해서도 과잉대응을 하지 않는다는 방침을 세웠다. 불필요한 무역마찰이 일어나지 않도록 상황을 관리하되, 통상 분쟁이 제기됐을 경우 국제기구 등을 통해 개별적으로 해결한다는 입장을 견지하고 있다.

이에 산업통상자원부는 통상분야 강화 차원에서 지난달 국제통상법 전문가인 강준하(국제법) 홍익대 교수를 통상정책국 심의관으로 임용했다. 강 교수는 과거 외교통상부에서 근무한 경험과 국제통상학회와 국제경제법학회에서 활동하는 등 실무적 경험을 갖춘 인물로 주요 교역국과의 무역 마찰 대응 및 통상 규범 등을 담당하고 있다. 또 최근 반도체 품목에서처럼(중국 반도체 반덤핑 공동조사 요구) 미국 업계가 우리 업계에 압력을 행사하는 경우 등에 대해서도 우리 업계와 소통을 강화해 최선의 대응책을 찾는다는 입장이다.

북핵공조, 한미결속 강화로 위기극복해야

신고립주의를 노골적으로 내세우는 공화당 대선후보 트럼프에 대한 미국인 유권자들의 환호에서 볼 수 있듯이 변화 조짐은 곳곳에서 엿보인다. 이와 관련 윤덕민 국립외교원장은 "대외의존도가 높은 한국은 그동안 국제주의의 틀 속에서 번영을 이뤄 왔다"며 "미국 내에서 자국 우선주의와 고립주의 경향이 확대될 경우 우리에게 굉장히 큰 도전이 찾아오는 동시에 외교안보적 과제로 불똥이 튈 수 있다" 말했다.

한국은 1954년 발효된 '한미상호방위조약'을 배경으로 성장했다. 북한 위협 속에서 안보를 미국에 위탁하고 경제개발에 주력했다. 1954년 15억 달러에 불과했던 국내총생산(GDP)은 2015년 기준 1조 3775억 달러로 늘어났다. 한국경제는 62년 만에 덩치가 918배 커졌다. 같은 기간 1인당 GDP도 69달러에서 2만 7213달러로 394배 증가했다. 1954년 3804억 달러였던 미국의 GDP도 2015년 18조 1247억 달러로 47배 확대됐다. 단순화 위험은 있지만 숫자만으로 볼 때 한미동맹은 한국에 대번영시대의 토대가 됐다.

현재 박근혜정부와 오바마행정부는 한미동맹을 '물 샐 틈 없는', 또는 '빛 샐 틈 없는' 관계로 규정했다. 그러나 브렉시트 사례처럼 경제적 요인에서 균열은 잉태된다. 17조 달러의 국가부채를 안고 있는 미국에서 보호무역주의는 자유무역주의의 이념과 가치관을 빠르게 허물 가능성이 크다. 세계화의 뒷길에서 낙오된 미국의 백인 패배자들은 정부에 거세게 노선 변경을 요구할 것으로 보인다. 트럼프는 이들의 분노와 울분을 자양분으로 이미 한국에 방위비 부담 증액을 강요하고 있다. 반미의식이 흐르는 한국사회의 일각에서도 한·중 교역 규모가 증가할수록 '한미동맹은 절대보검이 아니다'는 인식이 확산될 여지가 있다.

북한 핵문제는 한미 양국의 최우선 과제지만 신고립주의와 민족주의가 기승을 부릴수록 미국 정부의 최우선 정책 순위에서 밀리는 상황도 배제하지 못한다. 아시아 재균형 전략도 이미 수정 요구를 받고 있다. 현재 미국의 전 세계 안보 관심도를 100으로 간주할 때 유럽 20, 아시아 80(남중국해 50, 북한 30)의 비율이, 세계가 분열과 신고립주의 분위기로 흘러가게 되면 유럽과 아시아에 각각 50이 배당될 것으로 전문가들은 보고 있다.

정부 관계자는 "브렉시트 파장과 각국 반응을 파악하면서 필요할 경우 외교부에 태스크포스(TF)를 꾸려 조직적, 체계적 분석작업을 진행할 예정"이라고 밝혔다. 극단적으로는 북한 핵 문제로 피로감에 지친 백악관 관료집단이 세계경찰 역할 포기를 바라는 신고립주의 유권자들에게 눌려 김정은 정권과 핵동결·핵유예와 북미평화협정을 맞바꾸는 최악 시나리오를 한국은 염두에 두면서 한미동맹을 확고하게 유지해 나갈 필요가 있다.

유럽연합이 분열되고 미국 내에서 신고립주의가 확산될 경우 장기적으로 한반도와 동북아시아 안보에 부정적 영향을 끼칠 수 있다는 우려가 커지면서 국내에서 한미동맹 강화와 자주국방 확대의 목소리가 일고 있다.

한민구 국방부장관은 6월 29일 열린 국회 국방위원회 업무보고에서 "브렉시트 결정으로 향후 경제·안보의 불확실성이 가중되고 주요국 간 협력·경쟁 공존, 테러위협 확산으로 불안정성이 커질 것으로 예상된다"며 "동북아 내 북핵문제 해결방안에 대한 이견과 영향력 경쟁 등 갈등요소가 점차 증가할 것"이라고 우려를 표시했다. 토니 블링컨 미 국무부 부장관도 29일 워싱턴에 있는 전략국제문제연구소 연설에서 "만약 안보가 보장되지 않는다면 한국과 일본처럼 선진화된 나라들은 핵무기 보유를 추진할 것"이라고 동북아 핵확산에 대한 강한 우려를 나타냈다.

외교안보 전문가들은 영국에 이어 미국 등 신고립주의 파도가 전세계로 확산될 경우 한미동맹 역시 균열과 파열음이 생기고 한국 내 자체 핵무장론과 한미 간의 약속인 미사일 사거리 확대 등에 대한 목소리가 커질 가능성에 주목하고 있다. 특히 안보전문가들은 대영제국 분열과 체코 등 유럽연합 내 분열 분위기가 확산될 경우 미국 입장에서는 누가 대통령에 당선되더라도 아시아재균형정책에 수정을 가해 유럽 안보에 더 신경을 쓸 수밖에 없는 상황이 만들어질 것으로 예상한다.

김열수 성신여대 국제정치학과 교수는 "민주당 힐러리 클린턴과 공화당 도널드 트럼프 등 누가 대통령이 되느냐에 따라 한미동맹과 동북아 안보지형이 상당히 달라질 수 있다. 현재 분위기대로라면 브렉시트로 인한 유럽 분열과정에서 동아시아 안보와 한반도 안보는 굉장히 불리하게 작용할 수 있다" 우려를 나타냈다.

김열수는 "클린턴이 대통령이 된다 하더라도 유럽에 훨씬 더 관심을 쏟을 수밖에 없다. 반면에 트럼프가 당선될 경우에는 전 세계가 국가이익을 중시하면서 신고립주의가 심화될 것"이라며 "북핵문제 해결전망이 어두워지고 중국 부상은 훨씬 빠른 속도로 나아갈 것"이라고 전망했다. 김열수는 "트럼프가 대통령이 될 경우 향후 주한미군 전술핵을 한반도에 배치해 한·미가 공동 통제하거나 자체 핵개발을 하는 방안 등에 대한 공개적인 논의가 터져 나올 것"이라며 "한미동맹을 더욱 강화하는 노력이 필요하다" 밝혔다.

미국 공화당과 민주당 전당대회가 모두 끝났다. 공화당 전당대회는 트럼프가 주최한 '백인 단합대회' 같았고 민주당은 당이 주도한 '유색인종 연합대회' 같았다. 공화당 전당대회는 트럼프의 독무대였고, 민주당 쪽은 거물 인사가 총출동한 총력전이었다.

민주당은 힐러리 클린턴을 가릴 정도로 화려한 연사들을 불러모았다. 그것은 아예 판 깨자고 덤비는 트럼프 앞에 방어적이 된 민주당의 깊은 불안이 있다. 트럼프는 확 바꿔 보자는데 오바마 유산을 이어가야 하는 클린턴은 변화에 소극적일 수밖에 없다.

분노한 백인을 결집한 트럼프 바람 뒤에는 미국 사회의 급격한 인구 구성 변화가 있다. '백인 기독교도 미국의 종언(The End of White Christian America)'이란 책을 쓴 로버트 존스에 의하면 지금 미국은 '백인 주류 시대' 장례식을 치르고 있다. 장례식장 앞줄에 앉은 사람들(백인)은 대성통곡하는데 뒷줄에 앉은 사람들(유색인종)은 환호하고 있다. 이 혼돈이 지금 미국 대선의 배경이고, 이 단계를 어떻게 지나느냐가 중요한 과제란 것이다.

8년 전 오바마 당선 때도 크게 늘어난 유색인종 비율이 큰 위력을 발휘했다. 그 뒤로 흑백 관계가 좋다고 생각하는 사람들 비율이 크게 떨어졌다. 나이 든 미국 백인들은 "오늘의 미국은 우리가 어렸을 때 생각하던 그 미국이 아니다" 말한다. 백인이 중심에서 밀려나는 건 상상도 못 했다고들 한다. "멕시코 국경에 담을 쌓고 무슬림 입국을 금지해서라도 당신들의 위상을 지켜주겠다"는 트럼프의 말에 넘어갈 수 있는 이유다.

"인구구성이 운명이다(Demography is destiny)"란 말이 있다. 인종이든 연령이든 인구구성이 달라지면 정치도 변한다. 미국은 유색인종이 절반을 넘어가는 혁명적 변화를 코앞에 두고 있다. TV 토론에선 이미 "백인이 소수세력(마이너리티)이다"라는 말이 거침없이 나온다. 트럼프는 이런 인구구성 변화가 가져오는 결과를 막겠다고 호언장담하고 있다.

공화당은 2008년과 2012년 대선 패배 뒤 "백인 중심, 나이 든 사람 위주, 반(反)다양성"의 한계를 극복하지 못하면 재집권이 어렵다는 처방을 받았다. 하지만 손 놓고 있다가 더 늙은 백인 정당이 돼버렸다. 트럼프가 그 운전대를 잡고 "우리가 결집하면 된다. 한 번 더 달려보자" 한다. 트럼프가 위험하긴 하지만 비호감도가 높아 고전하는 클린턴은 속 시원한 대안이 되지 못하는 게 문제다.

미국인들이 대선 후보에 대해 '무섭다'는 표현을 쓰는 건 이번에 처음 봤다. 한 40대 사무직 여성은 "클린턴의 그 집요한 권력욕이 두렵다" 했다. 20대 청년은 "미국을 어디로 끌고 갈지 모르는 트럼프가 무섭다" 했다. 은퇴한 정치학자는 "선거날 아침 술 한 병 들이켜고 술김에 투표해야지 제정신으론 못 하겠다" 했다.

유권자들 마음의 부담이 이렇게 무거워지니 '누가 되든 단임설'이 돈다. 클린턴과 트럼프 중 누가 돼도 재선은 어려울 것이란 이야기다. 비호감 후보가 경쟁하는 선거란 마치 국민을 인질로 잡고 있는 것 같다. 무능한 정치가 국민을 괴롭히는 방법도 가지가지구나 싶다.

분열시키는 힘을 심판하라!

"미국은 다시 한 번 심판의 순간(moment of reckoning)에 놓여 있다. 강력한 힘들이 우리를 떼어 놓으려 하고 있으며 신뢰와 존중의 유대가 닳아 해어지고 있다."

딸 첼시의 소개를 받고 연단에 오른 힐러리 클린턴은 5만여 명의 지지자들의 환호에 감정이 북받쳐 한동안 말을 잇지 못했다.

2016년 7월 28일(현지 시간) 미 역사상 주요 정당의 첫 여성 대선 후보 수락 연설에서 클린턴은 도널드 트럼프 등장 이후 확산되고 있는 미국 사회의 갈등과 난관을 뚫고 "모든 이들을 위한 대통령이 되겠다" 강조했다.

클린턴은 민주당 출신인 프랭클린 루스벨트 전 대통령의 말을 인용해 "우리가 두려워할 것은 오직 두려움을 갖는 것 그 자체"라며 "미국은 희망과 용기의 나라다. 나와 함께 미국을 고쳐 더 위대한 나라로 만들자" 목소리를 높였다.

클린턴은 트럼프의 이름을 14차례나 거론하며 그 어느 때보다도 강도 높게 비난했다. 그는 "트럼프는 (밝은) '아침의 미국'에서 (어둠이 가득한) '자정의 미국'으로 옮기려 하고 있다" 비난했다. '아침의 미국'은 1984년 재선 도전에 나선 공화당 로널드 레이건 전 대통령의 선거 구호로 트럼프가 공화당 역사상 가장 존경받는 대통령 중 한 명인 레이건과는 정반대의 길을 가고 있다는 점을 부각한 것이다.

클린턴은 이어 '아메리카니즘'을 내세운 트럼프가 "내가 미국의 문제점을 고칠 수 있는 유일한 사람"이라 말한 것을 겨냥해 "누군가 '혼자 고칠 수 있다'라고 말한다면 믿지 마라. 우리는 함께하고 고칠 때 더 강해진다" 밝혔다. '나 홀로, 미국 우선'을 외친 트럼프에게 '우리 함께, 동맹과 같이'의 가치를 외쳐 자신을 트럼프와 대비했다.

클린턴은 또 "트럼프(브랜드) 넥타이는 미국 콜로라도가 아니라 중국에서, 트럼프 정장은 미시간이 아니라 멕시코에서 나온다"라며 '미국 우선주의'를 외치는 트럼프의 모순과 위선을 꼬집었다.

트럼프를 겨냥한 클린턴의 목소리가 높아지자 전당대회장은 바로 옆 사람 말조차 들리지 않을 정도로 "힐러리! 힐러리!"를 연호하는 함성으로 가득 찼다. 지지자들은 "바로 그거야! 힐러리!"를 외치며 열광했다. 클린턴은 트럼프가 "장군들보다 내가 이슬람국가(IS)를 더 잘 안다" 한 것을 거론하며 "아니야, 도널드(No, Donald, you don't)" 꾸짖듯 말해 장내엔 폭소가 터졌다.

여성 대선 후보로서의 소회도 밝혔다. "내 어머니의 딸로서, 그리고 내 딸의 어머니로서 이런 날이 와 행복하다"라며 "미국의 모든 장벽이 사라지면 (여성을 가로막는) 유리 천장도 없어질 것이며 하늘만이 유일한 한계로 남을 것"이라 말했다.

깨끗하게 승복한 버니 샌더스 상원의원과 지지자들에 대해 한참 동안 감사를 표시했다. 그는 "샌더스 지지자들의 대의명분은 바로 우리의 대의명분"이라며 "당신들의 열정과 아이디어가 필요하다. 함께 미국을 바꿔 나가자" 말했다. TV 카메라가 전대장에 앉아 있던 샌더스에게 스포트라이트를 비췄고 샌더스 부부는 박수로 화답했다.

클린턴과 트럼프의 승리전략

2016년 7월 31일 미국 대선이 100일 앞으로 다가온 가운데, 민주당의 힐러리 클린턴·공화당의 도널드 트럼프 대선 후보가 서로 다른 선거 전략을 구사할 것으로 전망된다. 클린턴 후보가 여성·소수 인종이라는 지지층을 바탕으로 '연대·단합·희망'이라는 키워드를 해법으로 제시하면서 지지층 확장에 나서고 있다면, 트럼프 후보는 '미

트럼프와 힐러리 클린턴

국은 위험에 빠져 있다'는 비관적 인식을 기초로 '법과 질서'를 지키
는 질서 확립자 이미지를 강화하는 데 주력하고 있다.

먼저 트럼프 후보는 지난달 21일 오하이오주 클리블랜드에서 열린
전당대회에서 미국은 "범죄와 테러 공격, 경제적 혼란에 빠져 있다"
분석한 반면, 클린턴 후보는 지난달 28일 펜실베이니아주 필라델피
아 전당대회에서 "미국은 도전에 직면해 있지만, 극복할 준비가 돼
있다" 강조했다.

현실 인식이 다르므로, 선거 전략도 다를 수밖에 없다. 클린턴 후
보의 100일 전략은 전당대회 주제였던 '함께하면 더 강하다(Stronger
together)'에서 확연히 드러난다. 최대 지원자인 버락 오바마 대통령과
경쟁자였던 버니 샌더스(버몬트) 상원의원 등과의 '연대·협력'을 발판
으로 흑인·진보층 등 기존 지지층을 확실히 잡아둔 뒤 지역·계층별
로 부동층을 공략한다는 전략이다.

클린턴 캠프는 군 장성을 앞세우거나, '애국주의'를 강조하는 방식으로 반(反)트럼프 공화당 지지층을 흡수하는 전략도 구사할 것으로 보인다. 폴리티코는 "그동안 보수파가 애국주의를 노골적으로 드러내는 것에 알레르기 반응을 보였던 좌파가 이번에는 애국심을 공개적으로 강조하고 있다" 전했다.

이에 반해 트럼프 후보는 '아웃사이더' 출신답게 '선택과 집중' 전략을 펼칠 것으로 예상된다. 트럼프 캠프는 이미 공화당 경선에서 선보였던 대규모 유세나 TV·트위터 등을 활용한 비전통적 선거 운동을 이어갈 것이라고 한다. 특히 이 과정에서 '미국을 다시 위대하게(Make America great again)'라는 표어를 앞세워 '법과 질서'를 강조하면서 보호무역·고립주의 정책을 반복 언급하고, 클린턴 후보의 이메일·벵가지 의혹을 집중 제기하는 '네거티브 캠페인'을 펼칠 것으로 보인다. 지역적으로도 트럼프 후보의 주요 지지층인 백인 노동계층이 집중 거주하는 '러스트 벨트(낙후된 공업지대)'의 핵심 경합 주에 선거운동을 집중할 것으로 예상된다.

7월 31일 "민주·공화당 모두 대선 승리를 위해서는 오하이오·펜실베이니아·플로리다 등에서 꼭 이겨야 한다고 생각한다" 뉴욕타임스(NYT)는 분석했다. 이 3개 주는 스윙 스테이트(경합주)로 분류되는 11개 주 중에서 가장 선거인단이 많은 지역이다. 플로리다 29명, 펜실베이니아 20명, 오하이오 18명 등이다. 버락 오바마 대통령도 2008년과 2012년 대선에서 이 3개 주에서 모두 승리했다.

특히 공화당에 이 3개 주 승리가 더 절박하다. 민주당이 1992년 대선 이래 18개 주에서 줄곧 승리했고, 이번 선거에서도 11개 경합 주를 제외해도 선거인단 242명을 사실상 확보한 것이나 마찬가지이기 때문이다. 대선 승리를 위해 필요한 선거인단은 과반인 270명으로, 클린턴 후보는 28명만 더 확보하면 백악관행을 확정할 수 있다.

'러스트 벨트'는 1988년 이래 공화당이 한 번도 이기지 못한 지역이지만, 트럼프의 보호무역주의·반(反)이민 정책이 먹히면서 다소 흔들리고 있다. NYT는 "트럼프가 이기려면 노스캐롤라이나를 잡아두고 이 3개 주에서 이겨야 하지만, 오하이오는 트럼프에 반대하는 존 케이식 주지사가 있는 상황이라 쉽지 않다" 말했다.

트럼프의 러 해킹 요청·무슬림 비하

힐러리 클린턴과 도널드 트럼프가 대통령 후보에 공식 지명되며 본선 대결이 본격적으로 시작된 가운데, '러시아의 이메일 해킹 스캔들'과 '트럼프 무슬림 비하 발언'이 핵심 쟁점으로 떠오르고 있다.

클린턴은 "최근 발생한 민주당 전국위원회(DNC) 해킹이 러시아의 소행인 것으로 알고 있다" 언론에 밝혔다. 그녀는 이어 "러시아 정보기관이 DNC를 해킹해 많은 이메일이 유출됐고, 트럼프가 (러시아에) 해킹 요청을 하며 블라디미르 푸틴 러시아 대통령을 지지하는 태도를 보여 걱정스럽다" 말했다. 미 언론들은 클린턴 전 장관이 이날 발언으로 '러시아 이메일 스캔들'에 뛰어들었다고 보도했다.

트럼프는 또 자신의 무슬림 입국금지 정책을 비난한 이라크전 참전 사망군인(캡틴 칸)의 아버지 키즈르 칸을 비판하며 '무슬림 비하 발언' 논란에 정면 대응했다. 트럼프는 7월 31일 트위터를 통해 "나는 키즈르 칸으로부터 사악한 공격을 받았다. 나도 대응할 권리가 있지 않으냐" 반박했다. 앞서 트럼프는 30일 민주당 전당대회 연사로 나선 칸 부부 가운데 키즈르 칸만 연설한 것을 두고 "어머니가 아무 말도 하지 않은 것은 발언이 허락되지 않았기 때문"이라 말해 무슬림을 비하했다는 비판을 받고 있다.

고립주의와 개입주의

그동안 미국의 대외정책은 고립주의와 개입주의를 반복해 왔다. 초기 미국은 종교적 박해와 가난으로부터 자유와 풍요를 꿈꾸었던 이주민으로 구성됐고, 영국으로부터 독립하기 위한 전쟁을 치르기도 했기에 고립주의 외교정책을 선호했다. 특히 5대 대통령 먼로는 유럽 열강 사이의 세력 다툼에 개입하지 않겠다는 불간섭 노선을 천명했다. 그러나 제2차 세계대전을 거치면서 미국은 고립주의만으로는 미국의 평화가 유지될 수 없다는 판단하에 공산권으로부터 자유진영을 지키는 세계경찰을 자청하면서 세계의 분쟁에 적극적으로 개입했다.

미국의 개입주의 노선은 달러를 중심으로 한 자유무역체계와 막대한 군사력을 바탕으로 추진됐다. 이는 미국을 초강대국으로 성장시켜준 원동력이 됐지만 내부적인 문제도 만들었다.

그 하나는 세계의 시장 역할을 맡아 발생한 무역적자이고, 다른 하나는 막대한 군비 지출에 따른 재정적자이다. 미국을 초강대국으로 만든 요인이 스스로 힘을 약화시키는 결과를 초래한 것이다. 계속되는 무역적자로 미국 내 전통 제조업은 경쟁력에서 뒤처졌고, 해당 직업에 종사했던 백인들은 계속 불안정한 상태였다. 미국의 보수파들은 이 불만의 원인을 경제적으로는 신규 이민자들에게, 군사적으로는 이슬람 테러리스트에게 원인이 있다고 한다. 이것이 트럼프가 개입주의 전략에 대한 반작용으로서 고립주의를 강조한 배경이다.

Listen, Yankee!
21세기 미국선언!

트럼프는 "우리는 새로운 리더십과 사고를 필요로 하며 내가 당선되면 그렇게 될 것"이라면서 기존 정치권과 차별화를 강조했다. 지난해 6월 "나는 부자"라며 대선 출마를 선언한 뒤 13개월 만에 누구도 예상치 못한 결과를 이루어낸 트럼프의 힘은 세계화에 소외 당하고 밀려드는 소수인종들에 불안감을 느낀 백인 저학력·저소득층의 반란인 셈이다.

1차 세계대전 이후 전 세계에 개입하며 반공·인권·민주주의를 확장시켜온 미국의 전통적 대외 정책은 '미국 우선'을 부르짖은 트럼프가 당선될 경우 급변이 예상된다. 대테러·안보 현안에서 미국의 책임 대신 당사국의 자기 부담을 강조해온 트럼프 정부는 국제 사회에 각자도생의 충격파를 던질 전망이다. 또한 트럼프 집권은 미국 내부로는 흑백 갈등과 무슬림 압박에도 영향을 미칠 전망이다.

반면 '임기 첫날부터 준비된 군 통수권자'를 슬로건으로 내건 클린턴은 전통적 동맹 관계를 강조해 큰 틀에서 '세계 경찰' 미국의 역할을 고수하며 국제 사회의 최고 조정자임을 자처한다. 흑인 등 소수인종의 압도적 지지를 받는 클린턴은 '함께하면 강하다'를 선거 구호로 내세웠다. 클린턴 당선은 흑인 대통령에 이은 첫 여성 대통령이라는 상징성도 있다.

오는 11월 8일을 기점으로 미국민의 선택은 한·미 관계에도 변수를 보일 것이다. 주한미군 방위비 인상을 요구한 트럼프는 한·미 자유무역협정(FTA) 재협상까지 시사해 안보·통상 모두에서 동맹 관계 변화가 예상된다. 한·미 동맹을 강조하는 클린턴 캠프는 강경한 북한 압박론과 더불어 적극적인 한·미·일 삼국의 군사 협력을 내걸고 있어 대북 정책과 대일 협력에서 양국의 섬세한 조율을 필요로 하고 있다.

트럼프는 처음부터 아시아와 유럽 안보는 당사자들이 알아서 해결해야 한다고 주장했다. 다시 말하면, 미국의 보호가 필요하다면 그에 맞는 대가(고액의 방위비)를 지불하라는 것이다. 트럼프는 집권을 한다면 북대서양조약기구(NATO) 정상들과 만나 방위비 인상 문제를 담판 짓겠다고 했다. 지난 3월에는 한국을 '무임승차자'라 비판의 칼날을 세우고 주한미군 주둔 비용을 전액 부담하지 않을 경우 주한미군 철수를 검토할 수 있다고 말했다. 대북 관계에서도 중국을 지렛대 삼아 북한을 압박하고, 필요하다면 한국과 일본의 핵무장도 용인하겠다는 말도 했다.

트럼트는 공화당의 전통적인 자유무역주의 대신 '신(新)고립주의'라 불리는 극단적인 보호무역도 주장하고 있다. 불공평한 자유무역협정으로 자국민이 일자리를 빼앗긴다는 이유에서다. 트럼프는 아직 발효 전인 환태평양경제동반자협정(TPP) 폐기와 북미자유무역협정(NAFTA), 한·미 자유무역협정(FTA) 등 기존 무역 협정까지도 재검토하겠다는 방침을 수차례 밝혔다.

트럼프는 철저한 반(反)이민, 반(反)이슬람 주장도 펴고 있다. 멕시코 불법 이민자들을 막기 위해 국경에 1600㎞ 길이 장벽을 세우고, 테러 관련국 무슬림의 미국 입국을 전면 금지하자고 주장한다. 트럼프는 "현 이민 시스템은 미국 시민을 보호할 수 없다"며 "미국 내 무슬림 데이터베이스(DB)를 구축하고 종교가 표시된 특별 신분증(ID)

발급 등을 시행해 무슬림들을 추적·관리하겠다" 했다.

트럼프의 파격 : '위 아 더 챔피언' 틀고 록스타처럼 등장하다

무대의 불이 살짝 꺼졌다. 전설적인 영국 록그룹 퀸의 대표곡 〈위 아 더 챔피언스(We are the champions)〉가 울려 퍼지자 어둠 속에서 한 남자가 걸어나왔다. 금발의 도널드 트럼프. 미국 오하이오 주(州) 클리블랜드의 농구 경기장 '퀴큰론스 아레나' 1층 플로어에 자리 잡은 2000여명의 공화당 대의원을 비롯해 행사장을 가득 메운 3만여 명의 사람들은 일제히 기립 박수를 보내며 환호했다.

7월 18일(현지시간) 개막해 4일 동안 이어지는 미국 공화당 대통령 후보 '대관식' 첫날부터 트럼프는 '원맨쇼'로 모여든 대중을 압도했다. 지금까지는 전당대회 주인공인 대통령 후보는 대회 마지막 날 화려하게 등장해 당원들의 열렬한 환영을 받는 게 160여년간 이어온 전통이었다. 하지만 트럼프는 시작때부터 기존 틀을 깨면서 후보 자리에까지 오르더니 전당대회에서도 깜짝 퍼포먼스를 선사했다. 감격스러운 표정으로 연단에 선 그는 "우리는 승리할 것이다. 우리는 아주 크게 이길 것"이라고 했다. 원고에 없던 내용이었다. 그러고는 찬조연사로 나선 부인 멜라니아를 "차기 퍼스트레이디" 소개한 후 무대 뒤로 사라졌다.

슬로베니아 출신인 멜라니아는 동유럽 특유의 딱딱하지만 거슬리지 않는 발음으로 "도널드는 포기하지 않는다"며 "여러분과 미국을 위해 싸울 누군가를 원한다면 그가 적임자라고 장담할 수 있다" 말했다. 그러면서 그녀는 "도널드는 흑인·아시아인·히스패닉·무슬림 등 모든 사람을 대변하려 한다"며 "퍼스트레이디로서 봉사하는 영광을 얻게 되면 그들을 돕는 데 온 힘을 쏟겠다" 했다.

10년 전 미국 시민이 되었다는 멜라니아는 특히, 트럼프의 인간적 면모를 강조했다. 그는 "도널드의 친절은 항상 눈에 띄지는 않지만, 모두가 알아볼 수 있다"며 "사실 내가 그와 사랑에 빠진 것도 바로 그 친절 때문이었다" 했다.

그녀는 멜라니아의 흔치 않은 대중 연설이 트럼프의 부드러운 면을 조명하면서 전당대회 분위기를 한결 부드럽게 했다.

그러나 일부 언론들이 멜라니아 연설 일부가 2008년 버락 오바마 대통령 부인 미셸이 한 연설과 두 단락 이상 겹친다고 보도하면서 논란이 일었다. 어린 시절 교훈을 언급한 부분에서 "삶에서 원하는 것을 위해 노력하라. 존경심을 갖고 사람을 대하라" 한 부분이 미셸 연설과 같다는 것이다. 표절 논란에 트럼프 캠프에서는 "멜라니아가 자신의 삶에서 영감을 받은 부분을 기록했고, 그의 생각도 일부 반영했다" 반박했다.

공화당은 전당대회 첫날 주제를 '미국을 다시 안전하게(Make America Safe Again)'로 잡고 최근 발생한 댈러스와 배턴 루지 경찰관 저격 사건 희생자를 위한 묵념으로 개막을 시작했다. 9·11 테러 당시 뉴욕시장이었던 루디 줄리아니는 "지난 7개월간 테러리스트에 의한 다섯 차례의 공격이 있었다"며 "트럼프야말로 안전한 미국을 이끌 적임자이며 최고사령관"이라고 했다.

그러나 그날 오후에는 한바탕 소동이 있었다. 트럼프의 대통령 후보 지명에 반대하는 대의원 일부가 주최 측에 대선 후보 지명 방식에 대한 전당대회 규칙 변경을 요구하며 집단행동에 나섰기 때문이다. 트럼프 지지자들은 "USA", "트럼프"를 연호하며 반트럼프 진영에 맞섰다.

이런 소란은 한 시간 이상 지속된 뒤에야 진정됐다. 하지만 연방의원 상당수가 전당대회에 참석하지 않았다.

우선 미국 공화당의 거물급 인사들이 도널드 트럼프(70)의 '대관식'인 공화당 전당대회를 노골적으로 거부하고 있다. 경선 때부터 인종 차별 발언과 과격한 공약으로 물의를 빚어 온 트럼프가 공화당의 공식 대선 후보로 지명되는 것을 동의할 수 없다고 발표한 것

국경에 장벽을 세우겠다

이다. 조지 부시 전 대통령과 아들 조지 W 부시 전 대통령도 일찌감치 트럼프를 지지하지 않을 것이며 전당대회에도 불참하겠다고 밝혔다. 부시 부자가 공화당 후보 지지 선언을 하지 않은 것은 이번이 처음이다. 트럼프와 경선 때 경쟁한 젭 부시 전 플로리다 주지사는 15일 〈워싱턴포스트〉(WP) 기고 칼럼에서 "불안감을 조성하는 트럼프는 공화당의 미래가 될 수 없다" 비판했다.

또한 2012년 대선 후보였던 밋 롬니 전 매사추세츠 주지사는 기회

가 있을 때마다 대놓고 트럼프를 반대했다.

공화당 거물들의 잇따른 불참으로 단합을 도모할 전당대회가 오히려 당내 갈등을 고스란히 드러내는 자리가 '트럼프 쇼'로 전락하면서 가족과 측근들 자기들만의 잔치가 됐다는 비아냥거림도 들린다.

〈뉴욕타임스〉(NYT)와 정치 전문매체 〈폴리티코〉 등에 따르면 그들이 전당대회에 참석할 공화당 하원의원은 전체 247명 중 200명 미만이다. 전당대회 불참 사유를 보면 황당한 것이 적지 않다. 2008년 대선 후보였던 존 매케인 상원의원(애리조나)은 "그랜드캐니언으로 트레킹을 갈 예정이라 전당대회 참석이 어렵다" 말했다. 또 제프 플레이크 상원의원(애리조나)은 '잔디 깎기', 마리오 디애즈발라트 하원의원(플로리다)은 '이발', 스티브 데인스 상원의원(몬태나)은 '낚시'를 불참 사유로 들었다. 켈리 에이욧(뉴햄프셔), 로이 블런트(미주리), 랜드 폴 상원의원(켄터키) 등은 자신의 지역구 활동을 위해 전당대회에 불참한다고 통보했다.

자신의 관내에서 전당대회가 열리는 존 케이식 오하이오 주지사역시 행사장에 들어가지 않겠다고 했다. 대표적인 '스윙 스테이트(경합주)'로 꼽히는 오하이오 주지사가 소속 정당의 전당대회에 불참한다는 건 단순히 참석을 거부한다는 것 이상의 뜻이 담겨 있다. 폴 매나포트 트럼프 선대위원장은 "오하이오 주에서 공화당을 창피하게 만들고 있다", "심술을 부리고 있다", "케이식은 바보다" 등 인신공격도 마다하지 않았다.

닉슨 대통령을 벤치마킹한 트럼프

도널드 트럼프는 미국 공화당 대선 후보로서 대관식이 열릴 클리블랜드 전당대회가 다른 사람은 흉내낼 수 없는 자신만의 독특함을 과시하는 무대가 되리라고 장담했다. "나는 내 자신이 되기를 바란

멜라니아의 연설 트럼프의 부드러운 면을 조명했다.

다"는 말도 남겼다.

　하지만 트럼프의 클리블랜드 전당대회가 1968년 리처드 닉슨 전 대통령(공화당)의 마이애미 전당대회를 대놓고 베꼈다고 〈뉴욕타임스〉가 18일 보도했다. 트럼프 선거캠프 관계자와 지지자들은 워터게이트 사건으로 불명예스럽게 낙마한 닉슨의 자랑스러운 후계자로서 트럼프를 묘사하는 데 주저하지 않았던 것이다.

　닉슨은 베트남전 반대 시위와 인종 갈등, 히피 문화 확산 등 과도한 자유주의적 분위기로 소란스러웠던 1960년대를 혼란으로 규정했다. 그리고 이를 종식시키기 위해 법과 질서를 강조하고 백인 주류 사회의 가치 회복을 내세웠다. 트럼프 역시 테러리즘과 불법 이민자, 무슬림 및 성소수자에 대한 관용 정책에 백인 노동자 계층이 느끼는 불안감과 피로감을 파고들면서 그와 같은 메시지를 전달해 닉슨처럼 대선에서 승리하게 되리라는 주장인 것이다.

폴 매너포트 선대위원장은 전당대회 마지막 날인 21일에 있을 트럼프의 후보 수락연설이 48년 전 닉슨의 연설을 본보기로 삼았다면서 "당시 연설은 오늘날 대부분의 이슈와 궤를 같이한다" 블룸버그 통신 인터뷰에서 밝혔다. 트럼프 자신도 최근 한 인터뷰에서 1968년 상황의 닉슨과 현재의 자신을 비교하며 "닉슨은 세상이 무너져 갈 때 사람들이 미국 보호를 최우선시하는 강력한 지도자를 원한다는 걸 잘 이해하고 있었다. 1960년대는 세계 상황이 너무도 안 좋았다. 지금도 진짜 안 좋다. 미국인들은 (1960년대의) 혼돈이 다시 찾아왔다고 느끼고 있다" 주장했다.

하지만 닉슨은 유권자의 약 90%가 백인이었던 시절의 정통파 정치인이었던 반면 트럼프는 유권자의 30%가 소수인종인 시대의 반골 정치인이라는 점에서 서로 어울리지 않는 조합이라고 NYT는 꼬집었다. 또 당시 닉슨은 서부 캘리포니아에서 가난하게 자란 소년의 꿈에 대해 이야기하고 고등교육을 받은 교외 거주자(중상류층)를 주된 청중으로 삼아 미국 사회의 통합에 대한 비전을 제시했다. 그러므로 트럼프가 동부의 부잣집 아들로 자라서 중하층 백인을 대상으로 인종과 종교 차별 발언을 일삼는다는 점에서 닉슨과 자신을 연결 지으려는 시도가 무리한 발상이라는 지적이 나오고 있다.

북핵 보유 재차 언급은 인정이 아닌가?

미국 공화당은 전당대회 개막일인 7월 18일 대선 정강을 확정 발표하면서 북한을 '김씨 일가의 노예국가'라고 비판했다. 이어 "우리는 중국이 김씨 일가가 통치하는 노예국가의 변화가 불가피함을 인정하고, 또 재앙으로부터 모든 이의 안전을 지킬 수 있도록 한반도의 긍정적 변화를 서둘러야 한다는 점을 촉구한다" 강조했다.

이는 한반도 통일을 희망하는 취지의 추상적 문구에 그쳤던 2012년 공화당 대선 정강에 비해 이례적으로 '변화의 불가피성', '긍정적 변화'와 같은 표현을 쓰며 북한의 체제 변화 유도 및 한반도의 통일까지 염두에 둔 발언이었다.

공화당은 아울러 "북한이 핵미사일을 보유하고 있고 이란도 거의 보유 단계에 있는데, 전자기파 폭탄(EMP) 또한 이론적인 걱정이 아닌 진짜 위협이 되고 있다" 지적했다. 그러나 일각에서는 트럼프와 공화당이 미 정부의 기존 방침과는 달리 북한을 핵보유국으로 인정한 것 아니냐는 반응을 보이고 있다.

공화당은 북한에 대해선 강하게 비난했지만 그동안 유세 과정에서 도널드 트럼프 후보가 자주 거론했던 한국에 대한 방위비 분담금 증가 요구, 주한미군 철수, 핵보유 용인 등의 내용은 포함하지 않았다.

그러나 무역문제에 대해선 강하게 공약을 제시했는데, 정강에서 '이기는 무역정책'이란 제목을 달고 "(미국과) 친밀한 민주 국가들과 맺은 무역협정들이 미국의 이해관계와 주권을 충분히 보호하지 못하거나 아무런 대가 없이 침해한다면 그것들은 반드시 거부돼야 한다"며 "공화당은 무역에서 동등함을 고집할 것이며 다른 국가들이 이에 협조하기를 거부하면 의무를 무효화시킬 준비가 돼 있다" 강조했다.

특히 중국을 언급하면서 "중국의 환율 조작과 정부 구매 시 미국 제품 제외, 중국 회사들에 대한 보조금 지급이 계속되는 건 용납할 수 없다" 주장했다.

트럼프에 찬물 끼얹은 크루즈

"11월 본선에서 양심껏 투표하세요. 우리의 자유를 옹호하고 헌법에 충실하기 위해 여러분이 신뢰하는 후보들에게 투표하십시오."

7월 20일 미국 공화당 전당대회장인 오하이오주 클리블랜드 퀴큰 론스 아레나 메인 무대. 연사로 나온 테드 크루즈 상원의원이 "트럼 프가 당의 대선 후보가 된 것을 축하한다" 인사를 한 뒤 표정 하나 변하지 않고 이렇게 외치자 전당대회장은 순식간에 "우~" 하는 야 유와 고성으로 가득 찼다.

전날 당 대선 후보로 선출된 트럼프 지지를 거부한 것은 물론이 고 듣기에 따라서는 민주당 대선 후보인 힐러리 클린턴 전 국무장관 에게 투표하라는 말로도 들렸다. 크루즈는 경선 막판까지 도널드 트 럼프 후보와 막말을 주고받으며 진흙탕 경쟁을 벌이다 경선 포기를 선언했다. 이날까지도 트럼프 지지 선언을 하지 않은 상태였다.

크루즈 바로 앞에 있던, 트럼프의 고향인 뉴욕 주 대의원들은 엄 지손가락을 아래로 내리며 크루즈를 비난했다. 이반카 등 트럼프 자 녀들의 표정은 돌처럼 딱딱하게 굳어졌다. 전날 연사로 나서 트럼프 에 대한 충성을 맹세했던 크리스 크리스티 뉴저지 주지사는 입을 벌 린 채 기가 막힌다는 표정을 지었다.

일부 트럼프 지지자가 크루즈의 아내인 하이디 크루즈에게 다가 가 험악한 표정을 짓자 백악관 비밀경호국(SS) 요원들이 급히 하이디 를 전대장 밖으로 내보냈다. 트럼프의 오랜 측근인 로저 스톤은 전 대장에서 기자들과 만나 "크루즈는 멍청한 ×자식"이라고 쏘아붙였 다. 이날 연설 직전에도 해프닝이 있었다. 크루즈는 오후 2시경 클리 블랜드 공항 인근에서 경선 기간 자신을 지지해 준 대의원과 자원 봉사자들을 상대로 연설을 하고 있었다. 그러나 갑자기 상공에 등장 한 대형 여객기의 소음으로 연설이 중단됐다. 뉴욕에서 막 날아든 트럼프 전용기였다. 크루즈는 "사전에 트럼프 측과 이야기된 건가?" 라며 뼈 있는 농담을 했다.

전대장이 소란스러워지면서 정작 이날의 주인공인 마이크 펜스의 부통령 후보 수락 연설은 빛이 바래졌다. 크루즈 연설이 끝나고 1시간 뒤 등장한 펜스는 수락 연설에서 "민주당은 지금 이 나라 전체가 신물이 난 모든 것을 대변하는 그런 사람(힐러리)을 후보로 지명하려 한다" 비판했다. 이어 "우리는 트럼프 외에 대안이 없다. 트럼프는 모든 것이 준비돼 있다. 이제 우리는 미국을 다시 위대하게 만들어야 한다" 말했다.

크루즈의 연설이 끝나갈 무렵 가족들이 있는 VIP 지역으로 걸어 들어온 트럼프는 엄지손가락을 들어 보이는 특유의 제스처를 취했지만 불쾌한 표정이 역력했다. 전대 후 트위터를 통해 "나는 크루즈가 그런 내용의 연설을 할 것을 2시간 전에 미리 알고 있었다. 별거 아니다"라며 애써 무시했다. 트럼프는 후보 수락 연설 하루 전인 이날 뉴욕타임스와 인터뷰를 갖고 "북대서양조약기구(NATO·나토) 국가들이 침공받아도 미국이 무조건 보호해주지는 않을 것"이라며 나토 국가들의 방위비 증액을 거듭 요구했다.

이날 전대장 주변에선 반(反)트럼프 시위대가 성조기를 불태우다 17명이 경찰에 체포되는 소동이 벌어지기도 했다. 한편 공화당의 웨스트버지니아 주 하원 의원이자 유나이티드항공 조종사인 마이클 포크는 최근 클린턴의 e메일 스캔들과 관련해 "반역죄, 살인죄 등으로 워싱턴에서 목을 매달아야 한다" 주장했다가 항공사 측으로부터 정직 처분을 받았다고 시카고트리뷴이 20일 전했다.

'트럼프의 도박' 한미동맹의 운명

미국 공화당의 대통령 후보인 도널드 트럼프는 7월 21일 "미국 우선주의(America First), 즉 아메리카니즘(Americanism)이 우리의 신조"라며 "우리의 제조업을 파괴할 뿐 아니라 미국을 외국 정부의 결정에 종속시키는 환태평양경제동반자협정(TPP)은 절대 체결되지 않을 것"

이라 말했다. 보호무역을 공식화한 것이다.

그는 민주당의 대통령 후보인 힐러리 클린턴 전 국무장관을 거론하면서 "힐러리는 미국의 일자리를 죽이는 한국과의 무역협정을 지지했다"며 "북미자유무역협정(NAFTA)을 포함해 모든 무역협정을 재협상하겠다" 했다. 구체적으로 한·미 FTA(자유무역협정)를 적시하지는 않았지만, 자유무역 기조에 대해 전반적으로 부정적인 시각을 드러내 한국도 상당한 영향을 받을 것으로 보인다.

트럼프는 또 중국을 겨냥해 "힐러리는 중국이 세계무역기구(WTO)에 가입하는 것을 지지했다"며 "중국과의 끔찍한 무역협정을 완전히 재협상할 것이며, 중국의 충격적인 지식재산권 절도 행위, 불법상품 덤핑, 파괴적 환율조작 등을 중단하기 위한 제재도 취할 것"이라고 했다. 그가 한국을 언급하지는 않았지만 한국은 중국과 함께 미국의 환율 관찰대상국에 포함돼 있다.

트럼프는 한·미 동맹과 관련해서는 구체적으로 언급하는 대신 "(미군 주둔 등에 대해) 충분한 대가를 치르지 않는 일은 없어야 한다" 했다. 그러나 이날 뉴욕타임스 인터뷰에서 "(방위비 분담금 협상에 제대로 응하지 않는 동맹에 대해서는) 항상 협상장에서 걸어 나올 준비가 돼 있어야 한다"며 미군 철수도 검토할 수 있음을 시사했다. 그는 또 주한미군을 주둔시켰기 때문에 평화가 유지되지 않느냐는 질문에 "한국에 평화가 유지되리라는 보장이 없다"며 "북한은 점점 더 미쳐가고 있고, 점점 더 많은 핵무기를 보유하고 있다. 북한은 보일러(boiler) 같다" 했다.

역대 전당대회 중 가장 백인중심적
"역대 공화당 전당대회 중 가장 백인 중심적이다."

미국 허핑턴포스트지는 최근 공화당 전당대회를 이같이 평가했다.

언론의 관심이 집중되는 저녁 황금시간대에 지지 연사로 흑인 기독교 지도자 대럴 스콧 목사, 무슬림 사지도 타라르, 한국계 안과의사 리사 신 등 유색인종을 배치하긴 했지만 '구색 맞추기'라는 비판을 들어야 했다. 7월 20일 전당대회장 1층을 가득 메운 대의원은 백인 일색이었다.

흑인 대의원 비율은 전체 2472명 중 49명(2%)에 불과했다. 1964년 공화당 전당대회 당시 흑인 대의원 비율(1%)에 이어 둘째로 낮은 수치다. 히스패닉 대의원 역시 플로리다와 미국령 사모아 등 몇 주에만 드물게 포함됐다.

김동석 미국시민참여센터 상임이사는 "공화당 전당대회에 참석한 지 세 번째인데, 이번처럼 유색인종이 적은 적은 없었다"며 "흑인과 히스패닉, 아시안 인구가 빠르게 늘고 있는데도 이곳에서는 차별과 무시가 느껴진다" 했다.

앞서 지난 18일엔 미 공화당 하원의장인 폴 라이언이 백인 인턴 100여 명과 찍은 셀카를 자신의 인스타그램에 올렸다가 "너무 하얘서 눈이 멀 정도", "선글라스가 필요하겠다" 등의 조롱을 받았다.

월스트리트저널은 "공화당이 2012년 오바마 대통령에게 패한 밋 롬니의 경험을 반복하지 않으려면 다양한 인종의 지지를 확보해야 한다" 지적했다. 미 인구조사국에 따르면 지난해 기준 미국 전체 인구 중 백인은 61.6%로 과반을 차지했지만, 2010년에 비해서는 2.1% 포인트 줄었다. 반면 같은 기간 히스패닉 인구는 16.3%에서 17.6%로, 흑인 인구는 12.6%에서 13.3%로 각각 늘었다.

천하의 도널드 트럼프도 말을 잇지 못했다. 금방이라도 눈물이 터져 나올 듯한 감정을 참아내려 애썼다. 1분 이상 쏟아지는 환호와 함성에 고개를 끄덕이고 양 엄지손가락을 치켜세우며 호응하는 것 말고는 할 수 있는 게 아무것도 없었다.

2016년 7월 21일(현지시간) 미국 오하이오 주 클리블랜드 농구 경기장 '퀴큰론스 아레나'에 모인 3만여명의 공화당 지지자는 맏딸 이반카의 소개로 무대에 등장한 대통령 후보 도널드 트럼프를 기립 박수로 맞았다. "USA" 구호가 넘쳐나면서 나흘간의 전당대회는 피날레로 달려가고 있었다.

트럼프는 평소와 달리 차분하게 대선 후보 수락 연설을 시작했다. 준비한 원고대로 차분하게 절제된 톤으로 지지자들에게 다가갔다. 경선 때 돌발 연설로 구설에 오르던 때와는 전혀 다른 모습이었다. 대통령다운 모습을 보여주려고 했다는 분석이다.

긴장한 듯하던 트럼프는 후반부로 접어들자 "나를 믿어라" "절대로 안 된다고 하지 않았느냐"처럼 자신이 잘 쓰는 문구를 즉석에서 집어넣어 청중을 사로잡았다. 76분간 연설에서 119차례 박수가 쏟아졌다.

연설 초반 20분 정도에 걸쳐 치안 불안, 불법 이민, 경기 침체 같은 미국이 처한 각 분야 문제점을 지적한 그는 버락 오바마 행정부와 민주당의 대선 후보인 힐러리 클린턴 전 국무장관 비판에 들어갔다. 트럼프는 "미국은 오바마 대통령이 힐러리에게 미국의 외교정책을 책임지도록 결정하면서 이전보다 훨씬 덜 안전해졌고, 세계는 훨씬 더 불안정해졌다"며 "힐러리의 유산이 미국의 유산이 돼서는 안 된다" 했다.

'이메일 스캔들'을 끄집어내자 객석에서는 "힐러리를 감옥으로"라는 구호가 쏟아졌다. 트럼프는 지지자들에게 "11월 대선에서 힐러리를 무찌르고 대통령 선서를 하는 순간부터 미국은 올바른 길을 갈 것"이라고 목소리를 높였다.

트럼프는 자신을 "법과 질서의 후보자이자 약자의 옹호자"라며 "나는 여러분을 대변하는 목소리(I am your voice)" 했다. 그는 정치·경제·외교·안보·무역·치안 모든 분야에서 미국을 다시금 반석에 올려놓겠다고 약속했다. 그러면서 그는 "정치인은 말만 하지만 나는 실천을 한다"며 "2017년이 되면 모든 것이 바뀌어 미국은 다시 1등을 할 것"이라고 했다.

불법 이민을 이야기할 때는 객석에서 "벽을 세워라(build the wall)"란 구호가 나왔고, 자유무역 대신 보호무역을 언급할 때는 "일자리, 일자리"라며 호응하는 등 트럼프의 연설은 시간이 갈수록 반향이 커졌다.

특히 "힐러리의 이민자 사면은 여러분의 학교와 병원을 (불법 이민자로) 넘치게 하고 당신의 일자리와 임금을 줄일 것이며 이민자들 때문에 가난 탈피가 더욱 어려워질 것"이라며 적극적인 단속을 언급하자 박수가 터져 나왔다.

한편 아버지 바로 앞 순서 마지막 찬조 연사로 등장한 장녀 이반카에 대해 의회 전문 매체인 〈더 힐〉 등은 "전당대회를 훔쳤다"는 평을 하면서 그녀를 극찬했다. 여성·인종차별 같은 트럼프의 부정적 이미지를 중화하는 데 큰 역할을 했다는 것이다. 이반카는 "정치인은 말만 하지만 나의 아버지는 평생 자신의 회사에서 실천했고, 아버지 회사에는 남성보다 여성이 더 많다" 했다. 또 이반카는 "아버지의 업무 현장에는 언제나 다양한 배경과 인종의 사람들이 있다"며 "아버지에게 중요한 것은 능력과 노력 그리고 탁월함이며, 이는 트럼프 조직의 오랜 철학"이라고 했다.

트럼프의 연설이 끝나자 무대는 그의 가족 차지가 되었다. 이번 전당대회 내내 트럼프 못지않게 찬조 연설로 성가를 높인 아내 멜라니아와 장남 도널드 트럼프 주니어, 이반카 등 자녀 5명과 부통령 후보인 마이크 펜스 인디애나주지사 가족이 연단에서 지지자들에게 인사하는 순간 대회장 천장에서는 12만 5000개의 크고 작은 풍선이 쏟아져 내렸다.

Listen, Yankee!
세계가 본 흥미진진 리얼리티 쇼

미국인들에게, 최근 대통령 선거는 자기들과 관계가 있는 '리얼리티 쇼'이다. 이것은 대본 없는 TV드라마를 말한다.

2009년에 시작된 리얼리티 쇼 〈저지 셰어〉는 새로운 미국의 사회 현상이 되었다. 남녀 6명으로 이루어진 이탈리아계 미국인들이 바닷가 서머 하우스에서 공동생활을 하는 이야기인데, 그날 그날의 생활을 비쳐 준다. 거기에는 남녀 간의 연애와 이별, 동성끼리의 결속과 다툼, 배신, 애인과의 괴로움, 양친과의 관계에서 화장실 청소에 이르기까지 일상적인 드라마가 펼쳐진다.

고작 이 정도의 내용일 뿐인데도 대단히 재미있는 것이다. 한 번 보게 되면 순식간에 빠져버려, 다음 주에는 어떤 내용이 펼쳐질까 궁금해서 견딜 수가 없다. 리얼리티 쇼는 또 SNS와도 연동하고 있다. 출연자들은 날마다 SNS에 포스팅을 하여 시청자들과 직접 소통을 한다. 시청자들은 TV를 보는 중에도 SNS와 게시판에 글을 올려 서로의 생각을 공유하는 것이다.

이 리얼리티 쇼는 미국 전역에서 대인기를 떨쳤다. 쓸쓸함을 참지 못해 곧 잠을 청하는 스누키는 가장 인기가 있을 뿐만 아니라, 해변 가까이에 있는 공립대학의 졸업식에 기조 연설자로 초대를 받기도 했다. 더욱이 작년에 기조 연설을 한 노벨상 수상자보다도 스누키에 대한 사례가 많았던 것도 화제가 되었다. 이제는 〈하우스 와이프〉,

〈의사의 아내〉, 〈비만에서 벗어나다〉 등 다양한 시리즈가 방영되고 있다.

2011년 영국 왕실 결혼식 때에는 미국 매스컴이 '세계 최대의 리얼리티 쇼'라고 보도했다. 왕실 사람들의 평소 생활 모습은 물론, 찰스 왕태자와 다이아나비의 불화, 찰스 왕태자의 불륜사건, 윌리엄 왕자의 연애 등은 온 세상 사람들이 다 알게 되었다. 왕실의 생활 모습까지도 '리엘리티 쇼'로 방영되는 시대가 되었다는 것은 놀라운 일이다.

이런 관점에서 이번 미국 대통령 선거를 보면 그야말로 리얼리티 쇼로 여겨질 수밖에 없다. 어떤 후보가 '대통령'에 어울리도록 성장해 가는가 하는 이야기가 된다. 동시에 다른 후보는 어떤 이유로 사라져 가는가 하는 드라마이기도 하다. 대통령 선거의 '리얼리티 쇼'를 더욱 흥미진진하게 구성한 것은 TV 토론회와 모바일의 진화라고 할 수 있으리라. 예비선거와 당원모임에서 TV 토론이 빈번히 이뤄지게 된 것은 2008년의 대통령 선거 때였다. 그때의 대통령 선거는 그야말로 오바마가 대통령으로 성장해 가는 '리얼리티 쇼'였다.

TV 토론의 놀라운 영향력

TV 토론회에서 크게 성공하면 지지율이 쑥쑥 올라가고, 매력이 없는 후보자부터 하나하나 사라져 간다. 초기에 사라져 간 후보자는 첫 TV 토론회에서 크게 실패를 했다. 그 대표적인 인물이 젭 부시. 그는 공화당 후보로서 가장 큰 기대를 모았던 사람이다. 젭은 TV 토론회에서 대통령이 될 만한 자질을 보여주지 못하고, 실수를 거듭했다. 돌이켜 보면 아버지와 형이 입후보했을 적에는 예비선거에서 TV 토론회는 있지 않았다. 지금처럼 예비 선거에서 TV 토론회가 자주 열렸다면 형은 아마 지명을 받지 못했을지 모른다.

3월 중순까지 살아남은 이는 3명, 초기에 기대이상으로 성과를 거두고 지지율을 높인 이들이다. 텍서스주 출신 상원의원인 클루즈와 플로리다주 출신 상원의원 르비오, 오히아오 주 지사 케식이다.

예비선거가 시작된 후, 거의 매주 TV 토론회가 열렸다. 열두 번의 토론회를 하고 나서, 어느 후보자가 얼마나 말을 했는가를 워싱턴포스트가 숫자로 보도했다. 그것을 보면 말을 한 시간과 지지율이 연됨을 알 수 있다. 트럼프가 196.2분으로 말을 가장 길게 했고, 클루즈는 178.6분, 르비오는 160.2분, 케식은 140분이었다.

이것은 분명한 사실이다. 한 번, TV 토론회를 보고 나면 다음의 선거결과를 몹시 기다리게 될 수밖에 없다. 트럼프의 발언을 실언으로 생각하는데, 결과에는 어떤 영향을 줄까? 이번에 르비오가 잘했는데, 클루즈를 따라잡을 수 있을까, 등. 이런저런 생각들로 마음이 초조해진다. 토론회 모습을 보면 예비선거의 결과를 어느 정도 예측할 수 있다. 다른 사람들의 반응에도 신경이 쓰여, SNS에 올리게 된다. 이렇게 미국인들은 TV를 시청하며 일희일비하고 있는 것이다.

4개 주의 동시 예비선거가 열리기 직전의 TV 토론회에서, 트럼프는 르비오를 깎아내리려고, '손이 작은 사람은 다른 곳도 작다'는 천한 발언을 했다. 매스컴은 대통령선거 TV 토론회에서 그런 '천박한 말'이 튀어나와도 되는 거냐고, 따지고 들었다. 그 뒤 예비선거에서는, 트럼프가 이기기는 했지만 예상한 만큼의 대승은 거두지 못했다. 그러나 그 토론회의 결과로 르비오는 공화당의 가장 유망한 후보였음에도 그 위치에서 떨어지고 말았다.

TV 토론에서 멋지게 되받아칠 수 있는 말을 찾지 못하고 똑같은 말을 몇 번이나 반복한 결과였다.

TV 토론회에서 실언을 하든 결석을 하는 폭거로 나오든, 제일 두려운 이는 트럼프다. 어떤 실언, 망언, 명언이 튀어 나올지 흥미진진

TV토론 매주 열렸다.

하게 보게 된다. 그뿐만이 아니다. 다른 사람이 말을 할 때 트럼프의 얼굴 표정은 다채롭다. 반대의견이나 비판을 받는 경우, 불끈 화난 표정으로 듣고 있는 후보자가 많은 가운데, 오직 한 사람 트럼프는 양손을 펴든가, 어깨를 움츠리든가, 목을 갸우뚱하든가, 눈을 똥그랗게 뜨든가, 한쪽 눈을 감든가, 기쁜 듯이 방긋 웃든가 등의 표정을 짓느라 바쁜 것이다.

그도 그럴 것이, 트럼프는 예전에 '리얼리티 쇼'에 출연한 일이 있었다. '어프렌티스(수습생)'이라는 프로그램이다. 〈너는 모가지야(유어 파이어드)!〉라는 유행어가 퍼질 정도의 인기프로였다. 트럼프의 회사에서는 근무하고 싶은 견습생에게 과제를 준다. 그 과제를 가장 못 해내는 사람부터 한 명씩 떨어뜨린다는 프로였다.

또 트럼프는 사업계에 들어가서부터 거의 '리얼리티 쇼' 출연자 같은 상태로 매스컴에 노출되어 왔다. '리얼리티 쇼'처럼 변해버린 대통령 선거를 트럼프가 자신만만하게 생각하는 것은 당연할지도 모른다.

사자처럼 어슬렁어슬렁 으르릉으르릉 트럼프 선거판

트럼프가 처음 입후보 선언을 하였을 때, 누구나 그를 '거품 후보'로 보았다. 그런데 정치적으로 옳지 않은 빗나간 실언을 되풀이할 때마다 그의 지지율은 높아져만 갔다. 더구나 그 발언은 본디 정치계에서는 치명적인 실언이었다. '멕시코는 강간마(魔)를 미국으로 수출하고 있다', '미국은 이슬람 교도의 입국을 인정해서는 안 된다' 등등의 말을 할 때마다 의외로 지지율은 올라갔기 때문에, 공화당의 주류파는 전전긍긍하고 있다. 트럼프가 공화당의 대통령 후보로 지명을 받는다면, 공화당의 품격은 세계적으로 추락할 것이라 여기고 있었기 때문이다.

트럼프는 2012년 대통령 선거 때도, 나갈 것처럼 행동하면서, 오바마 대통령은 사실 하와이가 아니라 케냐에서 태어났기 때문에 대통령의 자격을 갖추지 못했다는 요지로 캠페인을 벌렸다. 결국 오바마 대통령이 하와이주 출생증명서를 공개함으로써 수습은 되었지만, 이때 트럼프는 인격적으로 천박한 인물로 여겨져 공화당의 귀찮은 대상이 되었다.

사실 트럼프는 철저한 공화당 지지자도 아니다. 민주당과 공화당을 넘나들었을 뿐만 아니라, 2000년 대통령 선거에서는 개혁당에 입후보하기도 했다.

공화당 주류파에게는, 트럼프는 동지가 아닌 눈엣가시 같은 존재다. 트럼프가 대통령이 되는 것을 두려워하는 이름은 공화당 주류파만이 아니다. 매스컴도 트럼프의 언행을 예의 주시하고 있다.

2012년 대통령 선거의 공화당 후보였던 홉니는 트럼프의 납세 신고서를 공개해야 한다면서 그를 공격했고, 매스컴은 트럼프와 히틀러의 유사점을 지적한 기사를 게재하기도 했으며 백인지상주의가 아니냐는 지적 또한 받고 있는 것이다. 그리고 마침내, 열광적인 지지자와 반대자가 유세장에서 부딪치는 바람에 유세를 취소하는 사태까지 발생했다.

그러나 트럼프는 정치가와 매스컴으로부터 공격을 받고 유세장에서 폭동이 일어나도, 전혀 아랑곳없이 실언 진격을 계속하고 있다.

왜 트럼프에게 인기가 모아지는가

공화당은 왜, 오바마 대통령이 이룩한 미국의 지각변동에 대응하지 못하고 방황하는 것인가. 흑인의 피를 타고난 오바마 대통령의 탄생은 공화당이 주장해 온 옛 좋은 시대의 종언을 의미하며, 다양성을 가진 미국으로 바뀌어감을 상징한다.

미국이란 나라는, '인종 박람회장'이라는 말을 떠올리게 한다. 그러나 그것은 뉴욕이나 샌프란스코 같은 대도시를 의미하고, 미국 전체로 본다면 백인이 압도적으로 많은 나라이다. 같은 그리스도 교도 중에서도 프로테스탄트가 다수파이고, 가톨릭은 소수파로 분류될 만큼 백인 프로테스탄트의 국가이다. 흑인은 고작 10%를 넘을 정도이고, 히스페닉(스페인계)과 아시아계의 유입도 최근의 말이다. 오바마 대통령이 탄생하기까지 오직 한 사람, 존 F 케네디 대통령을 제외한 거의 모두가 프로테스탄트의 백인이었다.

그런 풍토에서 오바마 대통령이 탄생한 것이다. 그리고 이번 대통령 선거에 나온 인물들을 보면, 다양화되어가는 미국을 그대로 반영하고 있다. 백인 프로테스탄트가 아닌 케네디 대통령과 오바마 대통령을 배출한 민주당이 소수파 후보를 옹립하는 것은 그다지 이상할 게 없다. 그러나 이번에는 공화당이 소수파 후보들을 많이 거느리고 있는 것이다.

2000년 전반기까지만 해도 미국 인구의 백인 비율은 4분의 3이 넘었는데, 지금은 55% 정도이다. 어린이 인구통계에서는 소수파의 합계가 백인보다 많아졌고, 백인이 다수파인 지역을 내주는 현상이 벌어졌다. 그 인구동태의 변화에 호응하듯 미국의 개척정신을 존중하는 보수파 중심의 공화당에도 그 변화가 파급됨으로써 후보자가 난립하는가 하기도 했다. 그들도 소수파의 요소를 가진 사람이 대다수이다. 그들 후보자 중에서, 종래의 다수파 백인 프로테스탄트는 트럼프밖에 없다. 게다가 트럼프는 예전 좋은 시대의 상징인 아메리칸 드림의 달성자라 할 수 있다.

오바마 대통령의 다양화에 어울리는 인구동태의 변화는 공화당 여기저기에서 불만이 쌓여가는 반작용도 낳았다. 예비선거는 당이 앞으로 어디를 향해 나아가야 하는가를 결정하는 선거이기도 하다. 그러나 공화당은 미국에서 일어나고 있는 변화에 어떻게 대응해야 하는가. 길을 아직 찾지 못하고 있는 것 같다. 트럼프가 등장한 것도, 후보자를 정하기 어려웠던 것도, 공화당을 일치시킬 방향을 정하지 못했기 때문이다. 공화당이 지향할 방향이 합의되었다면, 후보자의 난립은 없었으리라.

이런 혼미 속에서 다양화한 사회에 따른 스트레스 때문에, '옛날이 좋았는데'라는 생각을 떨쳐 버리지 못하는 공화당 지지의 백인들이 트럼프 지지쪽으로 기운 것이다.

트럼프는 처음부터 그것을 노린 듯이 '그 옛날 살기 좋았던 미국을 다시 한번(Make Ameriea Great Again)'이라는 로고를 사용하였다. 이 로고가 박힌 야구모자를 쓰고 유세에 나섰다. 이 모자도 그를 지지하는 사람들의 마음을 사로잡았다. 미국인은 '야구를 좋아한다'는 것이 일반적인 특성의 하나이다. 미국의 백인은 반드시 어딘가에서 야구모자를 써본 경험이 있다. 모자가 필요없을 때도 말이다. 차를 운전할 땐 말할 것도 없고 공항 대합실에서, 업무로 출장할 때의 사적인 회식장에서도 쓰고, 야구모를 쓰고 출근하여 PC 앞에 앉는 사람도 많다. 야구모는 미국인에게 최강의 아이덴티티 상품이라는 생각이 들 정도이다.

'예전 살기 좋았던 미국'에 대한 동경을 새긴 로고는 공화당계에서 흔하게 볼 수 있고, 그런 말도 자주 듣는다. 하지만 실제는 '예전의 미국보다 지금의 미국이 더 좋다'는 신문논평도 많이 보게 된다. 1960년대까지만 해도 흑인차별이 합법적이었고, 여성차별도 뿌리깊게 남아 있었다. 1980년대에도 뉴욕의 밤거리는 매우 위험했다. 아직도 차별이 남아 있긴 하지만 흑인 대통령을 탄생시켰고, 여성의 CEO가 적지 않게 나오는 세상이 되었다. 이제는 여성 대통령도 등장할 수 있는 시대이며, 백인경찰의 흑인에 대한 당찮은 대응도 밝혀질 수밖에 없게 되었다. 뉴욕이나 워싱턴 DC의 밤도 번화가라면 여성 혼자 다녀도 그렇게 위험할 것이 없다.

경제면에서도 그렇다. 소련이 무너지고 네트워크 혁명이 일어난 후에는 첨단기술의 중심은 역시 미국이다. 게다가 이노베이션 기술 덕분에 중동에 의존하지 않아도 될뿐 아니라 미국에서도 가스와 원유가 충분할 만큼 생산된다.

그렇기 때문에 옛날을 좋은 시대로 여기지 않은 사람들은 '예전 좋은 시대'에 대한 향수를, 차별이 당연하다고 여기는 사람들의 잘못된 생각으로 받아들인다. 그런 배경 때문에 트럼프에 대하여 '백인지상주의'가 아닌가 하는 의심을 갖게 되는 것이다.

지금은 예전보다 살기가 어렵다고 생각하는 사람들은 '예전 좋은 시대여, 다시 한번' 외치며 트럼프에게 열광한다. 트럼프 현상은 백인 사회에서 다양화하는 사회로의 이행 과정에서 일어난 피할 수 없는 현상이라고 보아야 한다.

한데 걱정되는 현상이 최근 트럼프의 유세장에서 일어나고 있다. 트럼프를 반대하는 집단이 트럼프의 유세장에 대대적으로 몰려와서, 열광적인 트럼프 지지자들과 육탄전을 벌이는 사태가 발생하여 경찰이 출동하는 지경에 이른 것이다. 최근의 선거에서 이런 사건은 무척 드문 일이었다.

이러한 트럼프 현상이 일어난 것은 누구의 탓인가, 하는 책임론까지 나오고 있다. 르비오는 오바마 대통령 때문이라 하고, 오바마 대통령은 공화당이 자초한 현상이라 반론하고 있다. 마치 내전을 방불케 하는 상태라고 말하는 사람도 있다.

어쨌든 트럼프 주위에는 이런 거대한 에너지가 모여 있다.

트럼프를 만나보면 유명한 사업가를 만난 것만 같은 느낌을 받는다. 트럼프는 죽 뻗은 허리가 시원스럽고 상쾌함을 느끼게 한다.

그는 자신을 찾아온 사람들에게, '안녕하세요, 오래만입니다' 하며 악수를 한다.

TV에서처럼 몸집은 크지만 다정한 데가 있다. 악수한 손은 따뜻하고 두툼하며 큼직하다. 엘비스 프레슬리를 닮았다는 느낌이 든다.

트럼프가 선거 유세를 할 때, 거기에 모이는 사람들은 대통령 후보자를 만나러 온 게 아니라 유명인 트럼프를 만나러 온 것이다. TV가 유세장 참가자에게 마이크를 갖다 대면 '트럼프를 한번 보러 왔을 뿐이에요. 응원하려고 온 것은 아니어요'라고 대답하는 사람이 많다. 추측컨대, 한번 트럼프를 만난 미국인은 그에 대해 생각했던 것보다 멋진 사나이라는 생각을 할 테고, 그중 몇 사람은 지지자가 되지 않을까.

그리고 어딘가 엘비스 프레슬리를 닮은 데도 있어, '그 시대는 좋았다'고 하는 향수를 일으켜, 트럼프가 내건 '다시 위대한 미국을' 이 슬로건을 부르짖는 것이 아닌가 생각된다. 어쨌든 트럼프에게는 그만의 독특한 매력이 있는 것이다.

세대론으로 본 트럼프 현상

미국에서 2008년이라는 해는, 어떤 세대론으로 보더라도 중대한 전환점에 해당하고, 현재는 그 큰 변화를 받아들이는 과도기이다. 그래서 2008년 이전의 가치관과 격렬하게 부딪친다.

세대론으로는 40년마다 지배하는 정당이 바뀌게 되어 있다. 같은 정당이 두 번 계속한 적이 없지는 않지만, 그 경우에도 해당되는 정당은 변화에 맞추어 다시 정의에 성공하는 것이 조건이었다.

40년 동안 대통령 선거가 열 번 치뤄졌고, 어느 정당이 6승에서 7승을 해 왔다. 2008년 이전의 40년 동안 공화당이 7승 3패로 공화당의 가치가 정치를 지배했다. 이 기간에 가장 존경을 받은 이는 레이건 대통령이다.

레이건 이전의 카터 대통령은 한국에서 미군을 철수시키려고 한 일도 있어, 냉전시대로서는 너무 리버럴하다고 해서 민주당 내부에서도 비난을 받았다. 그래서 대통령 퇴임 후에, 4년에 한번 있는 민주당 전국대회에도 초청을 받지 못했다. 카터 대통령이 모습을 드러내면 선거에 불리하다고 생각했기 때문이다. 그 정도로 카터는 인기가 없었다.

한편, 클린턴 대통령은 대단히 인기가 있어 2기에 걸쳐 8년간을 그 자리에 있었다. 인터넷 혁명이 일어나고, 경기가 상승곡선을 그렸기 때문에 재정 건전화까지 이룩하였다.

그러나 흥미로운 것은, 퍼스트 레이디인 힐러리가 전국민의 보험제도 도입에 기를 쓰는 바람에 제1차 정권에서는 지지율이 제자리걸음을 했는데, 그 제도의 도입을 포기하자 그때부터 클린턴 대통령의 지지율은 다시 올라갔다. 게다가 클린턴 대통령은 1996년의 일반교서 연설에서 '큰 정부의 시대는 끝났다' 외치고, 리버럴의 대명사인 '큰 정부'의 종언을 선언했다. 그리고 1998년에 재정이 흑자로 바

꿰었다. 재정 건전화는 당시 공화당의 상징이기도 한 정책이다.

이 40년 동안 탄생한 민주당의 두 대통령을 둘러싼 환경을 보면, 이 시대는 공화당의 의도대로 지배된 시대였음을 알 수 있다.

오바마는 제1차 정권에서, 공화당에게 방해를 당하면서도 7,870억 달러의 경제부흥 정책을 실현, 미국에서 처음으로 '오바마케어'라 불리는 전국민 보험 도입에 성공, 큰 정부로의 흐름을 '제도'로 편입시켰다. 결국, 인기있는 클린턴도 하지 못했던 큰 일을 달성한 것이다.

오바마의 민주당은 그때까지의 민주당과는 달리, 한 걸음 더 나아간 생각을 가지고 있었다. 실제 세대변화의 상징인 오바마 대통령은 그때까지 써 오던 리버럴이라는 말을 사용하지 않고, 그보다도 전진했다는 의미를 보태어 프로그레십이라는 말을 쓰고 있다.

미국은 지금, 40년에 한 번 일어나는 변화 속에 있기 때문에, 양당이 갈피를 못 잡고 있다. 지배층에서 갑자기 전락한 공화당이 몹시 당황하고 있는 것이다. 시대의 흐름에서 뒤떨어졌기 때문에 그 대세를 타기가 쉽지 않다. 지배층에서 전락한 불만, 거기에서 벗어날 빛이 보이지 않는 불안감이 트럼프 현상을 낳고 있다 볼 수도 있으리라.

민주사회주의자 버니 샌더스

민주당은 그 정도가 가볍기는 하지만 혼란을 겪고 있는 것은 마찬가지다. 예비선거 초반에 샌더스가 자금면에서나 지명도에서나 힐러리 클린턴의 적수가 될 수 없을 것으로 여겨졌는데, 예상 밖의 접전이 펼쳐졌다.

아이오와주 예비선거에서 '클린턴 후보와 거의 동률'이라는 선거 결과가 나온 직후 샌더스는 다음과 같은 연설을 했다.

"아직 결과가 다 나오지는 않았지만, 어쨌든 우리는 아이오와의 대

주한미군을 철수하려 한 카터 대통령과 박정희 대통령 민주당 내부에서도 비난받았고 퇴임 후에도 민주당대회에 초청받지 못했다.

의원 절반표를 얻은 것 같습니다. (중략) 오늘밤에 일어난 일을 생각하면, 아이오와 사람들은 매우 명확한 메시지를 정계의 기성 지도자들, 경제계의 기성 지도자들, 그리고(기자석을 가리키며) 미디어의 지도자들에게 경종을 울렸다고 생각합니다"

"그리고 우리가 아이오와에서 건투하고, 아마 뉴햄프셔주에서도 거기에 이은 각주에서도 건투하게 될 이유는, 미국 사람들이 부정한 경제에 NO를 외치고 있기 때문입니다. 평균적인 미국인들이 저임금으로 장시간 일하고 있음에도 불구하고, 새로 창조되는 부가 부유층의 1%에 집중되고 있는 그런 경제는 더 이상 필요치 않다는 것입니다.

미국 사람들은 이 나라를 공정성 위에 쌓아올린 나라라고 이해하고 있습니다. 톱 1% 가운데 불과 10분의 1의 사람이 그밖의 90% 사람들의 합계보다도 많은 부를 소유하고 있는 것은 공정하지 않습니다. 이 나라 최대의 부자 20명이, 이 나라 저변 절반 정도의 사람들보다도 많은 부를 누리고 있다는 것은 공정하지 않습니다"

"이제 그만! 여러분, 혁명적인 아이디어에 대한 준비는 되어 있겠지요? 그 혁명적 아이디어란, 우리가 부유층뿐만 아니라 근로 세대에도 작용하는 경제체제를 만들자는 것입니다. 그리고 몇백만이나 되는 사람들이 빈곤수준의 임금으로 일하고 있는 상황에서, 우리는 최저 임금을 15달러로 끌어올리자는 것입니다! 또 그렇습니다, 여성에게도 같은 품삯을 지불하자는 것입니다!"

"이미 정치에 흥미를 잃은 사람들, 워싱턴에서 이뤄지고 있는 일에 실망하여 불만을 가진 사람들, 이제까지 정치에 흥미를 갖지 않았던 젊은이를 포함한 몇백만의 사람들과 함께, 젊은이와 노동자와 고령자가 손잡고 일어나 '이제 그만!' 외친다면, 우리 정부는, 이 위대한 나라의 정부는, 소수의 부자가 아닌 우리 모두의 정부가 될 것입니다! 이렇게 소리 높여 정치혁명을 외칩니다. 이 혁명이 일어날 때, 우리는 이 나라를 바꿀 수 있을 것입니다.

감사합니다!"

미국 대통령 선거에서 이와 같은 사회주의 색채가 넘치는 연설을 하리라고 그 누가 상상이나 했겠는가. 더구나 샌더스가 냉소를 받은 것은 대통령 출마 초기일뿐, 시간이 흐를수록 열광적인 지지자들이 늘어가고 있다.

지지자의 핵은 젊은이들이다.

대출받은 학자금을 갚느라 거의 죽을 지경인 신출내기 사회인과 학생을 중심으로, 젊은 샌더스 지지자들이 미전역으로 퍼지고 있다.

점점 심각해지고 있는 경제격차가 젊은이들을 불안케 하고, 그들은 오바마 대통령만으로는 충분치 않다고 생각한다.

샌더스 지지의 밑바닥에 있는 것은 '돈이 드는 자본주의'에 대한 혐오감과 반감이다. 돈이 드는 자본주의의 공화당적 반감이 트럼프 지지를 낳고, 민주당적 반감이 샌더스 지지의 현상을 빚은 것이다.

돈이 드는 자본주의의 민주당적 화신은 힐러리다. 그녀는 구체제 쪽의 정치가로 여겨져 왔다. 남편인 빌 클린턴의 흐름을 따를 것으로 본 것이다. 그런데 힐러리도 이번엔 남편의 정책을 시대에 맞지 않는다고 일찌감치 부정하고 나섰다. 한편 공화당적 화신인 잽 부시는 표를 얻지 못해 대통령 선거에서 곧 철수하고 말았다. 돈이 드는 자본주주에 대한 반감을 대표하는 것이 바로 샌더스 현상이다.

샌더스는 혁명이라는 말을 쓰지만, 오바마 케어 같이 돈의 흐름을 근본적으로 바꿀 정도의 큰 정책을 가지고 있지는 않다. 부자에 대한 과세나 교육의 무상화 등 사회계층 간의 격차를 시정하는 것을 목표로 삼고 있다. 이는 지금의 젊은이들 의식에 딱 들어맞는다. 다양화한 사회에서는 계층간 불공정성의 시정이 필연적 과제이기 때문이다.

학생시절 샌더스는 인종차별에 항의하는 데모를 하다 경찰에 체포된 일이 있다. 그 사진이 시카고트리뷴지에 게재되어 지지율을 높였다.

민주당 좌파의 샌더스와 공화당의 이단아 트럼프는 동전의 앞뒤와 같다. 좌우 양극에서 미국은 요동치고 있다. 몸부림치는 미국이라는 말이 아주 적합한 표현인 것 같다.

힐러리와 별난 인물 샌더스

힐러리는 여성과 흑인, 고령자, 그리고 금융업계의 유대인표를 거두어들여 흑인 거주자가 많은 주에서 압승하였다.

말할 것도 없이 힐러리만 정당과 관계가 깊다. 샌더스는 지나친 좌경이라 민주당에 속하지도 않고 한때 무당파로 상원의원을 지낸 별난 인물이다.

공화당의 경우, 주류파에서는 트럼프가 공화당 후보가 된다면 차라리 힐러리가 낫지 않겠느냐고 농담을 하는 사람이 많아, 그것이 어쩌면 본심이 아닌가 싶을 정도이다.

힐러리는 월 스트리트와의 관계도 깊다. 오바마 정권에서는 월 스트리트에 대하여 과세의 강화를 시도했으나, 그다지 성과를 거두지 못하고 좌절했다. 미국의 부 40%를 1%의 사람이 보유하고 있다는 연구결과가 있기 때문에, 월 스트리트에 대한 대중적 반감은 강하다. 하지만 막대한 선거 자금이 필요한 대통령 선거에 있어, 월 스트리트와의 관계는 많은 정치가에게 중요한 것이다. 그러나 샌더스와 트럼프는 다르다. 샌더스는 소액의 기부를 모으고, 트럼프는 자기 돈을 쓴다. 그래서 세율에 차이는 있으나 두 사람 다 월 스트리트에 대한 과세의 강화를 외치고 있다.

왜냐하면 백인들 지지만 받고 있는 한, 샌더스나 트럼프는 힐러리를 이길 수 없기 때문이다. 앞으로 사회의 중심이 될 소수파의 지지를 확대할 수 있느냐 없느냐가 큰 포인트이다.

한편 차별 발언을 되풀이하는 트럼프가 힐러리의 소수파표를 무너뜨리고 본선에서 이기기는 어렵다. 공화당 주류파는 트럼프가 당을 망가뜨리고 나라를 위태롭게 할 위인이라고 생각하며, 힐러리를 은근히 지지하는 움직임이 있을 정도이다. 그렇게 되면 힐러리에게는 공화당의 표까지 흘러들어 올 가능성이 있다.

힐러리 대망론은, 남편인 빌 클린턴 대통령이 인기가 있었기 때문도, 오바마 대통령에게 도움을 받기 때문도 아니다. 어쩌면 시대의 변화가 힐러리 클린턴 대통령의 대망론을 낳은 것이다.

왜 그런 것인가.

힐러리는 백악관을 떠난 후 14년 동안, 힐러리 클린턴이라는 독립적인 한 여성으로서의 경력을 쌓았다. 상원의원으로 활동을 할 때도, 오바마 대통령의 지명을 받아 국무장관으로 직무를 수행할 때도, 그 곁에는 남편인 빌의 모습은 보이지 않았다.

또 오바마 대통령이 인기가 없었다면 같은 민주당인 힐러리가 강력한 대통령 후보로서 이름을 올리지도 못했을 것이다. 오바마 대통령의 업적은 생각 이상으로 미국에 확고한 뿌리를 내렸다.

힐러리 대망론은 오바마 대통령의 미국이 계속되기를 바라는 요청이라고 볼 수 있는 것이다. 오바마 대통령이 탄생한 2008년부터 미국에는 레이건 대통령으로 대표되는 카우보이 나라에서 오바마 대통령으로 대표되는 소수파 나라로의 대전환이 일어났다. 그 대전환의 결과로 여성 대통령의 대망론이 등장한 것이다.

아프리카계의 피를 받은 오바마 대통령과, 전형적인 흑인노예의 가족 역사를 지닌 미셸 부인과 그의 아이들이 백악관에 들어옴으로써, 미국은 최대의 부채인 역사에 하나의 종지부를 찍은 것이다. 2008년 대통령 선거에서 오바마와 힐러리가 격렬하게 싸운 민주당 예비선거가 본선거에 못잖은 성황을 보인 것은, 이 경쟁이 미국의 대통령으로 흑인이 될 것인가 아니면 여성이냐, 그 어느쪽 소수파가 먼저 대통령이 될 것인가, 하는 싸움이었기 때문이다. 본선거는 소수파인 오바마와 백인의 지지를 받는 존 매케인 의원의 싸움이었기 때문에, 결과는 이미 뻔한 것이었다. 그래서 본선거는 예비선거처럼 활기를 띠지 못하였다.

2016년 대통령 선거는 마침내 최대 다수파이면서 소수파의 자리에 안주해 온 '여성의 차례'라고 생각한 사람들이 힐러리를 밀고 있다. 힐러리도 그 흐름을 알고 있었는지, 국무장관을 물러난 뒤 여성의 모임을 중심으로 연설을 해 왔다. 스스로가 '여성'임을 철저히 의식한 활동이었다.

2015년 4월 12일, 힐러리는 대통령 선거의 출마를 선언하였다. 그 연설에서도 '인권을 위한 싸움에 승리자가 되고 싶다'고 했다.

'인권'에는 넓은 의미가 있으나, 한마디로 다수파에 대한 소수파의 권리이다. 그 권리에는 여성문제, 동성결혼, 인종차별 그리고 소득, 환경, 교육의 격차 등이 포함된다. 요컨대 힐러리는 약한 자를 돕는 대통령, 소수파를 위한 대통령이 되겠다고 선언한 것이다.

실은 미국 안에서도 전통적인 카우보이와 신흥 소수파 사이에 줄다리기가 기세를 올리고 있다. 그러나 양쪽을 잘 아는 힐러리는 오바마 노선을 따르기로 결단을 내린 것이다.

되풀이하지만, 힐러리 클린턴은 '여성'이라는 소수파의 대표로서 대통령 선거전을 치르고 있었다. 게다가 남편인 빌 클린턴은 '미국 최초의 흑인 대통령'이라 불리는 소수파 흑인으로부터 압도적인 지지를 받아 샌더스와 격차를 벌였다. 실제로 힐러리는 흑인 유권자가 많은 남부의 주에서 거의 승리를 했다.

드러난 트럼프적 미국인의 생각

대통령 선거에서 투표일이 가까워지면 흥미로운 여론조사가 이루어진다.

"누구와 함께 1번 맥주를 마시고 싶습니까?"

미국 대통령 선거 때 반드시 던져지는 여론조사의 질문이다. 1위를 한 후보자가 대통령으로 선출되기 때문이다.

어떤 대답이 나올 것 같은가?

어떤 미국인은 이렇게 말했다. 머리에 금방 떠오른 인물은 트럼프였다고. 후보자 중에서도 가장 많이 화제가 되고, 편하게 이야기 나눌 수 있는 사람이기 때문이란다. 그는 누가 뭐라 해도 아메리칸 드림에 딱 들어맞는 전형적인 인물이라는 것이다. 이 트럼프의 인간적 매력이 트럼프 선풍을 일으킨 배경이 아닌가 생각된다.

어느 유명 기업가는 성공에 필요한 것은 '운과 애교'라고 했다. 트럼프는 사업에 몇 번이나 실패했지만, 그때마다 부활하였다. 트럼프의 성공을 믿고 투자하는 사람이 항상 존재했던 것이다. 그는 '운과 애교' 덩어리 같은 인간이다.

그러나 '운과 애교'만 가지고는 그 많은 사람들을 열광시킬 수 없다. 앞에서도 말했듯이 공화당 후보와의 정책비교에서도, 민주당 후보와의 정책비교에서도, 트럼프가 서 있는 위치는 다수파 쪽이다. 트럼프의 정책은 차별 발언만 빼면, 어떤 의미에서 미국의 최대 공약수라 할 수 있다. 즉 미국에는, 당을 초월한 트럼프적인 것이 존재하며, 더욱이 트럼프적인 것은 앞으로도 남게 되어 있다.

트럼프는 실언을 할 때마다 지지율이 올라간다. 요컨대 그를 지지하는 사람들에게는 '정치적으로 올바른' 말을 하지 않았던 본심에서 나온 진정한 말이라 여겨지는 것이다. 트럼프의 실언과 지지율의 연동을 보면, 미국인의 진심에서 나온 말을 처음으로 듣게 된 것이 아닌가 싶다. 그만큼 충격적이다.

최근의 미국정치가 국익과 직결되는 국제정치에 있어, 공적인 장소에서 하는 말에는 몇 가지 터부가 있음을 알 수 있다. 물론 그것이 무엇인가를 여기에서 말할 수는 없다. 정치에 관해 발언할 때에는 갖가지 터부가 있음을 알기 때문에, 트럼프의 발언을 듣고서도 처음에는 무척 놀랐다. 그러나 그때마다 지지도가 올라가는 것을 보고, 진정한 말을 숨겨 온 지금까지의 정치에 트럼프가 도전하고 있다는 것을 알게 되었다.

트럼프는 입후보하자마자 "정치적 진정성 같은 건, 나하고는 상관없다" 말했다.

"멕시코와의 국경에 벽을 쳐야 된다" "멕시코는 범죄자를 수출하고 있다" "멕시코인은 강간 범죄자다". 이런 폭언의 배경에는 최근 히스패닉의 위법이민이 계속 늘어가고, 멕시코로부터 코카인 등 마약 밀수가 큰 문제로 야기될 것을 말한 듯하다.

"이슬람 교도를 입국시키면 안 된다"

이 말도 따끔하지만, 말하지 않아도 그렇게 생각하는 미국인이 많은 것이다.

자신에게 심한 질문을 한 여자 아나운서, 미건 케리에게 '어디선가 피가 흐르는 것 같아. 어디서 흐르는지는 모르겠지만'이라고, 생리 중의 짜증을 암시하는 발언까지 했을 때는 지지율이 내려가지 않을까, 생각했다. 그 다음 TV 토론회에 케리가 또 나온다는 이유로 트럼프는 참석하지 않았는데, 놀랍게도 그의 지지율은 올라가 있었다.

트럼프는 '정치적 올바른' 말에 뚜껑을 채웠던 , 미국인으로서는 내뱉어서는 안 될 진정한 소리를 공개해 버린 것이다. 트럼프의 의견에 찬성하는 사람은 전미국의 10% 정도에 불과하다. 하지만 그 진정한 소리의 뚜껑을 열어버린 영향은, 미전역뿐만 아니고 세계에 파급되어 결코 작지 않을 것으로 생각된다.

그 영향의 하나가 트럼프의 유세장에서 이미 일어나고 있다. 그것은 지지자와 반대자와의 충돌현상이다.

다수파와 소수파의 입장이 역전하는 과정에 이르면, 소수파가 된 백인과 다수파가 될 마이널리티 간의 조정이 생각 이상으로 필요하

부동산 왕 트럼프는 아메리칸 드림의 상징

게 될 것을, 트럼프 현상이 암시하고 있다.

 부동산왕 트럼프는 잃어가는 아메리칸 드림의 상징이다. 트럼프가 나오는 뉴스의 채널 시청율이 가장 높다고 한다. 정치적 주장과 행동이 어떠하든, 트럼프는 보고 싶은 존재인 것이다.

 유세 장소도 독특하다. 야외의 경우, 화면에 다 넣기 어려울 만큼 큰 '트럼프'의 로고가 들어간 프라이빗 제트가 등 뒤에 비치되어 있다. 공항에 유세장을 만든 것이다. 트럼프의 유세장 포스터는 프라이빗 제트다. 그야말로 아메리칸 드림을 이룩한 인물이기에 할 수 있는 어르신네 행세인 것이다. 더구나 트럼프는 자기 돈으로 싸우고 있기 때문에, 그 부자 행세에 아무도 불만을 말하지 않는다.

 미국에서는 사업으로 성공한 부자를 가장 존경한다. 적십자사도 미술관도 대학도 싱크탱크도 부자의 기부 없이는 운영을 할 수 없다. 부자의 기부는 미국에서 없으면 안 되는 것이다.

미국인들이 사업을 할 때에는 반드시 '아메리칸 드림에 도전하고 싶다'고 한다. 미국과 아메리칸 드림은 같은 뜻을 가진 말이라고 할 수 있을 정도이다.

그러나 그 아메리칸 드림이 이제 붕괴 위기에 처해 있다고 느끼는 사람이 많다. 세금이 너무 높아 시민권과 그린카드를 버리는 사람이 최근에 급증하고 있다. 민주당의 샌더스가 대통령이 되는 날에는, 미국에서 아메리칸 드림은 사라지고 말리라 걱정하는 부유층도 있다.

아메리칸 드림을 일확천금으로 여긴다면, 사업을 성공시킬 환경과 세금이 갖추어져 있어야 한다. 레이건 대통령의 경제정책이었던, 자유시장 경쟁과 감세는, 그야말로 아메리칸 드림을 만들어, 향유하기 위한 정책이다.

현재 후보자 중에서 감세를 정책으로 내건 사람은, 아메리칸 드림의 상징인 트럼프뿐이다.

하지만 미국에서는 부자가 되는 것만이 아메리칸 드림은 아니다. 자립적인 경제활동으로 가정을 이루고, 자기집을 갖는 것도 충분한 아메리칸 드림이다. 미국에는 다양한 아메리칸 드림이 존재하고 있다. 아메리칸 드림이라는 말은 건국 당시에 등장하였고, 누구에게나 아메리칸 드림이 가능하다는 것이 미국의 특질이라 할 수 있다. 노력하면 큰 성공을 할 수 있고, 그 정도까지는 아니더라도 보다 잘 사는 '기회의 균등'이 누구에게나 보장되어야 한다.

1%의 부유층이 33% 내지 40%의 미국의 부를 누리고 있다는 연구결과가 발표될 정도로 경제적 격차가 심화된 미국에서는, 이제 아메리칸 드림은 많은 사람들에게 현실적인 꿈이 아니게 되어 버렸다. 99%의 사람에게도 아메리칸 드림의 기회를 갖도록 하자는 것이 경제적 격차의 시정을 바라는 정책이다.

이를 특히 강조하고 있는 이가 샌더스이다. 대학의 수업료 면제는 기회의 균등을 지향하는 그의 대표적인 주장이다. 미국의 대학 수업료는 1년에 우리 돈으로 치면 6천만 원에서 1억 원도 넘는 고액이다. 그래서 대학생 중 많은 학생이 학자금 대출을 받고 있다. 대학을 졸업할 때쯤에는 이미 큰 빚을 지고 있는 것이다. 그래서 힐러리도 샌더스에게 지지율에서 맹추격을 당하자, 대학의 학비 전액의 면제를 내걸었다.

경제적 격차의 시정과 아메리칸 드림은 지금까지 궁합이 잘 맞지 않았다. 누구나 우유를 살 수 있고, TV와 에어컨이 있는 곳에서 생활을 할 수 있기 때문에 미국의 경제적 격차는 그다지 문제가 되지 않는다, 고 결론을 내린 보수파의 연구도 있다.

공화당은 레이건의 자유경제를 신봉하여 왔기 때문에, 경제적 격차에 대해서 소극적이지만, 이에 있어서도 트럼프는 그와 생각이 다르다. 지금의 상태는 이미 도를 넘었다면서 부유층에는 과세를 강화하고, 월 스트리트에도 냉엄하게 대하며, 교육은 무상으로 해야 한다는 것이 그의 주장이다. 트럼프는 위법이민의 입국에는 엄하지만, 노동 비자의 확충을 공언하고 있다. 트럼프는 레이건과 샌더스의 '최적점(最適点)'을 찾고 있는 듯하다.

지금까지의 미국에서는 다수파인 백인에게는 기회의 균등이 어느 정도 보장되어 있었다. 흑인에 대한 불평등의 시정은 흑인을 위한 정책이지 경제정책은 아니었다. 마이널리티의 수도 늘고 종류도 늘어가는 지금, 경제적 격차는 아메리칸 드림을 유지하기 위한 경제문제가 되었다. 정책을 보면, 트럼프는 그것을 잘 이해하고 있는 것 같다.

트럼프의 경제정책은 일관성이 없고, 때로는 터무니없는 소리도 한다. 하지만 아메리칸 드림을 이룩한 인물인 만큼 회사의 경영처럼 정치도 잘 운영하지 않을까 생각하는 지지자들도 많은 듯하다.

거대하고 웅장한 꿈

부동산왕에게 비즈니스를 배우다

그는 어떠한 사물이든 그것을 아주 크게 생각하기를 좋아한다. 어렸을 때부터 그렇게 자라왔다. 어차피 무언가를 생각해야 한다면 크게 생각하는 것이 좋다. 그에게 있어서는 무척 단순한 이치이다. 대부분의 사람들은 소극적으로 생각을 한다. 그들은 성공이나 결정을 내리는 일, 또는 승리를 두려워하기 때문이다. 그러나 트럼프 같은 사람에게는 이러한 중대한 결정이 딱 맞는 일들이다.

그는 돈을 벌어들이기 위해 거래를 하는 게 아니다. 돈이라면 이미 충분히 가지고 있다. 평생 동안 써도 다 쓰지 못할 만큼의 돈을 갖고 있다. 다만 그는 거래 그 자체에 매력을 느낀다. 캔버스 위에 아름다운 그림을 그리거나 훌륭한 시를 짓는 사람도 있지만 그에게 있어서는 거래가 하나의 예술이다. 그는 거래하기를 좋아한다. 그 거래가 크면 클수록 좋다. 스릴과 기쁨을 함께 느끼는 것이다. 엉뚱해 보일지 모르지만 그는 복잡한 거래에 더 큰 매력을 느낀다. 그런 거래가 더 재미있기도 하지만 어려운 거래를 할 때야말로 바라던 것을 손안에 넣을 수 있기 때문이다.

1980년대 후반부터 1990년대 전반에 이르자 커다란 사건 사고들이 트럼프를 기다리고 있었다. 그러한 문제들 때문에 그는 좀처럼 다시 일어설 수 없을 만큼 치명적인 피해를 입었다. 그러나 트럼프는 사태를 수습하고 전보다도 더 큰 인물이 되어 부활한다.

하나의 브랜드라 할 수 있는 그의 이름이 가진 힘을 믿지 않는 사람은, '미국에 두 번째 기회는 오지 않는다.' 이렇게 떠들어댄다. 그러나 백년쯤 전에 큰 활약을 펼친 쇼비지니스 대가 P.T. 바넘이 그러했던 것처럼, 트럼프의 모든 성공은 그의 이름이 걸린 일이었다. 2003년, TV 프로듀서로부터 기업을 운영하는 리얼리티 방송의 새로운 시리즈 '어프렌티스(The Apprentice)'에 출연 제의를 받았을 때 트럼프는 '이거야말로 기회야' 생각했다. 이 방송에 출연함으로써 젊을 때 자신의 이름을 수많은 사람들에게 확실하게 선전할 수 있으리라고 생각했던 것이다.

이 무렵의 트럼프는 건방진 벼락부자였으며 이 사람 저 사람 상관없이 어떤 일에도 맞서 싸우려 했다. 현재의 트럼프는 의연하고 화려한 데가 남아 있는, 분별할 줄 아는 비즈니스의 달인이다. 비즈니스의 규모는 더욱 확대되었는데, 1980년대 트럼프 제국의 모습은 오늘날과 거의 똑같다고 할 수 있다. 어려운 시대였음에도 목표를 달성하고 성공을 이룩해온 트럼프가, 이제까지 어떤 거래를 해왔는지 어떤 신조, 무슨 전략을 가지고 있었는지를 알아본다.

트럼프 아버지 프레드는 뉴욕 다운타운에서 저소득층을 대상으로 임대공동주택 개발사업을 하고 있었다. 이익이 적고 재미없는 일이었지만 타고난 끈기와 강인함으로써 확실한 성공을 거두고 있었다. 아들 드널드는 어렸을 때, 줄곧 아버지 뒤를 쫓아다니거나 건설현장에서 시간을 보내곤 했지만 늘 맨해튼을 동경하며 언젠가는 꼭 세상에 큰 영향을 끼쳐서 수많은 사람들에게 자신을 알릴 프로젝트를 성공시키리라 마음먹고 있었다.

트럼프가 처음으로 맨해튼에서 시작한 프로젝트는 '코모도어'를 다시 세우는 일이었다. 코모도어는 이미 죽어버린 땅에 세운 초라해져버린 커다랗고 낡은 호텔이었다. '그 무렵에는 아직 27세 젊은이였으며 호텔에서 묵어본 적도 거의 없었다.' 이렇게 트럼프는 그때의 상황을 이야기한다. 그럼에도 그는, 1400개나 되는 방을 가진 거대하고도 버려지다시피 한 낡은 건물을 새롭게 바꾸는 일에 착수했다. 그 뒤 25년 동안 이 호텔은 새로이 탄생하여 뉴욕의 최대 규모를 자랑하게 된다.

사람은 자신이 크게 생각하지 않았던 일을 크게 생각하는 사람을 보면 저도 모르게 흥분하고 만다. 그래서 어느 정도의 과장은 필요하다. 자신이 생각한 것보다 더 크고 호화로우며 훌륭한 것은 아니라고 사람들은 생각하고 싶을 뿐이다.

자신의 프로젝트를 사람들이 알기 위해서는 무언가 다른 것들과는 다른 특징이 있어야만 한다. 엉뚱한 것이라도 좋다. 색다를수록 미디어에서 화제가 될 가능성이 높아진다. 트럼프는 선전을 위한 선전을 좋아하지 않는다. '뉴욕 타임스'에서 조그만 기사를 써주는 것이 10만 달러를 들여 전면광고를 내는 것보다 몇 배 더 가치 있는 일이라고 말한다. 그 기사 내용이 자신에게는 불리하다 하더라도 말이다.

강한 인내심과 준민함

트럼프는 성공을 위해 그만큼의 각오를 해두는 사람이다. 그 예로 백화점 '본위트 텔러' 땅을 손에 넣고 싶었던 트럼프는 몇 년에 걸쳐 토지 소유자에게 그 땅에 관심이 있다는 내용을 적은 편지를 계속해서 보냈다. 그러한 노력에 대해 트럼프는 이렇게 쓰고 있다. '얼마

트럼프의 어머니 메리, 아버지 프레드 1980년대 아버지 프레드는 뉴욕에서 공동임대주택 개발사업을 하고 있었다

나 인내심을 가지고 버티면서 노력하느냐에 따라 승패가 좌우된다.' 그 땅은 처음에는 다른 주인의 손에 들어가지만 그 주인의 재무상 태가 그리 좋지 않았기에 끝내는 트럼프의 것이 되었다. 그 뒤 이 땅 에는 트럼프 타워가 세워지게 된다.

　1. 대학시절, 친구들은 신문에서 만화나 스포츠 면을 볼 때도 트 럼프는 부동산 물건 광고에 푹 빠져 있었다.
　2. 맨해튼으로 갔을 때 첫 거주지는 안뜰이 딸린 임대 원룸 맨션 이었다.
　3. 파티나 수다 떨기에 그다지 관심이 없으며 일찍 잠을 잔다.

4. 사람들과 만날 약속이 많은 걸 좋아하지 않는다. 일정이 없는 상태에서 그날 일정이 이루어지는 모습을 보는 걸 좋아한다. 하루에 50에서 100건씩 전화를 거는 게 일과이다.

5. 신경질적 결벽증이 있어 자신의 것이라면 무엇이든 반짝반짝하게 닦아놓지 않으면 마음이 편치 않다.

6. 자신의 직관을 믿는다. 서류상으로는 아무리 훌륭한 거래일지라도 '이건 이상하다' 생각되면 거래를 모두 파기해버린다. 그러면서도 조언자의 반대 의견을 무릅쓰고 거래를 진행시킬 때도 많다.

7. 카지노 경영에 관심을 갖고 있다. 그 계기는 세계에서 150개의 호텔을 경영하고 있는 힐튼이 라스베이거스에 세운 2개의 카지노로 모든 회사 이익의 40%를 벌어들였다는 소식을 듣고 나서부터이다.

8. 자신이 남에게 이용당했다고 생각했을 때에는, 반드시 그 상대에게 맞서 싸워 복수를 한다. 그 싸움이 수많은 희생을 낳고 위험하다 하더라도 그렇게 한다. 트럼프는 이러한 신조를 바탕으로 행동한다.

9. 화려함을 좋아하는 건 어머니에게 물려받았고, 근면성은 아버지에게 물려받았다.

10. 여성에게 중요한 직책을 맡기는 경향이 있다.

그는 요란한 행동이나 자기선전을 좋아한다는 점에서 유명하지만 실제로는 자신의 일을 너무나 사랑하는 참된 비즈니스맨이다. 리얼리티 방송 '어프렌티스'에서 트럼프가 진행자 역할을 했을 당시, 그가 했던 대사 '넌 해고야'와는 다르게 트럼프 회사에서 해고당하는 사람은 거의 없다. 트럼프는 회사에서 모두에게 '더 도널드'라는 이름으로 친밀하게 불리고 있으며 대중들이 바라보는 회사 밖 이미지보다는 관대하고 훌륭한 인물이라 여겨진다. 트럼프는 의리가 있고 신뢰하는 재물이나 법률 관계자와는 오랜 세월 함께 일을 해오고 있다. 트럼프는 이렇게 말한다.

'이제까지 살아오면서 나에게 두 가지 특기가 있다는 걸 알았다. 곤란한 상황을 극복해 나아가는 일과 우수한 인재가 훌륭히 일을 해낼 수 있도록 동기를 부여하는 일이다.'

현재 완전히 바뀌어버린 뉴욕 모습을 보고 있으면 1970~80년대 뉴욕시는 혼돈의 도시였으며 경제는 파탄나기 직전이었고 범죄가 만연한 거리였음을 순간 잊어버리게 된다. 그러나 그런 시대에도 트럼프는 자기가 다니는 거리를 사랑했으며 그곳이 우주의 중심이라 생각했다. 그러한 신뢰의 보답으로서 가치 있는 부동산을 낮은 가격으로 손에 넣을 수 있었던 것이다. 자부심이 강하다고도 평가받는 트럼프이지만 이는 다르게 말하면 자신을 강하게 믿고 있다는 의미이기도 하다. 만일 그렇지 않았다면 일류 부동산 개발업자는 되지 못했으리라.

트럼프는 '자신의 제국건설에는 어떤 의미가 담겨 있는가.' 이렇게 자신의 방식에 질문을 던지고 있다. 그 물음의 답은 무척 솔직하다. 자신 또한 잘 모르겠다는 것이다. 그저 지금 자신에게 얼마만큼의 돈이 있든 부동산 거래 자체가 좋다는 사실은 변하지 않는다. 인생은 덧없다. 그래서 무슨 일을 하든 그 일을 즐길 수밖에 없다고 트럼프는 말한다.

Listen, Yankee!
트럼프 대통령 탄생 절대 이유?

뉴욕 맨해튼의 가장 좋은 땅에 우뚝 솟은 '트럼프 타워'. 지상 202미터 온통 유리로 둘러싸인 그 빌딩을, 40세도 채 되지 않은 한 사나이가 세웠다. 아메리칸 드림 그 자체를 이룬 남자, 그가 바로 '미국 부동산왕' 도널드 트럼프이다.

그야말로 왕, 폭군이라는 이름이 어울리는 이 남자는 모든 장소와 상황 속에서 폭언을 계속 쏟아내고 있다. 그의 말과 행동은 한마디로 말하면 '천박'하다. 그 예로 민주당 후보인 힐러리 클린턴에게 '남편조차 만족시키지 못했는데 어떻게 미국을 만족시킬 수 있겠는가.' 이런 발언을 내뱉기도 했다.

그러나 이러한 천박한 말과 행동에도 불구하고 그의 솔직함에 미국 국민들이 적잖은 지지를 보내고 있는 것 또한 사실이다. 대통령 후보로서 등장했을 때에도 그 천박함은 변하지 않은 채 아니, 오히려 더욱 상스러운 말과 치졸한 행동으로 민중들을 열광시켰다.

그는 미국은 물론이고 외국에서도 물의를 일으키고 있다. 세계 외교관들마저도 공적인 발언은 아니지만 트럼프가 대통령 후보라는 그 사실 자체에 매우 큰 걱정과 근심을 드러내는 이상사태까지 벌어지고 있다. 역사상 가장 위험한 대통령 후보. 이 남자의 입에서 나오는 '위험한 발언'과 그 인물에 세계가 주목하고 있다.

트럼프 전용기 '트럼프 보스원'

야만적인 폭언을 마구 쏟아내는 트럼프 집회에는 항의자들도 함께 모인 탓에 가끔씩 폭력사태가 발생하기도 했다. 2016년 3월 일리노이 주에서 열린 집회에서는 트럼프 본인이 항의자들에 맞서 연설을 하다가 '저놈들을 쫓아내!' 소리치기도 했다.

트럼프는 대통령 선거의 출마선언 회견이 이루어지던 때부터 멕시코인들에게 냉담한 태도를 보였으며, 멕시코와 미국 국경에 '만리장성'을 세울 것을 공약으로 내세웠다.

트럼프는 마음에 들지 않는 상대에게 욕을 퍼붓기로 유명하다. 그 예로, 2016년 2월에 열린 공화당 후보자 토론회에서 라이벌 후보 '마르코 루비오(올해 3월에 경선 탈락)'에게 '꼬맹이 루비오', 그러고는 '경량급'이라면서 초등학생 수준의 말로 욕을 마구 퍼부었다. 또 이에 맞서 루비오가 '트럼프 손은 쬐그맣다' 말하자 '아니, 거기는 작지 않아.' 대답하여 마치 루비오를 끌어들이듯이 상대에게 천박한 이미지를 심어주었다.

트럼프 지지율이 점점 높아지는 이유는, TPP 등의 무역협정에 반대하면서 미국을 최우선시 하는 대중 영합주의적인 자세의 철저함이나 많은 돈을 들여 꾸며낸 연출 덕분이라 할 수 있다. 이러한 수법 때문에 국민들에게 인기를 얻어 라이벌 후보를 모욕하는 발언을 해도 지지율은 오히려 더 올라갈 뿐이다. 대통령 후보들은 연설을 위해 거대한 미국 땅 이곳저곳을 방문해야만 하는데, 트럼프는 다른 지역으로 이동할 때 자가용 보잉 757형 비행기를 탄다. 이 비행기의 이름은 대통령 전용기 '콜사인' 이름을 딴 '트럼프 보스 원'이다.

트럼프 가족들의 돌진

앞서 이야기한 세 아내와 맏딸 이반카 말고도 트럼프에겐 여러 자녀가 있다. 여기서는 나머지 자녀들을 살펴보겠다.

도널드 트럼프 주니어(돈)

1977년 첫 번째 아내 이바나 사이에서 낳은 트럼프의 장남. 누나 이반카와 같이 트럼프 회사 오가니제이션 부사장 직을 지내고 트럼프가 진행을 맡은 인기 TV프로그램 '어프렌티스'에도 출연했었다. 아내 바네사 사이에서 딸 하나, 아들 하나를 낳았다.

티파니 트럼프

1993년, 두 번째 아내인 말라 메이플스 사이에서 낳은 딸. 모델로서 활동하고 있으며 자신의 SNS로 아버지 도널드를 지지하면서 지지자들을 모으고 있다.

에릭 트럼프

1984년 출생. 어머니는 트럼프의 첫 번째 아내 이바나다. 형, 누나와 같이 트럼프가 대통령으로 당선될 수 있도록 도와주고 있지만 2016년 3월, 뉴욕에 있는 그의 자택으로 하얀 가루와 아버지의 철퇴를 강요하는 협박장이 배달되어 오기도 했다.

바론 트럼프

2006년에 트럼프와 멜라니아 사이에서 태어난 아들. 2016년 3월에 10살이 되었다. 트럼프의 손자로밖에 안 보이지만 그의 아들이다.

가족사진 여기서 이바나와 말라는 없다. 맨 오른쪽이 두 번째 아내 말라의 딸 티파니이다.

트럼프는 전직 모델이었던 첫 번째 부인 이바나와 1977년에 결혼했다. 2남 1녀를 낳았다. 그러나 1991년 여배우 말라 메이플스와의 불륜이 발각된다. 이를 계기로 이바나와는 1992년에 이혼하고 다음 해 말라와 재혼한다. 이바나와 이혼하자마자 위자료를 둘러싼 진흙탕 싸움이 일어나 미디어의 주목을 집중시켰지만 마지막에는 그녀가 회사에 공헌한 것이 인정되어 정확한 금액은 밝혀지지 않았지만 2억 달러의 현금과 3억 달러 상당의 땅, 부동산을 받았다고 알려져 있다.

두 번째 부인 말라와의 사이에서는 딸 티파니가 태어났다. 그러나 결혼 생활은 그리 오래 가지 못하고 1999년에 이혼을 한다. 그리고 현재 부인, 슬로베니아 출신 모델 멜라니아와 2005년에 결혼을 했다. 트럼프보다 24살이 어리다는 게 화제가 되었으며, 2006년에는 둘 사이에 아들 바론이 태어났다. 이렇듯 트럼프에게는 다섯 명의 자식들이 있다. 모두들 이번 대통령 선거를 위한 유세장에 함께 참석하는 등, 아버지 트럼프를 적극 도왔다.

Listen, Yankee!
100배 기적을 일으키다!

이렇게 하면 희망, 그 자체가 성장한다

중국어 중에는 청천정(靑天井)이라는 말이 있다. 하늘이 천장이라면 한계가 없다. 어디까지라도 올라나갈 수 있다.

시세가 엄청나게 올라갈 때나 돈을 자유롭게 쓸 수 있을 때 꿰뚫고 나갈 수 있는 고양감이 청천정이다. 영어로는 'Sky is the Limit'이다.

이 말에 들어맞는 인물이 있다. 바로 미국의 도널드 트럼프다.

트럼프의 첫 번째 신조는 'Think Big(크게 생각해라)'이다.

우리들에게 있어 상태가 좋을 때 '이익이나 매상이 쭉쭉 올라간다.' 이 상태를 말하는 거다.

하지만 그것만으로는 아직 생각의 크기가 작다, 적어도 지금의 열배이상으로 발상하지 않으면, 트럼프라는 인간을 이해할 수 없으리라.

교육과 오락을 접목시킨 〈에듀테인먼트〉를 제창했던 빌 쟁커스라는 인물이 몸소 체험하고 있다.

쟁커스는 5천달러로 창업했던 자신의 세미나&이벤트회사 〈러닝 아넥스〉에 강사로 트럼프를 부르려고 했다.

유명인을 강사로 불러 세미나 수강자를 비약적으로 늘린다. 쟁커스는 배우 해리슨 포드나 전 영부인 바버라 피어스 부시, CNN의 뉴스 해설자였던 래리 킹과 같은 쟁쟁한 사람들을 초청해, 강사로 등

단시킨다.

유명인사들은 계약금이 아니라 성의로 일해줄 때가 적지 않다. 쟁커스도, 성의로 유명인들을 잇달아 설득해 납득시켜 나갔다.

하지만 유명인사면서 대부호임에도 불구하고 트럼프는 달랐다.

당시로서는 파격적인 1만 달러를 제시해도, 비서는 트럼프에게 제시안을 전해주지 않았다. 과감히 2만 5천 달러로 올렸지만, 트럼프본인에게 이야기가 전해지지 않았다.

마침내 큰 위험을 안고서 10만 달러까지 올렸다. 그러나 비서는 '할 수 없습니다!' 안된다는 대답만 할 뿐이었다.

당시의 러닝 아넥스의 연간 총 수입은 550만 달러 정도였다.

얼마 정도로 올려주어야 트럼프는 허락을 해주는 걸까?

"100만 달러로 부탁드리겠습니다만, 가능하십니까?"

놀라운 금액까지 올리고서야 처음으로 트럼프 본인이 전화를 받았다.

파격에 대한 발상

쟁커스의 놀라움은 계속되었다.

트럼프가 수강자수를 묻자, 쟁커스는 지금까지 모인 적 없는 '1000명'이라고 말했을 때, 그 자리에서 트럼프는 '1만 명을 모으신다면 받아드리죠'라고 되받아쳤다.

계약금은 1만 달러로 시작해 100만 달러 100배였다.

수강자 인원수는 1천 명이라고 했던 의견에 놀랍게 1만 명으로 10배로 뛰어 오른다. '그 순간 내 인생은 변했다.'며 쟁커스는 말하고 있다.

'파격'적으로 1만 달러 단위밖에 발상할 수 없었다. 그런 쟁커스를 트럼프는 한순간에 다른 세계 차원으로 끌어 올렸던 것이다.

이 에피소드는 트럼프 자신이 '크게 생각하자!'를 실천하는 것뿐만 아니라, 비즈니스 파트너에도 같은 생각의 크기를 요구하고 있다는 것을 가리키고 있다.

자신이 크게 생각하면 상대방의 생각의 크기도 함께 커진다. 이것이 트럼프의 방식이다.

물론 트럼프 자신은 그런 것쯤을 대단한 역할이라고 의식하지는 않을 것이다.

나는 이길 뿐이다.

당한다면 10배로 갚아주지!

이런 독설이 그가 가진 독특한 성격 중 하나이다.

하지만 적어도 트럼프의 비즈니스 파트너들에게 있어서는, 그와의 거래는 훌륭한 윈·윈(양쪽이 이기는 관계)이라 할 수 있다.

이 말은 함께 성장하고 함께 성공할 수 있다는 것이다.

사실 트럼프가 처음에 등장했던 2004년 〈러닝 아넥스〉는 3만 명 이상이 참가하는 큰 이벤트가 되었다.

상식을 입각한 위에 상식을 벗어나라

트럼프라는 사람 모양으로 형성되기까지는, 아버지 프레드의 인생이 큰 영향을 끼쳤다.

트럼프의 특징은 '크게 생각해라'라는 것만이 아니다. 성실함도 있다는 거다. '거짓말은 하지 않는다'는 것을 좌우명으로 하고 있다. 이것은 엄격한 기독교 신자인 어머니 메리의 영향이 강할지도 모른다. 일을 매우 좋아하고, 비즈니스가 두근두근할 정도로 재미있고, 매일 아침 일찍 일어나는 적극적인 생활방식을 하고 있다. 이 생활도 역시, 위대한 아버지 없이는 생각할 수 없다.

아버지 프레드는 애주가였던 할아버지가 프레드가 11세일 때 죽어, 고등학교 때부터 어머니를 도와 일해 왔기 때문에 많은 고생을 겪어 세상 물정을 잘 아는 사람이었다.

프레드는 야학으로 건설에 관련된 지식을 배우고, 이윽고 뉴욕 주택가 브루클린이나 퀸즈를 무대로 한 부동산개발 사업에 성공한다.

3남2녀로 5명의 아이를 낳고 마치 백악관처럼 호화로운 주택을 지어 살았다. 트럼프는 자산가인 아버지 밑에서 태어나, 상류층 사회의 아이만 다니는 포레스트 힐스 공립학교를 다니며 성장한다.

트럼프가 에너지로 항상 가득 차 있고 장난기가 심한 애송이에 말을 전혀 듣지 않았기 때문에, 프레드는 아들 트럼프를 7학년이 끝나는 시점에 퇴학시키고, 뉴욕 밀리터리 아카데미에 입학시켜 버린다. 여기서 군대식 교육을 받아 트럼프에게는 좋은 영향이 남아 있는 것 같다.

트럼프에게 영향을 준 다른 한 사람은, 프레드가 소속된 교회 〈마블 협동 교회〉의 주임목사인 노먼 빈센트 필이다. 필은 후에 저서 《적극적으로 생각하는 방법》이 엄청난 베스트셀러가 되어, 세계적으로 유명한 '필박사'가 된다. 필박사가 생각하는 방법도 트럼프에게 막대한 영향을 끼친다.

쓸데없는 효용을 발휘시키지 말라

트럼프는 아버지가 하는 일을 일찍부터 도와, 부동산 비즈니스의 재미에 눈을 떠, 대학을 졸업하자마자 아버지 회사에서 일하기 시작한다. 아들은 아버지의 품에서 크게 자라고, 아버지는 아들을 신뢰해 비즈니스를 맡길 수 있는 좋은 관계가 되었다.

단지 아버지 프레드와 트럼프는 큰 차이가 있었다. 아버지는 어디까지나 견실한 성격으로 무턱대지 않았다. 사업은 주택가에서 착실히 늘려가고, 쓸데없는 경비는 삭감해 갔다.

그것에 반해 트럼프는 아버지의 훌륭한 점은 배우면서도, 뉴욕 중심부 맨해튼에서 큰 사업을 전개하기를 원했다. 일찍부터 브랜드전략도 생각하고 있었고, 이를 위해 경비를 아끼지 않았다.

그렇게 해서 탄생한 상징이, 1983년에 완성된 58층 건물 트럼프 타워다. 이 사실을 알게 된 프레드는 '그렇게까지 경비를 들여서 유리를 끼워야 하느냐? 대체적으로 4~5층까지를 유리로 하고, 그 위층부터는 보통벽돌을 사용하면 되지 않느냐? 어차피 위를 올려다보는 사람이 없다'라고 아들에게 의견을 제시했다.

그때 트럼프는 아버지와 자신이 다르다는 것을 확실하게 깨달았다. 경비를 삭감하는 일은 비즈니스에 있어서 필요불가결한 것이었다. 하지만 트럼프 타워는 〈크게 생각해라!〉의 상징이기도 하다. 어디까지나 호화롭고, 사람들에게 꿈을 전하는 존재로 없어서는 안된다. 뉴욕의 새로운 명소로 자리를 잡아 트럼프 브랜드라는 상징으로 트럼프는 생각했다.

견실하고 쓸데없는 것을 싫어하는 아버지의 사업 방침에는 진심으로 생각하면서도 〈쓸데없다는 효용〉을 살리는 방향으로 일을 진행시켰으며 그것을 유리를 붙인 화려한 건물로 했던 것이다. 이것으로 트럼프는 아버지를 뛰어 넘었다고 말할 수 있다.

마음에는 한계가 없다

즉 트럼프는 타워를 당초에 68층으로 지을 예정이었지만, 뉴욕시와 실랑이를 한 끝에 현재의 58층 건물로 어쩔 수 없이 양보해야 했다. 그런데 트럼프는 신문에 '68층 건물이었다'라고 넉살 좋게 발표했다.

아버지가 말한 대로, 어차피 위를 올려다보는 사람이 없다. 즉 누

희망 그 자체가 성장한다

구도 계단 수 같은 거 생각하지 않고 밟고 올라갈 뿐이다.

트럼프는 어디까지나 〈크게 생각하라!〉라는 길을 걷는 것처럼 한때 스승이었던 아버지를 넘어서 오늘날의 성공을 얻었다.

우리들도 트럼프에게 배워 좌우간 마음에 한계를 준비하지 않는 거다. 이를 위해서라도, 최저 10배로 생각하는 크기를 고안하는 것이 중요하다. 먼저 이 앞에 '뒤에 행동한다'라는 것에 의해 실현화되는 것이다.

그것을 철저하게 한다면 쟁커스가 그렇다는 것처럼 주변의 인간이 성장해 성공하게 된다.

지금 벽에 부딪치고 있다는 마음이 있다면, 〈10배로 생각하는 방법〉과 〈뒤에 행동한다〉 이 두 가지를 철저하게 생각해서 인생의 벽을 무너뜨리며 가자.

자신을 인기 브랜드화하라

일류로 되는 것은 일류처럼 행동하는 것.

트럼프의 브랜드에 대한 의식은 강렬하다. 이미 자신을 브랜드화하고 있다. 일류가 되고 싶다면, 일류처럼 행동하라고 한다. 카리스마 있는 사람이라는 말이 듣고 싶다면, 카리스마 있는 사람처럼 행동하는 거다.

트럼프는 그러한 무대를 이미 밟고 있다. 한 눈으로 보면, '아! 트럼프다!' 라고 모두가 알 정도로, 한 마디만 들어도 '아무리 생각해도 트럼프다!'라고 생각할 수 있는 개성을 완성시킨다. 그 개성은 단순한 자기 현시 욕구를 넘어서 최고의 광고탑으로 돼서 비즈니스 발전의 원동력으로 되고 있다.

물론 그것은 하루아침에 될 수 있는 일이 아니다. 일단은 자기 자신을 계속 돋보이게 하는 것을 빼놓을 수 없다.

결코 쉬운 일은 아니다. 20대라면 '역겨운 녀석'이라고 비웃음을 살 수도 있다. 30대라면 미움을 받을 것이고 욕도 들을지도 모른다.

하지만 포기해서는 안된다. 40대, 50대에도 계속하는 동안, 그것이 개성이 돼서 자신도 모르는 사이에 브랜드가 되어 있을 것이다.

실제 트럼프는 이렇게 해왔다. 뉴욕 중심가 맨해튼에서 크게 사업을 하는 꿈을 실현시키기 위해서 다른 사람이 어떻게 생각하는지 재차 물어보고 눈에 띄게 했다.

좋아하는 것은 싫어도 눈에 띠는 색이면서, 신선한 와인레드의 양복이다.

이니셜이 들어간 셔츠에, 이니셜이 들어간 커프스 단추는 진절머리가 날 정도로 화려했다. 게다가 이니셜은 차 번호판에도 새겨져

자신을 브랜드화하라

있다. 거기에 시계, 액세서리 등과 같은 부속 물건까지 가진 물건들은 엄청난 일류 브랜드이다.

식사도 호텔도 일거수일투족까지, 두드러짐, 일류, 화려함을 기준으로 고른다.

소유한 빌딩에는 '트럼프'라 이름을 붙인다. 트럼프 타워, 트럼프빌딩, 트럼프 월드타워, 트럼프라고 붙여진 수많은 맨션들 ……, 하와이에는 트럼프 인터내셔널 호텔 와이키키도 있다. 이런 경험들로 트럼프는 자세가 좋고, 항상 당당하게 자신을 가지고 행동한다. 이러한 행동으로 기죽지 않는 것이다. 뉴욕의 트럼프 타워에 가면, 어린이용 트럼프 티셔츠에서, 먹을 수 있는 트럼프 초콜릿 바까지, 많은 트럼프에 관한 물건을 살 수 있다. 양복이나 넥타이를 라인업한 〈도널드 J 트럼프 컬렉션〉이라는 브랜드를 가지고 트럼프 자신을 브랜드화시킨 것은 지금껏 다른 사람들이 가지 않은 분야임에 틀림없다.

낙관하지만 낙천은 하지 말라

트럼프의 적극적 생각과 필박사의 적극적인 마음가짐은 낙천적 생각을 경고하고 있다는 점에서 공통되고 있다.

낙천은 낙관이나 적극적인 것과 닮아 있는 것 같지만, 실은 전혀 다르다. 낙천적 생각은 현실을 보는 눈을 닫고 자신에게 유리한 억측에 몸을 맡기고 노력을 하지 않는 태도를 말한다. 이것은 낙관적 생각이나 적극적 방법이라 부를 수가 없다.

예를 들면 태풍의 진로가 맞았다고 하면 충분한 준비를 하는 것이 당연하다. 맹렬한 태풍이면 대응도 주도적으로 해야 하는 것이 당연하다.

이것이야말로 안심하고 나서 태풍을 맞고 피해없이 인생을 향해 앞으로 나아갈 수 있다. 피해 입은 사람들에게 손을 내주는 일도 가능하다.

그것에 대해 '괜찮다. 태풍은 오지 않는다'라고 근거 없이 결정하거나, '큰일도 아니야'라고 준비에 게으름을 피우면 어떻게 될까?

낙천적 생각이라는 건, 그러한 비현실적이면서 낙천주의를 '어수룩하고 적극적인 사고'라고 비난하고, 장난스럽게 태만하게 있는 것을 위험수위를 높이는 거라고 경고하고 있다. 좋아하고 좋아하지 않는 것에 상관없이, 태풍은 오고 또 온다.

비극적인 전쟁이나 살인도 세계 어디에선가 계속해서 일어난다.

이러한 일들은 내가 조종할 수 없는 일들이지만, 현실로 존재하기 때문에, 차마 보지 못해 시선을 돌리는 수밖에 없다. 대책을 갈구할 필요가 있다.

현실의 밝은 면을 중점으로 하면서, 복싱처럼 자신을 보호하면서 싸워가는 트럼프 자세야말로, 진실되고 적극적인 생각이라 할 수 있다.

언제나 긍정으로 생각하고 답하라

상대의 말에 집착하지 않는다.

트럼프는 '나는 이길 뿐이다'라는 신조가 있다.

이기기 위해서는 빈틈없는 기교는 이외로 필요가 없다.

• 솔직하게 말한다.

• 자기변호를 하지 않는다.

이 두 개로 충분하다.

예를 들면 이런 식으로 부정적으로 들릴 수 있다.

트럼프 타워 같은 고층 건물은 주변에 어떠한 악영향을 끼칩니까?

질문 속에 영향이 아니라 악영향이라는 소극적인 말이 포함되어 있는 것을 알면, 직접적으로 반응하지 않은 것이 현명하다.

'뉴욕은 세계에서 제일가는 빌딩에 어울리는 거리입니다.'

'그것은 뉴욕시의 자격을 높여 줍니다.'

이처럼 긍정적으로 대답할 수 있다.

적극적인 말을 자연스레 주고받을 수 있다. 듣고 있는 사람에게도 뉴욕에 대한 애정을 전하고, 호감도를 높일 수 있을 것이다.

'악영향이라는 건 무슨 의미냐?'라고 화를 내는 것은 최악인 경우다.

'악영향이 아니라, 물론 좋은 영향이 있습니다'라고 상대편말에 구애되는 것도, 자신 나름의 진행도를 쉽게 잡을 수 있게 된다.

보통 자신이 생각하고 있는 적극적인 내용을 솔직하게 이야기해 보는 것이 좋다. 일상생활에서 적극적으로 생각한다면 상대 말이 어떠한 것이든, 긍정적인 답이 딱하고 나올 것이다. 이것은 기술문제가 아니라 마음먹기에 달렸다. 트럼프는 폭언을 계속 말하는 이미지가 있지만, 실은 적극적인 생각을 하는 사람이다.

Listen, Yankee!
화술인가? 마술인가?

적대적인 대화에서 자신을 지키는 기술

트럼프는 화술에 대해 자신의 적극적 생각을 지키면서 해나간다. '자신을 지킨다'는 적대적인 대화에서 특히 중요하다. 일반적인 대화에서는 말을 맞추고 마음을 따르는 것이 중요하다. 상대가 '결국'이라는 말을 계속 한다면, 이쪽도 '결국'을 의식적으로 사용하게 된다. 상대가 여성을 좋아한다면, 이쪽도 여성에 관한 말을 아무렇지 않게 늘린다.

하지만 그것은 만능적인 화술이 아니다. 트럼프는 방해되는 질문을 자주 받는다. 두드러지게 반발하는 사람, 정치적 발언을 짓밟으려는 사람, 부자이면서 질투하는 사람 등등 이러한 사람들의 질문에 말이나 마음을 맞춘다면, 상대의 마음은 항아리다. 그냥 당하게 되는 것이다.

이러면 자신의 적극적 생각과 〈크게 생각하라!〉도 오염될 것이다.

일상의 적극적 생각에서 벗어나서 말 그대로 하세요. 그렇게 하면 상대의 소극적 말이나 악의도 불러일으킨다.

이 화술의 응용범위는 매우 넓다. 일반적인 비즈니스라면, '예산이 부족해 무리가 되지 않을까?'라는 말을 들을 때. '3개의 은행과 협상하고 있기 때문에, 모두 최적의 조건이라 할 수 있습니다.' 시원스레

답을 하도록 한다.

짓궂게 문제 제기를 받아도 좋다. '부자들만을 상대로 해서 세운 트럼프 타워에, 문제가 있지 않을까요?' 이 질문에는 다음과 같은 대답이 얼마든지 나온다.

'건설공사를 비롯해 많은 업무들이 새로 생겨나기 때문에, 실업자들에게 큰 도움이 되지요.'

'납세자들도 늘어나고, 더 넓게 생각하면 뉴욕의 부흥에 연결고리가 됩니다.'

물론 누구라도 실패는 한다. 트럼프도 말실수를 할 때가 있다, 하지만 트럼프는 너무 말을 심하게 하면서 바로 덧붙여 말을 하는데, 이런 말이 실은 트럼프의 계략적 속내이기도 하다.

트럼프는 본디 적극적인 '맹랑한 녀석'일지도 모른다.

묘하게 조금씩 비켜가는 화술의 매력

화술을 연마하기 위해서는, 테크닉만을 안다고 해서 되는 것이 아니다. 일상생활에서 생각하고 있는 것이 말로 표현되어 나온다.

〈크게 생각하라!〉 즉 적극적 생각을 마음에 두는 것이 유용하다. 그렇게 해서 집중력이 움직이면, 상대의 비우호적인 이야기 속에서도, 자신에게 유리한 정보를 재치있게 발견할 수 있다. '눈에는 눈'이 아니라, '어제 그녀와 헤어졌다며? 괜찮아. 너는 이제부터 우리들의 출세 선구자가 될 거 같은데?'라는 식으로 비켜나가는 말하기 방법도 있을 거다.

비켜나가기로 말하기 방식은 우리들 일상에서도 자주 볼 수 있다.

요즘, 피곤해 보이네. 얼마 전 회식 때, 닭튀김요리 한 번에 드시지 않으셨어요?

'일하는데 계속 문제가 일어나네.' '다이어트하는데 잘 돼가고 있어?' 너무 논리적으로 대답할지도 모른다. 하지만 즐거운 화제가 풍부하게 이어질 수 있다.

자신을 최대화시키는 멋진 대화를
'어떤 능력도 알려지지 않으면 의미가 없다.'

트럼프는 '어떠한 재능이나 능력이 있어도, 세상에 알려지지 않으면 의미가 없다'고 생각한다.

예를 들면 트럼프가 『자서전』을 쓴 것은 1987년 40대가 되던 때였다. 자서전을 쓰기에는 너무 이른 나이였다. 죽음을 눈앞에 둔 것도 아닌데 왜, 그렇게 서두를 필요가 있었을까?

사실 서두른 것은 아니다. 세상에 알려지는 방법으로 『자서전』이 있다는 것을 알았을 뿐이었다. 나 자신은 트럼프의 생각하는 방법에는 공감하지만, '잘 숨는 사람이 잘 살아간다'라는 말을 좋아한다. 이 말은 고대 로마 시인 오비디우스 말로, 근세 철학의 창시자 르네 데카르트의 좌우명이기도 하다. '세상에서 넓게 알려질 필요는 없다. 남의 눈에 잘 띄는 일이 무슨 의미가 있을까? 세상 속에서 도움이 되는 일, 자신과 주변 사람들이 행복하게 되는 것이야말로 인생에 대한 의미다. 묵묵히 노력해라. 그러므로 인생이 잘 되어가리라.'

이러한 의미로 해석할 수 있다. 하지만 트럼프의 적극적 생각은 그런 생각과는 크게 다르다. 빌리어네어(억만장자)가 되고 싶다면 '세상에 있는 흥미를 이끌어서 사람들의 관심을 모아야만 한다.' 자서전을 쓰기 전부터 이렇게 생각하는 것이 자서전 광고를 하는 것으로 브랜딩에 중요성을 두게 된다.

자신의 경비로 부담하면서 정견을 광고 형태로 신문에 게재하려고 한다. 돈을 들이면 얼마든지 광고할 수 있다. 하지만 돈만으로 하는 광고는 신뢰성에 있어서 한계가 있다. 돈을 들이지 않고 매스컴

조금씩 비껴가는 화술의 매력

을 사용하면 선전이 될 수 있는데, 그것을 하지 않는 것은 어리석다. 다른 사람과 다른 일, 주제넘은 짓, 굉장한 일, 상식에서 벗어난 일, 물의를 일으키는 일을 하면, 매스컴이 그냥 기사로 한다. 즉 광고를 해 준다는 것이다. 트럼프는 자서전을 쓸 때부터 그렇게 말하며 광고하고 있다.

　대통령선거에서는 트럼프의 함부로 퍼붓는 말이 왠지 모르게 화제가 된다. 하지만 대부분은 의식해 입으로 전해진 사건 만들기이다. 단순히 감정적인 폭언은 아니다. 트럼프의 말을 잘 생각하면, 매스컴이 널리 보도해주고 있어 좋은 광고가 되지 않는가? 멋대로 지나치게 읽어치우치고 심지어는 논평도 한다. 그것은 다음 발언에 대한 절호의 힌트가 된다. 게다가 밑천에 관계없이 광고보다 중요한 것이 신뢰성이 높은 것이다. 트럼프에게는 우수한 두뇌도 있지만 '이 말을 하면 기사가 될 것이다'는 찰나의 판단을 모두 트럼프 자신이 한다.

트럼프의 이러한 후각적인 감각은 탁월하다. 많은 텔레비전 방송에 출현하는 것으로, 그 감각은 점점 날카로워지고 있다.

• 먼저 직관으로 트럼프가 말한다.
• 두뇌가 재치 있게 보충하여 채운다.
• 이렇게 대중적으로, 직감으로 트럼프는 말하는 것이다.
• 두뇌를 굴려서 대중이 흥미롭게 만족시켜준다.

수정, 보충하여 채우는 것으로 트럼프의 발언은 신중하게 된다.

의미 있는 이야기보다 꿈이 있는 이야기를 목표로 하라

트럼프는 두드러지게 강한 발언을 할 때, 약간의 거짓을 덧붙인다. 조금 말을 부풀린다.

나쁘게 말하면 각색을 하거나 허풍떤다고 할 수도 있다. 또 좋게 말하면 과장하거나 꿈을 꾸게 해서 우리를 즐겁게 해준다.

5명까지 확인했을 때, '확실히 5명이 있었다'고 이야기를 끝내면 임팩트가 없다. '그 뒤에 50명이나 줄지어 있을지도 모르지만……'라고 덧붙이면 신선해지는 느낌을 준다.

트럼프는 '여기까지 말하면 사람들의 주목을 받을 거고, 인상에 남을 거다' 라는 선을 직관으로 끝까지 확인하고 조금 각색한다. 트럼프는 이것을 '사실에 대한 과장'이라고 이름을 붙였다. 아무리 트럼프 자기 자신이 〈크게 생각하라!〉라고 해도 그것을 그저 말했다 한들 다른 사람들이 트럼프와 같은 생각의 크기로 생각할 수 있는 것은 아니다. 거기서 트럼프는 꿈을 제시한다. 사실일지도 모르지만, 전혀 거짓말은 아니다. 말하자면 논픽션과 픽션의 경계이다.

거기서 트럼프 눈으로 본 현실을 구축해 보는 거다. 꿈의 영역을 설정하는 것이다. 실은 이러한 과장은 역사상 에피소드나 전승에서도 자주 볼 수 있다.

트럼프의 진실된 과장은 거짓말이 아니기 때문에 충분히 허용범위이다. 목적은 꿈을 전하는 것이다.

인간에게 '이미 있는 것'에 만족하지 않고, '아직 없는 것'에 기대하는 심리가 있다. 손에 넣으면 작게 평가하고, 손에 넣지 않으면 크게 보는 심리가 있다. 트럼프는 이러한 인간의 심리를 최대한으로 이용한다.

수도권에 사는 보통 사람이 '다음주 일요일에 디즈니랜드에 가야지'라고 말하는 것은 꿈이 될 수 없다.

바로 실현되는 것은 꿈이 아니라는 심리가 인간에게 있기 때문이다. 즉 시간이 걸리는 것이 꿈의 요건 중 하나이다.

또 쉽게 이뤄지는 것도 꿈이 되기는 어렵다. 아프리카 오지에서 병으로 괴로워하는 사람이 '일본에 있는 디즈니랜드에 가고 싶다'라고 한다면 슬플 정도로 꿈이 될 수 있다.

즉 어느 정도 도전적이지 않으면 꿈이 되지 않는다. 거기에 세상을 위해 다른 사람을 위해서 이루는 것인 한 가지를 더하면 꿈의 조건이 된다. 시작은 자신을 위해서라도 좋다. 결과로서는, 세계를 위해서 다른 사람을 위해서 이루어진 경우다. 자신의 흥미가 있는 상태로 연구한 결과, 난치병에 대한 특효약이 개발되었다는 경우가 있다.

- 장기적인 것
- 도전적인 일
- 결과적으로 이로운 일

트럼프가 그린 꿈은 항상 이 세 가지를 만족하고 있다. 실로 두뇌가 좋은 남자다. 보통은 이 세 가지를 채우면 호의라고 말할 수 있다. 하지만 트럼프의 경우는 어디까지나 꿈이 어울린다. 미국은 자유의 나라 MELTING POT(용광로, 도가니, 여러 인종이 융합된 도시), 세계의 리더라는 여러 가지 형용사가 있지만, 트럼프는 한결같이 '화려한 아메리칸 드림'의 실현자이기 때문이다.

데이터로 생각하고 직감으로 움직여라

트럼프식 성공의 3원칙.

철저하게 데이터로 생각하고 논리를 구성해, 사람들의 의견을 충분히 듣는다. 게다가 결단을 내릴 때 길잡이가 되는 것은 단 하나, 감이다. 그것이 트럼프 비즈니스에 있어, 지금까지 언급되어 온 것이다. 다음은 트럼프가 40대에 생각했던 비즈니스 성공의 3원칙이다. 30년이 지나도 그 기본은 전혀 변하지 않았다.

① 직감에 의존해 판단해라.
② 숙지하고 있는 분야에서 비즈니스를 해라.
③ 투자를 하지 않는 결단도 내려라.

①의 '직감'은 일상적으로 10배로 생각하고 있고, 일하기 시작했으면 신기한 힘이 된다. 원유가격이 솟구칠 때 친구가 트럼프에게 원유에 투자에 관한 이야기를 가지고 왔다. 트럼프는 그 이야기에 순응하고 모든 것을 준비했다.

하지만 마지막에 직감이 '그만둬'라고 말한다. 친구와의 관계도, 준비했던 부하의 노력도 일제히 무시해버리고, 트럼프는 그 투자에서 빠졌다. 직후에 원유 가격이 폭락하고 그 친구는 파산했다. 트럼프는 아무런 손해 없이 끝났다. 40월 스트리트 빌딩 매수 때도 그러했다. 후에 5억 달러 이상의 가격이 붙여진 빌딩이 겨우 100만 달러로 팔렸다. 그런데 주변의 부동산도 노리지 않았다. 트럼프의 직감은 '사는 거야'라고 말한다. 당시 트럼프는 전혀 투자가 없는 밑바닥 상황이었다. 그런데도 트럼프는 자신의 직감에 따랐다. 조달 불가능했던 100만 달러를 필사적으로 만들어 내 40월 스트리트를 손에 넣은 것이다.

자신과 과언을 헷갈리지 마라

② 숙지하고 있는 분야에서 비즈니스를 해라. 직감이라는 관점에서 보는 것이 좋다. '상담가를 필요로 하는 분야에서는, 대체적으로 비즈니스를 하지 않는다'라고 트럼프는 말한다.

숙지하고 있는 분야야말로 직감이 움직인다. 아무런 지식이나 정보없이 '내 직감은 대단해'라며 말하는 것은 자신 있는 게 아니라 단순한 과언이다. 트럼프는 숙지하고 있지 않는 텔레비전 방송업계에서 직감에만 의지하고 뛰어들었지만, 그것은 좋은 거다. 텔레비전 출현은 비즈니스가 아니기 때문이다.

③ '하지 않는다'는 결단은, '하는'이라는 결단보다도 중요하다고 한다. 진출하고 있기 때문에 철퇴하는 것은 손해 투성이인 대사업인 것이다. 처음부터 진출하지 않았다면 아무런 손해 없이 끝난다. 트럼프는 맞은편에서 오는 손해를 무서워하지 않고 돌진하는 스타일이지만, 결코 돌진하기만 하는 남자는 아니다. 빌딩을 짓거나 매수하거나 하는 것만이 업무가 아닌 것이라고 알고 있다.

세계에서 가장 성공한 투자가, 또는 현자라고 칭찬하는 대부호 워렌 버핏은 트럼프와는 직접적인 접점이 없다. 하지만 '투자를 하지 않는 결단도 내려라'라는 점에서는 둘은 일치한다.

버핏은 투자가로 데뷔했을 때, 어떤 선배 투자가에게 '왜 이 주식을 샀어?'라는 질문을 받았다.

'긴 시간동안 존경하고, 스승으로 섬긴 분이 사셨기 때문입니다'라고 대답한 순간, 선배는 '원 스트라이크!'라고 외쳤다. 그 답변은 '빗나갔어. 워렌, 좀 더 스스로 더 생각해 봐'라는 의미다. 야구라면 치기 좋은 공을 세 번 놓쳐 아웃이 될 거다. 하지만 투자의 세계에서는 전혀 다르다. 치기 좋은 공이 매회 던져지면 그것을 몇 번 놓쳐도 아웃이 되지는 않는다. 자신이 숙지한 분야에서 자신이 납득한 주식을 스스로가 '여기다!'라고 판단했을 때 사는 것이, 투자의 요령이다. 트럼프는 현자 버핏과 같은 철학을 가지고 있는 것이다.

Listen, Yankee!
웨스트사이드 스토리 기적!

'트럼프'라는 브랜드가 있었기 때문에 내가 쉽게 성공할 수 있었다고 생각하는 사람도 있을지 모르겠다. 하지만 브랜드로서, 기업으로서 나의 운명을 언제나 통제할 수는 없었다. 무엇보다 타이밍을 고려해야 한다. 적절한 타이밍이 올 때까지 오랜 시간 기다려야 할 때도 있다. 나 또한 엄청난 인내심으로 내가 세운 프로젝트를 시작할 수 있는 기회가 오기만을 기다려야 했다. 예를 들면, 허드슨 강변에 있는 트럼프 플레이스의 첫 삽을 뜨기 위해 나는 20년을 기다렸다. 믿을 수 있겠는가? 그렇게 오랜 세월을 기다리면서 참고 집중할 수 있을까? 그 20년은 단순한 시간이 아니라, 지루한 재판에 참여하고 온갖 골칫거리를 해결해야 하는 시간이었다. 그런 와중에도 그곳에 빌딩을 세울 수 있다는 확고한 믿음을 유지할 수 있을까? 20년은 정말 긴 시간이다. 하지만 부동산개발에 대한 나의 비전은 뚜렷했으므로 끝내 포기하지 않았다. 그것은 절대 쉬운 일도 편한 일도 아니었다. 하지만 참고 기다릴 가치가 있었다. 그 과정을 거치면서 나는 더 강하고 의연해졌다.

그 과정을 좀 더 자세히 살펴보면 이렇다. 이 이야기는 1974년 펜센트럴 레일로드에게서 웨스트사이드 철도 부지를 구입할 수 있는 옵션 계약을 따냈을 때로 거슬러 올라간다. 옵션 계약이란 일정 시간이 지난 뒤 일정 금액에 부동산을 매입할 수 있는 권리를 사는 계약이다. 옵션 계약을 할 때 매매 금액은 현 시세를 반영하여 결정하기 때문에, 실제 매매가 이루어지는 시점의 부동산 가격과 차이가 날 수 있다. 그 무렵 뉴욕시에는 개발되지 않은 땅이 많았고, 더욱이 강과 마주하고 있는 이 땅은 아주 헐값에 사들일 수 있었다.

그때 나는 몇몇 프로젝트를 진행하느라 바빴다. 코모도어·하얏트 호텔 리노베이션 사업과 트럼프 타워 건설이 한창 진행되고 있었다. 또 트럼프 플레이스가 들어서는 것을 원하지 않는 웨스트사이드 주민들의 반발도 거셌다. 더욱이 내가 구상하고 있던 주거 형태에 대한 정부 보조금도 크게 줄어들었다. 이렇게 되자 트럼프 플레이스 사업의 수익성은 크게 떨어졌는데, 그런 상황에서 5년이 흘러 마침내 부동산 매매계약을 해야 할 시간이 왔다. 협상도 순조롭지 않았다. 마침내 우리는 옵션을 포기했고, 시는 그 부지를 다른 사람에게 팔았다(이 경우 옵션 계약을 할 때 지급한 계약금을 돌려받지 못한다).

다행이도 땅을 사들인 사람은 뉴욕에서 부동산 개발을 별로 해본 적 없는 사람이었다. 뉴욕에서 부동산 개발을 하려면 도심 구역 재설정 등의 복잡한 행정절차에 대해 잘 알고 있어야 한다. 그들의 경험 부족은 엄청난 실수로 이어졌고, 마침내 그들은 그 땅을 되팔아야 하기에 이르렀다. 5년이 지난 1984년 그들은 내게 연락해서 땅을 살 생각이 있느냐고 물었다. 나는 그 땅을 1억 달러에 사기로 합의했다. 맨해튼의 상업 지구와 주택 지구 중간에 있는 강가 부지를 1제곱미터당 1500달러 정도에 사들인 것이다. 훌륭한 거래였다. 하지만 내가 그곳을 개발하기까지는 갈 길이 멀었다.

1984년부터 1996년까지 12년 동안은 정말이지 나의 인내심을 시험하는 기간이었다. 불굴의 집념으로 이 기간을 견뎌내야 했다. 나는 시의 온갖 기괴하고 변덕스러운 행태에 질리고 말았다. 사업적 직감은 경험에서 우러나온다. 나는 이런 상황을 끝없이 겪어 왔기에,

트럼프와 돈, 에릭, 이반카

시가 처한 상황을 이용해 일을 하나씩 해결해 나가기로 했다.

1990년대 초까지도 뉴욕의 경기는 아주 좋지 않았다. 이런 불황기에는 내가 원하는 구역을 허가받는 일이 훨씬 쉬웠다. 또 건물이 완성될 때쯤이면 경기가 좋아지므로 시기적으로도 아주 좋았다. 참고 부지런하지 않았다면 이런 기회는 잡을 수 없었을 것이다. 이곳 트럼프 플레이스는 단일 건물이 아니었다. 허드슨 강을 내려다보는 고층 빌딩 16개와 독특하게 설계된 주거 빌딩 1개가 포함된 대규모 프로젝트였다. 마침내 트럼프 플레이스는 뉴욕 도시계획위원회에서 승인한 역사상 가장 큰 개발 사업이 되었다. 드디어 우리는 1996년이 되어서야 공사를 시작했는데, 그 결과는 엄청났다.

한때 도시의 황폐화된 우범 지역이었던 트럼프 플레이스는 오늘날 시민들의 만남의 장소가 되었다. 웨스트사이드는 지금도 나날이 번창하고 있다. 또한 건물을 짓고 남은 땅에 공원을 지어 뉴욕시에 기증했다. 1만 6000여 제곱미터에 이르는 공원에는 뉴욕 시민들이 이용하는 자전거길. 나들이를 즐길 수 있는 장소, 스포츠 경기를 하는 사람들이 모일 수 있는 운동장, 다리, 주민 행사를 열 수 있는 열린 공간이 갖추어져 있다. 이 사업은 우리 회사는 물론 뉴욕시와 주민들, 주민 공동체가 모두 상생하는 결과로 이어졌다. 불굴의 집념이 큰 성공으로 이어진 것이다.

로버트는 사업가가 되고자 하는 사람들에게 자신이 하고자 하는 일이 얼마나 어려운 일인지는 그 길을 걷기 전에는 잘 알지 못한다고 말한다. 특히 초보 사업가들은 명심해야 한다. 돌아보면 나도 그랬다. 처음 사업을 시작했을 때 너무나 복잡하고 힘들어, 한때는 포기하고 도망가고 싶다는 생각을 하기도 했다. 다행스럽게도 나는 그런 고비를 넘겼고, 그것은 나의 첫 번째 주요 업적이 되었다. 무엇보다 중요한 소득은, 이런 과정을 통해서 내가 그 뒤 맨해튼의 부동산 개발업자로 거듭날 수 있는 지도를 발견했다는 것이다.

바람 몰아치는 시카고

'트럼프 인터내셔널 호텔&타워 시카고'는 여행 잡지 〈트래블레저〉에서 북아메리카 최고의 호텔로 선정되었다. 환상적인 호텔에 부여되는 최고의 찬사라 할 수 있다. 물론 이 건물을 짓는 일 또한 순탄치만은 않았다. 이 건물은 시카고 강과 바로 맞닿아 있다. 기초공사를 시작한 지 세 달이 지난 뒤 시카고 강의 강물이 건물 부지로 스며들어온다는 사실을 발견했다. 오래전 쌓아올린 제방에 문제가 있는 것이 드러났는데, 공사 대지가 강의 수면보다 훨씬 낮았기 때문에 물은 계속 스며들어왔다. 더 심각한 것은 물이 새는 제방이 위배시 애비뉴 다리와 만나는 곳이었다는 점이다. 이는 매우 심각한 상황이었다. 이를 해결하기 위해 우리는 엄청난 공을 들여야 했다.

다음으로, 우리는 건물 공사 과정에서 구조적인 문제를 발견했다. 우리는 본디 콘크리트 구조물을 강화하기 위해 14층까지는 철골 프레임으로 지을 예정이었다. 설계를 완성하고 본격적으로 건물을 지을 때가 되자 중국의 산업이 크게 발달하면서 세계의 철강을 중국이 거의 다 써 버리기 시작했고, 온 세계 철강재 가격이 날마다 치솟았다.

결국 우리는 설계를 다시 해야 했다. 콘크리트 구조물로 다시 설계하면서 수백만 달러를 절감하고 건설 공정도 단순해졌다. 눈앞의 장애물이 오히려 이익으로 되돌아온 것이다.

이 빌딩을 짓는 데에도 상당한 인내심이 필요했다. 이 빌딩을 처음 계획한 것은 2000년이었고, 공사를 시작한 것은 2005년이었다. 건설 과정에서 우리는 수없는 난관에 부딪혔다. 하지만 우리는 이 건물을 훌륭하게 완성시켰다. 어떤 '나쁜 운'도 우리는 이득으로 바꾸었다.

나는 어릴 때부터 운이 정말 좋은 사람이었다. 좋은 가정에서 태어났기 때문이다. 부모님은 내게 모범이었다. 아버지는 나의 멘토였고, 또한 좋은 교육을 받았다. 유리한 혜택을 많이 받고 자란 나는 나 자신에게 많은 기대를 했다. 어떠한 나쁜 운이 닥쳐도 나를 가로막을 수는 없다. 그것이 바로 내가 무엇이든 할 수 있다고 생각하는 이유다.

결과를 만들어내라

때로는 내게 닥친 나쁜 운만이 아니라 다른 사람에게 닥친 나쁜 운을 헤쳐나가야 할 때도 있다. 그리고 다른 사람의 문제를 이해하는 것이 기회를 찾는 열쇠가 될 때도 있다. 1980년 뉴욕시는 센트럴파크에 있는 낡은 스케이트장 '울먼 스케이팅 링크'를 리노베이션하겠다고 발표했다. 이곳은 아이들은 물론 온 가족이 함께 즐길 수 있는 매우 인기 있는 명소였다. 하지만 6년 동안 리노베이션을 하는데 1200만 달러를 쏟아부었는데도 아이스링크는 문을 열지 못했다. 1986년 뉴욕시는 리노베이션을 다시 해야 한다고 발표했다. 아무것도 이루어진 것이 없었다. 나는 이 아이스링크가 바로 내려다 보이는 아파트에 살고 있었기에 6년 동안 공사가 진행되는 과정을 모두 지켜보고 있었다.

나는 뭔가 도움을 줘야겠다고 생각했다. 이 아름다운 아이스링크를 시민들이 사용하지 못하는 것은 낭비라고 생각했다. 나는 뉴욕 시장에게 편지를 썼다. 6개월 안에 새로운 아이스링크를 완성하겠다고, 게다가 비용은 모두 내가 부담하겠다고 제안했다. 나는 그것을 뉴욕시와 시민들에게 선물하고 싶었다.

뉴욕 시장은 내 제안은 물론 진심까지 단칼에 거절했다. 그리고 내가 보낸 편지를 언론에 공개해 허무맹랑한 제안이라는 여론을 만들려고 했다. 하지만 이런 전술은 오히려 시에 불리한 여론을 만들었다. 기자들과 대중은 내 편을 들었다. 언론의 반응은 대단했다. "뉴욕시는 자신이 무능하다는 것 말고는 제대로 입증해낸 사실이 있는가?"

다음 날 시장은 갑자기 태도를 바꿔 그 일을 해주기를 바란다는 답변을 내게 보내왔다. 우리는 시의 관리들과 만남을 가졌고, 내가 모든 건축비를 대고 6개월 뒤인 1986년 12월 중순까지 완벽한 아이스링크를 만들어내겠다는 데 합의했다. 계획대로 새로운 아이스링크가 제대로 문을 열고 운영되면 뉴욕시는 내게 모든 비용을 변상해주기로 했다. 건축 비용은 최대 300만 달러로 책정했다. 비용이

트럼프 인터내셔널 호텔

300만 달러를 넘어서면, 넘치는 금액은 모두 내가 부담한다는 것이었다. 나는 울먼 아이스링크에 뭔가 도움을 줄 수 있다는 데 신이 났다.

물론 엄청난 위험부담을 져야 하는 일이었다. 우선 아이스링크의 규모가 엄청났다. 650제곱미터가 훨씬 넘는 면적에 35킬로미터의 파이프, 15톤이 넘는 냉각기 두 대가 필요했다. 지붕에는 큰 구멍이 나 있어 물이 샜다. 또 일을 진행하는 리더십에도 큰 문제가 있었다. 이 일을 끝내기 위해서는 내가 능동적으로 나서야 했다. 먼저 다양한 전문가들에게 조언을 들었고, 함께 일할 최고의 아이스링크 건축가를 찾았다. 나는 날마다 일의 진행 상황을 체크했다. 현장에 나가 직접 확인하기도 했고, 우리 집 아파트에서 내려다보며 확인하기도 했다.

이 사업을 시작한 지 몇 달이 지났을 때, 문득 이 사업을 제대로 끝내지 못한다면 내 명성이 크게 떨어질 것임을 깨달았다. 내가 실패하는 순간 온갖 언론들이 크게 떠벌릴 것이 분명했다. 하지만 내게는 완공된 아이스링크의 아름다운 비전이 있었고, 많은 대중의 관심을 받는 것도 큰 행운이었다. 뉴욕시와 시민들은 이미 6년 동안이나 불행한 일을 겪었다. 나는 그것을 바꾸고 싶었다.

아이스링크는 예상했던 일정보다 한 달 앞서 5개월 만에 다시 문을 열었다. 예산도 훨씬 적게 들었다. 나는 스스로 매우 자랑스러웠고, 한편으로는 안도했다. 아름다운 아이스링크를 갖게 된 뉴욕시는 축하 분위기 속에 한창 들떠 있었다. 연말 연휴 시즌에 맞춰 제때 문을 열었기에 분위기는 더욱 뜨거웠다. 역사적인 울먼 아이스링크 재개장을 기념하기 위해 페기 플레밍과 도로시 해밀, 스콧 해밀턴 등을 초대해 멋진 갈라쇼를 열었다. 마침내 문을 연 아이스링크에서 열리는 갈라쇼는 정말 환상적이었다. 모든 수익금은 자선기금과 뉴욕 공원관리국 기금으로 사용되었다. 그것은 대중적 차원에서 나쁜 운을 좋은 운으로 바꾼 사건이었다. 이것이 바로 마이더스의 손이다.

Listen, Yankee!
억만장자 방법 트럼프에게 물어봐?

자신을 트럼프화하고 자화자찬하라!

그는 본디 트럼프타워에 다른 이름을 붙일 생각이었다. 옆에 어떤 유명한 보석점을 따라서 티파니 타워를 하려고 생각하고 있었다. 친구에게 "트럼프 타워와 티파니 타워, 어느 쪽을 택해야 할까?" 라고 묻자, 친구는 "네 자신 이름을 티파니로 바꾸면 티파니 타워로 하든지" 라고 말했다.

알고 있는 대로, 브랜드 이름에는 엄청난 효과가 있다. 고급 브랜드가 되면 효과는 한 층 더해진다. 코코샤넬은 80년 전에, 처음으로 만든 향수를 샤넬 넘버5라 이름 붙이고 세계적으로 유명하게 됐다. 경쟁이 심한 시장에 있어도 그 강인함은 보장되었다. 그녀가 만든 향도, 그녀의 이름도, 시대를 초월하고 있다. 올바른 성분을 맞춰서 전설의 향수가 생겨난 것을 그녀는 실제로 증명한 것이다.

트럼프는 강력한 브랜드가 되었다. 그것도 그가 요구하는 디자인이나 품질 수준으로 대단히 높았기 때문이다. 롤스로이스는 누구나가 동경하는 차다. 그가 직접 하는 사업 전부가, 그것에 필적하는 '엘리트'라고 생각하고 있다. 그는 이런 집착이 보람을 내고, 그가 세운 빌딩은 최고의 품질이어야 한다고 말한다. 자랑하는 것처럼 들릴지 모르지만, 이것은 사실이다. 그는 사실과 만들어진 이야기를 혼동하지 않는다. 2003년 '시카고 트리뷴'지 부동산 컬럼니스트, 멜라니안바카는, 시카고는 트럼프 인터내셔널 호텔&타워가 수입이 좋은 것이 '트럼프 효과 덕택'으로 평가하고 있다. 안바카는, '이런 판매 흐름의 속도는, 부동산 업계 베테랑도 놀란다. 그들은, 판매개시 시점에서 시카고 고급주택시장이 그 무렵, 잔잔한 상태였고, 트럼프가 충분히 기세를 얻는 것은 기대할 수 없다고 예상하고 있었다.' 다음과 같이 썼다.

그가 자랑만 하는 사람이라 쓴 사람도 있지만, 그것은 견해에 따라 다르다. 그는 그 자신이 말한 거에 확신을 가지고 있고, 말한 것에 대해서는 확실히 지키려 한다. 한 가지 일에 인생을 걸고, 좋은 일이라 믿고서, 훌륭한 성과를 내려고 한다면, 자신이 그렇게 생각하고 있는 것을 다른 사람들에게 꾸준히 전해야 한다. 아무렇지 않는 듯 마음에서 나오는 그윽함은 수녀나 세러피스트(치료사)에게 맞지만, 사업을 관여하는 사람은 목소리가 크고, 의미 있는 성과를 세계에 알리는 것을 기억해야 한다. 그 일을 하는 사람은 나 자신 밖에 없다.

고급 아파트 가격을 정할 때, 시장, 입지, 경쟁 등 여러 가지 요소를 검토한다. 그 위에 자신이 원하는 기준을 설정한다.

예전에, 최상급 아파트가 거의 팔리지 않았을 때, 경합되는 물건들을 훨씬 더 웃도는 가격으로 올리자마자, 팔리기 시작했다.

그는 그가 일을 하나의 예술로 생각하고, 야심적인 예술가와 같은 어려움과 자존감을 가지고 일에 몰두하고 있다. 자신의 이름을 브랜드 할 마음은 없었지만, 관여해 온 상품 각자 그 자신의 미적 가치관을 맞춰감에 따라 사업은 연쇄적으로 넓어져 갔다. 트럼프라는 이름으로 세계적인 성공에 놀랐다.

그것은 좋은 의미로 놀라웠다. 예를 들면, 건물에 그의 이름을 붙이게 되는 일로, 이뤄지는 한 고품질 보증과 최저가 5만 달러 가격표

트럼프 팰리스

를 의미하게 된다. 이름 그 자체로 의미가 있다. 개발업자에게 있어 그것만으로 가치가 있게 되는 것은, 알고 있기 때문이다.

그 빌딩은 반드시 그의 기준을 채워야 한다. 셰익스피어의 '로미오와 줄리엣'의 한 부분 '이름에 무슨 의미가 있어?'를 떠올리면 웃음이 나온다. 이름에는 셰익스피어나 나의 상상을 훨씬 뛰어넘는 의미가 있다.

브랜드 리바이스에서 루이비통까지 브랜드에 있는 우위 브랜드가 가진 파워는 누구나가 알고 있다. 그중에서는 브랜드가 세상에 넘쳐나는 것에 대해, 어떤 선입관을 심었다고 반감을 가진 사람도 있을거다. 그는 브랜드가 창조력 있는 표현수단으로 유효하다고 생각하고 있다.

성공이 눈앞에 놓여 있으면, 잘 아는 체하는 속물을 딱 잘라 이렇게 물을지도 모른다.

'설마 자신을 브랜드화 하려고 생각하지는 않겠지?' 하며 말하는 사람은 큰 비전을 가지고 있지 않은 거지.

그는 지금, 계획하면 바로 프로젝트를 시작할 수 있다. 이름이 알려진 개발업자라면, 시작하기까지, 몇 개월, 경우에 따라 몇 년은 걸리겠지. 그가 하는 프로젝트는, 완성까지 1000명 단위 정도 스텝을 필요로 한다. 그들이 세우는 빌딩이 있는 건, 일을 주는 개발업자가 있기 때문이다. 예술과 상품판매와는 별개로 기능하지 않고, 양쪽이 있어야 된다. 성공한 트럼프가 유능한 것이 바로 이런 한 점이다.

이름이 침투되는 것으로 좋지 않은 면이 있다면, 그것은 목표물이 되기 쉽다는 얘기다. 미디어는 올리는 것을 반드시 내리는 것이다. 저널리즘이 하는 상투적인 수단이다. 기사가 되면, 영웅과 악당, 성공과 실패다. 이름이 브랜드화 되면, 반드시 노려지게 된다. 브랜드에는 따라 붙는 일로 어쩔 수 없다고 생각한다. 방송 '어프렌티스'에서 말했던 것처럼, 이것은 비즈니스이고, 개인적인 문제가 아닌 것이다.

다행스럽게, 영향력이 있는 평론가에게 지지 된다면, 신문을 읽는 일이 즐거워지겠지. '뉴욕 타임스' 건설 분야의 평론가, 하버트는, 학자이면서 건물에 대해서 권위가 있는 사람이다. 그에게 칭찬을 받는다는 것은 대단히 가치가 있고, 그 가치가 희미한 것도 아니다. 그가 트럼프 월드를 올렸다는 기사로, 이 빌딩을 '섹시하고 다부진 잘생긴 남자 같은 유리 타워다'고 칭찬했을 때, 나는 대단히 영광이라 생각했다. 그 기사에는 다음과 같이 씌어 있었다.

'도널드 트럼프는 자신에 대한 야심적인 측면을 표면에 나타내고 싶어 한다. 그것은 남자다운 행위였다. 하지만, 동시에 그는, 뉴욕시의 개발업자 중에서 유일하게, 아름다움에 대한 애착을 가지고 있었다. 트럼프 빌딩이 뉴욕 근대 미술관(MOMA)에서 비공식적으로 서명을 받은 일도 신기하지 않다. 타워는 MOMA를 설립하는 그 무렵 같은 디자인 부분에서 심미안 기초로 된 유명한 건축가 미스같은 미적 분위기를 띠우고 있었다. 트럼프가 이 원료(유리)에 집착하는 것을 바라고 있다고 했다. 트럼프는, 평론가가 말하는 것에 주의를 기울이기보다, 무시하는 편이 더 좋은 것을 만든다.'

자랑할 때는, 아무것도 두려워하지 말고 자랑해라.

그리고 자신을 높이 평가하는 평론가가 말하는 말에만 귀를 기울여라.

적극적 비전을 머릿속에 그려라.

적극적인 생각은 적극적인 비전을 만든다. 사람이 무슨 일에 열중하고 있을 때, '이제 보이기 시작했다!' 며 말하는 것을 들은 적이 한 번 쯤은 있을 것이다. 내 자신의 경험에서 애기하면, 무엇인가가 가능성으로 보였기 때문에, 보이지 않을 때 보다, 실현하는 가능성이 훨씬 높다.

때로는 자신의 가능성 한계를 넓혀, 'Higher Self(고차원적인 참된 자신)'에 귀를 기울여보자.

힘이 나는 말들을 노트에 적어, 언제라도 손이 닿는 곳에 두자. 그러면 가까운 시일 내에 소극적인 파장이 바로 적극적으로 바뀔 것이다. 내가 좋아하는 말을 몇 개 소개하도록 하겠다.

내가 몰두하고 있는 일에 대해서는, 하나부터 열까지 다 알아야 한다.

아버지 브레드 트럼프

나는 성공 뒤에 전념하고, 힘을 다하여 일이나 학문에 노력이 있어야 하고, 마음속으로 그리고 있었던 미래에 대해 부단한 헌신이 있었다는 것을 알고 있다.

건축가 프랭크 로이드 라이트

리더는 지는 한이 있더라도, 거짓말에 찔려도 놀라는 일은 결코 용서 받을 수 없다.

나폴레옹

이 일에 대해서, 격식 있게 말하는 것은 그만두자.
트럼프 조직 개발담당부사장, 찰리 라이스

외부를 보는 자는 꿈을 꾸고, 내면을 보는 자는 깨어난다.

칼 융

우리들의 일은 사람을 흥분시키는 것이 아니다.

아버지 브레드 트럼프

캐시미어 코트를 입고 야구를 관람하러 와서, 이러니저러니 말을 듣지 않는 남자는 네 뿐이다.

레지스 필빈

상상력은 지식보다 중요하다.

알베르트 아인슈타인

힘도 지식이 아니라 지속적인 노력이야 말로 능력을 이끌어 내는 열쇠가 된다.

윈스턴 처칠

도널드라 말할 것 같으면 나에 대한 얘기야.

도널드 트럼프

비판은 객관적으로 파악해라!

일을 하고 있으면 반드시 무언가로부터 비판을 받지만, 마조히스트가 아닌 이상, 비판 받으면, 기뻐하는 사람은 없다.

좋은 비판도 있지만, 해로운 비판도 있다. 이하는 그것을 분간하는 대처법이다

1. 맨 먼저 비판을 하고 있는 상대가 누구인지 생각해라. 그 비판자의 의견을 들었을 때 가치가 있는가?

2. 들었을 때 가치가 있는 경우, 이 비판을 살릴 수 있을지 생각해라. 자신이 깨닫지 않는 것을 다른 사람이 깨닫고 있는 경우가 있다. 다른 사람의 날카로운 눈을 이용해라.

3. 비평가에게도 목적이 있다. 큰 목적이 있는 경우, 개인적인 목적이 있는 경우가 있다. '아메리칸 아이돌'이라는 오디션 프로그램 심사위원 사이먼 코웰은, 프로그램 출연자들을 비판하지만, 공정하고 솔직하다. 그가 없는 프로그램은 성립이 되지 못한다고 생각한다. 사이먼은 친절한 것으로 '데일리 뉴스' 인터뷰로 '어프렌티스'에서 다음과 같이 이야기 했다.

'정말이지 트럼프씨는 훌륭합니다. 방송에서 빛나고 있어요. 큰 연기도 아닙니다. 자기 자신을 연기하고 있는 것만이 텔레비전에서 정말 어려운 일이죠.' 이와 말한 것처럼, 사이먼은 공정하고 솔직한 비판가이기 때문에, 나도 좋아한다.

4. 누구라고 의견을 가지고 있다. 하지만 대부분은 문제가 되지 않는 의견이다.

5. 그 의견에 가치가 있고, 사람이 돈을 내고 읽으려는 매체에 올리는 것이면, 그것만으로 사람들의 관심을 부르고, 사람이 산다고 생각하기 때문에 비판받는다고 인식하자. 비판은 자기 자신에 대한 찬사라 생각하자. 그것이 거물이라 하는 거다.

Listen, Yankee!
당신의 라이프 스타일을 만들라

헤어스타일 이론

긴 세월동안, 머리형태가 이상하다고 들어왔지만, 방송 '어프렌티스'가 시작되고, 소란은 없었다. '뉴욕'지에는 내가 '바코드를 연구했다'고 썼다. 뉴욕 타임스는 이 헤어스타일을 '건축평론가밖에 비평할 수 없는 정교한 구조'라고 했다.

데이비드 레터먼과 제이 레노에게 늘 놀림 받고 있다. 케이티 커릭과 함께 방송'투데이' 인기를 끌어 올린 매트 라우러는 얼마 남지 않은 머리를 잡는 것을 그만두고 라우러는 짧게 깎은 머리로 할지, 자신과 같은 까까머리로 할지 질문을 던졌다. '액세스할리우드'의 스타 팻 오브라이언은 매트 라우러 견해를 들었지만, 정말이지 같은 의견이라고 대답했다.

나 자신은 잘 어울린다고 생각하지만, 머리형태가 매상이라 들어 본 적은 없다. 나는 팻과 매트에게서, 아직 머리모양을 바꿀 생각은 없다고 말했다. 이미 오래 전부터 이 스타일을 고집해 왔기 때문에, 이제 와서 바꿀 필요가 없다고 생각한다. '어프렌티스' 시청률이 대단히 높지만, 이 시점에서 외견을 바꾼다면, 분명 시청률은 내려가 버릴 것이다.

어째서 모두 나에게 헤어피스나 가발 '같은 거'라도 붙이고 있는 거냐고 물어보기도 한다.

답을 큰 목소리로 말하고 싶다. 절대적으로 완고하게 '아니!'다. 가발은 아니다. 이 머리는 100퍼센트 자연산 내 머리다.

내 헤어스타일은, 동물에 대한 학대, 가해를 주지 않도록 하고 있다.

하지만, 언젠가는 헤어피스나 가발을 붙이는 날이 과연 올까? 하지만 완전히 민둥산이 될 때 그것은 어쩔 수 없이 한다고 인정하겠다. 단지, 지금으로써는 일생동안 그렇게 되지 않도록 바랄 뿐이다. 왜냐하면, 나를 포함해 전 세계남성들 모두, 남에게 잘 보이기 위해 꾸미기 때문이다. 벌써 예전부터 남성은 여성보다 허영심이 강한데, 나도 그렇게 생각한다. 남성은 이 화제를 피하려고 하지만, 이 책을 출판하기 위해서 나에게 엄청난 돈을 지불한 랜덤하우스에서 '헤어스타일 이론'에 대한 장(章)을 써주길 바란다며 요청해 왔다. 그래서 나는 내 자신에 대한 허영심을 인정하려 한다.

내 머리에 관련된 비밀을 몇 가지 밝히도록 하지.

내 머리가 언제든지 빈틈없이 정리되어 있는 것은, 너무나 자연스런 위세에 위협받지 않도록 하기 때문이다. 나는 작업장과 같은 빌딩에 살고 있다. 침실에서 사무실까지, 엘리베이터로 갈 수 있다. 그 이외는 스트레치 리무진, 자가용 제트기, 자가용 헬리콥터, 플로리다 주 팜비치에 있는 나의 골프 클럽이 있다. 매트 라우러가 나처럼 살고 있었다면, 헤어스타일을 바꾸지 않으려고 할지도 모른다. 본디, 지금 스타일은 그에게 매우 어울린다고 생각하고 있다. 그가 집 바깥에 있다면, 그것은 내 골프장 어느 곳 가운데 한 군데이기 때문에, 머리를 과도하게 노출하는 것에서 지키기 위해 골프 모자를 착용하고 있다. 이것은 파파라치 대책이기도 하다. 거기에 모자에 크게 'TRUMP'라고 로고를 새겨 넣는다. 흔히 말하는 걸어 다니는 간판인 셈이다.

다른 하나를 솔직히 말하면, 나는 머리를 염색하고 있다. 아무리 해도, 색이 원만하게 물들지 않지만, 아무래도 좋다. 아무튼 나는 백발이 싫다!

내 머리는 언제까지 국민적 화제로 있을까? 레터먼과 레노는 웃겠지만, 유일하게, 마음에 들지 않는 것이 바버라 월터스의 방송'더 뷰' 공동 사회를 맡고 있는 조이 베하다.

그녀는 몇 주에 걸쳐, 내가 가발을 쓰고 있다고 독설을 이어 가고 있었다. 거기서, 바버라와 방송하는 스텝 가운데 한명이 나에게 방송에 나와 시청자들을 놀라게 하는 것이 어떨까 라며 자문을 구했다. 나는 방송출연을 허락하고, 방송에서 머리를 위로 올려 거짓 없이 이것은 내 머리라 증명하자, 모두 웃고, 이 일을 마무리 지었다.

'어프렌티스' 첫 방송 된 뒤에, 조이 베하는, '더 뷰' 에 출연하는 다른 출연자들과 '투나잇 쇼'에 출연했다. 제이 레노는 갑자기 '어프렌티스' 대성공에 대해 이야기하기 시작했다. 스타 존스이나 다른 '더 뷰' 출연자들이 열심히 그 이야기에 가담했지만, 재능도 없고, 사투리가 심한 여성인 조이 베하만은 달랐다. 거듭 내 머리를 비난의 대상으로 삼았다. 나는 항상 그 방송에는 그녀가 필요 없다고 말해왔다. 그녀를 위해 방송에 나왔는데, 감사받지도 못했다. 친절을 원수로 갚는 사람은 어디에서나 있기 마련이다.

'어프렌티스'의 제2 시즌을 맞아서 외견을 바꿔도 좋을지도 모르겠다. 아니, 그만두자. 그냥 지금 이대로 아직 갈 수 있겠다.

가십

고급아파트를 세운다고 해도, 미인 콘테스트를 프로듀스 한다해도, 사람들이 원하고 있는 것을 제공하는 것이 필요하다.

지금 현재 쓰고 있는 책에서 말한 바와 같이, 이것은 도움이 되는 어드바이스, 지혜, 약간의 가십, 이런 것들로 명성을 늘어놓는다고 의미할 수 있다. 지혜나 어드바이스는 이제 많이 썼다. 다음은, 가십거리나 명성에 얽힌 팜비치에 얽힌 이야기를 하겠다.

사업에 성공하고, 부자이고, 부부관계가 무척 좋은 친구가 있었다. 몇 개월 전부터 그 같이 성공하고 부부관계가 좋은 여성사업가와 바람을 피고 있다는 소문이 가끔 내 귀에 들려왔다.

하지만, 나는 믿을 수 없었다. 그녀는, 본인이 원하는 타입의 남성을 모두 손에 넣으려 하는 것처럼 생각이 됐고, 놀라울 만큼 미인이었기 때문이다. 하지만 친구는 그런 타입이 아니었다.

소문은 계속 흘러들었다. 어느 날, 그 친구에게서 식사 초대를 받았다. 그 미인과 그녀의 남편도 함께였다, 나는 그 초대를 하는 것을 이해할 수 없었다. '벌써 오래전부터 그녀와 불륜을 맺고 있는 소문을 들어왔어. 그 남편 앞에서 같이 식사라니, 좀 그렇지 않아?'

놀랍게도 친구는 불륜을 맺고 있는 사실을 인정했다. 남편은 눈치채지 못하고 있었다. 그녀는 아주 사랑해 버렸다. 그런 마음은 얼음같이 차가운 아내가 알 리가 없다고 말했다.

나는 여자친구 멜라니에게 친구의 비밀을 한마디도 말하지 않았다. 힘든 밤이 될지도 모른다는 그런 예상이 들었다.

우리들은 레스토랑에서 식사를 했다. 평소처럼 재미있어 하고 구경거리에 대해 얘기할 참이지만, 그 여성 사업가와 남편과 친했기 때문에, 미묘한 입장이었다. 아무 일 없는 듯, 모두 테이블에 앉아있었지만, 긴장감이 감도는 느낌을 거기 있는 모두 느꼈을 거다. 돌아갈 때, 친구가 인사치례 이상의 친절함으로 여성 사업가 허리에 손을 감는 것이 내 눈에 보였다. 그 사이 그녀의 남편은 옆에 없었다. 나는 매우 믿을 수 없이 놀란 나머지, 두 사람이 그냥 사이가 아니라는 것을 그날 분명히 알았다.

그 뒤 몇 주 동안, 친구는 계속해서 전화를 걸어, 그녀에 대한 사랑을 나에게 말하기 시작했다,. 그녀와 있을 수 있다면 뭐든지 한다. 그녀도 나를 이 만큼 사랑한다. 라고 말했다. 너무 빈번히 전화가 와서, 멜라니가 '왜 그렇게 몇 번이나 전화가 오는 거죠?? 대체 무슨 일예요?' 라고 의심스런 눈초리로 나를 쳐다봤다. 멜라니에게 친구의 불륜을 얘기하자 그녀도 믿을 수 없다는 반응이었다. 앞서 말했다시피, 그 여성사업가는 믿을 수 없을 만큼 미인이고, 내 친구는 브래드피트 정도까지는 아니었다. 하지만, 그가 잘생겼다고 생각하는 여성들도 있긴 있었다.

몇 통의 전화를 받은 뒤, 마침내 나는 말했다. '이봐, 나 가지고 지금 장난치는 건가? 아니면 정말인건가?'

그는 대답했다. '정말이야! 정말이라고! 지금 당장 가서 증명해줄께!'

나에게 증명할 필요가 없는데 굳이 온다고 한다. 그것이 무엇을 의미하는 걸까? 그렇게 생각했지만, 그가 마침내 찾아왔다.

집에 도착하자마자, 그는 두 사람의 만남부터 지금까지의 관계 등 듣기 싫은 일까지 세세히 설명했다. 아직 완전히 믿을 수는 없지만, 그 뒤 그는 그녀에게서 온 부재중 메시지를 들려줬다. 그 메시지에는, 연인 사이가 아니라면 말하지 못하는 그런 친밀감 있는 내용이었다. 얼굴이 발개질 만큼 외설스런 내용이었고, 분명히 그녀의 목소리였다. 무엇이 일어나고 있는지 의심 하나 없었다.

얼마 만큼, 그녀를 사랑하고 있는지를 얘기했다. 내가 팜비치에 있을 때, 텔레비전를 보면서 얌전히 이야기를 들어줬다. 그의 정신과 주치의가 된 기분이었다.

그때, 우려했던 일이 일어났다. 여성의 남편이 불륜사실을 알아 친구에게 전화를 걸어, 그를 죽이겠다고 협박했다. 하지만, 친구가 정말로 당혹스러워 했던 것은 그 다음 전화였다. 그것은 그녀가 두 번 다시 만나지 않고, 앞으로 이야기도 하지 않고, 만약 만난다면 남편이 친구의 부인을 만나 이 전부를 말해버린다고 친구에게 말했다. 그런데도, 친구는 이미 헤어 나오지 못할 만큼 빠져들어 있었다. 그는 몇 번이나 그 여성사업가에게 연락을 취했지만, 계속 거부 받았다.

당연히 친구 부인도 알았다. 아마도 그 여성사업가 남편이 가르쳐 준 것이겠지. 하지만, 사실인지는 아무도 모른다.

약 반년 뒤, 나는 갤러리에서 그녀와 우연히 만났는데, 그녀가 나에게 다가왔다.

'내 일에 대해 여기저기 말을 퍼뜨리고 다니시는데, 당신이 하는 일 정말 최악이네요. 나와 'X'와의 소문은 엉망이네요. 내가 그와 사귀고 있다고 생각 하시나요?' 그 여성은 15분씩이나 따지고, 소문을 부정했다. 나는 그녀가 초일류 세일즈 워먼임을 깨달았다. 만약 그녀가 남긴 부재중전화를 듣지 않았더라면, 완전히 그녀를 믿어버렸을지도 모른다.

그녀는, 자신과 그가 사귄다고 생각되어지는 게 믿을 수 없다는 식으로 얘기했다.

'왜 내가? 그와 무슨 일이 있었다고 말하고 싶은 거예요? 적당히 좀 하라고!'

나는 '거기서 끝이구나'라는 생각이 들었지만, 잠시 친구에게 요즘 전화가 없다는 생각이 들었다. 그가 어떻게 지내고 있는지 신경이 쓰여, 특별히 용무는 없지만 전화를 걸어봤다. 그는 부재중이었고, 다시 그에게서, 전화는 오지 않았다. 다시 한 번 걸어봤지만 역시 다시 전화벨은 울리지 않았고, 걱정이 돼, 3번, 4번 전화를 걸어봤지만, 전화를 받지 않았다.

시간이 흘러, 친구의 아내가 모든 것이 나의 책임이라고 생각하고 있는 것을 알게 되었다. 내가 그를 그 여성을 소개시켜줬다고 생각하고 있는 것 같았다. 아무래도 그는 내가 주선했다면 이혼을 했을 거라 알리는 것 같다.

친구는 나를 희생양으로 삼고 있었다. 이상할지 모르겠지만, 나는 그것이라도 상관없었고, 그를 도와주기 위해서라면 그 역도 할 수 있었다. 친구로서 예를 갖추고, '곤란하다. 그 일로 다시 만날 수 없게 되었어. 너를 악역으로 해도 괜찮아?' 라는 한마디 전화를 주면 괜찮을 텐데 말이다. 그 탓에 다시 만나 이야기를 할 수 없게 되도, 나는 그것을 받아들이고, 친구 부부가 결혼생활을 유지할 힘이 되었음 좋겠다고 생각한다. 그런 전화는 끝내 걸려오지 않았다. 나에게는 아무런 설명도 없었다.

그를 레스토랑이나 이벤트에서 만나도, 아무런 말이 없었다. 그러나, 그는 알고 있고, 나 또한 알고 있다.

지금까지 그의 결혼생활이 순탄치 않다는 것을 들어왔다. 그는 아내와 화해를 위해, 아내에게 호화로운 보석을 선물했지만, 보석의 크기인지, 가격인지 불만으로 반품했다고 들었다. 그는 더 크고, 좀 더 비싼 고가의 물건을 사지 않으면 안 되게 되었다.

Listen, Yankee!

다시 세상을 배워라

인생은 예술, 일 또한 예술이다!

예술은 우리에게 진실을 보여주는 거짓말.

파블로 피카소

피카소는 위대한 예술가였을 뿐만 아니라 유능한 비즈니스맨이기도 하다. 그는 자기 작품의 가치를 알고 있었고, 그것에 대해서 변명을 하지 않았다. 이런 에피소드가 있다. 어떤 사람이 화실을 방문하여 그의 그림 앞에 서서 물었다. "이것은 무엇을 나타내고 있습니까?" 피카소의 대답은 "20만 달러입니다"였다. 그는 진실을 말하고 있으며 그의 말에 잘못된 점은 하나도 없었다. 피카소는 분명히 자기 예술을 비즈니스라고 생각하였다. 실제로 그랬던 것이다. 나는 나의 사업을 예술이라고 생각하고 있으며, 이것은 정말이다. 당신도 자기 일을 그렇게 볼 일이다.

왜 그런가, 그 이유를 말해주겠다. 예술가는 자기의 이상, 자기의 뮤즈—그것이 무엇이 되었든 간에—에 몸을 바쳐, 어디까지나 완벽을 추구하는 인간으로 여기고 있다. 훌륭한 자질이다. 그들은 구하는 결과를 손에 넣기 위해서는 어떠한 고생도 마다하지 않는다. 2005년에 어떤 도서관에서 베토벤의 친필 초고가 발견되었다. 초고에는 산으로 지우고 다시 고친 흔적이 한없이 많았고, 너무 고쳐 적어서 어떤 페이지에는 구멍이 뚫린 곳도 있었다. 이 작품은 만년의 것이라고 판명되었는데, 베토벤은 그 당시 초년생은 아니었다. 이것이 그가 일을 하는 솜씨였다. 베토벤은 최선에 이르지 못하면 참을 수 없는 완벽주의자였던 것이다. 누구의 인정을 받으려고 한 것이 아니다. 오직 한 사람, 자기 자신을 제외하고는. 음악가가 아닌 비즈니스맨에게도 이것은 이상적인 모습이 아닐까?

어디까지 최선을 다할 수 있는가, 그것은 자기와의 승부인 것이다.

이것은 사업을 시작하는 사람의 발상이다. 다른 사람과의 경쟁은 자기 자신의 수준을 내릴지도 모른다는 것을 그는 알고 있다. 가혹하게 들릴지 모르나 정말이다. 자기 자신의 비전을 가지고 거기에서 벗어나서는 안 된다. 피카소는 확실히 독자적으로 사물을 보는 눈이 있었다. 그것이 예술면에서도 경제적인 면에서도 유리하게 작용한 것은 틀림없다. 유니크한 것을 두려워하지 말라. 그것은 최고의 자기를 두려워하는 것과 같은 것이다.

예술은 거짓말이라고 한 피카소의 말로 돌아가자. 한 가지 해석을 한다면, 예술은 가장 어려운 일을 쉽게 하고 있는 것처럼 보이게 한다. 캔버스에 그림물감을 얹는다는 것은 얼마나 어려운 일일까. 아무것도 생각하지 않고 하면 간단하다. 그러나 그림 그리는 것을 의식하기 시작하면 약간 어려워진다. 내가 최초의 저서에 《Trump : Art of Deal》라는 제목을 고른 것은 바로 그러한 이유 때문이다. 비즈니스를 하고 있는 사람이라면 누구나 교섭하고 계약을 체결할 때까지는 막대한 사전 준비가 필요하다는 것을 알고 있다. 남들은 내가 그 부분의 일을 하고 있다고는 생각하지 않지만, 그렇게 보이지 않는다고 해서 내가 그것을 하고 있지 않다는 말은 아니다. 예를 들어 트럼프 타워의 아름다운 대리석을 보고 사람들은 그것이 훌륭

트럼프의 저서 《Trump : Art of Deal》

하다는 것을 알면서도 내가 그것을 실현시키기 위해 어느 정도의 고생을 했는가는 생각하지 않는 법이다. 예술이나 아름다움이 요구하는 피와 땀 등에는 아무도 관심을 보이지 않는다. 단지 결과만 이야기한다.

예술은 표현이다. 다시 말하면 인생 그 자체가 아니라 인생을 그려낸 것이다. 예술은 바쁜 일상 속에서 우리가 알아차리지 못한 진실을 보여준다. 우리를 잠시 생각하게 만든다. 비즈니스에는 나의 비즈니스맨으로서의 수완이 나타난다. 나는 예술가와 마찬가지로 전심전력으로 비즈니스에 임하려고 노력한다. 당신이 하고 있는 일이 무엇이 되었든 간에, 될 수 있는 대로 이와 같은 자세를 따르려고 하면 얻는 것이 클 것이다.

부동산 개발사업자로서의 나의 일은, 장인 기술과 예술의 양쪽을 겸하고 있으며 절대로 타협하지 않는다. 트럼프 타워를 세울 때 드물고 귀한 대리석을 사용할 필요는 없었다. 그러나 그 대리석이 타워를 독특한 것으로 만들 것이었고 나는 그것을 알고 있었다. 따라서 내가 나의 일을 예술의 한 형태라고 생각하고 있을 때, 예술가가 소재나 그 이상의 마무리에 구애되는 것처럼 나도 일에 고집이 세다고 생각해준다면 틀림이 없다. 당신도 그러한 기분으로 일에 임하면 자신의 수준이 높아가는 것에 놀라게 될 것이다.

자기를 값싸게 팔아서는 안 된다. 인생은 예술이며, 일도 예술이다. 당신도 예술가로서 자신의 승부에 도전하자.

두려움에 맞서라!

이 세상에서 공포심만큼 많은 사람들을 굴복시킨 것은 없다.

랄프 월드 에머슨

올바른 질문을 하면 문제의 반은 해결한 것과 같다.

칼 융

최근 인터뷰에서 나에게 가장 무서운 일은 무엇인가 하는 물음을 받았다. 인터뷰하는 사람은 놀란 것 같았으나 나는 이런 식으로 생각하고 있다. 어떠한 것에 무섭다는 라벨을 붙여 버리면 무서운 것이 아니라 신경 쓰일 상황에까지 공포심이 생기고 만다. 예를 들어, 뉴욕이 대규모적인 테러리스트 공격을 받은 일은 잘 알려져 있다. 그것은 우리 그 누구에게도 관계가 있으므로 누구나 마음에 걸리는 일이다. 그런 일은 세계 곳곳에서 일어나고 있으므로 세계적인 걱정이다. 그러나 그것이 뿌리 깊은 공포가 되는 것을 허락해 버린다면 테러리스트의 의도에 빠지는 결과가 된다.

이것은 비즈니스에 대해서도 말할 수 있다. 사업을 경영하는 일은 무서운 일일까? 이 질문을 다른 말로 고쳐보자. 자기가 사업을 경영하는 데에 걱정이 있을까? 왜? 구체적으로 무엇이 걱정인가? 그런 공포보다도 걱정을 분해하는 쪽이 훨씬 하기가 쉽다. 공포심은 창조적인 사고를 방해하는 장해물이다. 객관성을 가지면 그 장해물이 제거되어 창조적인 아이디어가 나오게 된다.

공포심을 없애는 방법은 극히 간단한다. 문제해결이다. 투자나 부동산 계획이나 사업 경영을, 또는 그 전체를 생각하고 있다면 저마다의 사고 단위로 분해해 순서를 세워서 다루면 된다. 일종의 지그재그퍼즐과 같은 것이다. 전체가 보일 때까지 하나하나의 경우에 합당하는 장소를 찾아주어야 한다.

예를 들어 트럼프 타워의 건설에 착수하였을 때, 나에게는 원하는 것이 몇 가지 있었다. 브레치아, 페르니케와 같은 대리석을 사용하고 싶었다. 아름답고 희소가치가 있고 값이 비싼 석재이다. 그러나 무늬가 고르지 않다는 특징이 있어서, 흰 반점이나 흰 줄기가 들어 있는 것이 마음에 거슬렸기 때문에 직접 채석장에 가서, 가장 좋은 품질의 돌에 검은 테이프로 표시를 해서 확보하였다. 행동에 의해서 걱정을 문제 해결로 바꾼 셈이다. 나는 이렇게 해서 바로 원했던 대리석을 손에 넣었다. 아무것도 하지 않고 좋은 석재를 확보하느냐의 여부를 생각해 보았자 해결되지 않는다. 직접 채석장으로 가볼 것을 마음먹은 결과 이 퍼즐의 피스는 적절한 장소로 들어앉자 완성품은 완벽한 것이 되었다.

자기가 사업을 경영하고 싶다고 생각한다면, 직접 해야 할 일들이 많이 있다. 그러므로 단지 지시를 하거나 할 뿐, 손을 움직이거나 머리를 쓰는 것은 남에게 맡길 수 없다. 사람을 사용하는 경우도 있지만 언제라도 스스로 사물을 대할 각오를 가지고 있지 않으면 안 된다. 그것이 싫으면 고용을 당하는 입장에 있는 것이 좋을 것이다. 책임을 자연스럽게 떠맡을 수 있거나, 그 도전을 즐길 정도라면 당신은 사업경영에 알맞은 사람이다.

공포심이 있으면 사물이 실제 이상으로 보인다. '공포심이 늑대를 실제 이상으로 크게 만든다.' 이것은 독일의 속담인데 정말 그러하다. 공포심의 반대는 자신이다. 자기를 믿고 하면 할 수 있는 사람이라고 생각해야 할 하나의 이유가 여기에 있다. 어떠한 장해, 어려운 상대, 어떤 문제를 만나도 대항할 수 있다는 것을 알 수 있을 것이다.

1990년 전반에 거액의 부채를 안았을 때, 이것으로 트럼프는 끝이다, 망해서 없어질 것이라고 대대적으로 보도되었다. 숫자를 보기만 해도 미디어에게는 분명히 그렇게 여겨진 것이다. 그러나 나는 끝났다고 절대로 생각하지 않았다. 어떤 상황을 단순히 해결해야 할 문제로 파악하여 행동을 일으켰다. 간단했다고는 말할 수 없다. 사실 간단하지 않은 대단한 일이었다. 그러나 나는 공포심에 지는 일도 세간에서 떠들어 대던 트럼프 파멸설을 믿지 않았다. 나는 제기하여 그때까지 이상의 성공자가 되었다. 따라서 나는 비즈니스란 문제 해결 그 자체라고 믿고 있는 것이다. 문제에 대처하여 해결하는 자세를 몸에 지니고 있으면 성공 가능성은 크게 확대된다.

공포심을 당신의 인생에 한 순간이라도 스며들게 해서는 안 된다. 그것은 패배주의이며 거부 감정이다. 바로 발견해서 지우자. 공포심을 문제 해결의 자세와 하드워크로 대체하자. 이 방정식을 평소의 습관으로 삼으면 당신은 공포심에 움직여지는 것이 아니라 힘을 쥔 입장에서 사물에 대처할 수 있다. 이것이야말로 승리 방정식이다.

시대에의 반역을 두려워 말라!

위대한 인간은 목적을 품는다. 보통사람은 소원을 품는다.
워싱턴 어빙

세상은 오리지널리티의 예에 넘쳐나고 있다. 오리지널이란 사고방식과 행동이 자립해 있어서 독창성이 있다는 뜻이다.

최근에는 이것을 틀에 밝히지 않는 사고라고 부르는데, 이 말의 유래는 20세기 초에 영국인 수학자가 고안한 퍼즐이라고 알려져 있다. 호칭이 어떻든 간에 이것은 흐름에 거역하는 일이 많아 반드시 편하지 않을지도 모른다. 그러나 때로는 편한 길은 평범한 길이기도 하다. 그것이 당신의 사는 방법이라면 상관없다. 그러나 내가 사는 방식이 아니고 당신이 일부러 이 책을 읽고 있다면, 아마도 그것은 당신이 살아가는 방법이 아닐 것이다.

내가 부동산 사업을 시작했을 때, 맨해튼에 빌딩을 세운다는 건 어려운 일이라고 아버지가 나에게 말하였다. 나는 흐름에 거스르려고 생각하고 있었고 거의 이길 승산이 없는 도박이라는 것도 알고 있었다. 그러나 나만의 시장을 만들고 싶었다. 나에게는 독자적인 아이디어가 있었고, 이를 실현하기 위해서는 그 누구에게도 의존하지 않고 창의 연구를 하지 않으면 안 된다는 것을 알고 있었다. 찬스를 잡아 돌진하는 결단을 한 것은 큰 보람이었다고 생각하고 있다. 가업을 이어 무난히 하고 있는 편이 편했을 것이다.

다행히 나는 좋은 교육을 받았고 경험을 했기에 의지하는 데가 있었다. 아무런 준비도 없이 뛰어들지 말라고 나는 항상 남에게 충고한다. 용기와 어리석음은 종이 한 장 차이이다. 뛰어들기 전에 흐름을 알 일이다. 어느 정도의 위험은 비록 얕은 물이라도 반드시 있다. 위험이란 알 수 없는 요인을 말한다. 수중에는 강한 흐름이 있는가 하면 상어도 있다. 이를 알아차렸을 때에는 이미 때가 늦은 경우가 있다. 자기 아이디어가 혁신적이다, 또는 절대적으로 틀림없다고 아무리 자부해도 그것은 머리 한 구석에 따로 담아두어야 한다.

드골은 역사 속의 위인, 특히 제2차 세계대전에서 중요한 역할을 한 인물이다. 그는 역사가나 작가를 배출한 집안 출신으로, 아버지는 문학과 철학 교사였다. 그러나 젊었을 때 드골이 열중한 것은 군사로, 분야가 서로 다른 정열을 끝까지 추구할 것을 마음먹었다. 드골은 그 남다른 완고함으로 세계사에 그의 이름을 남기고 있다. 그가 '노라고 말한 남자'로 알려진 것은 나치스 독일과의 휴전협정을 받아들이는 것을 거부했을 때였다. 드골이 노라고 하면 그것은 정말이다. 거기에는 애매함이란 조금도 없다. 그가 어떻게 자랐는가는 자세히 모르지만 지식인의 가정에 태어난 소년이 군사라는 이름이 붙은 거라면 무엇이든 강한 흥미를 나타냈을 때, 호기심을 가지고 있었을 것이라는 것은 상상할 수가 있다. 그러나 그는 자기가 하고 싶은 일을 알고 있었다. 그래서 자기의 길을 앞으로 나아간 것이다.

세상이 무엇을 하고 있는가에만 신경을 쓸 것이 아니라, 기회 있을 때마다 자기의 의지를 확인하면 좋을 것이다. 주위의 기대나 미디어의 소리를 떠나서 자기 자신의 마음에 플러그를 꽂아보는 것이다. 당신의 마음을 흐르는 전류에는 다른 소켓이 알맞는다는 것을 알지도 모른다. 또 노력이 필요할지도 모르니 다른 선택지에 눈을 돌려보자. 이른바 안전지대에서 벗어나 보자. 안전지대란 다른 말로 하면 현상에의 만족이다. 거기에 있으면 절대로 아무것도 성취하지 못한다.

자기가 다룬 프로젝트에 대해서 '이것으로 충분하다고 생각합니다만' 하고 말한 사람을 나는 해고한 일이 있다. 이것으로 충분? 나의 입장에서 보자면 충분하지가 않았다. '이것으로 충분'하다고 생각하면 나의 밑에서 일을 할 자격이 없다. 최고를 노려 더한층 노력하는 사람을 나는 구하고 있다. 너무 간단히 만족을 하면 안 된다. 자기 자신에게도 그 무엇인가에 대해서도. 비록 역풍이 불어도 이를 악물고 타협을 하지 않기 바란다.

건축 세계에서는 새로운 건설에 착수하는 것을 기공이라고 한다. 이 말은 새로운 기준을 수립하는 참신하고 독창적인 것을 가리킬 때에도 사용한다. 당신의 인생을 될 수 있는 대로 혁신적인 것으로 만들기 바란다. 한편으로는 주위의 조수 흐름에 신경을 쓰자. 이것은 최종적으로 정상에 서기 위한 왕도이다.

직관에 감복하라!

직관이란 무의식을 통한 지각이다.

칼 융

본능, 직관, 감(感)에 대한 이야기는 누구나 들어본 적이 있을 것이다. 실은 사람들은 모두 이러한 것을 가지고 있다. 중요한 것은 사용하는 방법을 안다는 것이다. 비록 학력이 훌륭해도 감이 나쁘면 정상으로 올라가거나 거기에 계속 머무는 일이 어려울지도 모른다.

비즈니스 기술을 연마한 사람에게까지도 이 부분만은 수수께끼로 남는 어두운 분야이다. 비즈니스 감각을 어떻게 몸에 지니는가는 해명하거나 설명하기 매우 어렵다. 그 중에는 설명을 할 수 없는 부분도 있다. 그러나 어떤 계약, 어떤 사람들에게 당신을 안내하거나 가까이 하지 못하게 하는 사인이라는 것은 분명히 있다.

이를테면 '아프렌티스'를 만든 마크 버넷을 만나서, 몇 초 동안에 나는 그가 인간으로서나 프로페셔널로서 100% 믿을 수 있는 사람이라는 것을 알았다. 반대로 이렇다 할 이유도 없는데 싫은 감정을 주는 사람도 만났다. 타인의 좋고 나쁨을 정할 생각은 없으나, 직관을 믿어서 좋았다고 생각하는 이유가 지금은 있다. 칼 융에 의하면, 인간의 의식은 평소 뇌 능력의 불과 5%밖에 사용하지 않고 있다고

기회를 잡아 결단을 내린 것은 보람 있는 일이었다.

한다. 잠자고 있는 95%의 무의식, 잠재의식을 이용할 수 있게 되면 눈부신 성과를 올릴 수가 있을 것이다. 우리를 도와주는 직관력 뒤에 있는 것은 이 무의식이 아닌가 하고 가끔 생각한다.

이것은 마음의 소리를 듣는 것과도 관계가 있다. 서바이벌 훈련이나 중요한 시험을 한창 치를 때, 평소보다도 주의력이 높아진 상황에서는 얼마나 자기의 반응에 신중해지는가를 당신은 알아차리고 있을까? 갑자기 발언 하나, 행동 하나가 중대한 뜻을 지니게 되는 것이다. 자기에게도 직관이 있다는 것을 알아차릴 때이다. 논리적 사고의 결과와 본능의 호소가 어긋나는 경우도 있다. 이상적으로 말하자면 그 양쪽을 단련해서 가장 좋은 의사결정을 할 수 있게 할 일이다.

월가의 40번지 빌딩을 사들였을 때, 만나는 사람 모두가 한결같이 집합 주택으로 하라고 권고했다. 그러나 나는 고개를 세로로 흔들지 않았다. 본능이 나에게, 여기는 최고의 비즈니스 로케이션이라는 것을 알리고 있었다. 그 신념이 관통하여 지금은 기업체가 들어가 있는 이 빌딩은 크게 번창하고 있다. 관계자 전원에게 유리한 거래였다. 월가 40번지 빌딩의 현재 시가는 5억 달러를 넘고 있다.

골프코스 개발을 처음 착수했을 때에도, 이 분야의 진출은 잘못되지 않았다고 본능이 알리고 있었다. 논리적으로 생각해도 나에게는 이미 골프에 대한 정열이 있었고, 이것은 성공의 중요한 요소였다. 정렬이 있고 비즈니스 프로세스의 지식도 있으면 완벽하다. 세계 굴지의 골프코스 설계자를 모아서 그들과 함께 방대한 시간을 보냈다. 이렇게 해서 훌륭한 것이 완성되었다. 본능과 논리적 사고를 조합한 성과이다.

의사 결정 때 머리로 잘 생각하는 동시에 본능의 소리에도 예민해지자. 태어나면서 가지고 있는 자기의 일부와 서로 대하는 시간을 갖는 것이다. 감을 살리는 힘은 습득한 스킬과 같다고 생각하면 된다. 비즈니스를 비롯한 여러 가지 장면에서 당신의 강점이 될 것이다. 눈이나 귀로 알 수 없는 일은 세상에 많이 있다. 그럴 때 감이 우리를 인도해준다. 이를테면 정글 안에서는 지도와 가이드 어느 쪽을 고를까? 나라면 가이드 쪽이 안심하다고 여길 것이다. 가이드에게는 경험이 있고 당신 곁에 있어준다. 감은 당신 안에 있는 것이니 알맞게 사용하자.

Listen, Yankee!
인간관계는 성공의 뿌리야!

관계를 끊을 바에는 빨리 정리해 버려라!

트럼프는, '형식적인 친구'와는 차라리 연을 끊으라고 말한다. 쓸데없이 에너지를 쓰게 만드는 친구, 시간을 빼앗아 인생을 살아감에 있어서 방해만 되는 친구들, 좋은 기분을 불쾌하게 만드는 녀석들, 그런 사람과는 최대한 빨리 연을 끊는 게 좋다. 우리는 타인의 성격을 바꿀 수 없다. 타인을 좋은 쪽으로 변화시키기 위해 그들에게 가까이 다가갈수록 상대는 더욱 고집스러워지고 비뚤어진 마음을 먹게 되어 변화를 거부하게 되는 것이다. 그 사람을 바꾸는 일에 쓸데없이 힘을 들이는 것보다 그 사람과 연을 끊는 게 서로에게 이로운 일이다. 또, 인간관계에는 '바로잡을 기간'이란 게 존재한다.

예를 들어, 가난한 학생이 부지런하게 일을 하는 비즈니스맨으로 성장했을 때 학생시절의 감각 그대로를 가지고 일하는 친구와 옛날과 같은 우정을 맺을 수는 없다. 빠르게 어른으로 성장하는 사람일수록 친구관계를 빨리 정리하고 바로잡을 필요가 있다. '오랜 시간 함께 해온 친구라서' 또는 '친구를 멀리 하라니, 너무 냉정하다' 이런 생각을 하다보면 '형식적인 친구'들만 점점 더 늘어날 뿐이다. 감정이나 정보, 서로 좋은 물건들을 교환할 수 없는 친구와는 빨리 연을 끊는 게 좋다. 그것이 현실이며 이러한 현실을 진심으로 말하는 이가 바로 도널드 트럼프이다. 그래서 트럼프의 이런 냉정한 발언들을 들으면 순간적으로는 화가 날 수도 있지만, 트럼프가 한 말이란 걸 알게 되면 '그럴 수도 있겠네' 또는 '무슨 뜻인지는 알겠어' 이렇게 생각하게 되는 것이다.

가장 적극적인 사람에게 다가가자!

인간관계는, 감정이나 정보, 운을 물물교환 하는 것이라고 나는 생각한다. 가지고 있는 것이 서로 같은 레벨이면 좋게 간다. 하지만 그것이 아니면 원하는 것을 손에 넣을 수가 없다. 돈이 아닌 것이다. 불필요한 감정이나 정보가 잡동사니처럼 쌓여갈 뿐이다. 트럼프도 똑같이 생각하고 있겠지. 유유상종 법칙에 의해, "크게 생각하라!" 하는 인간들끼리 관계를 넓혀가려는 것이다. 게다가 트럼프는 파티나 집회에서 가장 소중해야 할 사람을 '가장 적극적으로 돌아가며 자기소개 하는 사람'이라 말하는 것 같다.

확실히 그렇다. 나도 여러 모임에 나가 알게 된 것이, 예를 들면 사장이나 회장이 듬직이 움직이지 않고, 사람들에게 인사를 받는 것만으로 회사가 운영되지 않는다. 회사 분위기가 어둡고, 그 후 업적도 바르게 상승하지 않게 된다. 사장이나 회장 스스로가 한 사람 한 사람에게 말을 건네, 참가자와 일체화하는 것이 회사를 즐겁게 하는 것이다. 그런 회사는 간부사원들도 웃는 얼굴로 인사하고, 매니저 직책을 맡은 사원도 걱정하는 마음으로 다른 사원을 대한다. 분위기가 밝고, 업적도 순조롭게 올라가는 경우가 대부분이다. 어디서도 적극적으로 나서는 것이 중요하다. 처음 만난 사람이 '뭐야? 이 녀석'라는 첫인상이라도, 그것에 구속받지 말고 잠시 동안 이야기를 나누는 것이다.

능력보다도 사람의 됨됨이를 봐라!

트럼프의 첫인상을 보는 것은 독특하다. 물론 감에 기본이 되어있다. 트럼프는 1킬로그램이라도 정직하지 않는 사람을 구별할 수 있을 정도로 자신의 감이 날카롭다고 호언장담하고 있다. 그렇기 때문에 인재 채용 때 필기시험을 치루는 의미는 제로에 가깝다고 무시하고 있다. 승부수는 면접이다. 이것이 첫인상을 결정한다. '극단적이지 않을까? 외견은 나쁘지만 유능한 사람이 있고 반대인 예도 많다'라고 생각하는 사람들이 있을 지도 모르겠다.

하지만 트럼프가 말하는 첫인상은 외견이든가 능력에 관련되는 것이 아니다.

사람이라는 그 자체 인상을 가리킨다. '이 녀석은 성실하다.' '이 녀석은 정직하다.' '이 녀석은 배신한다.' '이 녀석은 거짓말쟁이일까?' 그것만을 본다. 자신의 감이 성실, 정직이라고 믿는 사람과 비즈니스를 한다. 그것이 트럼프만의 인재채용이다.

여기서 연상되는 것이 있다. 어떤 기업 회장에게 들었던 중국에서의 체험담이다. 중국의 선전시 공업단지에 비즈니스 출장을 가게 되어 파트너가 되는 홍콩사람을 홍콩 호텔에서 기다리기로 했다. 그런데, 예정시간 10분이 지나도, 15분이 지나도, 상대인 홍콩사람의 모습은 보이지 않았다. 회장이 '이상하네'라고, 중얼거리자 통역관이 입을 열었다.

"홍콩은 영국 식민지였던 적이 있어서 시간을 엄수합니다"

이렇게 말하며 계속 말을 이었다.

"그렇기 때문에 아마 도착해 있을 겁니다."

홍콩사람은 사람을 꿰뚫어보는데 시간을 들인다. 상당히 빨리 호텔에 와서 기둥에 숨어서 회장이 비즈니스 파트너로 충분한 인물인지를 관찰하고 있을 것이라는 말이다.

그러자 회장은 놀라 물었다.

"떨어진 장소로부터 보는 것만으로 사람을 판단 할 수 있습니까?"

"말이나 복장은 속여도, 사람의 첫인상은 속일 수 없습니다."

트럼프가 사람을 평가하는 방법

1. 열의 2. 직감력 3. 감성

친구를 사귈 때에도 이 기준에 들어맞는 사람과 사귀면 사람을 사귐에 있어서 실패하지 않는다. 반대로, 사귀면 안 되는 사람에 대한 기준 또한 가지고 있다.

1. 생각이 짧은 사람 2. 늘 부정적인 생각을 하는 사람 3. 타인의 성공을 기뻐해주지 않는 사람

내가 피해를 보는지 안 보는지를 자각하면서 어중간한 관계를 끊어버리고 자신이 정말로 해야만 하는 일에 시간을 투자해야만 한다. 물론 트럼프가 사람을 등급으로 나누어 '아랫급'인 사람과는 모두 연을 끊으라고 주장한 건 아니다. 그는 의외로 서민적으로 행동하며 인간을 위 아래로 나누지 않는다. 오히려 교육을 통해 사람들 사이의 격차를 줄이려 노력한다.

예를 들어 미국 세금이 비싸져서 '중산층' 수가 적어지고 세금에 있어서는 부자들이 가난한 사람들을 먹여 살리거나 반대로 가난한 사람들이 부자들을 먹여 살리는 극단적인 상태가 되어가고 있다. 학교에서 배우는 경제 교육을 더 추진시키고 더 많은 돈을 벌 수 있는 '중산층'을 늘리겠다는 게 트럼프의 주장이다. 그러면서 학교에서는 다양한 분야의 것들을 배울 수 있지만 '돈에 대한 교육'은 하지 않는다고도 지적했다.

트럼프는 '더 공부하고 더 성장하고 싶다'는 수많은 사람들의 욕구를 충족시켜줌으로써 세상을 더 행복하게 살아갈 수 있도록 만들겠

다는 사명감을 가지고 있는 것이다. 사명감을 가진 사람에게는 호감을 느끼게 되기 마련이다. 트럼프처럼 사명감을 가지는 것이야말로 훌륭한 사람을 다가오게 만드는 비결이 아닐까?

굴복이 아닌 마음을 움직이는 리더십

'일을 맡길 용기'를 가지자.

모두에게 사랑받는 사람이 리더이거나 상사인 경우 부하와 친구처럼 사이좋게 지내야 한다는 건 트럼프의 이상과는 정반대인 '잘못된 리더'이다. 트럼프는 '강한 리더' 또는 '권위적인 아버지나 교사'를 원한다. '리더는 두려움의 대상이면서 존경받아야 한다'고 말한다. 강한 리더란 어떤 사람인가?

트럼프는 부하가 갖추어야 할 점을 두 가지 이야기했다. 바로 충성심과 경의심이다. 그렇다면 이 두 가지를 갖추려면 다음의 네 가지를 숙지해야 한다.

① 권한을 위임하라!

권력을 가진 리더는 모든 일을 혼자서 다 해결하려 든다. 그게 더 일처리가 빠르고 일 진행 상황을 잘 파악할 수 있기 때문이다. 그러나 조직이 커질수록 리더가 모든 일을 다 처리하기에는 물리적으로 불가능할 수밖에 없다. 그래서 '일을 맡길 용기'가 필요한 것이다. 일을 맡기면 세세한 것에 대해서는 말하지 않는다. 강함이란, 조그만 것에 대해서까지 마구 잔소리를 하는 것과는 다르다. 세세한 것까지 사사건건 참견하는 리더는 최악의 리더이다.

② 압도적인 힘의 차이를 보여라!

부하를 힘으로 굴복시키면 그 효과는 오래 가지 못한다. 굴복시키는 게 아니라 마음을 움직여야 하는 것이다. 압도적인 능력, 실력의 차이를 보여주고 부하들이 '이 사람은 거스르지 못하겠어' 또는 '멋지다' 이런 생각을 할 수 있도록 두려움과 존경의 대상이 되어야 한다.

③ 잘못한 것에 대해서는 확실하게 꾸짖어라!

부하가 어떤 실수를 하거나 일에 지장이 갈 만큼 처리 속도가 늦다면 확실하게 꾸짖을 필요가 있다. 잘못을 지적당한 건방진 부하가 나에게 반론을 제기하더라도 적당히 넘어가서는 안 된다. '나는 이렇게 생각하는데, 자네는 어떻게 생각해?' 이렇게 부하와 서로 대등한 입장에서 대화를 나누려고 하면 안 된다. '틀린 건 틀린 거야!' 또는 '더 잘 생각해봐' 이렇게 확실하게 알려주고 꾸짖어야 하는 것이다. 권한을 위임할 수 있고 압도적인 힘의 차이로 마음을 움직일 수 있다면 미움 받을 일은 없다. '이런 능력을 보여주면 미움 받지 않을까?' 이렇게 겁부터 먹는 리더를, 트럼프는 너무나 싫어한다. 강한 리더가 애정을 가지고 부하를 꾸짖으면 부하 또한 그것을 고맙게 생각하는 관계가 좋은 관계라 할 수 있다.

④ 꿈을 주어라!

트럼프가 사랑받는 이유는, 자신의 일을 세상에서 가장 사랑하기 때문이다. 불처럼 활활 타오르는 정열을 가지고 비즈니스에 깊숙이 파고드는 프로페셔널한 모습이, 설득력을 발휘하는 것이다. 사람의 마음을 크게 뒤흔든다. 뉴욕 5번가에 있는 트럼프 타워가 그의 부하들에게 얼마나 큰 꿈을 심어주었겠는가. 상상조차 하기 힘들다. 파산 상태였던 그가 완벽한 모습으로 재기하여 나타난 1999년에는, 플로리다에 '트럼프 인터내셔널 골프클럽'을 열어 골프 비즈니스를 본격적으로 시작했다. 이 또한 새로운 꿈이었다. 2001년에는 72층의 최고급 맨션 '트럼프 월드 타워'를 세워서 트럼프 제국 부활이라는 꿈을 심어주었다. 물론, 너무나 담대하고 창의적인 생각을 해내는 트럼프의 존재 자체가 꿈이라는 것을, 트럼프 자신 또한 충분히 자각하고 있을 것이다.

Listen, Yankee!
네 자신을 알라! 대통령 트럼프 말 들어봐

우리 국민을 죽이려고 하는 녀석들은 우리 발명품을 쓰지 말라!
무척 트럼프다운 반응이다.

테러조직 IS는 소셜미디어를 통해 세계 각지에서 전투원을 모집한다. SNS를 자기들의 선전도구로 쓰며 이용한다. 그 활용법은 어떤 의미로 보면 치밀하고 자신들 입맛에 맞는 방법, 어떻게 보여야 하는지를 알고 있다.

이런 조직이기에 마땅하다고는 하지만 그때마다 어쩔 수 없는 분노가 치밀어 오른다.

제멋대로 하는 행동은 누구에게도 지지 않는 트럼프이지만 IS의 유아독존 소셜미디어 사용은 가만히 볼 수 없는 듯하다.

'당치도 않은 녀석들이다. 미국 국민을 죽이려 하는 게 아닌가. 그런 녀석들에게 우리의 위대한 발명품 인터넷, 소셜미디어를 쓰게 내버려둘 줄 아느냐.' 여기서 그들이 생각한 방법이 인터넷 연결을 차단하고 조직을 약화시키는 대책이다. 즉 중국정부 같은 일을 하겠다는 말이다.

그러나 그러기 위해서는 온 지구촌 규모로 관리해야 한다. 중국이라도 국내를 관리할 뿐이다. 어쨌든 미국도 곤란해지지 않겠는가? 인터넷에 국적이 있는가? 이런 의문에는 답하지 않는다.

'너는 잘렸어'

이런 일들은 트럼프가 제작에 참여하며 출연도 한 NBC 인기 텔레비전 방송에서 마지막으로 도널드 트럼프가 말한 대사이다. 유행어가 되기도 했다.

응모자 가운데 뽑힌 십수 명의 인턴이 사회자 트럼프의 회사에서 일하며 정직원 채용을 목표로 한다는 설정으로 인턴에게는 많은 과제가 주어진다. 매주 인턴들은 노력하면서 과제를 해결하고 방송 마지막에 트럼프가 탈락자에게 '나는 잘렸어' 선고한다. 과제는 현실 그 자체로 이런 방송을 리얼리티쇼라고 한다. 승리를 거머쥐는 건 오직 한 명인 서바이벌 게임, 참가자들은 고생을 한다. 물론 경쟁자 관계이다.

방송 출연 중에 대통령선거 입후보를 정한 트럼프는 선거전 처음부터 폭언을 내뱉었다. 그 결과 NBC는 '도널드 트럼프의 이민에 대한 경멸적인 발언으로 NBC 유니버셜은 트럼프와의 사업관계를 끝내게 되었습니다'라고 발표했다. 트럼프 자신이 '너는 잘렸어'라는 선고를 받게 됐다.

'미국이 많은 금액 빚을 지면서까지 세계경찰관을 계속할 수 없다'

약 19조 달러의 빚을 가진 미국은 더 이상 재정적인 여유가 없다.

'예전에 미국은 매우 강하고, 풍요로운 나라였지만 지금은 가난하다' 트럼프가 말했다. 그래서 더 이상 미국은 세계의 군대를 맡거나 세계 경찰관을 맡을 여유가 없다는 말이다.

'미국은 세계 경찰관이 아니다' 이 말은 오바마의 말이기도 하다. 그는 북대서양조약기구에 가입한 유럽 국가들에게 방위비 지출을 늘릴 것을 부탁했다.

모든 주류 비용을 부담하라는 트럼프의 요구는 한도를 뛰어넘은 상식 밖의 말이지만 그런 생각을 하게 된 흐름은 충분히 상상할 수 있기에 이해되는 부분이 전혀 없지는 않다. 다만 사실 인식에는 커다란 오류가 있다.

'나는 고립주의자는 아니지만 미국이 가장 중요하다.'

그는 자신의 외교방침에 대해 이렇게 말했다. 미국이 가장 중요하다는 말은 미국이 손해 보는 일은 하지 않겠다. 미국의 도움이 되지 않는 일은 하지 않는다는 뜻이다. 결과로 보면 고립주의가 되는 게 아닌가.

트럼프는 먼로주의라는 지적이 있다. 간단히 말하면 내가 간섭하지 않으면서 당신도 간섭하지 않았으면 한다는 관계를 만드는 방식이다.

제1차 세계대전 뒤 1920년 미국 대통령 윌슨의 제창으로 발족된 국재연맹에 미국은 가입하지 않았다. 미국을 가장 먼저 생각한 국내 의견은 가입하지 않기로 결정했다. 미국에서는 때로 이런 뒤틀어진 결론이 나오기도 한다.

반대의 경우도 있다. 예를 들어 유전자 조작 식품 개발에 적극적인 미국은 화학적으로 증명된 자신들의 식품을 왜 인정하지 않느냐면서 억지로 팔기도 한다. 유럽에서는 유전자 조작은 인정되지 않는데 미국인은 자신들이 옳다고 생각하면 인정하지 않는 상대를 부당하다고 한다.

미국이 주도한 TPP 협정을 트럼프는 인정하지 않을 가능성이 높다. 오바마 정권에서 국무장관을 맡은 힐러리 클린턴도 반대로 돌아섰다.

'성장과정에서 나에게 가장 큰 영향을 끼친 인물은 아버지 프레드 트럼프다. 아버지에게서 매우 많은 걸 배웠다.'

어린 시절부터 고생을 하고 힘들게 공부해 건축을 배우고, 맨손으로 시작해 건설, 부동산 사업에서 성공을 거둔 아버지 프레드를 도널드 트럼프는 존경한다.

프레드의 아버지는 그가 11살 때 돌아가셨으며 3남매의 둘째로 장남인 프레드는 바로 과일가게의 배달, 구두닦이, 건설 현장에서 목재운반 등 무슨 일이든 해서 어머니 엘리자베스를 도왔다.

건축가를 목표로 야간학교에 다니며 목수일과 도면을 보는 법 등을 배운 프레드는 16살에 처음으로 자동차 2대를 주차할 수 있는 목조 주차장을 만들었다. 이는 젊은 목수가 주문을 받을 가능성이 있는 틈새사업이었다.

그 무렵에는 중산계급 사람들이 차를 소유하기 시작했는데 차고가 있는 집은 거의 없었다. 트럼프의 아버지 프레드는 새로운 수요를 찾아내는 눈을 가지고 있었다. 곧 프레드는 차고를 건설하는 새로운 사업을 시작해 궤도에 오른다.

솜씨 좋은 기술자가 되어 수요를 창출하는 재능을 가진 아버지 프레드 트럼프에게서 도널드는 '이 험한 업계에서 어떻게 용감하게 사는가. 어떻게 하면 사람을 움직일 수 있는가. 효율적으로 일을 하는 방법, 어떻게 시작하여 완수하며 게다가 그 일을 잘 해내서 언제 손을 떼야 하는지에 대해서' 배웠다고 말했다.

'인생에서 가장 중요한 일은 자신의 일에 애착을 가지는 것이다. 무언가를 숙달하기 위해서는 그 방법밖에 없다.'

트럼프의 아버지는 늘 향상심을 가지고 일에 몰두했다. 동료 기술자들은 거의 일이 있는 것만으로 만족하며 그 이상을 바라는 의욕은 없었다. 하지만 트럼프가 말하길 아버지 프레드는 일하고 싶다고 생각할 뿐만 아니라 좋은 일, 솜씨를 높이고 싶다고 생각했다.

어릴 때부터 트럼프는 이 말을 자주 아버지에게서 들었다. 프레드는 정말로 일을 좋아했다.

프레드 트럼프는 고등학교를 졸업하고 1년 뒤 퀸즈에 처음으로 집을 짓고 건축비 5000달러쯤 되는 집을 7500달러에 팔았다. 제1차 세계대전 뒤 호황으로 노동자 계급을 위한 낮은 가격 주택을 팔고, 그 뒤 부유층을 위한 집을 팔며 사업을 확장한다. 대공황이 시작되자 주택시장이 얼어붙어 도산한 주택금융회사를 매입해 이듬해 그 회사를 팔아 이득을 얻었다. 다음으로 슈퍼마켓을 짓는다. 시대를 앞선 이 사업은 성공하지만 조금 부족한 가격으로 가게를 팔고 다시 건축업으로 돌아온다. 대공황 뒤 아직 금융 사정이 어려운 시대였다. 그는 땅값이 저렴한 브룩클린의 빈곤지역에 낮은 가격의 집장사를 시작한다. 집은 잘 팔려서 건설 구역도 넓히고 프레드는 대성공을 거둔다.

일을 할 수 있을 뿐만 아니라 아버지는 실로 기지가 뛰어난 사람이었다.

'나는 술은 마시지 않고 담배도 피지 않는다.'

레스토랑을 경영한 트럼프의 할아버지는 애주가로 거친 생활을 보냈다. 40대 때 아내와 세 아이를 남기고 세상을 떠나지만 가족에게 남긴 유산은 없고 11살의 아버지 프레드가 일하러 나가야 할 정도의 가난함에 가족들은 내던져졌다.

한편 트럼프가 '가족 가운데 가장 힘든 경험을 했다' 말하는 형 프레디는 처음에는 아버지의 기대처럼 아버지 회사에서 함께 일하지만 본디 사업에는 소질이 없었고 부동산 일에 적성도 맞지 않았다. 아버지와의 갈등은 커져갔다. 결국 아버지와 일에서 멀어질 수밖에 없었다.

형은 가장 하고 싶었던 조종사가 된다. TWA 항공에서 일하며 좋아하는 낚시나 뱃놀이에 빠져 있던 무렵 트럼프는 자신보다 8살 많은 형에게 말했다. '정신 차려 형. 뭘 하고 있는 거야. 쓸데없는 일만 하고.' 이런 말을 해야만 했던 트럼프가 마음속 깊이 후회한 건 한참 뒤의 일이었다.

언제부터 형은 인생에 환멸을 느꼈던 것일까. 술을 마시기 시작하고 생활은 점점 무절제해 지더니 끝내 43살에 이 세상을 떠난다.

트럼프는 술이 사람을 바꾸고 소중한 사람을 빼앗아 가는 모습을 두 번 다시 보고 싶지 않았다. 그래서 그는 술을 마시지 않는다. 담배도 피지 않는다.

'나이가 들어 세상을 잘 알게 되자, 여성이 남성보다 강한 존재라는 사실을 알게 되었다.'

도널드 트럼프에게 있어 이상적인 여성은 어머니이다. '여성에 대해 생각할 때 나는 언제나 어머니 메리와 비교합니다.' 연방고등재판소의 재판관을 맡게 되는 누나 마리안은 '어머니는 자신이 아는 사람 가운데 가장 현명한 여성이다' 말했다. '상냥하고 좋은 방법으로 어머니는 사람의 마음을 움직였다.' 트럼프는 말한다.

어린 시절 싸움을 잘하며 장난꾸러기여서 성격이 무척 남성적이었던 그도 어른이 되자 그제야 여성의 강함을 깨닫기 시작했다.

'여자들은 남자를 아기처럼 다룬다. 또 여성 가운데는 자신들이 약한 존재라 보이려 하는 사람도 있다. 하지만 사실은 전혀 다르다는 걸 알았다.'

그는 누구보다도 여성을 접한 기회가 많다. 여성 경험이 풍부하다.

예를 들어 어떤 세계에서 유명한 인물의 디너파티에서 대담하게 유혹하는 부유한 집안 부인 이야기. 테이블 반대편에는 남편이 앉아 있기에 춤에 응하면서도 자제하시라 요구해고 전혀 신경 쓰지 않고 적극적으로 다가오는 유부녀 이야기. 길에서 만났는데 데려다 달라 하기에 리무진에 태우자 갑자기 덮친 양가집 규수. 결혼식을 코앞에 두고도 말이다.

그는 여자의 매력으로 유혹하며 남자를 조종하는 여성들을 봐 왔다. 이 세상에서 가장 강한 남자들이 그들의 2분의 1의 체중도 안 되는 아내를 두려워하는 모습을 봐 왔다.

'연수입 2만 5000달러 이하인 사람들의 소득세를 면제하자.'

트럼프는 연수입 2만 5000달러 이하인 독신자와 부부 합쳐 5만 달러 이하인 세대의 소득세를 면제하겠다고 발표했다. 대담한 세금 감면책으로 보이지만 그렇지도 않다. 즉 소득세 면제로 세금을 내지 않아도 되는 국민은 50%이지만 이제까지의 세금 제도에서도 미국 국민의 45%는 전혀 소득세를 내지 않았다. 트럼프의 정책으로 새로이 세금을 내지 않아도 되는 사람은 5%에 지나지 않는다.

트럼프의 세금 정책에서는 개인의 소득 최고세율을 39.6%~25%로 대폭 내렸다. 이는 매우 큰 세금 감면이 되기에 부유층 우대라는 비판을 받았다.

'아메리칸 드림을 실현할 수 있도록 재원을 늘린다.'

이런 말도 해온 트럼프지만 중산층, 부유층 어느 쪽에게 하는 말일까.

하지만 2016년 5월 8일 그는 '고액소득자에게는 세금을 늘릴 수밖에 없을지도 모른다' 말했다.

이 밖에 법인세율을 15% 내린 다국적기업이 해외에 체류시킨 소득을 세율 10%로 국내로 가져올 수 있도록 한다. 최저임금 인상은 반대하고 인건비가 낮은 외국에 이전한 제조업의 고용을 되찾아 와야 한다고 했다. 하지만 이것도 인상을 찬성하는 쪽으로 의견을 바꿨다. 변화에 대해 유연성이 필요하다는 트럼프, 앞으로도 계속 유연성을 발휘할 것인가 주목된다.

'아주 어릴 때부터 나는 내가 무엇을 바라는지 분명하게 알고 있었다.'

트럼프의 아버지는 어린 시절부터 열심히 일을 하며 솜씨가 좋았다. 순조롭게 일을 배우고 젊은 나이에 전문가가 됐다. 기회를 보는 감이 뛰어나 유리하게 일을 진행시켰으며 비용을 절약하고 앞날을 예측해 재능을 갈고 닦았다. 저소득자를 위한 주택에서 시작해 보다 고급스런 부동산 개발에 손을 뻗으며 부자가 되었다.

하지만 도널드는 아버지의 일을 이으려 하지 않았다. 더 큰 일을 하고 싶었다. 자신이 아버지와는 다른 세상을 가게 될 거라는 사실을 일에 간신히 첫 걸음을 땐 젊은 나이에 그는 눈치 채고 있었다.

그는 안정적으로 수입을 얻는 일에 만족하지 못했다. 자신의 주장을 펼칠 수 있는 곳이 필요했다.

뉴욕 5번가에 트럼프 타워를 세워 미국에서도 가장 비싼 지역에 오피스빌딩을 개발해 최고급 호텔, 카지노를 경영하는 부동산 왕이 된 지금, 그가 예견한 바람은 실현됐다. 트럼프의 커다란 소망은 최고 토지에 최고 부동산을, 이런 크기뿐만이 아니었다.

'호텔을 세워 돈을 버는 것도 좋다. 하지만 큰 카지노가 달린 호텔을 지어 숙박요금의 50배를 벌 수 있다면 더 좋다. 호텔과 카지노에서는 수익의 단위가 다르다.'

이 말은 신기하게 현실적이어서 인상에 남는다.

'날마다 내가 얼마나 모르는 게 많은지 깨닫는다.'

트럼프만큼 매스컴에 많이 노출된 후보는 없다. 또 트럼프만큼 매스컴에게 좋은 평가를 받지 못하는 후보도 없다.

수많은 미디어가 트럼프는 아무것도 모르며 선입견이 많다고 비판한다. 실제 그의 주장에는 20년, 30년이나 지난 과거의 일에 근거를 두고 주장을 펼치는 등, 사실오인, 시대착오적인 발언이 너무나 많다.

트럼프는 위에 말에 이어 이렇게 말했다.

'무언가를 알면 반드시 또 하나 몰랐던 일이 나타난다. 다행이 나는 아는 체를 하지 않기에 날마다 새로운 도전이 기다리고 있다.'

이런 새로운 지식에 대한 도전은 그의 사업에 활력이 된다.

'내 의욕의 원천이 무엇이냐는 질문을 자주 받는데 이런 일의 반복이 아마도 가장 정확한 대답일 것이다.'

트럼프의 무지와 시대착오는 사실 평균적인 미국인 노동자가 안고 있는 현실인식, 현실이해에 가깝다는 목소리도 있다. 그가 날마다 지식 욕구의 자극을 받아왔다면 이제까지 그가 주장한 말, 연설한 말은 뭐였을까.

대통령 도널드 트럼프 연표

1946 미국 뉴욕시 퀸스에서 태어나다

1959 악동으로 속을 썩이다 아버지의 엄명으로 뉴욕 밀리터리 아카데미 8학년에 편입

1964 뉴욕 밀리터리 아카데미 졸업. 포담대학 입학

1966 부동산학을 배우기 위해 명문 펜실베이니아대학 대학원 와튼스쿨에 재입학

1968 펜실베이니아대학 대학원 졸업. 곧 아버지의 회사 '엘리자베스 트럼프&선'에서 일하기 시작.

같은 해, 베트남 전쟁의 징병 신체검사가 있었지만 '어찌된 일인지' 부적격으로 병역 면제

1971 맨해튼으로 거점을 옮기고, 아버지 회사를 물려받아 경영자 커리어 출발.

나중에 회사 이름을 '엘리자베스 트럼프&선'에서 '트럼프 오거니제이션'으로 바꾸다.

1977 모델 이바나 젤니치코바와 결혼. 아내에게 그의 사업 인테리어 디자인 일을 맡기다

1980 매수한 코모도호텔을 그랜드하얏트로 다시 개업시키다

1981 뒷날 절세미녀로서 화제가 되는 딸 이반카 출생

1983 맨해튼에 호화복합시설 트럼프타워 오픈

1987 트럼프프라자에서 복싱 세계적 왕자인 마이크 타이슨의 첫 방어전 흥행 개최

1988 대통령선거에 트럼프가 출마한다는 소문이 나지만 결국 불출마.

1990 카지노 경영이 벽에 부딪치자 34억 달러의 부채가 밝혀진다

1992 경영하는 카지노 경영파탄. 아내 이바나와 이혼

1993 말라 메이플스와 결혼

1994 이 무렵부터 사업 회복조로. 엠파이어스테이트 빌딩 매수

1999 두 번째 아내 말라와 이혼

2000 개혁당에서 대통령선거에 출마하지만 패퇴

2004 리얼리티 프로그램 〈어프렌티스〉에 출연. 단숨에 베스트TV 인기스타가 되다

2005 슬로베니아 출신 누드모델 현재의 아내인 멜라니아 나우스와 세 번째 결혼

2009 서브프라임 문제를 계기로 트럼프엔터테인먼트 리조트 사 도산했다가 곧 다시 살아나다

2015 미국대통령 선거 공화당 후보로 도널드 트럼프 대통령 출마하다

2016 예측을 뒤엎고 도널드 트럼프 미국 제45대 대통령 당선 세계를 놀라게 하다

강석승(姜錫勝)

인하대학교 대학원에서 행정학박사 학위를 받았다. 서경대학교·인천대학교·경기대학교
겸임교수 역임. 통일원 상임연구위원, 북한문제연구소 연구위원, 통일부 정보분석본부
정세분석팀장을 역임했다. 지은책《북한학개론》《국제사회와 북한》《북핵판도라 X파일》
《북한대사전》 옮긴책 E. 기번《로마제국쇠망사》 웨스트 카《이집트 신화》 등이 있다.

Listen, Yankee! 들어라 양키들아!
트럼프 대통령
T. R. Club/강석승 옮김
1판 1쇄 발행/2016. 12. 12
발행인 고정일
발행처 동서문화사
창업 1956. 12. 12. 등록 16-3799
서울 중구 다산로 12길 6(신당동 4층)
☎ 546-0331~6 Fax. 545-0331
www.dongsuhbook.com
*

사업자등록번호 211-87-75330
ISBN 978-89-497-1617-6 03350